Guntram Schulze-Wegener

Deutschland zur See

150 Jahre Marinegeschichte

Guntram Schulze-Wegener

Deutschland zur See

150 Jahre Marinegeschichte

Im Auftrag des Deutschen Marine Instituts herausgegeben, bearbeitet und erweitert von Heinrich Walle mit einer Zusammenfassung von Michael Salewski.

Seit 1789

Verlag E. S. Mittler & Sohn GmbH
Hamburg · Berlin · Bonn

Bildnachweis:
Umschlagvorderseite:
J. Prömmel: Die Schleswig-Holsteinische Flottille im Kieler Hafen 1850. Lithographie
Quelle: Archiv Marine Offizier Vereinigung/Deutsches Marine Institut
Umschlagrückseite:
Fregatte BRANDENBURG, Typ 123 der deutschen Marine
Quelle: YPS · Yacht Photo Service · Peter Neumann, Hamburg

Die Deutsche Bibliothek – CIP-Einheitsaufnahme

Schulze-Wegener, Guntram:
Deutschland zur See : 150 Jahre Marinegeschichte /
Guntram Schulze-Wegener. – Hamburg ; Berlin ; Bonn : Mittler, 1998
ISBN 3-8132-0551-7

ISBN 3 8132 0551 7; Warengruppe 21

Umschlaggestaltung, Layout und Produktion: Alexandra Busch
Lithografie und Belichtung: bauer digital, Hamburg
Druck und Bindung: Stumme, Wohltorf
Printed in Germany

Inhaltsverzeichnis

Vorwort des Inspekteurs der Marine

In Deutschland jährt sich 1998 ein historisches Ereignis zum einhundertfünfzigsten Male: Die Wahl des ersten nationalen deutschen Parlamentes.

Am 14. Juni 1848 - also knapp einen Monat nach seiner konstituierenden Sitzung - faßte dieses erste frei und demokratisch gewählte deutsche Parlament, die Nationalversammlung der Frankfurter Paulskirche, den Beschluß, die Bundesversammlung zu veranlassen, eine Summe von **sechs Millionen Thalern** für den Bau einer deutschen Flotte zu bewilligen.

Diese Entscheidung entsprach der dringenden Bitte der deutschen Küstenstaaten, Schutz vor der dänischen Flotte zu erhalten, die die deutschen Küstenstädte während der Auseinandersetzungen um Schleswig-Holstein blockierte. Die Entscheidung entsprach aber auch dem schwärmerischen Wunsch vieler Deutscher jener Zeit, sich an der wirtschaftlichen Erschließung der Welt an der Seite der demokratisch regierten Seemächte zu beteiligen, die Chancen, die eine näher zusammenrückende Welt zu bieten schien, zu nutzen, Weltbürger zu werden. Die Flotte sollte zum Symbol für die Einheit in Freiheit unter der Souveränität des Volkes werden. Ihre Flagge hatte die Farben der Revolution »Schwarz-Rot-Gold« mit dem die Einheit des Reiches symbolisierenden Adler in der Gösch.

Diese Reichsflotte ist ein Zeugnis der ersten deutschen Streitkräfte, deren Existenz sich in einer demokratisch verabschiedeten Verfassung begründete.

Die deutsche Flotte des Jahres 1848 hat nur wenige Jahre existiert, 1852 wurde sie versteigert, nachdem schon vorher das Parlament der Paulskirche aufgelöst worden war.

Durch das Scheitern der Bemühungen der Paulskirche, die deutsche Einheit mit freiheitlichen Mitteln zu erreichen, hatte Deutschland den möglichen Anschluß an die liberale Entwicklung in Westeuropa verpaßt.

Die Geschichte Deutschlands nahm einen Verlauf, der es in einen Gegensatz zu den westlichen Seemächten brachte, in dessen Folge die Opfer von zwei Weltkriegen zu beklagen sind.

Erst mit der Gründung unserer Bundeswehr wurde über hundert Jahre später ein neuer Anfang mit einer Armee in der Demokratie gemacht.

Ein Glücksfall der Geschichte war es dabei, daß bald nach der totalen Niederlage Deutschlands, seiner Zerstörung und Teilung die NATO als maritimes Schutzbündnis der westlichen Seemächte gegründet und wenigstens ein Teil Deutschlands zum Bündnispartner wurde. Unter ihrem Schutz stieg Deutschland zur drittgrößten Industrienation der Welt auf und erlangte schließlich sogar wieder seine Einheit.

Daher gilt es, dieses Bündnis mit den Seemächten zu erhalten und zu pflegen.

Wir leben heute im Zeitalter der Kommunikation. Die Welt ist noch enger zusammengerückt, als es sich die Zeitgenossen vor 150 Jahren in der Ära der industriellen Revolution erträumen konnten. Europas Völker streben nach einer neuen, größeren, für die künftige Behauptung in der Welt und gegenüber Gefahren stärkeren politischen Organisationsform als dem Nationalstaat.

Wie vor 150 Jahren einmal eine Flotte als Symbol für die erstrebte nationale Einheit galt, so werden heute multinationale Streitkräfte zum Symbol für eine neue Ordnung, die schicksalhaft sein wird für die Welt.

In wenigen Jahren wird unsere Marine die älteste aller deutschen Marinen sein. Sie hat jetzt schon ihre Geschichte, die eine Erfolgsgeschichte ist, weil sie uns an der Seite der Seemächte das Tor zur Welt geöffnet hat.

Sie hat ihre Leistungsfähigkeit in den zurückliegenden Jahren eindrucksvoll unter Beweis stellen können. Multinationale Operationen und Einsätze in entfernten Seegebieten bewiesen die Bündnisfähigkeit unserer Marine, Seite an Seite mit unseren Verbündeten.

Die Ziele, die in der Paulskirche gesteckt wurden, konnten endlich erreicht werden: Die Öffnung der Bundesrepublik Deutschland zur Welt und schließlich die Einheit in Freiheit.

Es ist das Verdienst des Deutschen Marine Institutes und des Verlages E. S. Mittler & Sohn, daß dieses umfassende Werk rechtzeitig zum Gründungstag der ersten deutschen Marine vor 150 Jahren herausgegeben wird und dem Leser verständlich macht, daß 1848 ein Moment in unserer Geschichte war, der Deutschland die strategische Alternative bot, sich der Welt an der Seite der Seemächte zuzuwenden, eine Vision die heute Wirklichkeit geworden ist.

Bonn, im Mai 1998

Hans-Rudolf Boehmer (Vizeadmiral)

Einführung des Herausgebers

Der Reichsadler auf dem Bleiglasfenster über dem Eingangsportal der Marineschule Mürwik und die auswehende Dienstflagge der Seestreitkräfte der Bundesrepublik Deutschland bei der Flaggenparade an Bord des Zerstörers ROMMEL in den farbigen Bildteilen dieses Bandes sind bildlicher Ausdruck für ein Kontinuum von 150 Jahren deutscher Marinegeschichte:

Deutsche Marinen, unter welcher Flagge sie auch immer standen, waren Repräsentanten einer deutschen Gesamtstaatlichkeit. Die nationale Einigung aller Deutschen war das erklärte Ziel der in der Nationalversammlung in der Frankfurter Paulskirche zusammengekommenen Demokraten. In der Reichsflotte unter den Farben Schwarz-Rot-Gold sahen sie eine Institution, die diese Einheit in aller Welt repräsentieren sollte. Damit wurde eine Tradition begründet, die bis zum heutigen Tage fortgeführt wird. Der Überblick über 150 Jahre deutsche Marinegeschichte mit den zahlreichen Brüchen und Neuanfängen zeigt aber auch, daß Deutschland seine legitimen Seeinteressen nie aus eigener Kraft allein, nicht im Konflikt mit anderen Staaten oder zum Schaden anderer, sondern nur in einer Partnerschaft mit den verbündeten Nationen in der Atlantischen Allianz, der Europäischen Gemeinschaft und in der Völkerfamilie der Vereinten Nationen mit dauerhaftem Erfolg vertreten kann.

Der vorliegende Band enthält einen Überblick über die wechselvollen 150 Jahre deutscher Marinegeschichte und beschränkt sich daher auf die Darstellung der wesentlichen Leitlinien, wobei aber immer wieder auf die Verknüpfung der deutschen Marinegeschichte mit der allgemeinen Geschichte hingewiesen wird. Das Buch erhebt keineswegs den Anspruch einer lückenlosen Faktendarstellung, es will sozusagen zunächst Richtschnur zum Verständnis sein, aber auch als Anregung zu einer weiterführenden und vertiefenden Beschäftigung mit dieser ungemein facettenreichen Materie dienen. Dafür ist ein spezifisches Literaturverzeichnis mit den aus Sicht des Autors und Herausgebers wichtigsten Veröffentlichungen, vor allem aus den letzten Jahren, beigefügt worden.

Das wohl noch am besten zugängliche Kompendium über die operative Seekriegsgeschichte, worin auch die der deutschen Flotten hinreichend berücksichtigt sind, ist der Band »Seemacht« von Elmar B. Potter, Chester W. Nimitz und Jürgen Rohwer. Die exakteste Darstellung der Operationen der Kaiserlichen Marine im Ersten Weltkrieg sind in dem 23 Bände umfassenden Werk »Der Krieg zur See 1914–1918«, dem sogenannten Admiralstabswerk enthalten, das hier nicht aufgeführt wurde, aber in größeren Bibliotheken vorhanden ist. Die wohl umfassendste Fundgrube für Details aus der deutschen Marinegeschichte sind die sechs Bände »Die deutschen Kriegsschiffe«, die Hans H. Hildebrand, Albert Röhr und Hans-Otto Steinmetz verfaßt haben. Hier werden an Hand von alphabetisch geordneten Schiffsbiographien, technische Daten, Operationen, Personalangaben und Institutionen sowie eine Unmenge weiteren von Einzelheiten aus dem Zeitraum von 1815 bis 1985 dargestellt. Ergänzt wird diese Zusammenstellung durch das zweibändige »Lexikon zur deutschen Marinegeschichte« von Hans Jürgen Witthöft.

Einzelheiten über das Schiffsmaterial deutscher Flotten enthalten die 8 Bände »Die deutschen Kriegsschiffe 1815–1945« von Erich Gröner, Dieter Jung und Martin Maass.

Eine umfassende Darstellung des Zweiten Weltkrieges liegt in den 6 Bänden »Das Deutsche Reich und der Zweite Weltkrieg« vor, die vom Militärgeschichtlichen Forschungsamt herausgegeben wurden. Den Einsatz der Kriegsmarine im Zweiten Weltkrieg schildert in umfassender Weise immer noch das dreibändige Werk »Die deutsche Seekriegsleitung« von Michael Salewski. Als Faktenüberblick ist hier die von Jürgen Rohwer/Gerhard Hümmelchen zusammengestellte »Chronik des Seekrieges 1939–1945« zu empfehlen.

Einen knappen Überblick über die Geschichte der Bundesmarine enthalten die beiden vom Verteidigungsministerium herausgegebenen Schriften »30 Jahre Bundeswehr 1955–1985 Friedenssicherung im Bündnis« und »Die Entwicklung deutscher Sicherheitspolitik & Die Geschichte der Bundeswehr«. Bezüglich des schwimmenden Materials der Bundesmarine setzt der Band von Gerhard Koop/Siegfried Breyer »Die Schiffe, Fahrzeuge und Flugzeuge der deutschen Marine von 1956 bis heute« das achtbändige Werk von Erich Gröner fort.

Einen guten Überblick über die Vielschichtigkeit deutscher Seeinteressen und Schiffahrt in der Zeit von 1871 bis 1918 enthält der von Volker Plagemann herausgegebene Sammelband »Übersee. Seefahrt und Seemacht im deutschen Kaiserreich«.

Mit dem Sammelband »Aufstand des Gewissens. Militärischer Widerstand gegen Hitler und das NS-Regime 1933–1945« von Heinrich Walle wird auch die Beteiligung von Marineoffizieren am Widerstand gewürdigt.

Die von der Deutschen Gesellschaft für Schiffahrts- und Marinegeschichte herausgegebene Zeitschrift »Schiff und Zeit. Panorama maritim« enthält Aufsätze zu den verschiedensten Themen der Geschichte deutscher Handels- und Kriegsschiffahrt. Aktuelle Beiträge zur Sicherheitspolitik, zur Bundesmarine wie auch Aufsätze zu geschichtlichen Themen einschlägiger Art enthält das vom Deutschen Marine Institut als unabhängige Zeitschrift herausgegebene »MarineForum«. Nicht zuletzt sei auch auf das vom Arbeitskreis für historischen Schiffbau herausgegebene »Logbuch« verwiesen, eine Zeitschrift, die sich mit Schiffen aller Art vornehmlich aus der Sicht der Archäologie befaßt.

Das Deutsche Schiffahrtsmuseum in Bremerhaven wie auch das Deutsche Marine Institut geben eine Reihe von Monographien zu den unterschiedlichen Themenbereichen der Schiffahrts- und Marinegeschichte heraus.

Die Beschäftigung mit der deutschen Marinegeschichte wird sinnvoll ergänzt durch die Schausammlungen von Exponaten in den einschlägigen Museen. Hier seien nur in Auswahl für inzwischen zahlreiche in der Bundesrepublik entstandene Seefahrts- bzw. Marinemuseen genannt:

- Deutsches Schiffahrtsmuseum Bremerhaven
- Deutsches Museum München
- Deutsches Marine-Museum in Wilhelmshaven
- Marine Ehrenmal Kiel/Laboe
- Wehrgeschichtliches Ausbildungszentrum Marineschule Mürwik
- Militärgeschichtliches Museum Dresden.

Bonn, im Mai 1998

Dr. Heinrich Walle

Deutsche Marinen 1848-1871

Die erste deutsche Flotte 1848-1853

Gewiß beginnt das neue Jahrhundert nicht 1800, auch nicht 1806 - vielmehr 1789 oder doch erst 1815, als der Wiener Kongreß nach dem endlichen Sieg über Napoleon Bonaparte den Kontinent neu ordnete und die fünf europäischen Großmächte Rußland, England, Preußen, Österreich und, wohlgemerkt, auch der Unruhestifter Frankreich die Wiederherstellung des politischen Zustandes vor 1789 beschlossen? Und wenn sich auch die »Heilige Allianz« - eine Art absolutistisch-monarchische Solidargemeinschaft von Rußland, Preußen und Österreich - schwor, gegen innere und äußere revolutionäre Feinde in treuem Zusammenschluß gemeinsam vorzugehen, so konnten die europäischen Königshäuser die aufbegehrenden Volksseelen auf die Dauer dennoch nicht mehr ignorieren. Der liberaldemokratische Geist war einmal aus der Flasche und würde sich nicht wieder dorthin verbannen, geschweige denn darin verschließen lassen.

»Germania auf dem Meere«, Holzstich nach einem Gemälde von Lorenz Clasen, eine allegorische Darstellung der Reichsflotte als Repräsentantin eines geeinten Deutschlands. Archiv MOV/DMI

Das 19. Jahrhundert war aber nicht nur eine Epoche neuer, grundstürzender politischer Strömungen, des demokratischen Liberalismus auf der einen und eines überbordenden Nationalismus auf der anderen Seite; es war nicht nur das Jahrhundert des Imperialismus, der begrenzten Kriege, freier Arbeitskraft, von Dampfmaschine, Eisenbahn und Telegraphie, von Unternehmergeist und Kapital. Vor allem war das 19. nach christlicher Rechnung das Jahrhundert der Industrialisierung aller Lebensbereiche und des technischen Fortschritts schlechthin.

Schließlich: Es ist das Jahrhundert, in dem die erste deutsche Marine gegründet wird. Das scheint alles weitere betrachtend nebensächlich, beinahe keines Augenmerks wert, und Hinweise darauf finden sich nicht in den gängigen, selbst nicht in den großen Werken zur Geschichte des 19. Jahrhunderts. Die wissen meist erst von deutscher Flottenpolitik im Vorfeld des Ersten Weltkrieges zu erzählen, als es ernst wurde um Deutschland, ein weniges vielleicht über Tirpitz und seine Flottengesetze. Das Jahr 1848 steht der Geschichtsschreibung nicht für die Schaffung einer deutschen Marine, sondern stets für die Deutschen und ihre Revolution. Dabei gehört beides, Flottengründung und Revolution, untrennbar zusammen; es war keine zufällige historische Abfolge, sondern eines jener Aufeinandertreffen in der Geschichte, die sich einander bedingen.

Der aus den Wiener Verträgen von 1815 und 1820 nach der 1806 erfolgten Auflösung des Alten Reiches hervorgegangene »Deutsche Bund« war eine lockere Vereinigung von 39 souveränen Staaten. Er verfügte zwar über eine aus Kontingenten zusammengesetzte Landstreitmacht von zehn Armeekorps. Seine maritimen Interessen wurden durch die Marinen Österreichs im Mittelmeer, Großbritanniens, der Vereinigten Niederlande in der Nordsee und Dänemarks in der Ostsee wahrgenommen. 1837 war bereits England durch Erlöschen der Personalunion mit Hannover und 1839 die Niederlande nach der Abtrennung Luxemburgs aus dem Deutschen Bund ausgeschieden.

1848 standen dem Deutschen Bund in der Ostsee nur noch die wenigen und kaum kampfkräftigen Einheiten der preußischen Marine zur Verfügung, die sich seit 1815 in einem mühsam voranschreitenden Aufbau befand. Die auf der Elbe stationierte Zollfregatte des Königreichs Hannover war militärisch bedeutungslos.

Die Revolution von 1848, also die Frage der deutschen Einheit, die bis dahin nur in Gestalt burschenschaftlicher Strebungen in Erscheinung trat, erzeugte notwendig jenen Bedarf an maritimer Präsenz, den zuvor die Bundesmitglieder zeigten. War die Reichseinheit, das eigentliche Ziel der revolutionären Bewegung, vollzogen, dann gab es auch eine starke, verfassungsmäßige Grundlage für eine Reichsflotte. Die Revolution scheiterte und mit ihr die erste deutsche Flotte, doch die Begehrlichkeiten waren geweckt.

Die sogenannte Revolution war nicht mehr als eine Erhebung des Bürgertums auf der einen und des Proletariats, gestützt von der »Intelligenz«, auf der anderen Seite, wobei beide Richtungen auf unterschiedlichen Ebenen operierten: Die bürgerliche Mehrheit wollte fernab von eigentlich umstürzlerischen Absichten nichts als in weitestgehender Zusammenarbeit mit der Regierung ein deutsches Parlament in einem geeinten Nationalstaat. Die studentische und proletarische Bewegung hingegen verfolgte in erster Linie die Beseitigung der monarchischen Monopolstellung um jeden Preis, wenn es sein mußte mit Gewalt. Mit den Krawallbrüdern von der Straße und den vorwitzigen Studentenkniffen hatte allerdings die politische Programmatik des bürgerlichen Liberalismus nicht das mindeste gemein. Die deutsche Revolution von 1848 war allein der Versuch, einen nationalen Verfassungsstaat auf freiheitlichem und demokratischem Wege »von unten« durchzusetzen und scheiterte letztlich an der Verschiedenartigkeit der Vorstellungen, vor allem aber an der Heterogenität der Volksstruktur. Es fehlte die Einheit, die Einigkeit innerhalb des Volkes, um gegen den monarchischen Spätabsolutismus geschlossen und mit einem gemeinsamen Ziel vorzugehen. Ebensowenig war das Bürgertum in der Lage, mit anderen sozialen Klassen gegen den Adel zu kooperieren, so daß zu keinem Zeitpunkt eigentlich eine reale Chance auf ein Bündnis von Bürgertum und Volkshaufe bestand.

Immerhin trat als Ergebnis des landesweiten Aufruhrs am 18. Mai 1848 die Nationalversammlung in der Frankfurter Paulskirche zusammen, um eine neue Verfassung zu entwerfen und einen geeinten Nationalstaat ins Leben zu rufen. Die Arbeit der ungeduldigen, verständlicher Nervosität zuneigenden Parlamentarier lief aber nur sehr zögerlich an, da ihnen kaum durchschlagende Machtbefugnisse übertragen waren, sich erhebliche Schwierigkeiten bei der Integration der beiden Großmächte Preußen und Österreich in einem Einheitsstaat zeigten (wer würde

Das Pfennig-Magazin

für

Belehrung und Unterhaltung.

Nr. 369.] Neue Folge. Achter Jahrgang. [26. Januar 1850.

Karl Rudolf Bromme.

Karl Rudolf Bromme, geboren in Anger bei Leipzig am 10. September 1804, ging, einer unüberwindlichen Neigung folgend, im 13. Jahre nach Hamburg, wo er theoretisch auf der dortigen Navigationsschule, praktisch auf einigen Reisen nach Westindien sich zum Seefahrer ausbildete. Alsdann ging er nach Nordamerika, wo auch sein Name in dort üblicher Weise in Brommy verunstaltet ward, und machte von dort aus mehre Reisen nach den südamerikanischen, westindischen, asiatischen und afrikanischen Küsten. Im Jahre 1827 trat er unter dem zum griechischen Admiral ernannten Lord Cochrane als erster Lieutenant der Fregatte Hellas von 64 Kanonen in griechische Dienste und wohnte in dieser Stellung zahlreichen Expeditionen bei. Bis 1843 blieb er in griechischen Diensten, theils im activen Seedienste, theils im Marineministerium beschäftigt; von da ab lebte er ohne Anstellung in Athen, mit wissenschaftlichen Arbeiten nautischen und mathematischen Inhalts beschäftigt. Im November 1848 ward er von dem Reichsministerium nach Deutschland berufen, ging im darauf folgenden Jahre nach Bremen, um die Nordseeflotte zu schaffen, und ward am 21. November v. J. zum ersten deutschen Admiral ernannt.

Konteradmiral Karl Rudolf Bromme (1804–1860) als Leiter der Seezeugmeisterei und Oberbefehlshaber der Reichsflotte, der erste deutsche Flottenchef.
Archiv MOV/DMI

Wortführer?) und die zahlreichen Einzelstaaten nach den Wirren im März wieder an innerer Kraft gewannen, sogar Selbstbewußtsein demonstrierten.

Der Drang nach nationaler Synthese war enorm, links wie rechts, abseits wie in der Mitte, und in eben diesen Kreisen verbreitete sich zwischen Wiener Kongreß (1815) und der deutschen Revolution eine Art »frühnavalistisches Fieber«, das in Literatur und Presse vielzeiligen Niederschlag fand und wohl auf die schlecht verdrängte, unverarbeitete historische Negativerfahrung vergangener Jahrhunderte zurückzuführen war, in deren Verlauf der deutsche Raum zahllosen Mächten Experimentierfeld und Austragungsort ihrer Machtgelüste zugleich war. Um eine gewachsene Nationalität gebracht, neigte nicht nur der biedere deutsche Mittelstand zur Überbetonung nationalistischer Machtgedanken und zu chauvinistischem Lautgeschrei, für das seltsamerweise die kursierende Flottenbegeisterung, im Unterbewußtsein angereichert von der mittelalterlichen, romantisch verklärten Hanse-Schwelgerei, Katalysator war. Reisende berichteten von Wunderbarem in Übersee, man sog begierig deren Berichte auf, verarbeitete, interpretierte, wünschelte und träumte von der Eroberung der Weiten, für die allein Schiffe das rechte Werkzeug zu sein schienen. Auch die »Linken« und die Arbeiter, das Proletariat, waren vom Flottengedanken mit Begeisterung erfüllt, eröffnete dieser doch der beengten, armselig-sparsamen Welt ewig zu kurz Gekommener neue Perspektiven.

Schiffe standen im Selbstverständnis der Zeit für überseeische, weltweite Wirtschaftsexpansion, Arbeitsbeschaffung, Kolonialhandel, auch für unendliche Freiheit, individuelles Glück, Unabhängigkeit und schließlich für nationale Sicherheit und Geschlossenheit – für nationale Souveränität eben. Das Schiff war Garant für grenzenloses, vielversprechendes und möglicherweise sogar gewinnbringendes Abenteuer, das gerade dem einfachen, harte Arbeit verrichtenden und entsagungsvollen Volk zu einer

Art Droge wurde. Den materiellen Vorteilen einer Flotte entsprachen Weiterdenkenden auch intellektuelle, denn da, wo Verkehr mit anderen Völkern am leichtesten und gesichertsten war, stellten sich höhere kulturelle Werte als Nutzen heraus. Selbst die Gesundheit der menschlichen Natur erfuhr Förderung durch maritimes Engagement, denn »es bleibt durch das frische, wagnisvolle Seeleben ein Volks stets jung und kräftig«, und seit Jahrhunderten sei bewiesen, so der auch für vorstehendes Zitat verantwortliche Abgeordnete Tellkampf vom linken Zentrum in seiner Rede vor der Nationalversammlung am 14. Juni 1848, »daß das Seeleben die Küstenvölker stählt und mit den Gefühlen der Freiheit und Unabhängigkeit durchhaucht«.

Aus mannigfachen, oft hehren, nie niederen, sondern immer dem Zeitgeist korrespondierenden Gründen durchzog die Flottenbegeisterung das gesamte deutsche Volk wie der berühmte Rote Faden das englische und schließlich das deutsche Tauwerk. Die Flotte war Ausdruck des Fortschritts schlechthin, sie war bestes Instrument zur Durchsetzung revolutionärer Ziele und sichtbarstes Zeichen für nationale Selbstbestimmung. Nationalismus, Liberalismus und das in nachmaligen Jahrzehnten noch ausführlichere Phänomen des Navalismus bilden damit ein ideologisches Dreieck, das von den Ohnmachtserfahrungen des handeltreibenden Bürgertums vor allem in den zwanziger und dreißiger Jahren, der Auseinandersetzung mit Dänemark um Zoll und der kriegerischen um Schleswig in den Debatten 1848 mit Leben und Sachzwang gefüllt wurde.

Kapertum aus den Häfen von Marokko, Algier, Tripolis und Tunis bereitete den unter deutscher Flagge fahrenden Schiffen in den zurückliegenden Jahren zuweilen arges Drangsal. Wer sich nicht vertraglich bei den Piraten absicherte, der befand sich sogleich im Heiligen Krieg zur See, den die gut ausgerüsteten und waghalsig-draufgängerischen Seeräuber zumeist für sich entschieden. Von welcher Bedeutung der Auftritt eines Kaperschiffs zu jener Zeit ist, bezeugt ein denkwürdiger Vorgang im Mai 1817 vor deutschen Küsten: Eine einzige tunesische Korvette hielt die gesamte deutsche Seehandlung in der Nordsee unter Kontrolle, die sich erst wieder frei bewegen konnte, als ein englischer Kreuzer unmißverständlich seine Absichten gegenüber der Korvette deutlich machte. Mit bloßem Dank aber war es dem Retter und Bundesbruder nicht getan: Die Unternehmung wurde mit barer Münze aus der Tasche deutscher Reeder gezahlt, woraufhin die Versicherungskosten ins Immense kletterten.

Schlimmer und folgenreicher aber war der beinahe gänzliche Zusammenbruch der Handelsschiffahrt zur Iberischen Halbinsel und die ziemlich lebensbedrohliche Last mit dem Seeverkehr zum amerikanischen Kontinent, Süd wie Nord, auf den die deutschen Handelshäuser nicht verzichten konnten. So oder ähnlich, meistens viel direkter, zog sich das räuberische Geschäft der legalen Piraterie auch die nächsten zehn Jahre hin, bis Preußen, welches zum Schutze nur eine Art winziger küstennaher Seepolizei unterhielt, entnervt die Segel strich und Friedensverhandlungen mit Marokko einleitete. Hätten die Franzosen mit der Eroberung Algiers 1830 die Störer nicht energisch in die Schranken gewiesen, wäre das schädliche Treiben wohl ungehindert fortgefahren. Dank des beherzten französischen Zugriffs nahm die deutsche Handelsschiffahrt fürs erste wieder Schwung, mußte aber nach wie vor schutzlos die mohammedanische Gefahr mit auf ihre Rechnung setzen. In den vierziger Jahren ebbte das durchaus großen Stils geführte Kapertum ab und verschwand endlich nach seiner Ächtung im Pariser Vertragswerk von 1856.

Nachhaltig schockierend hatten die bösen Erfahrungen mit dem unchristlichen Seeraub auf die deutschen Gemüter eingewirkt und der Forderung nach einer Kriegsflotte zu Nachdruck verholfen. Im »Zollvereinsblatt« von 1843 hieß es gegen das von verschiedenen Seiten sicher nicht unrechtens geäußerte finanzielle Argument: »Die See, dieses fruchtbare Feld der Nationen, will so gut kultiviert sein wie der Acker, wenn er reichlichen Ertrag geben soll, und es ist eine kleinliche Ansicht, eine Ansicht, die bei einer großen Nation ins Lächerliche geht, wenn man die Kosten einer Marine als Grund anführt, ihren Seeverkehr völlig schutzlos zu lassen.«

Mit anderer Motivation, aber in der Sache den Arabern ähnlich, denn auch hier lief es auf bloße Räuberei hinaus, waren die Dänen schon seit 1429 vorgegangen. Als uneingeschränkte und selbsternannte Herrscherin über die Ostseezugänge forderte sie Gebühren für durchfahrende Schiffe, den sogenannten Sundzoll, ein einträgliches Geschäft. Irgendeine Gegenleistung blieb der kassierenden Ostseemacht im Sinne des Wortes erspart, und Senkung oder Erhöhung des Zolls, eher letzteres, lagen ganz im Ermessen der Erhebenden. Leicht ist sich auszumalen, daß pure Willkür den Tarif festschrieb, und gerade deutsche Schiffe durften sich da hoher Wertschätzung sicher sein. Anders die Russen, denn im schleswigschen Gottorf gab es Verwandte der Zarenfamilie, und zudem war Rußland Protektor, der sich dänische Unverschämtheiten kaum hätte bieten lassen. Der Sundzoll aber war den Deutschen als anachronistisches Überbleibsel aus längst vergangenen Tagen eine Plage, damals unbillig, jetzt unerträglich.

Mochten der Widerstand gegen den unliebsamen dänischen Preis, das Bedürfnis nach Handelsschutz und der durch eine Flotte zu erwartende wirtschaftliche Auftrieb wie auch die grassierende Euphorie im Volke als ideologische Unterfütterung schon hinreichende Gründe für die Erschaffung eines ordentlichen deutschen Seeinstruments gewesen sein, entscheidend indes war der gegenwärtige kriegerische Konflikt mit dem Königreich Dänemark um Schleswig-Holstein. Der dänische König hatte als Herzog von Schleswig und Holstein unter Mißachtung des 1460 geschlossenen Vertrages von Ripen (»dat se bliwen ewich tosamende ungedeelt«) das überwiegend deutsch besiedelte Schleswig von Holstein getrennt und per Verfassungsdekret in sein Reich einverleibt. Auf öffiziösen Antrag im Bundestag eilten die Preußen den aufständischen Schleswig-Holsteinern zu Hilfe, und es verwundert kaum, daß die traditionelle Landmacht einen leichten, in Deutschland von großem Jubel begleiteten Erfolg auf Jütland gegen die Landstreitkräfte Dänemarks einbrachte. Doch zur See war alle preußische Landkraft machtlos: Die hier traditionsreichen Dänen riegelten mit ihrer zahlreichen Flotte die Handelsschiffahrt der bundesdeutschen Seestaaten ab, besetzt Alsen, den Brückenkopf Düppel und rückten gegen Hadersleben vor. Was eine Blockade der Küsten für den deutschen Handelsverkehr bedeuten kann, zeigt die eben erwähnte tunesische Korvette, zu deren Abwehr damals die Engländer beikamen. Nun aber war England neutral und auch von den Niederlanden kein Beistand zu erwarten. Ein Aufschrei ging durch das hochpolitisierte deutsche Volk; ein kleiner Vers in der »Halleschen Zeitung« vom 28. Mai 1848 zeugt davon:

Denn was ist Deutschland ohne Flotte?
Ein armer, alter, schwacher Mann,
den Dänemark mit zwanzig Schiffen,
verderben, hungern lassen kann

Deutschland, das neu zu schaffende Reich, würde an seinen Küsten verwundbar und erpreßbar sein! Die nationale Schmach ob dieser Situation machte die Deutschen tief betroffen, Wut mischte sich mit Ohnmacht, das Eingeständnis eigener Schwäche gegenüber einem vermeintlichen militärischen Winzling versetzte dem aufstrebenden Selbstbewußtsein einen empfindlichen Schlag. Die Konsequenz aus dem Dilemma an deutschen Seerändern wurde überall artikuliert und gipfelte in der Forderung nach einer eigenen Seestreitmacht, die zur höchstmöglichen Ausdrucksform nationaler Selbstbestimmung, Handlungsfähigkeit gar, emporgehoben wurde.

Am 13. April 1848 wurde im Bundestag die Gründung einer deutschen Flotte beantragt, im Mai und Juni setzten sich allerlei Kommissionen mit der Flottenfrage auseinander, die gedrängt von der angespannten Kriegssituation im Norden zu der ernüchternden Einsicht gelangten, daß während des Kriegszustandes mit Dänemark der Aufbau einer gemeinsamen deutschen Flotte kaum zu bewerkstelligen sei. Die Diskussionen gipfelten bloß in der Empfehlung an die küstennahen Staaten, sich mit Hilfe von Zuschüssen aus der Bevölkerung – in zahlreichen Flottenvereinen und Komitees hatten sich Marinebegeisterte zusammengetan – und der zentralen Reichsgewalt geeignete Instrumente zur schnellen Abwehr der drohenden Gefahr selbst zu beschaffen.

Beschloß man auch keine Flotte, so doch eine Flagge: Schwarz-Rot-Gold sollte sie sein, horizontal gesetzt, den doppelköpfigen, schwarzen Adler - Wappentier des Deutschen Bundes - auf goldenem Grund im linken oberen Eck.

Damit war der Anstoß zur Gründung einer ersten deutschen Flotte vom Bundestag, dem noch bestehenden Exekutivorgan des alten Staatsgebildes, ausgegangen, das durch die Revolution erst überwunden werden sollte.

Die Küstenstaaten brachten mit ihren subventionierten Selbsthilfeaktionen beträchtliches voran. Nicht unter Frankfurter Führung, sondern unter der Ägide des sogenannten Hamburger Ausschusses rüsteten Reedereien ihre Fahrzeuge kurzfristig zu Kriegsschiffen um, bauten Kanonenboote gegen den dänischen Feind. So wurden innerhalb nur weniger Wochen einige behelfsweise armierte Handelsschiffe von den Hamburgern in Dienst genommen, die sich fürs erste allerdings nicht zu bewähren brauchten, da die dänische Flotte mehr in der Ost- denn in der Nordsee operierte.

Neben die Hamburger Flotte trat im Frühjahr 1848 auf gleiche Weise eine Marine Schleswig-Holsteins mit einer beachtlichen Stärke von 16 Schiffen, die über die Eider rasch von einer Küste zur anderen gelangen konnten und daher von hoher Effizienz waren, wie sich später, 1849 und 1850, herausstellen sollte. Nicht nur Hamburg und Schleswig-Holstein, auch Preußen mußte unter dem Eindruck ständiger Gefahr von See her reagieren: Rußland hatte Feindschaft signalisiert, würden die Preußen in der Schleswig-Frage und auch in der akuten, für beide Staaten traditionsbeladenen Polenfrage allzu forsch vorgehen. Zur Abwehr eines eventuellen russischen Angriffs gegen Preußens Küsten stellte Berlin innerhalb eines Jahres eine respektable Schutzflotte von 40 Ruderkanonenbooten auf, die erst im Jahre 1870 desarmiert und schließlich ausrangiert wurde.

Die küstennahen Partikularstaaten setzten in ihrer Eile erste maritime Zeichen; das Geldproblem schien neben der Bewältigung allgemeiner Konfusion das vornehmliche zu sein, das sich zwischen Wunsch und Wirklichkeit einer gesamtdeutschen Flotte schob. Indes fragte sich, »ob dieser Punkt allein uns abhalten kann, ein Werk zu beginnen, welches in aller andern Rücksicht dringend erscheint. Daß gegenwärtig in unserm Verhältniß zu einer uns bekriegenden Macht eine Flotte nothwendig ist, hat die allgemeine Stimme anerkannt, und durch freiwillige Sammlung ihre Bereitwilligkeit dafür kund gethan«, so der oben schon erwähnte Abgeordnete

Vizeadmiral Jan Schröder, Chef der preußischen Marineverwaltung.
Nach einer Lithographie aus dem Verlag der lithographischen Anstalt von Julius Sauer, Danzig.

*Vizeadmiral Jan Schröder * 1800 in Vlissingen, † 1885 in Cleve. 1848–1849 Mitglied der technischen Marinekommission in Frankfurt, 1854 als erster Seeoffizier zum Konteradmiral der preußischen Marine befördert, 1859–1860 Chef der Marineverwaltung.* Archiv MOV/DMI

Tellkampf. Freilich, Spenden taten etwas, aber ohne verfassungsmäßige Budgetierung war dennoch auf die Dauer nicht viel auszurichten.

Am 14. Juni tagte in der Frankfurter Paulskirche die Nationalversammlung abermals, die sich zuallererst die Frage gefallen lassen muß, ob es nichts Dringlicheres zu erledigen gab, als in stürmischer Zeit ausgerechnet über eine Marine zu beraten. Mußte nicht vielmehr gelten, das gerade vier Wochen alte Parlament zu festigen, den Revolutionsstaat innen- und außenpolitisch zu zementieren? Die Flottenfrage selbst dem »Gesetz über die Grundrechte des deutschen Volkes« - am 21. Dezember 1848 beschlossen - voranzustellen, erschien niemandem im Saal abwegig. Es war so, als hätte es eben nichts Vornehmlicheres als die Schaffung einer deutschen Marine in einem gesamtdeutschen Staat gegeben.

Die Flotte als Kriegsinstrument gegen Dänemark, als Schutz des Handels und schließlich nationales Symbol. Dies Amalgam drängte den Präsidenten der konstituierenden Versammlung, Heinrich von Gagern, zum Entscheid: »Beschließt die Nationalversammlung, daß die Bundesversammlung zu veranlassen sei, die Summe von 6 Millionen Thalern zum Zweck der Begründung eines Anfangs für die deutsche Marine, über deren Verwendung und Vertretung die zu bildende Centralgewalt der Nationalversammlung verantwortlich sein wird, auf bisher verfassungsmäßigem Wege verfügbar zu machen, und zwar 3 Millionen sofort, und die fernern 3 Millionen nach Maßgabe des Bedürfnisses?« Da die Abgeordneten bis auf wenige Ausnahmen dem Antrag zustimmten, stellte von Gagern mit Genugtuung fest: »Die Frage ist mit einer an Stimmeneinhelligkeit gränzenden Majorität bejaht.«

Die Nationalversammlung, das heißt die demokratisch gewählten Volksvertreter des Frankfurter Pauluskirchenparlamentes, hatte ihren Beschluß gefaßt, ohne das verfassungsmäßig erst noch zu konstituierende Haushaltsrecht zu besitzen. Sie mußte dafür auf Matrikularbeiträge der Einzelstaaten zurückgreifen, die vom Bundestag verwaltet wurden. Die für die Flotte dann auch zur Verfügung gestellten Gelder wurden dem Festungsfonds entnommen.

Die deutsche Flotte, im Anspruch Reichsmarine und doch nur eine Marine des Deutschen Bundes, war gegründet. Noch drei Tage zuvor wäre das Husarenstück unmöglich gewesen, denn erst am 12. Juni gab der Bundestag in der sicheren Überzeugung, das Revolutionswerk sei vollendet, seine Befugnisse, darunter auch das so entscheidende Haushaltsrecht, an die Nationalversammlung ab. Die sich in ihrer Gemeinschaft selbst behauptenden, jugendlich revolutionären Energien gingen im Jubel über das Beschlossene an Flottengründungspläne heran und ließen sich in ihrem Tatendrang sogar von den äußeren Umständen nicht beeindrucken: Die dänische Blockade wirkte sich bereits übel aus. Russischer Zar wie schwedischer König drängten unter massiven militärischen Drohungen auf einen Ausgleich, und es war nicht unwesentlich, daß von den großen Mächten lediglich die USA und Frankreich die deutsche Zentralregierung anerkannten. So sah sich die Nationalversammlung zur Annahme eines recht groben Waffenstillstands mit Dänemark genötigt, fuhr aber mit dem Aufbau einer deutschen Flotte fort.

Dem Handelsminister Duckwitz, gelernter Kaufmann, Senator und Bürgermeister Bremens, schließlich Paulskirchenpolitiker, wurde das heikle Amt des Marineministers übertragen (übrigens dem Handelsministerium eingegliedert). Duckwitz -»Deutschland werde einst eine mächtige Flotte besitzen, die seine Ehre auf dem Meere, in der Nähe und in der Ferne hütet« - stand der gebildeten Marineabteilung selbst vor, während er die Leitung der sogenannten »Technischen Marinekommission« dem Prinzen Adalbert von Preußen übertrug. Dieser, eine Vetter des preußischen Königs, zeigte von Kindesbeinen an reges Interesse an der See und hatte in den dreißiger Jahren Gelegenheit, die Marinen der Großmächte zu studieren und strategisch-konzeptionelle Überlegungen zu einer eigenen Marine anzustellen. Bemerkenswert war, daß im Gegensatz zu Duckwitzens überseeischen Handelsinteressen sich der Prinz allein von geostrategischen Argumenten speziell aus preußisch-deutschem Blickwinkel leiten ließ. Als Vertreter der Partikularmacht Preußen überraschend national gesinnt, hatte Adalbert in seiner berühmten

»Denkschrift über die Bildung einer deutschen Kriegsflotte« gleichsam als Motto verkündet: »Die gesamte Nation begehrt ... einstimmig eine deutsche Kriegsmarine; denn deutsch, ganz deutsch muß sie seyn – eine ächte Repräsentantin der wiedergeborenen Einheit des Vaterlandes – das fühlt wohl jeder von uns, der es mit der neuen Schöpfung redlich meint.« Die Denkschrift war deutlich auf die Belange einer deutschen Marine zugeschnitten und hatte auch den Preußen als Basis für ihre eigene Flotte gegolten. Danach waren es drei Aufgabenstellungen, die das Wesen der deutschen Flotte im 19. Jahrhundert tatsächlich bestimmten:

Einmal eine Marine in Beschränkung auf eine reine Küstenverteidigung oder eine Seestreitmacht für eine offensiv zu führende, mit Handelsschutz verbundene Verteidigung zur See; ferner als dritte Möglichkeit die Erwirkung einer selbständigen Seemacht. Prinz Adalbert favorisierte die mittlere Lösung, weil das Streben nach einer selbständigen Seemacht »die Eifersucht der weit mächtigeren Nachbarn« errege. Durch eine bescheidene, aber effektive Secrüstung würde eine deutsche Flotte an Bündniswert gewinnen.

Ferner wurden erste Vorschriften ausgearbeitet: Die »Verordnung über die Uniformierung der Offiziere und Mannschaften der Reichsmarine«, eine über die »Disziplinarbestrafung in der Marine des Reiches«, »Die Dienstordnung an Bord« und schließlich ein »Exerzierreglement für die Marine-Artillerie«. Vieles hieraus ist, wie z.B. der »Dienst an Bord« (D.a.B.), bis zum heutigen Tage noch in den Dienstvorschriften der Deutschen Marine wirksam; jeder Marinesoldat vom Matrosen bis zum Admiral kennt sie.

Das erste Flottenbauprogramm, basierend auf der Adalbertinischen Denkschrift, plante 15 Segelfregatten, fünf Schoner, fünf Dampffregatten, 20 Dampfkorvetten und 80 Kanonenschaluppen mit zehn Avisos, die zu kriegerischen Auseinandersetzungen mit benachbarten Seemächten, nicht aber zur Verwirklichung eigener Seeherrschaft geeignet waren. Hafen- und Kanalpläne, Finanzierung und Verwaltung waren ebenso Gegenstände der Aufbauphase wie personelle Angelegenheiten: Die Frankfurter Regierung fragte in den USA um Hilfe nach, und diese sahen sich unter der Voraussetzung eigener Neutralität durchaus dazu in der Lage, den Wunsch der von ihr anerkannten deutschen Regierung zu erfüllen. Ein amerikanischer Flaggoffizier namens Parker war als deutscher Marine-Oberbefehlshaber im Gespräch, »um das Nötige wegen der Beurteilung des zu kaufenden Dampfschiffes zu bewirken und, nachdem das Dampfschiff gekauft, für die Armierung und Bemannung zu sorgen«. Daneben entwickelte sich in der Ausbildung künftiger deutscher Marineoffiziere und dem Bau von Kriegsschiffen die deutsch-amerikanische Zusammenarbeit bereits sehr erfreulich, bis abermals der deutsch-dänische Krieg ausbrach, der die positiven Beziehungen zu den hilfestellenden und bis dahin bedenkenlos zuvorkommenden Amerikanern abrupt beendete. Die USA witterten Gefahr, im Falle deutsch-dänischer Seegefechte als Bündnispartner des jungen deutschen Staates zu gelten und ihre Neutralität aufgegeben zu müssen, zogen sich daher zurück und beschränkten sich fürderhin auf die Erteilung guter Ratschläge. Duckwitz reichte seinen Abschied ein.

Den schwer enttäuschten Deutschen gelang es immerhin mit mageren Mitteln, vor allem dank Schleswig-Holsteins Kriegsschiffen, die Dänen auf Distanz zu halten und sie am Eindringen in die Deutsche Bucht zu hindern. Und mehr noch: Am 5. April 1849 – am selben Tag wurde Karl Rudolf Bromme, genannt Brommy, mit der Beförderung zum Kapitän zur See der Oberbefehl über die künftige Flotte übertragen – beschoß eine nassauische Batterie das dänische Linienschiff CHRISTIAN VIII. sowie die Fregatte GEFION vor Eckernförde derart, daß sie Flagge streichen mußten. Es war wohl ein dänischer Kadett, der in seinem patriotischen Eifer die Pulverkammer seines CHRISTIAN VIII. aufgesucht und die Explosion verursacht hatte. GEFION ging als ECKERNFÖRDE in deutschen Besitz über und wurde später, bemerkenswert, von den Preußen wieder in GEFION umgetauft.

Das Seegefecht bei Helgoland am 4. Juni bezeichnet die erste und alleinige Bewährungsprobe der Reichsflotte – bis heute übrigens das einzige Gefecht unter schwarz-rot-goldener Flagge –, parado-

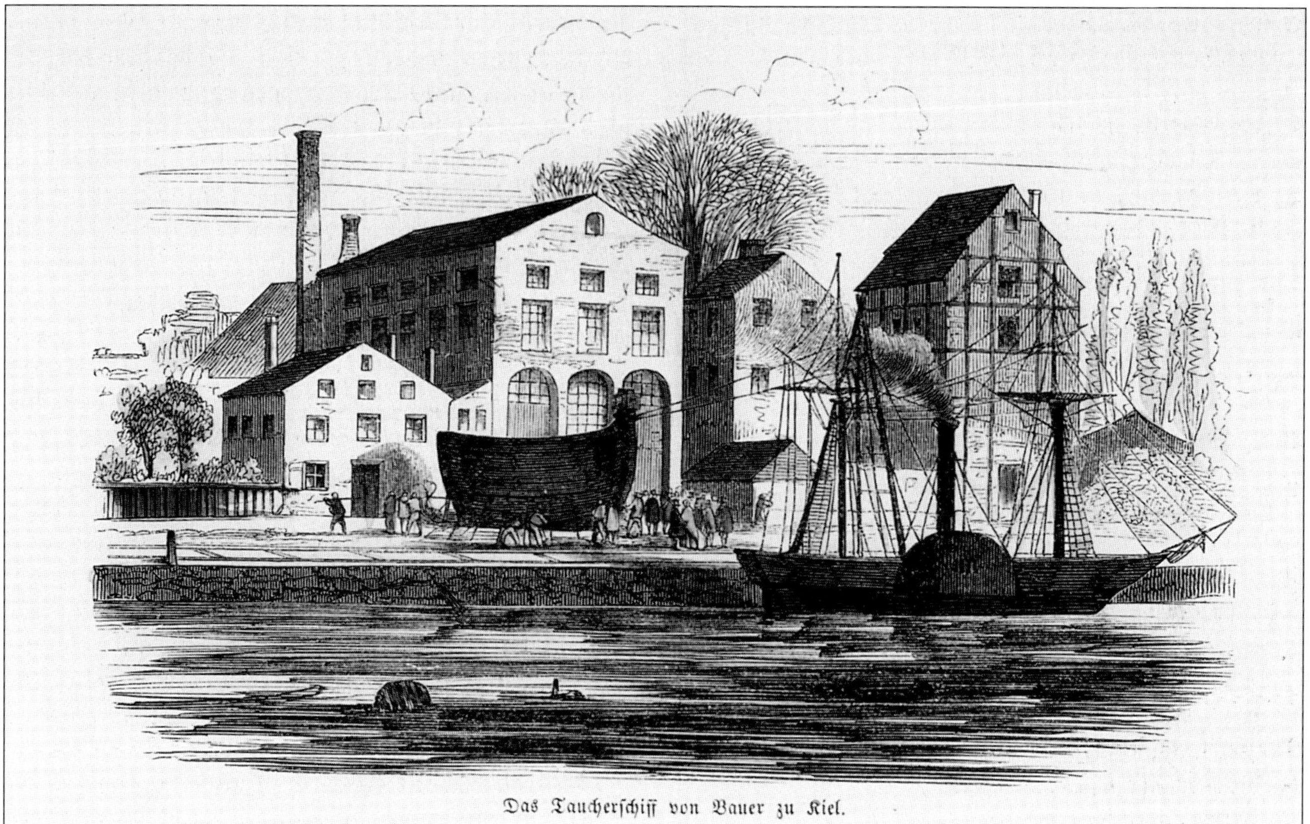

Der BRANDTAUCHER, das muskelkraftgetriebene erste deutsche U-Boot des bayerischen Unteroffiziers Wilhelm Bauer, auf dem Gelände der Eisengießerei Schweffel und Howaldt am Ostufer des Kieler Hafens im Dezember 1850. Holzstich der Leipziger Illustrirten Zeitung. Sammlung: Peter Tamm, Hamburg

xerweise zu einem Zeitpunkt, da die Revolution gescheitert, die Nationalversammlung aufgelöst und an ihrer Statt einzelstaatliche Regierungen um die Neugestaltung Deutschlands im Kleide einer »konservativen Revolution« eiferten. Also war eine deutsche »Reichsmarine« eigentlich nicht mehr existent, als ein dänisches Blockadegeschwader, es waren drei Fregatten, eine Korvette und ein Raddampfer, auf die deutsche Radfregatte BARBAROSSA (vormals BRITANNIA und den Engländern abgekauft) sowie die Radkorvetten HAMBURG und LÜBECK auf die Hamburger Flottille traf. Die dänische VALKYRIEN verfolgend, lief BARBAROSSA in englische Hoheitsgewässer um Helgoland ein. Einer völkerrechtlichen Anerkennung der deutschen Regierung und somit ihrer schwarz-rot-goldenen Flagge hatte sich das Vereinigte Königreich seit ihrer Einführung verweigert, so daß Brommy jederzeit mit einer britischen Parteinahme für die dänische Sache rechnen mußte und das Gefecht sicherheitswegen abbrach. Überdies, wie in Protestnoten an Preußen, Hamburg und Bremen angezeigt, hätten die Briten sich nicht gescheut, die BARBAROSSA als Piratenschiff zu behandeln.

Die Flaggenfrage war in der Tat ein Problem, wie sich bei einigen Zwischenfällen zeigte, als ausländische Fahrzeuge keine Veranlassung sahen, den allgemein üblichen Flaggengruß als Ehrenbezeugung zu leisten. Um solche Schmach nicht erfahren zu müssen, ließ Preußen seine Schiffe der deutschen Flotte schon seit Kriegsbeginn unter eigenen Farben segeln und strich nicht nur mit diesem Eigenhandeln seine auf machtpolitischem Kalkül ruhende Sonderstellung heraus. Daß die Preußen in einem geeinten deutschen Staat neben der politischen auch die militärische

Führung avisierten, galt nicht als überraschend. Doch vorerst kam es anders. Man mußte sich den Forderungen Großbritanniens, Schwedens und Rußlands beugen und in einen Waffenstillstand mit Dänemark einwilligen, der noch um einiges harscher ausfiel als der vom Vorjahr. Der preußische König hatte die Kaiserkrone und mit ihr die Verantwortung für den Kampf gegen Dänemark, vielleicht auch Rußland, Schweden und Großbritannien – im Innern auch gegen die deutschen Fürsten? – abgelehnt. Die enttäuschte Bevölkerung entleerte ihre aufgestaute Wut über das deutsche Mißlingen in manch blutigem Gemetzel, dem auch Abgeordnete zum Opfer fielen. Der Zusammenbruch der Zentralregierung war das Signal für die deutschen Fürsten, den Deutschen Bund wieder zu aktivieren, dessen Führung Österreich nach der Punktation von Olmütz Ende 1850 übernahm.

In diesem Jahr kam es zu etwas Besonderem, das in damals noch nicht absehbarer Weise den Impuls für die submarinen Erfolgsentwicklungen des 20. Jahrhunderts gab und hier natürlich nicht fehlen darf. Der bayerische Unteroffizier Wilhelm Bauer erfand mit seinem »Brandtaucher« das erste Unterseeboot, wofür der deutsch-dänische Krieg die entscheidende Anregung gewesen ist. Die Idee zu einem Tauchboot kam ihm, um vom Feinde unbeobachtet die Brücke über dem Alsensund zu sprengen und somit den Dänen Nachschubwege und Rückzugsmöglichkeit zu kappen. Wilhelm Bauer arbeitete nach dem Eintritt in die schleswig-holsteinische Armee (zunächst hatte er seinen bayerischen Dienst abgelten müssen) emsig an Plan und Modell, für welche ihm von der Kieler Marine finanzielle Unterstützung gewährt wurde, stellte alsbald seine Erfindung einer hohen Kommission vor, die sich zunächst jedoch vor einem Versuchsgang scheute, »da vielleicht jetzt nicht der Moment für die Staatskasse sein dürfte, kostspielige Versuche anstellen zu lassen«.

Die Sache schien erledigt. Die ungünstige Kriegsentwicklung mochte die Kommission dazu getrieben haben, es doch mit dem neuartigen Gefährt zu versuchen, das den Dänen mit höchster Sicherheit zur Überraschung geworden wäre. Kurz vor Weihnachten 1850 war das Ding, von menschlicher Muskelkraft bewegt und in der Tat kleinen U-Boot-Formats, in der Schweffel & Howaldtschen Kesselschmiede Kiel fertiggestellt und zu Wasser gelassen worden. Es mag dort versunken sein oder eine Fahrt gegen die entsetzt flüchtenden Dänen zur Probe unternommen haben – was davon stimmt, kann nicht gesagt werden, da Bauer selbst hernach eifrig an Legenden werkelte, um sich besser ins Gespräch zu bringen. Sicher ist, daß Wilhelm Bauer am 1. Februar 1851 im Kieler Hafen zum ersten dokumentierten Tauchversuch ansetzte. Sein Vehikel sank aufgrund von Problemen mit der Trimmung, die Besatzung – er und zwei andere – brachten sich mit Unterkühlungen gerade noch in Sicherheit.

Trotz des Mißlingens sprach die Kommission ihre ganz Anerkennung aus, nahm das Boot, bis dahin Eigentum Bauers, und stellte fest: »Leider standen bei der Ausführung der Erfindung nicht solche Geldmittel zu Gebote, welche das Schiff nach dem Projekte zu bauen gestattet hätten, vielmehr mußten, um Kosten zu sparen, wichtige Teile des Apparates durch andere, einfachere, aber auch ungenügendere ersetzt werden. Diesem Übelstande allein ist das am 1. Februar d.J. erfolgte Verunglücken des Schiffes zuzuschreiben.« Die Arbeiten sind nicht vertieft worden, da die Geldmittel nach dem kostentreibenden Krieg gegen Dänemark versiegt waren. Bauer versuchte es weiter, in München, St. Petersburg, ohne aber zu Lebzeiten mit seinem »Brandtaucher« zum ganz großen Erfolg zu kommen. Er starb 1875. Seine Erfindung wurde erst 1887 aus dem Kieler Wasser gehoben, stand ab 1906 im Museum für Meereskunde in Berlin, wurde dort während des Zweiten Weltkrieges stark zerstört, geborgen, restauriert und schließlich im Militärhistorischen Museum Dresden ausgestellt, wo der »Kieler Brandtaucher« heute zu sehen ist.

Zurück zu den »richtigen« Schiffen. Was vom Begeisterungsjahr 1848 blieb, waren eine preußische Marine und die Reste einer deutschen bei Bremerhaven auf der Weser, mithin eine deutsche Flotte ohne ein Deutsches Reich. Sie hatte ein Oberkommando, die Seezeugmeisterei und die Intendantur, die allesamt fortlebten, als ihr Reichsmarineministerium wie die gesamte Reichszentralgewalt schon nicht mehr waren. Daß die Überbleibsel der einst so stolz gedachten deutschen Marine nicht der Lächerlichkeit anheim fielen, war allein das Verdienst Brommys, dessen Organisations- und Verwaltungstalent der Marine und ihrem eigentlichen Erzeuger, dem deutschen Volk, ein Weniges der Selbstachtung bewahrte. Was auf der Weser lag, war bei näherem Zusehen gar nicht so übel, denn bis Ende 1849 schwoll die Flotte, auch dies ein Ergebnis Brommyschen Tatendrangs, auf zehn Dampfschiffe, zwei Vollschiffe und 27 Ruderkanonenboote an:

Schiffe der Reichsflotte 1848–1852:

BARBAROSSA

HÖLZERNE FREGATTE, RADDAMPFER

Erbaut bei Robert Duncan in Greenock, Schottland a/s SS BRITANNIA.
1.313 t/64,7 m Länge ü.A./9,3 m Breite (16,5 m ü. Radkästen)/6,8 m Seitenhöhe/5,2 m Tiefgang/Zwei Einzylinder-Seitenbalanciermaschinen von Robert Napier, Glasgow/1.500 PSi/9 Kn/Vier Kofferkessel, 1 atü/Bewaffnung: Neun 68-Pfünder-Bombenkanonen/Besatzung: 200 Mann, Teilnahme am Gefecht vor Helgoland am 4. Juni 1849. 1852 von der Preußischen Marine übernommen.

BREMEN

HÖLZERNE KORVETTE, RADDAMPFER

Erbaut bei Johann Marbs in Hamburg als Frachtschiff LEEDS.
350 t/55,8 m Länge ü.A./6,8 m Breite (12,7 m ü. Radkästen)/4,6 m Raumtiefe/2,9 m Tiefgang/Zwei liegende oszillierende Einzylindermaschinen von Fawcett, Preston & Co., Liverpool/Zwei Kofferkessel/700 PSi/8 Kn/Bewaffnung: Eine 36-Pfünder-, eine 32-Pfünder- und zwei 18-Pfünder-Bombenkanone(n)/ Besatzung: 100 Mann.

ERZHERZOG JOHANN

HÖLZERNE FREGATTE, RADDAMPFER

Erbaut bei John Wood in Port Glasgow als SS ACADIA.
1.313 t/64,7 m Länge ü.A./9,3 m Breite (16,5 m. ü. Radkästen)/6,8 m Seitenhöhe/5,2 m Tiefgang/Zwei Einzylinder-Seitenbalanciermaschinen von Robert Napier, Glasgow/Vier Kofferkessel, 1 atü/1500 PSi/9 Kn/Bewaffnung: Neun 68-Pfünder-Bombenkanonen/Besatzung: 200 Mann.

GROSSHERZOG VON OLDENBURG

HÖLZERNE KORVETTE, RADDAMPFER

Erbaut bei Wm. Patterson in Bristol als SS INCA.
415 t/50,3 m Länge ü.A./8,1 m Breite (14,8 m ü. Radkästen)/4,3 m Raumtiefe/3,2 m Tiefgang/Zwei liegende oszillierende Einzylindermaschinen von Miller & Ravenshill, London/Vier Koffersessel, 1 atü/920 PSi/9 Kn/Bewaffnung: Zwei 68-Pfünder-Bombenkanonen/Besatzung: 100 Mann.

HANSA

HÖLZERNE FREGATTE, RADDAMPFER

Erbaut beim Wm. H. Webb in New York als SS UNITED STATES.
1.650 t/81,9 m Länge ü.A./12,2 m Breite (19,5 m ü. Radkästen)/10,6 m Seitenhöhe/4,7 m Tiefgang/Zwei Einzylinder-Seitenbalanciermaschinen von T.F. Secor CO., New York/Vier Kofferkessel, 1 atü/Bewaffnung: Drei 85-Pfünder- und acht 68-Pfünder-Bombenkanonen/Besatzung: 260 Mann. HANSA war Admiral Brommys Flaggschiff.

ECKERNFÖRDE

HÖLZERNE FREGATTE, VOLLSCHIFF

Erbaut bei der Neuen Königlichen Werft in Kopenhagen als Fregatte GEFION.
1.385 t/59,4 m Länge ü.A./13,5 m Breite/9,2 m Seitenhöhe/5,7 m Tiefgang/Bewaffnung: Zwei 60-Pfünder- und sechsundvierzig 24-Pfünder-Kanonen/Besatzung: 420 Mann. 1852 von der Preußischen Marine übernommen.

DER KÖNIGLICHE ERNST AUGUST

HÖLZERNE KORVETTE, RADDAMPFER

Erbaut bei Wm. Patterson in Bristol als SS CORA.
580 t/55,5 m Länge ü.A./9,7 m Breite (17,1 m ü. Radkästen)/5,0 m Raumtiefe/4,0 m Tiefgang/Zwei lie-

gende oszillierende Einzylindermaschinen von Miller & Ravenshill, London/Drei Koffersessel, 1 atü/950 PSi/9 Kn/Bewaffnung: Sechs 68-Pfünder-Bombenkanonen/Besatzung: 150 Mann.

FRANKFURT

Hölzerne Korvette, Raddampfer

Erbaut bei Wm. Patterson in Bristol als SS CAZIQUE.
448 t/51,0 m Länge ü.A./8,2 m Breite (14,4 m ü. Radkästen)/4,3 m Raumtiefe/2,7 m Tiefgang/Zwei liegende oszillierende Einzylindermaschinen/Vier Kofferkessel/700 PSi/8 Kn/Bewaffnung: Zwei 68-Pfünder-Bombenkanonen/Besatzung: 100 Mann.

HAMBURG

Hölzerne Korvette, Raddampfer

Erbaut bei Bernhard Wencke in Bremen.
380 t/53,3 m Länge ü.A./6,9 m Breite/12,1 m ü. Radkästen)/4,9 m Raumtiefe/3,4 m Tiefgang/Zwei liegende oszillierende Einzylindermaschinen von Fawcett, Preston & Co., Liverpool/Zwei Kofferkessel/700 PSi/8 Kn/Bewaffnung: Eine 56-Pfünder-, eine 32-Pfünder- und zwei 18-Pfünder-Bombenkanone(n)/ Besatzung: 120 Mann. Teilnahme am Gefecht vor Helgoland am 4. Juni 1849.

LÜBECK

Hölzerne Korvette, Raddampfer

Erbaut bei S. & H. Morton & Co. in Leith als SS ROBERT NAPIER.
335 t/50,00 m Länge ü.A./6,5 m Breite (12,6 m ü. Radkästen)/4,0 m Raumtiefe/3,4 m Tiefgang/Zwei liegende oszillierende Einzylindermaschinen von Fawcett, Preston & Co., Liverpool/Zwei Kofferkessel/700 PSi/8 Kn/Eine 84-Pfünder-, eine 32-Pfünder- und zwei 18-Pfünder-Bombenkanone(n)/Besatzung: 100 Mann. Teilnahme am Gefecht vor Helgoland am 4. Juni 1849.

DEUTSCHLAND

Hölzerne Fregatte, Vollschiff

Erbaut in Chittagong, Ostindien, diente als Schulschiff.
267 Commerzlasten/37,8 m zw. Steven/9,8 m Breite/6,6 m Raumtiefe/Bewaffnung: Vierzehn 32-Pfünder- und vierzehn 18-Pfünder-Bombenkanonen/Besatzung: 230 Mann.

FRANKLIN

Hölzerne Korvette, Bark

Erbaut bei J.A. Meyer in Lübeck.
ca. 250 BRT/28,1 m zw. Steven/6,9 m Breite/4,6 m Raumtiefe/Bewaffnung und Besatzung: nicht überliefert.

Die zehn Dampfschiffe, so die Konzeption des neuen Handels- und Marineministers Ernst Merck, waren im Frieden zu Wirtschaftszwecken vorzusehen und deswegen an Reedereien zu vermieten. Wäre Krieg, seien sie durch kurzfristige Armierung rasch zu Kriegsschiffen wiederhergestellt. Der Plan, durchaus den dürftigen materiellen und finanziellen Verhältnissen Rechnung tragend, scheiterte an der Ablehnung der deutschen Staaten, fürchteten sie doch eine allzu starke Konzentrierung auf die Handelsinteressen der Hansestadt Hamburg. Wie also weiter? Eine entscheidungskräftige Zentralgewalt fehlte, niemand wollte die volle Verantwortung übernehmen, die zugleich den lästigen Umstand der Finanzierung bedeutete. So zerrten die einzelnen deutschen Staaten ein bißchen unlustig um Stücke an der Flotte, und auch jetzt war es Brommy zu verdanken, der sie, allen widrigen Umständen zum Trotz um das einheitliche Ganze bemüht, dem im Mai 1851 wiedergebrachten Deutschen Bund zuführte.

Bundesflotte sollte sie fortan heißen, doch weil Preußen und Österreich eigene Flotten unterhielten und zudem unterschiedliche, operativ gegensätzliche Marinekonzeptionen verfochten, kam der Ausschuß des Bundestages überein, die Flotte den deutschen Staaten außer Preußen und Österreich zu übereignen. Als Nordseeflottille und gleichsam dritte Kraft hätte sie im Kriegsfall an der Seite der beiden Großmächte – die waren ins Mittelmeer bzw. in die Ostsee orientiert – fungieren können. Zeigten sich Preußen und Österreicher von dem Vorschlag auch angetan, rieb er sich jetzt an der Uneinigkeit, am Widerstand der Einzelstaaten auf.

Fregatte ECKERNFÖRDE der Reichsflotte, 1843 als GEFION für die Dänische Marine in Dienst gestellt, am 5. Mai 1849 in der Eckernförder Bucht zum Streichen der Flagge gezwungen, 1852 als GEFION von der Preußischen Marine übernommen, bis 1870 in Fahrt, 1891 abgewrackt. Länge 59,3 m, Breite 13,5 m, Tiefgang 5,68 m, 1.826 ts. Archiv MOV/DMI

Die abschließende Lösung war traurig, aber unabwendbar: Im Laufe der Jahre 1852/53 wurde die deutsche Flotte veräußert, BARBAROSSA und ECKERNFÖRDE gingen an Preußen. Den restlichen Bestand versteigerte der oldenburgische Geheime Staatsrat und Regierungspräsident a.D. Hannibal Fischer an private Reedereien. Am 31. März 1853 war die Bundesflotte offiziell aufgelöst, ihr Gestalter Brommy - in Sachsen geboren, in der amerikanischen Handelsmarine gewachsen, in griechischen Diensten Fregattenkapitän und letztens Admiral der deutschen Marine - entlassen. Den Schmerz darüber hat der Verdiente, der zunächst zurückgezogen lebte, nie verwunden. Brommy übernahm 1857 für kurze Zeit die Leitung der Technischen Abteilung der Österreichischen Admiralität in Mailand. Der 1804 in Anger bei Leipzig geborene Rudolf Bromme verstarb 1860 in St. Magnus. Trotz Empfehlungen des Prinzen Adalbert konnte er aus formalen Gründen nicht in preußische Dienste übernommen werden, weil man in Preußen keine Offiziere einstellte, die zweimal den Dienstherren gewechselt hatten.

Die Gründung der ersten deutschen Marine war keine überraschende, widernatürliche Improvisation, doch die Umstände ihre Geburt nahmen sich merkwürdig aus, überstürzt in jedem Fall. Zieht man die ganze Rechnung ihres allzu kurzen Lebens samt unrühmlichem Ende, steht am Ausgang die geschichtsmächtige Erkenntnis, daß es einer Marine in einem Einheitsstaat bedurfte, um künftig im Konzert der Mächte etwas auszutragen. Der Flottengedanke hatte sich unauslöschlich ins Bewußtsein von Volk, Beamten, Militärs und Politikern eingegraben. Die Symbolkraft der gescheiterten Bundesflotte war eine ungeheure: Marine ist allerhöchster Ausdruck der Staatsräson. Das blieb, das einte im Zerfall.

Von der preußischen zur Marine des Norddeutschen Bundes

Seit Olmütz waren die Österreicher die Mächtigen des Deutschen Bundes, Preußen hatte sich fügen müssen und seine maritimen Kräfte auf den Küstenschutz beschränkt, den es von Danzig, Stralsund und Swinemünde aus bestellte. Einer Hochseeflotte, weit entfernt, galt nie die Rede. Zwar drängte Prinz Adalbert unverdrossen auf Preußens Gewicht in der See, wollte mehr als nur den Küsten- und Handelsschutz, leitete 1853, ein Jahr vor seiner Ernennung zum Oberbefehlshaber, den Kauf eines Terrains um den Jadebusen ein, um irgendwann einmal hier einen Stützpunkt für eine preußische Nordseeflotte zu finden. Doch Preußen war ein Land, dem die Armee das militärische Element war und nicht eine Marine. Wer preußisch dachte, der dachte kontinental, und den Gencralen des Heeres mußte die Flotte ein kostspieliges Nebenbei sein, dem überdies nach ihrer Art ein übler Geruch der 48er-Revolution anhaftete. Immerhin wurden viele Offiziere und Offizieranwärter der Reichsflotte in die preußische Marine übernommen, zumal Admiral Brommy in einem Bericht an Prinz Adalbert seine Offiziere und sich selbst als in keiner Beziehung zu der demokratischen Bewegung von 1848 stehend erklärt hatte. Um die Marine vor der Einflußnahme der Armee zu bewahren, löste sie der Prinz aus dem Kriegsministerium heraus und unterstellte sie einer eigens geschaffenen »Admiralität« mit oberster Kommando- und Verwaltungsstruktur, die der Ministerpräsident Preußens, Manteuffel, sich selbst zu leiten nicht nehmen ließ. Ministerium und Admiralität waren auf diese Weise eng miteinander verknüpft, so daß weder der eine, Adalbert, noch der andere, Manteuffel, eigene Wege gehen konnte.

Allegorische Darstellung der Marine des Norddeutschen Bundes nach einer Zeichnung von Wilhelm Diez. Zwei Seeleute und ein Soldat des Seebataillons posieren unter der Kriegsflagge des Norddeutschen Bundes.
Archiv MOV/DMI

Man unterhielt neben den schon genannten Ruderkanonenbooten einige Korvetten, da größere Schiffe infolge mangelnder Werftkapazität und Finanzzuweisung nicht gebaut werden konnten. Also war die Aufgabe, der »Auftrag«, festgeschrieben: Korvetten zum erweiterten Küstenschutz, niemals zum Gefecht um Höheres, etwa um die Vorherrschaft in der Ostsee, die unbestritten bei Dänen und Russen lag. Die Personaldecke war darüber hinaus zu dünn, als daß man Größeres hätte vorhaben können. Schwedische Seeoffiziere taten zwar vermehrt Dienst auf Preußens Schiffen, doch für eine schlagkräftige Flotte gegen Rußland und die Seeländer Skandinaviens reichte es nicht.

Rasch arbeitete sich die Marine zu einem militärischen Faktor im Selbstverständnis der Preußen hervor, und sie verspürte weder Lust noch Laune, ihr Dasein als »Blinddarm der Armee« zu fristen, schon gar nicht als kleiner Bruder Österreichs, weswegen sie einige Ansprüche auf Betätigungen erhob, die recht erfolgreich zum Abschluß gelangten. Als Übungsfahrt vom Ministerium genehmigt, zeigte Preußen Flagge im Golf von Neuguinea; den marokkanischen Seeraub an einer Stettiner Brigg rächend, stieß die Radkorvette DANZIG zum Kap Tres Forcas vor und ging am 7. August 1856 ins Gefecht, um die verletzte Ehre wieder herzustellen. Der Erfolg war Antrieb für weitere Unternehmungen - weniger praktisch-kriegerischer denn theoretisch-strategischer: Die Admiralität überlegte, wie Marokko zu besetzen sei, zum preußischen Kolonialgebiet gar umgewandelt werden könne, aber Manteuffel zeigte sich keineswegs willens, dem gefährlichen Abenteuerdrang der Marineoffiziere nachzugeben; immerhin hatte die Marine ihre Fähigkeit zu selbständigem Handeln unter Beweis gestellt. Die Admiralität wurde getrennt in ein Oberkommando und eine Marineverwaltung; letztere lag zunächst in den Händen von Vizeadmiral Schröder, einem weitgereist-vielseitigen und erfahrenen Seemann aus den Niederlanden, der bereits in der Reichsflotte in der »Technischen Marine-Kommission« mitgearbeitet hatte, der jetzt jedoch nach einem schweren Zerwürfnis mit dem Prinzen - seinerseits Chef des Oberkommandos - schon 1860 seinen Abschied nahm.

Man braucht es nicht zu verhehlen: Was aufgebaut, hier und da umorganisiert oder mit neuen Vorzeichen versehen und berüstet wurde, war wie der Gegenstand selbst vorwiegend von symbolischer Kraft. Freilich: Man warnte vor dem Staate Dänemark, war diesem vielleicht auch ein bißchen Warnung, stellte hin und wieder Seeräubern nach und erging sich in ausgebreiteten Theorien von Invasionen und Landnahme, die eine Marine zu bewerkstelligen hätte. Aber war, bei Lichte betrachtet, die Flotte eigentlich zu mehr nütze als zur Dekoration eines Staates, zu warnendem Charakter und Abstrafung wilder Gesellen? Sie war, und die sogenannte »ostasiatische Expedition« der Preußen zeugt davon.

Der erste sogenannte Opiumkrieg, von England in den Jahren 1839–1842 gegen China geführt, sowie nachher die gewaltsame Öffnung Japans durch ein US-Expeditionsgeschwader unter dem Befehl von Commodore M.C. Perry schworen westliche Begehrlichkeiten in Ostasien herauf und verhalfen der dortigen Szenerie zu Bewegung. Damals tat an amerikanischer Seite ein Maler mit Namen Wilhelm Heine mit, dessen Reiseerinnerungen er keinem geringeren als dem Prinzen Adalbert widmete:

»Königliche Hoheit! Als Wanderer auf dem weiten Weltmeere ist mir noch nicht die Freude geworden, einem deutschen Kriegsschiffe zu begegnen, denn bis vor nicht vielen Jahren ist diesem wichtigen Zweige der Nationalbewaffnung verhältnismäßig nur wenig Aufmerksamkeit geschenkt worden, und mit Bedauern mußte ich wahrnehmen, daß deutsche Handelshäuser in fernen Ländern oft durch den Mangel an einer bewaffneten Macht der Willkür von zuweilen ganz unbedeutenden Despoten ausgesetzt waren. Mit inniger Freude nehme ich daher wahr, daß Preußen die Wichtigkeit einer Flotte für den Schutz des Handels erkannt hat, und daß der Anfang zu diesem großen Werke in so Hoffnung erregender Weise gemacht worden ist.«

Vorher schon hatte Perry seine »Narrative of the Expedition ...« herausgebracht, und beide wurden den Preußen zum Signal. Andere orientierten sich gen China, Siam und Japan, und auch Berlin reagierte umgehend mit der Entsendung eines nicht un-

Vizeadmiral Eduard von Jachmann (1822–1887), 1868 Beförderung zum Vizeadmiral, 1870/71 Oberbefehlshaber der Seestreitkräfte in der Nordsee, 1871/74 Befehlshaber aller in Dienst gestellten Seestreitkräfte, 1882 erblicher Adel. Archiv MOV/DMI

beträchtlichen Teils seiner Flotte unter dem Kommando des späteren preußischen Innenministers Friedrich Graf zu Eulenburg in neue Gewässer. Das Bekanntwerden der preußischen Farben auf den Weltmeeren, wirtschaftliches und wissenschaftliches Interesse des mittlerweile auf dem Wege der Industrialisierung befindlichen Preußens und eines sich immer stärker ausdehnenden deutschen Überseehandels, schlossen sich zu einem Motivationsverbund zusammen, der vier preußische Kriegsschiffe in den Fernen Osten trieb. Flaggschiff dieses kleinen Geschwaders war die Gedeckte Korvette ARCONA, ein Schraubendampfer mit Vollschiffstakelage unter dem Kommando von Kapitän zur See Hinrik Sundewall, der auch als Geschwaderchef fungierte. Ferner gehörten zu diesem Verband die Segelfregatte THETIS unter dem Kommando von Kapitän zur See Eduard Jachmann, das Transportschiff ELBE, ein als Vollschiff getakelter Segler unter dem Kommando von Korvettenkapitän Reinhold Werner, der bereits als Leutnant zur See in der Reichsflotte gedient hatte, und der Schoner FRAUENLOB unter dem Kommando von Leutnant zur See I. Klasse Reetzke.

Zwar ging die FRAUENLOB, so genannt, weil großzügige Spenden guter Landestöchter ihren Bau ermöglichten, in stürmischer See unter, aber die Unterzeichnung von Handelsverträgen und der Austausch diplomatischer Noten mit Japan, China und Thailand kompensierten den Verlust allemal. Die Verträge waren einseitig zu Preußens Gunsten ausgelegt und so Präludium des auf dem Fuß folgenden weltweiten Imperialismus. Eigentlich hatten die Preußen weitergehen und mit jenen gewaltsamen Annexionen anheben wollen, die in den Köpfen der Admiralität schon lange kreisten, aber der Tod von rund einem Drittel der Seefahrer schreckte vor weiterem zurück.

Der Erfolg, von Landtag und Bevölkerung enthusiastisch begangen, mochte über die vergleichsweise bescheidenen Verhältnisse der preußischen Flotte hinweggetäuscht haben. Sie war und blieb im Kern eine Küstenschutzmarine, und während das Geschwader nach dem Fernen Osten aufbrach, hätte sie sich beinahe bewähren müssen.

In Italien war 1859 Krieg, und die Österreicher lenkten nur deswegen eilig ein und schlossen den Waffenstillstand von Villafranca, um Preußens bereitwillige Hilfe nicht mit deutschlandpolitischen Zugeständnissen zu erkaufen. Wesentlich daran war, daß Dänemark eine Beteiligung an Frankreichs Seite gegen Österreich beabsichtigte, die abermals eine Blockade und vielleicht solche Seeoperationen bedeutete, wie sie soeben im Krimkrieg (1853–1856) gezeigt worden waren. Der brachte, ganz nebenbei, den Wechsel von Segelflotten zu den eisernen Dampfern und die Niederlage Rußlands gegen Österreicher, vor allem Engländer und Franzosen. Preußen rüstete 1859 mit Panzerschiffen und Kanonenbooten, andere wollten dies wohl auch, konnten aber nicht, suchten bei den Preußen um Hilfe nach und wurden abgewiesen, weil diese selbst nicht recht wußten, wie sie sich eines von See her eindringenden Feindes erwehren sollten. Preußen beeilte sich, eine Art Küstenverteidigungsbund verschiedener deutscher Staaten unter seiner Ägide ins Leben zu rufen, und eine zweite Navalismuswelle, vom Kriegsminister Roon geschickt in Szene gesetzt, überflutete die Öffentlichkeit. Trotz des propagandistisch unterfütterten Marine-Booms stellte sich der von Preußen erwünschte politische Erfolg nicht ein.

Schneller noch als bei der Handelsschiffahrt gelangten die Errungenschaften der Industrialisierung bei den Kriegsflotten der europäischen Nationen zur Einführung. Im Krimkrieg von 1853–1856 hatte sich die operative Überlegenheit des dampfgetriebenen Kriegsschiffes eindeutig herausgestellt, die Einführung eiserner Granaten mit Aufschlagzünder zwang zur Panzerung, und mit dem Stapellauf der französischen Panzerfregatte GLOIRE begann 1859 der Wettlauf zwischen Geschützkalibern und Panzerstärken. Die Flotten waren fortan ein Spiegelbild des Entwicklungs- und Leistungsstandes der Industrien ihrer Nationen. Bei Hampton Roads führte die floßartig, nur wenig über die Wasseroberfläche ragende MONITOR der Nordstaaten am 9. März 1862 ihren drehbaren und gepanzerten Geschützturm, der ein Rundumfeuern ermöglichte, gegen die ebenfalls gepanzerte VIRGINIA. Beide trugen nur geringe Schäden davon und bewiesen aufs trefflichste die Wirksamkeit ihres eisernen Schutzes. Preußen witterte die Chance, sich mit der Produktion solcher Kolosse in die Spitzengruppe zu schieben. Mit der amerikanischen MONITOR ähnlichen Kriegsschiffen wäre die Ostsee gut kontrollierbar, vielleicht auch die Nordseeküste, doch Roon scheiterte mit seinen Flottenplänen, mit denen sich die Marine endlich als Militär hätte ausweisen und die Österreicher beeindrucken können.

Panzerschiffe waren ohne weiteres dazu in der Lage, »nach erkämpftem Sieg (gegen die skandinavischen Länder) den Handelsschiffen die Durchfahrt nach der Nordsee (zu) garantieren«, schrieb ein Adjutant und Leutnant zur See, und weiter: »im Kampfe aber gegen eine Seemacht ersten Ranges wird eine Flotte von dem Umfang und der Zusammensetzung der beabsichtigten nicht nur jeden Küstenangriff ver-

Konteradmiral Hinrik Sundewall als Kapitän zur See an Bord der Gedeckten Korvette ARCONA, die der aus Schweden stammende Seeoffizier von 1859 bis 1862 bei der Ostasienexpedition als Kommandant führte. Archiv MOV/DMI

eiteln, sondern durch Ausfälle gegen den blockierenden Feind die Häfen und Küsten zeitweise frei machen und dem bedrängten Handel wieder auf einige Zeit freie Bahn brechen können«. Der junge Mann, von Roon mit Lob bedacht (»Diese Behandlungsweise gefällt mir«), hatte die Situation mit gutem Auge gesehen, aber die zaudernde, dann blockierende Haltung der Oppositionellen im Landtag, unter ihnen der berühmte Virchow, vereitelte das Roonsche Flottenvorhaben und trug die Schuld an der schlecht ausgerüsteten und mangelhaft vorbereiteten Marine, mit der Preußen 1864 gegen Dänemark in den Krieg zog – wieder war, wie vordem 1848, Schleswig-Holstein der Zankapfel. Dabei hatte der Chef des Generalstabes, Helmuth von Moltke, schon 1862 in einer Denkschrift auf die Notwendigkeit einer starken Flotte verwiesen, käme es zum deutsch-dänischen Krieg. Beim Stand der Dinge könne man nur, so Moltke, die Entscheidung zu Lande suchen. Als Dänemark ein Ultimatum ignorierte, rückten preußische und österreichische Truppen am 1. Februar 1864 über die schleswig-holsteinische Grenze nach Dänemark vor, dessen Armee sich in Düppel verschanzte. Feldmarschall Wrangel, von seinen Untergebenen ob seiner gutmütig-väterlichen Weise »Papa Wrangel« genannt, stürmte entgegen anders lautender Weisungen aus Berlin die dänischen Stellungen und verschaffte dem preußischen Ministerpräsidenten Bismarck sowie Moltke und Roon eine vortreffliche Basis für anberaumte Verhandlungen, die jedoch ergebnislos blieben.

Zu diesem Zeitpunkt hatte sich die Marine schon tapfer geschlagen: Das unter der Führung von Kapitän zur See Jachmann angelegte und mustergültig exerzierte Ausfallgefecht vor Jasmund am 17. März 1864 – gegen eine Übermacht von 5:3 Schiffen und 180:43 Geschützen war er den dann verfolgenden Dänen durch ein waghalsiges Wendemanöver gut entkommen – verbuchten die Preußen zumindest als Punktsieg. Im weitaus bekannteren österreichisch-preußisch-dänischen Seegefecht bei Helgoland am 9. Mai des Jahres taten sich mehr die Österreicher mit ihrem Kommodore, dem aus Westfalen stammenden Wilhelm von Tegetthoff, denn die Preußen hervor. Ihm gelang es, die dänische Blockade der Deutschen Bucht mit seinen Schraubenfregatten SCHWARZENBERG und RADETZKY aufzubrechen, während sich die preußische Marine, etwas peinlich, auf die Wegnahme von vier unter dänischer Flagge laufenden schleswig-holsteinischen Schiffen beschränkte. Welche der beiden Flotten wirklich ernst zu nehmen war, hatten die Österreicher entschieden. Dänemark wurde schließlich zu Lande geschlagen und ihm der Frieden aufgezwungen.

Nur zwei Jahre später standen die Verbündeten von Düppel gegeneinander. In der Schleswig-Holstein-Sache, seit der dänischen Niederlage unter österreichisch-preußischer Verwaltung, hielt Bismarck die Österreicher mit System zum Narren. Er wollte nicht teilen, sondern Schleswig und Holstein für Preußen. Dieser Krieg war keiner allein um norddeutsche Beute, sondern der um die Vorherrschaft in Deutschland. 1865 gelangte man noch zu einer gütlichen Einigung, als in der Konvention von Gastein einiges genauer festgeschrieben wurde, darunter auch die Erlaubnis an Preußen, in Holstein Marinestützpunkte anzulegen. Doch Bismarck ging unbeirrt auf Krieg zu und erwirkte mit Italien ein Bündnis, um die Seefront abzusichern; im Gegenzug schlossen die Österreicher eines mit Frankreich. Berlin und Wien warfen sich gegenseitig Vertragsbruch vor, und die Preußen fielen im Holsteinischen ein. Mit dem »Getrennt Marschieren – vereint Schlagen« fiel die Entscheidung am 3. Juli 1866 im böhmischen Königgrätz. Moltke und Bismarck, dieser bis zum Tage den Deutschen mehr verhaßter Krautjunker als genialisch-spitzfindiger Staatsmann, waren die Sieger. Weniger der König, der weiter nach Wien ziehen und guter alter Sitte gemäß dem Geschlagenen Land entreißen wollte. »Es würde dann das Geratenste sein, auf Konstantinopel zu marschieren, ein neues byzantinisches Reich zu gründen und Preußen seinem Schicksal zu überlassen.« Bismarck ließ seinem bitteren Sarkasmus Bedacht folgen. Er fürchtete französisches Eingreifen, blickte herüber nach der russischen Hauptstadt, sah, daß der Zar unruhig wurde und setzte die gewonnene Sache nicht aufs Spiel.

„Arcona" und „Frauenlob" im Typhon in den Ostindischen Gewässern.

Der Holzstich nach der Zeichnung von Hermann Penner zeigt die Gedeckte Korvette ARCONA und den Kriegsschoner FRAUENLOB in dem Taifun vom 2. September 1860, in dem die kleine FRAUENLOB (32,10 m Länge, 8,10 m Breite und 3,23 m Tiefgang, 305 ts) mit der gesamten Besatzung verloren ging. Archiv MOV/DMI

Auch hier war der Ministerpräsident weitsichtig: Die vor dem Krieg geschlossene Übereinkunft mit Italien hatte den regelrechten Einschluß der österreichischen Marine in der Adria zur Folge. In der Nord- und Ostsee wäre die preußische Flotte den Geschwadern von Tegetthoffs hoffnungslos unterlegen gewesen. Daß es gar nicht erst zum Treffen kam, war das Ergebnis von Bismarcks vorausschauender Bündnispolitik. So hatten sich die Italiener mit Österreichs Schiffen herumzuschlagen, welche die Insel Lissa angriffen, um von dort die Inbesitznahme Dalmatiens vorzubereiten. Mehr schlecht als recht dümpelte die italienische Marine vor sich hin und war von kopfloser Irritation, als Österreichs Flaggschiff ERZHERZOG FERDINAND MAX vermittelst Rammstoß innerhalb kürzester Zeit den italienischen Stolz, der RED'ITALIA, auf Grund schickte und die Schlacht damit beendete.

Wille und Plan eines einzigen Mannes hatten die deutsche Frage entschieden, den Deutschen Bund aufgelöst und einen Bundesstaat unter preußischer Führung geschaffen: den Norddeutschen Bund, in dem auch die preußische Marine aufging. Für die »Norddeutsche Bundesmarine«, zumeist »Marine des

Doppelseitiger Holzstich aus der Leipziger Illustrirten Zeitung vom 30. Juli 1870. Das Bild zeigt das damals kampfkräftigste Geschwader der Norddeutschen Flotte bei einer Übung in Gefechtsformation in der Nordsee. Archiv MOV/DMI

Norddeutschen Bundes« genannt, mit dem König von Preußen als Oberfehlshaber war Vermehrung das vordringliche Ziel. Der »Flottengründungsplan von 1867« präzisierte ihren Auftrag, an den sie Geldforderungen knüpfte:

1. Schutz und Vertretung des Seehandels Norddeutschlands auf allen Meeren und Erweiterung seiner Rechte und seiner Beziehungen;
2. Verteidigung der vaterländischen Küsten und Häfen an der Ost- und Nordsee;
3. Entwicklung des eigenen Offensivvermögens, nicht nur zur Störung des feindlichen Seehandels, sondern auch zum Angriff auf feindliche Flotten, Küsten und Häfen.

Den künftigen Bedarf an Schiffen gab man in einem Antrag neben der Panzerflotte – drei Einheiten wurden aus England angekauft, drei Panzerfregatten, GROSSER KURFÜRST, PREUSSEN und FRIEDRICH DER GROSSE, auf deutschen Werften in Auftrag gegeben – mit neun Korvetten größerer Bauart und acht Avisos an. Der Bedarf wurde zwar von der Fortschrittspartei des Landtages als völlig überhöht abgelehnt, von der Mehrheit jedoch angenommen.

Auf Bismarcks Drängen hin führte der Norddeutsche Bund und damit auch seine Marine eine neue Flagge, die in zweierlei Hinsicht die Räson des Ministerpräsidenten spiegelt: Die revolutionären Farben Schwarz-Rot-Gold waren ihm verhaßt, und an ihre Stelle setzte er kurzerhand per Verfassungsdekret die schwarz-weiß-rote Flagge – Preußens Schwarz-Weiß und das Rot der Hansestädte. Die erste Reichskriegsflagge war geboren: Der preußische Adler ruhte nun im schwarzen Deutsch-Ordensritter-Kreuz, in der oberen Ecke, der Gösch, das Eiserne Kreuz auf den neuen Farben. Im Gegensatz zur Flagge blieb es weitgehend bei der hergebrachten Marinestruktur.

Panzerfregatte Wilhelm I.   Gedeckte Corvette Arcona.   Panzerfregatte Friedrich Karl.

...norddeutschen Bundesflotte. Nach einer Zeichnung von M. Bischoff.

Das Preußische Marineministerium mit Roon an der Spitze und das Königliche Oberkommando, das nach wie vor Prinz Adalbert leitete. Das Marineministerium unterhielt ein Marinedepartement, dem Konteradmiral Jachmann vorstand, die Königliche Werft Danzig, drei Marinedepots, das oldenburgische Admiralitätskommissariat und die Hafenbaukommission. Dem Oberkommando des Prinzen waren die Berliner Intendantur und die Kieler Marineschule eingegliedert. Die beiden Marinestationen der Ost- und Nordsee führte das Oberkommando, wo auch die Personalentscheidungen getroffen wurden.

Mit Kiel und seit 1869, dem Jahr der Benennung des 1853 erworbenen Hafens am Jadebusen nach König Wilhelm in Wilhelmshaven, hatte der Bund zwei gute Kriegshäfen, wobei Kiel eine besondere Sache war, denn über den Entschluß, die Station von Danzig dorthin zu verlegen, herrschte im Jahre 1865 vorwiegend zwischen Jachmann und Moltke Unstimmigkeit. Der Admiral wollte daran nicht rütteln, zumal ein Kanal im Konzept stand, der Nord- und Ostsee verbinden und so zum hauptsächlichen Interesse für die Flotte würde. Den Ausbau der Bucht, die Fortifikation also, überdachte zwar auch Moltke strategischer Gründe wegen, jedoch wandte er ein: »Fortifikatorische Sicherung von solcher Ausdehnung nimmt die Mittel dergestalt in Anspruch, daß zu besorgen steht, wir erhalten zunächst statt einer Flotte, die wir brauchen, nur eine Festung, wie wir sie nicht wünschen können.« Mit den Augen eines Landmilitärs sah Moltke nur die Flotte, der Admiral hingegen beides, schwimmende Einheiten und Häfen. Höhere entschieden schließlich. »Sie bleiben in Kiel, wohin die Station verlegt werden soll. Ihre Flagge bleibt wehen«, so telegraphierte Prinz Adalbert seinem Admiral. Vormals war Danzig, seitdem Kiel die Marinestadt schlechthin, was ihr Schicksal, ihre Zukunft maßgeblich beeinflussen sollte. Kiels maritimer Platz in der Geschichte war gesichert.

Insgesamt war die Marine des Norddeutschen Bundes durchaus einsatzbereit, wenn auch nicht von allen Unzulänglichkeiten befreit, und Politik und Admiralität widmeten sich mit Eifer den Dingen ihres Einsatzes, wobei die Kolonialfrage bald ins Zentrum des Interesses rückte. Prinz Adalbert forderte kategorisch Flottenstützpunkte etwa auf der Insel Sumatra, Bismarck fand Gefallen an Timor (wenn er sich auch als »Realpolitiker« grundsätzlich gegen den Erwerb von Kolonien aussprach), und das nördliche Ecuador kursierte als Anlaufpunkt, unterstützt von der Euphorie des Volkes, das die Reiseberichte des Schriftstellers Friedrich Gerstäcker gierig verschlang. Jachmann besann sich hingegen auf die eigentlichen Aufgaben der Marine, die in erster Linie mit Handelsschutz umschrieben waren, und reagierte gegenüber Befürwortern etwaiger wirtschaftlich-kolonialer Beweggründe für den Einsatz der Flotte verhalten: »Ein so lebhaftes Interesse ich auch an der Erwerbung überseeischer Länder und der Gründung deutscher Niederlassungen nehme, welche ohne Zweifel ja auch der Bundesmarine zu Gute kommt, so dürfe dieselbe nach gegenwärtiger Lage der Ressortverhältnisse doch zunächst nicht zu meiner Kompetenz gehören, vielmehr könnte danach die Bundesmarine erst dann in Betracht kommen, wenn es sich darum handelt, eine nach stattgehabter Exploration beschlossene Niederlassung vorzubereiten, bei der Ausführung mitzuwirken und derselben den erforderlichen Schutz angedeihen zu lassen.«

Mit anderen Worten: Jachmann verschloß sich zwar dem Anliegen nicht gänzlich, verweigerte jedoch seinen aktiven Beitrag. Die Befürwortung zum Erwerb überseeischer Stützpunkte basierte mehr auf technischen, pragmatischen Erfordernissen, denn die Kommandanten der jetzt vermehrt in Übersee zum Handelsschutz eingesetzten Einheiten sahen sich bei der Inanspruchnahme von Stützpunkten europäischer Seemächte in Übersee oft vor überteuerten Forderungen. Seine Position war vernünftig, den jungen Norddeutschen Bund und seine Marine nicht mit gewaltigen Engagements zu überfrachten. Auch Bismarck dachte so, dem die sehr viel sicherere und einfacher durchzuführende Stationierung einiger Korvetten vor allem in Ostasien am Herzen lag, wo man ja bereits bekannt war. Der Prinz preschte indessen in andere Richtung vor: Er wollte sich vorzüglich mit seinen Eskadres überall in der Welt zugleich zeigen und schien in seiner Heißblütigkeit die realen Verhältnisse nicht richtig einzuschätzen. Vom Bundestag gebilligt, setzte nun in den Jahren 1869/70 eine wahre »Stützpunktpolitik« vornehmlich in ostasiatischen Gefilden ein, die zur Errichtung von Marinedepots führte, die allerdings nur den Anschein einer stattlichen deutsch-kontrollierten Hafenkolonie gaben. Schließlich blieb es bei Kleinigkeiten.

1870. Die politische Landschaft bewölkte sich, in Frankreich und Deutschland wurde es dunkel. Nach den ersten beiden, nachher so genannten erfolgreichen Einigungskriegen gegen Dänemark und Österreich bedurfte es offensichtlich eines dritten, um zusammenzufügen, was zusammengehörte. Das konnte keine große Sache sein, wie Theodor Fontane dahinwarf:

Das bißchen Deutschland zusammenzuschweißen
Das lag in der Zeit, das will nicht viel heißen

Besieht man die den Kampf gegen Frankreich entzündenden Ursachen, so waren sie von solch läppischer Natur, daß man geneigt ist, nur darüber den Kopf zu schütteln. Traditionell hatten die Franzosen einiges gegen die Herbeiführung der deutschen Einigung durch Bismarck einzuwenden, denn ein starker Nachbar bedeutete stete Gefahr. Daß aber der Streit um die Hohenzollersche Thronkandidatur in Spanien geradewegs in den Konflikt führte, ist doch einigermaßen kurios.

Ein Prinz, mit der preußischen Krone verwandt, bot sich zur Übernahme an, woraufhin die Franzosen mit Krieg drohten, würde der Hohenzoller nicht Verzicht leisten, und zwar jetzt und in aller Zukunft. Die Franzosen brüskierten den preußischen König mit ihrer aberwitzigen Forderung, welche Bismarck mit einer Depesche beantwortete, die dem damaligen Ehrenkodex nach die Franzosen zur Kriegserklärung provozierte; sie löste ein erbärmliches Schlachten aus, das in ein neues Zeitalter der Kriegführung wies. Die süddeutschen Staaten traten an die Seite des Norddeutschen Bundes, Österreich und auch die übrigen europäischen Staaten blieben neutral. So war Preußen stark, Frankreich schwach. Füglich kapitulierte der französische Marschall Mac Mahon am 2. September bei Sedan, Napoleon III. mußte sich in Gefangenschaft begeben und nach Kassel ins Exil gehen. Doch die tapfere Republik führte den Kampf gegen Moltkes Truppen weiter, genauer: das Volk führte ihn, das machte die Sache so brisant.

Die Marine spielte bei alledem keine Rolle, und das war auch gut so, denn zur See waren die Franzosen zu mächtig für die Norddeutsche Bundesflotte, in jeder Schiffskategorie um das Fünf- bis Sechsfache überlegen. Hinzu kamen personelle Veränderungen, die sich momentan schwächend auf den Zusammenhalt der Flotte auswirkten. Prinz Adalbert und Minister Roon waren bei der Armee, und Jachmann führte mit allen Freiheiten die Flotte, deren Einheiten von Emden bis Danzig verteilt waren. Wenn es zur Seeschlacht käme, dann war mit einem französischen Landungsversuch zu rechnen, etwa in Pommern und Jütland, wofür es seit drei Jahren Pläne gab, die der französische Admiral Bouët-Willaumez bereithielt. Moltke, die Aussichtslosigkeit einer erfolgreichen Abwehr vor Augen, hielt Truppen im Hinterland zurück, um die Franzosen gegebenenfalls ins Meer zurückzuwerfen. Dazu kam es nie, denn die französischen Schiffe streiften nur in der See umher, klärten auf und beobachteten, verzichteten aber aus Sorge um Material- und Kohleknappheit auf größere Unternehmungen. Es gab einige beiderseitige Blockaden, mehr nicht, obwohl der Wille zum Gefecht existierte, vor allem auf den großen Meeren, falls man sich traf. So lieferten sich das deutsche Kanonenboot METEOR mit der typgleichen französischen BOUVET vor Havanna eine wilde Schießerei, die mit der Flucht der schwerer getroffenen BOUVET in neutrale Zonen endete. Was hätte aber die Vernichtung eines französischen Avisos dort in fremden Gewässern für den Ausgang des deutsch-französischen Krieges auch getan? Nicht das mindeste. Den Besatzungen des kleinen deutschen Kanonenbootes blieb neben der Erinnerung, ein friedliches Kanonenboot ins Weite getrieben zu haben, die Anrechnung ihrer Kriegsdienstzeit.

Wesentlich war, was zu Lande geschah. Unter starkem Druck deutscher Truppen kapitulierte die Festung Metz, Bismarck ließ Paris beschießen, das am 28. Januar 1871 fiel. Zehn Tage zuvor war das Werk bereits besiegelt, als im Spiegelsaal zu Versailles das Deutsche Kaiserreich ausgerufen wurde, für die Nachwelt in jenem Bilde festgehalten, das sich in allen Geschichtsbüchern findet. Preußen ist zu Deutschland geworden, worüber der König von Preußen, jetzt Deutscher Kaiser, am Tage vor der Proklamation in bitterliches Weinen ausgebrochen sein soll. Doch es waren keine Freudentränen, sondern solche der Trauer über den Abschied vom alten Preußen. Die Marine aber wurde kaiserlich.

Die Kaiserliche Marine 1871–1914

Es zeigte sich, daß die Marine im Verlauf der Einigungskriege 1864, 1866 und 1870/71 nur eine Statistenrolle und für den Ausgang der Kämpfe gar keine spielte. Sie war Spuk, Fata Morgana, Chimäre, Gespinst – in der Literatur lassen sich diese Umschreibungen lesen –, weil sie nicht einlöste, was sie ursprünglich sein wollte: Seemacht.

Die strategische Zielsetzung war während dieser ersten Periode der deutschen Marine auf die Verteidigung der Küsten konzentriert, obwohl viele mit der Flotte mehr im Sinn hatten. Nachher, als das kaiserliche Deutschland im neuen Jahrhundert eine Hochseeflotte unterhielt, alle Bevölkerungsschichten von der maritimen Agitation erfaßt und sämtliche Hemmungen abgelegt waren, wuchs die Marine zum bestimmenden Faktor der deutschen Außenpolitik heran, Admiral Tirpitz schuf mit enormer Energie ein Instrument, das Deutschland zur Weltmacht emporheben sollte, und mit ebensolcher Energie entfachte er jene Glut in der Bevölkerung, die im flammenden Ehrgeiz, mit dem bewunderten großen Bruder auf See gleichzuziehen, ihn vielleicht zu besiegen und zu beerben, doch nur in der bitteren Belehrung des Jahres 1918 endete.

Das geschichtliche Szenarium, vor dem sich die Geschichte der Kaiserlichen Marine von 1871 bis 1918 abspielen sollte, hat der Historiker Michael Stürmer mit seinem Vortrag auf der Historisch-Taktischen Tagung des Flottenkommandos von 1985 unter dem Thema »Deutscher Flottenbau und europäische Weltpolitik vor dem Ersten Weltkrieg« in geradezu klassischer Weise skizziert. Stürmer bemerkte, daß die Gründung des kleindeutschen Nationalstaates in der Mitte Europas einen Machtkern bedeutete, wo zuvor das deutsche Gleichgewicht Europa die Ruhe gesichert hatte. Durch die Revolutionen von 1848/49 war die Ordnung des Wiener Kongresses von 1814/15 zwar erschüttert, aber noch nicht zerstört worden. Mit der Bildung eines Nationalstaates von 1866 bis 1871 war dieses System dann jedoch endgültig in Frage gestellt worden. In den sogenannten Einigungskriegen, in deren Verlauf die Reichsgründung dann 1871 erfolgte, hatte die Lösung der Deutschen Frage seit Jahrhunderten erstmalig in der Hand der Deutschen gelegen. Was nunmehr nach 1871 geschah, ist unter zwei Aspekten zu sehen: Einmal im Innern nach den Worten Jacob Burckhardts, eine abgeschnittene Krise ersten Ranges und eine Revolution von oben (Die Revolutionen von 1848/49 waren Revolutionen von unten gewesen); zum anderen nach außen, um mit Benjamin Disraeli zu sprechen, »the German revolution«, den britischen Interessen gefährlicher als die Französische Revolution 80 Jahre zuvor.

Reichskanzler Bismarck hatte diese von außen kommenden Warnungen wohl verstanden und sich auf den halbrevolutionären Zustand Deutschlands nach 1871 bezogen. Es mußte jetzt genug sein mit dem Vorspann vor den preußischen Wagen. Deutschland mußte auf lange Zeit sehr konservativ sein, um zu überdauern. Niemand gefährdete das neubegründete Reich stärker als der deutsche Nationalismus, wenn er sich nicht selbst begrenzte. »Wir gehören zu den, was der alte Fürst Metternich nannte: saturierten Staaten«, beschwor der alte Kanzler die Deutschen, der unter seinen Zeitgenossen letztmalig eine Gesamtvision Europas, seines Friedens und seiner Dauer hatte. Seine Warnungen wurden aber nicht gehört.

Zwar hatte Bismarck nach 1882, als England das Protektorat über Ägypten annahm und von den europäischen Mächten neue Kolonialgründungen vorgenommen wurden, weil Kolonien sozusagen zur Kleiderordnung europäischer Großmächte gehörten, auch für das Reich Kolonien erworben. Dies geschah jedoch mit Maß und unter der Priorität der europäischen Kontinentalpolitik. 1889 war er sogar bereit, den gesamten deutschen Reichsbesitz an Kolonien

SMS NIOBE vor Anker. Die 1853 in Portsmouth gebaute Fregatte wurde 1862 für die Preußische Marine als Segelschulschiff angekauft und blieb bis 1890 in Fahrt. Das Schiff verdrängte 1.590 ts, Länge 43,29 m, Breite 12,8 m, Tiefgang 5,39 m. In der Malerei oft dargestellt, liegt hier eines der wenigen Photos vor. Archiv MOV/DMI

einem Hamburger Kaufmannskonsortium zu verpachten. Die Sicherung des Reiches, zwischen Rußland und Frankreich in der Mitte Europas gelegen, war ihm wichtiger als Besitzerwerbungen in Afrika.

Auch General von Caprivi, damals Chef der Admiralität, vertrat Bismarcks diesbezügliche Zielsetzungen, wenn er jede über einen Küstenschutz hinausgehende Seerüstung ablehnte. »Je weniger Afrika, desto besser«, war seine Devise, denn der General erwartete den europäischen Krieg stets für »übermorgen«, und da würde jede aufwendige Seerüstung die deutschen Kräfte übersteigen. Er verkörperte damit jene ältere preußische Staatsräson, die die Gefahr auf dem Lande kommen sah, das heißt von Ost und West, und daher die See England überließ.

Nicht in Übersee, sondern mitten in Europa mußte Deutschland sein Überleben sichern. Reichskanzler Otto von Bismarck war alles andere als der eiserne Kanzler, wie er auf zahlreichen Denkmälern dargestellt ist, sondern ein Mann, der Krisen und Katastrophen über Deutschland sich auftürmen sah. Er hatte den Siebenjährigen Krieg noch nicht vergessen und nicht den Winter der Besiegten von 1806 auf 1807. Der »cauchemar des coalitions« war sein ständiger Begleiter. Er sagte voraus, daß diese Art von Albtraum jeden deutschen Kanzler heimsuchen werde, und er hatte recht damit. »Die Hungrigen ... werden uns fressen« prophezeite er 1883 einer fassungslosen Tischgesellschaft.

Man kann die Erfahrung der Bismarckzeit in der Paradoxie zusammenfassen, daß das Reich nur so stark war, wie es seine Grenzen hinnahm, das heißt, daß es sich mit seiner Lage in der Mitte Europas abfand und in der Weltpolitik den älteren Mächten den Vortritt ließ und so ein Faktor der Stabilität und Berechenbarkeit war.

Dies hatte jedoch zur Voraussetzung, daß die innere Lage des Reiches das blieb, was sie unter Bismarck geworden war: Ein Agrarstaat mit industriellem Zusatz, ein Obrigkeitsstaat mit dem berühmten Tropfen demokratischen Öls, ein kontinentaler Militärstaat ohne weltpolitische Machtprojektionen. Dies alles änderte sich aber im Jahrzehnt von Bismarcks Sturz, der dann aber auch viel damit zu tun hatte, daß sich die sozialmoralischen Grundlagen von Staat und Gesellschaft wandelten. Zwischen 1885 und 1895 war, gemessen an Investitionen, Beschäftigungszahl und Wertschöpfung im Deutschen Reich, die Industrie an die erste Stelle vor die Landwirtschaft gerückt. Deutschland war eine Industriegesellschaft geworden und konnte allein als Industrienation überleben. Die neue Ära nach Bismarcks Sturz von 1889 begann mit einer Innenpolitik, die auf die Versöhnung sozialer Gegensätze gerichtet war und einer Außenpolitik, die um Vertrauen warb: 1890 wurde den Engländern gegen Überlassung von Helgoland das Protektorat über Sansibar abgetreten, 1894 wurde der große Handelsvertrag mit Rußland abgeschlossen. Gegen den Vertrag mit England richtete sich eine erbitterte Opposition des nationalistischen Alldeutschen Verbandes, und gegen den Handelsvertrag mit Rußland opponierte der Bund der Landwirte, dessen Mitglieder die der Sozialdemokratie damals noch zahlenmäßig übertraf.

Reichskanzler von Caprivi hatte nach 1890 die deutsche Politik aus der Richtung des kontinentalen Agrar-Militär-Staates in die Richtung friedlicher Weltwirtschaftspolitik gewendet. In der Ergänzung von Innerer Reform und vorsichtiger Weltpolitik sah er seine politische Maxime. Im Reichstag erklärte er: »Wir müssen exportieren. Entweder wir exportieren Waren oder wir exportieren Menschen. Mit dieser steigenden Bevölkerung ohne eine gleichmäßig zunehmende Industrie sind wir nicht in der Lage, weiterzuleben.« Damit verkörperte dieser Mann des Maßes und der Nüchternheit im Zeitalter der Maßlosigkeit das deutsche Staatsinteresse. Er hatte Bismarcks Lehre begriffen, daß die Annexion Elsaß-Lothringens ein Fehler war und daß im russisch-französischen Bündnis von 1892, das die Revision der europäischen Landkarte zum Ziel hatte, eine tödliche Gefahr für das Reich lag. So war es für ihn eine klare Schlußfolgerung, daß die Sicherheit Deutschlands von England abhing. Angesichts der Einengung des Bewegungsraumes nach Osten und Westen entschied die Insel über Gleichgewicht oder Hegemonie auf dem Kontinent und letztlich damit über den Bestand des Deutschen Reiches. Das war dann auch der Grund, weshalb die handelspolitische Offensive Deutschlands, die sich auf die technisch-wirtschaftlichen Leistungsfortschritte in der Pharma-, Farben-, Elektro-, Optik- und Maschinenbauindustrie stützte, sicherheitspolitisch abgefangen werden mußte.

Das 48er Bürgertum hatte zwei Träume gehabt: Die Heimholung Elsaß-Lothringens, 1870 geschehen und seither wie ein Mühlstein an der deutschen Außen- und Sicherheitspolitik hängend, und die Vision einer mächtigen Flotte als Ausdruck nationaler Einigkeit und Stärke.

Hatten Bismarck und Caprivi noch alles vermieden, um durch Kolonialerwerb und Flottenbau England herauszufordern, so kam es nun seit Mitte der 90er Jahre zu einem deutschen Auftrumpfen und Insistieren, daß auch den Deutschen »der Platz an der Sonne« gebühre, wie es Staatssekretär von Bülow 1897 propagierte.

Es ist nach den Motiven zu suchen, die zu dieser Zeit den gefahrdrohenden Bruch mit der Bismarckschen Außenpolitik herbeiführten, der im Flottenbau begründet war.

Die Behauptung, daß die forcierte Weltwirtschaftspolitik in ihrem Gefolge den Aufbau einer Schlachtflotte gehabt habe, wurde damals von Kaiser Wilhelm II. und dem Auswärtigen Amt vertreten. Sie ist nicht belegbar, denn Wirtschaft und Industrie waren sich im klaren, daß Deutschlands Außenhandel zu einem wesentlichen Teil mit England und dem Empire ablief. Deutschlands Außenhandel konnte nur so lange florieren, wie England ihn als Land des Freihandels förderte. Der große Hamburgische Reeder Albert Ballin, ein deutscher Jude und Vertrauter des Kaisers, war entsetzt, als er – viel zu spät – die Herausforderung Englands durch den deutschen Schlachtflottenbau begriff.

Eine andere These vertrat die Auffassung, daß die Vertreter der Rüstungsindustrie und der damit zusammenhängenden damaligen Spitzentechnik den Werbewert von Schlachtschiffen made in Germany für einen weltweiten Absatz ihrer Produkte nutzen wollten. Dies ist zwar in bestimmtem Umfang der Fall gewesen, aber bis 1897 scheiterten fast alle diese Ansätze, spätestens im Reichstag, größtenteils aber auch am Desinteresse der Armee und an den Konservativen, die den Primat der Kontinentalpolitik vertraten, da sie zutiefst von der Gefahr im Osten überzeugt waren und England als Handelspartner und geistesverwandte Kultur schätzten.

Die Erklärung liegt aber auf einer anderen Ebene: Im letzten Jahrzehnt des 19. Jahrhunderts begann unter den Großmächten ein regelrechter Wettlauf um die maritime Macht. 1889, als es in der Samoa-Krise zu einem Kräftemessen mit dem Deutschen Reich gekommen war, begannen die USA ihre Flotte auszubauen. Japan erhob seinen Anspruch auf Gleichrangigkeit und bewies ihn mit seinem Seesieg bei Tsushima über die russische Schlachtflotte 1905. Frankreich entwickelte im Mittelmeer und im Atlantik maritime Machtprojektionen, und England betrieb seit 1888 ein Programm umfassender Flottenmodernisierung. Dieser Wettlauf der Mächte war nicht allein ein Versuch der Ausfüllung der leeren Ozeane nach dem »informal Empire«, es war vielmehr eine technische Versuchung, durch neue Offensivwaffen die alten Defensivwaffen zu überholen, was zu einem nicht endenwollenden technischen Wettlauf führen mußte. Durch die Errungenschaften der industriellen Entwicklung führten Verbesserung von Panzerung, Reichweiten der Artillerie und Steigerung ihrer Präzision zu einem regelrechten Sprung in der Entwicklung des Schlachtschiffes. Minen und Torpedos versprachen wohlfeile Gegenwehr in Defensive und Offensive. Diese Krise und Revolution der maritimen Rüstung, verursacht durch die technische Entwicklung, gaben allen Mächten die Chance, noch einmal an der Startlinie zu beginnen. Es stellte sich die Aussicht, daß derjenige, der die größte Entschlossenheit aufbrachte, wer am zielstrebigsten rüstete und wer nicht die Nerven verlor, am Ende nicht doch gewinnen mußte.

Das Kriegsschiff als Produkt modernster Technik, ausgerüstet mit Waffen und wetterunabhängigem Antrieb, konnte als Träger staatlicher Macht infolge seiner unbegrenzten Bewegungsfreiheit in einem bisher unbekanntem Maße politische Machtansprüche weltweit durchsetzen. Der Historiker Walther Hubatsch verwies auf die Rolle des modernen Kriegsschiffs als wesentliches Instrument des Navalismus – ein Begriff, den sein amerikanischer Kollege William L. Langer für die Epoche dieses Wettlaufes zwischen 1890 und 1902 geprägt hatte –, der seinerseits die Summe der politischen, technischen und zivilisatorischen Errungenschaften war, die an der Wende zum 20. Jahrhundert von den Großmächten gezielt eingesetzt wurden, um Herrschaftsausdehnung auf oder über See zu erreichen zum Zwecke sicheren Warenverkehrs, Erschließung von Rohstoffquellen und Verbreitung bestimmter Kulturauffassungen.

Michael Stürmer resümierte, daß die durch die neuen technischen Möglichkeiten bedingte Versuchung für die deutsche, die Kaiserliche Marine, groß war, »die Aschenputtel-Rolle abzuwerfen und die strahlende Prinzessin zu sein, die dem deutschen Michel, der angstvoll nach Ost und West schaute, ein Weltreich in die Ehe brachte. Die Deutschen waren um 1900, ohne es zu wissen, in einer Lage, wo sie sehr weise sein mußten, oder sehr stark. Sie waren nicht weise genug, um sich selbst in Anspruch auf Seegeltung zu fesseln, und sie waren nicht stark genug, ihn durchzusetzen. Sie scheiterten, mit anderen Worten, an der Erforderlichkeit des Unmöglichen.«

Wenn der seit 1897 amtierende Staatssekretär des Reichsmarineamtes, Admiral Alfred Tirpitz, die Feststellung traf, die künftige deutsche Schlachtflotte sei gut gegen gebildete und ungebildete Sozialdemokraten, dann verriet ein solches Statement, daß es mit der Flotte auch um die Befestigung der Macht im Staate ging. Tirpitz wollte damit Legitimation von Herrschaft und sah in ihr ein Faszinosum für die Massen. Die Bedeutung, welche einst der Armee in der Zeit der Bismarckschen Reichsgründung zugefallen war, sollte nun durch die kaiserliche Flotte in der Zeit der wilhelminischen Weltreichgründung haben. Die geistigen Grundlagen für die damalige deutsche Weltpolitik finden sich klar manifestiert in drei Büchern dieser Zeit: Einmal die fünfbändige »Deutsche Geschichte im 19. Jahrhundert« von Heinrich von Treitschke, die vor Englandbewunderung und Englandhaß barst, ferner die Studie des US-Admirals Alfred T. Mahan »The Influence of Sea Power upon History 1660–1783«, ein von Kaiser Wilhelm II. überaus hochgeschätztes und damals vielgelesenes Werk, in dem die These vertreten wurde, daß allein Schlachtflotten Instrument von Weltgeltung sein konnten. Hier wurden erstmalig die geistigen Grundlagen des Navalismus formuliert. Michael Stürmer konstatiert: »Was aber für die USA, kontinentale Nation, eine neue »manifest destiny« war, konnte leicht für eine »landlocked nation« wie das Deutsche Reich der Weg in den Untergang werden. Schließlich, am unverfänglichsten von allen, die Abhandlung des britischen Forschers Charles Darwin über die natürliche Zuchtwahl unter den Arten, eine durchaus wissenschaftlich beachtliche Theorie, die jedoch im »Sozialdarwinismus« als Legitimation des Rechtes des Stärkeren die wildesten Blüten trieb. Für Männer wie Tirpitz erschien dies als ein Schlüssel zur Vergangenheit Preußens und zur Zukunft Deutschlands, als eine Prophezeiung eines unaufhaltsamen Aufstiegs für die vitale Nation in der Mitte Europas.

Deutschland war damals eine aufsteigende Nation, und Weltpolitik war für die deutschen Zeitgenossen das Mittel, diesen Aufstieg als industrielle Großmacht fortzusetzen und damit über die eu-

Kreuzerfregatte STOSCH unter Segel um 1900. 1877 als Gedeckte Korvette erbaut und vornehmlich in Ostasien eingesetzt, wurde das Schiff 1884 zur Kreuzerfregatte umklassifiziert und von 1891 bis 1907 als Schulschiff verwendet. Bewaffnung: 16 Geschütze 15 cm, 2 Geschütze 8,8 cm und 6 Revolverkanonen 3,7 cm, 2.994 ts, 12 kn. Archiv MOV/DMI

Arthur Renard, Kiel 1893.

S. M. S. Stosch unter Segel.

Seekadetten posieren 1902 in der Takelage des Vortopps der Kreuzerfregatte MOLTKE. Das 1877 als Vollschiff getakelte und mit Dampfantrieb gebaute Schiff diente von 1885 bis 1908 als Schulschiff für die Ausbildung von Offizieranwärtern der Kaiserlichen Marine.
Archiv MOV/DMI

ropäische Mittellage Preußens und Deutschlands herauszuschreiten. Deutschlands Zukunft würde auf dem Wasser liegen, das glaubte nicht nur Tirpitz, sondern die Mehrheit der Nation. Innerhalb eines Jahrzehntes wurde dies, nicht zuletzt auch durch tatkräftige Unterstützung der Regierung, zu einem deutschen Grundgefühl. Dieses fand seine Umsetzung nicht allein in den Tirpitzschen Flottenplänen, sondern wurde auch durch Matrosenanzüge für Jungen und Mädchen in breiten Bevölkerungsschichten in die Mentalitäten umgesetzt und auf dem blauen Hundertmarkschein von 1908 geradezu zur Staatssymbolik erhoben: In voller Fahrt dampft ein mächtig qualmendes Linienschiffsgeschwader vor einer unter einer Eiche thronenden Germania vorbei. Betrachtet man sich die Darstellung genauer, so befinden sich die Dickschiffe höchstens 200 Meter vom Ufer entfernt, eine Ikonographie, die eine navigatorische Lage von höchster Gefährlichkeit darstellt. Auch das hatte im nachhinein betrachtet Symbolkraft.

Stürmer fragt sich, ob man im damaligen Deutschland nicht erkannt habe, daß die Flotte eine strategische Herausforderung an die erste Seemacht der Welt, an England, bedeuten mußte. Die preußischen Konservativen blieben skeptisch, die Sozialdemokratie ablehnend. Es fehlte nicht an warnenden Stimmen. Michael Stürmer resümiert: »Dem Deutschen Reich an der Jahrhundertwende war, ungeachtet der französisch-russischen Entente des letzten Jahrzehnts, noch immer viel gestattet: industrieller Aufbruch, wirtschaftliche Durchdringung des Balkans, der Türkei, Belgiens und der Niederlande, hohe Investitionen in Nord- und Südamerika, siegreiche Konkurrenz mit England auf allen Märkten des Empire und in dritten Ländern. Den Deutschen war sogar eine kontinentale Hegemonie mit friedlichen Mitteln gestattet. Nur eines war den Deutschen bei Strafe des Unterganges verboten: auf das Erbe des Britisch Empire Anspruch zu erheben.«

In einer geheimen Denkschrift, der »Geheimen Dienstschrift des Oberkommandos der Marine IX«, hatte Tirpitz 1894 zum Ausdruck gebracht, daß die strategische Offensive die natürliche Bestimmung einer Flotte ist. »Ein Staat, der See- oder, was hierfür gleichbedeutend ist, Weltinteressen hat, muß sie vertreten und seine Macht über seine Territorialgewässer hinaus fühlbar machen können. Nationaler Welthandel, Weltindustrie, bis zu einem gewissem Grade auch Hochseefischerei, Weltverkehr und Kolonien sind unmöglich ohne eine der Offensive fähige Flotte. Die Interessenkonflikte der Nationen und das alsdann mangelnde Zutrauen des Kapitals und der Gesellschaft würden diese Lebensäußerungen eines Staates im Laufe der Zeit ersterben oder überhaupt nicht aufkommen lassen, wenn nicht nationale Macht auf den Meeren, also jenseits unserer Gewässer, ihnen das Rückgrat gibt. Hierin liegt der vornehmliche Zweck der Flotte überhaupt.«

Das waren Gedankengänge, die nicht mehr auf den politischen Doktrinen eines Metternich oder Bismarck fußten, sondern von Treitschke, Mahan und einem Sozialdarwinismus geprägt waren. Die für die deutsche Außenpolitik Verantwortlichen glaubten fest daran, daß Rußland, England und Frankreich nicht in der Lage seien, ihre jahrzehntelangen Rivalitäten zu überwinden und deshalb Deutschland die Chance der »freien Hand« in der Weltpolitik habe. Sie begriffen zu spät, daß Deutschland der Entscheidungspunkt ist, an dem die Welt sich entweder vereinigt oder zerbricht.

Tirpitz' Aufstieg zu einer Schlüsselrolle wurde dadurch begünstigt, daß nach Bismarcks Entlassung das politische System ins Schwanken kam, weil ihm die Mitte der politischen Entscheidung fehlte, durch den wirtschaftlichen Aufschwung des technischen Deutschland und durch den gewaltigen Optimismus, der damit einherging. Er kennzeichnete aber auch den Punkt, als die deutsche Versuchung, gegen die kontinentale Mittellage zu rebellieren, in die Hybris einer militärisch gestützten Weltpolitik umschlug.

Michael Stürmer betont, daß die Tirpitzschen Überlegungen einer so abgründigen wie begrenzten Logik nicht entbehrte: »Deutschland war im Zangengriff der Franzosen und Russen, und auf den Zweibund mit dem wankenden ›Kakanien‹ an der Donau war nicht viel Verlaß. Die Gefährdung wollte Tirpitz überwinden. Das europäische Gleichgewicht drohte sich gegen die Deutschen zu verändern. Der Schlüssel zum Weltgleichgewicht aber lag an der Themse. Ob England sich dem gewaltsamen deutschen Bündniswerben letztlich fügte, oder ob die Inselmacht zuletzt militärisch niedergekämpft werden mußte - bis dahin bildete immer die Weltmachtstellung Englands den Riegel vor dem deutschen Ausbruch aus der kontinentalen Mittellage. So war es vor einem Jahrhundert gewesen, als England Napoleons Weltherrschaft blockierte, und so würde es ein halbes Jahrhundert später wieder sein, als England den Riegel bildete vor Hitlers Weltreichkonzeption. Dieser Riegel mußte, das wurde Tirpitz' Axiom und der Anfang vom Ende des Deutschen Reiches, biegen oder brechen. So wurde 1902 die letzte britische Bündnischance kaltblütig ausgeschlagen.«

Die Entwicklung nach 1908 kann dann nur noch als Nachspiel gesehen werden: Der Dreadnought-Sprung der Briten war von Deutschland nicht mehr einzuholen. Die Tirpitzsche Flotte war für eine Entscheidung in der Nordsee gebaut worden »dort hat sie am Skagerrak 1916 das Ihre dann auch getan«. Sie war aber technisch nicht in der Lage, eine Durchbrechung der Fernblockade zwischen den Shetland Inseln und Norwegen zu erkämpfen; ihre Reichweite war unzureichend. Der Aufbau einer U-Bootwaffe kam zu spät.

Als der britische Kriegsminister Haldane 1912 in Berlin ein Rüstungsmoratorium vorschlug und die periphere Entspannung zwischen England und Deutschland in Afrika und der Türkei nun auch in der Mitte des Konfliktes zu vertiefen suchte, haben dies der Kaiser und die Militärs ignoriert, und die Reichsleitung hat diese Bemühungen ohne Nachdruck und Erfolg verteidigt. In der Julikrise 1914 hat die Flotte in klarer Erkenntnis ihrer strategischen Niederlage, die durch die Erkenntnis bedingt war, die Fernblockade nicht durchbrechen zu können, schon im Frieden jedem Präventivkriegskonzept, das vor 1917 einsetzte, widerraten.

Michael Stürmer: »So wie die Strategen zu Land nicht begriffen, daß der Schlieffen-Plan von 1905 kein Ausweg war, sondern nach menschlichem Ermessen ein Szenario der Verzweiflung und eine Sackgasse, so haben die Strategen zu Wasser nicht verstanden, daß aus ihrer strategischen Niederlage im Frieden eines mit absoluter Logik hätte folgen müssen: Vermeidung des militärischen Ernstfalles, und dies um nahezu jeden Preis. Der Erste Weltkrieg war für Deutschland verloren, zu Wasser noch mehr als zu Lande, bevor der erste Schuß abgefeuert worden war.«

General der Infanterie und Admiral à la suite des Seeoffizierkorps Albrecht von Stosch (1818-1896). Von 1872 bis 1883 war er Chef der Admiralität. Archiv MOV/DMI

Die Marine unter den Generalen Albrecht von Stosch und Leo von Caprivi 1871–1888

Als die Marinebehörden am 1. Februar 1872 zusammengefaßt »Kaiserliche Admiralität« genannt wurden, hatte sich an den 1867 formulierten Aufgaben prinzipiell kaum etwas geändert. Doch das Selbstbewußtsein war gestiegen, denn die Marine war nun Seestreitkraft einer Macht im Herzen Europas, deren Leitung Ende 1871 der Kaiser, Wilhelm I., einem der fähigsten Offiziere der Armee, Generalleutnant Albrecht von Stosch, übertrug. In der Administration und im Felddienst – er zerschlug damals einen französischen Vorstoß bei Paris – zeichnete sich Stosch bislang genauso aus wie in maritimen Angelegenheiten, über die er einige Schriften verfaßte.

Der neue Mann blieb in der Ostsee zunächst bei der Taktik einer beweglichen Küstenverteidigung unter Verstärkung der Kräfte. Für die Nordsee, die in ihrer räumlichen Ausdehnung Seeschlachten zuließ, wollte er eine Art selbständige Küstenverteidigung mit der Option auf weitergehende Ausfallgefechte in Entfernung von der Küste. Stosch ließ keine Zweifel daran, daß auch in einem künftigen Krieg die Armee die Hauptlast zu tragen hätte, arbeitete aber dennoch an einer offensiven Ausrichtung seiner Flotte für den Einsatz gegen kleinere und vermeintlich schwächere Seemächte, käme es zu Irritationen wegen des deutschen überseeischen Engagements. »Den barbarischen Völkerschaften gegenüber genügen zweckmäßig zusammengesetzte kleine Flottenabteilungen in den geeigneten Meeren, mit der Weisung, jeden zu Boden zu schlagen, der einem Deutschen ein Haar krümmt.« Deshalb sollte ein »fliegendes Geschwader« mit einer Panzerfregatte an der Spitze für den ständigen Einsatz und drei weiteren Panzerschiffen in Heimathäfen aufgebaut werden, das gleichsam Polizeiaufgaben wahrnahm. Geschickt verband Stosch seine Offensivvorstellungen mit der Zielrichtung gegen Frankreich, als er im Flottengründungsplan von 1873 seine Ansicht zu Papier brachte, eine Handvoll Kreuzer in Übersee oder zum raschen Auslaufen in den Atlantischen Ozean zur Verfügung zu halten. Zahlreiche Stützpunkte würden, so seine Gedanken, die Fahrzeuge mit dem Nötigsten versorgen und in Bereitschaft versetzen. Genau genommen also führte Stosch die Überseepolitik des Prinzen Adalbert fort.

Hier kündigten sich bereits Vorboten des späteren Zerwürfnisses zwischen Stosch und Bismarck an. Der »Eiserne Kanzler« wollte der Welt ein befriedigtes, von Expansionsgelüsten freies Deutschland präsentieren und war nie und nimmer gewillt, seine Politik des Vertrauens durch eine abenteuerlustige, dem eigenen Anspruch nach weltweit orientierte Marine zu gefährden. Stoschs ausgreifende Strategien – man wußte, daß er die Annexion von Kolonialgebieten bei jeder Gelegenheit empfahl – waren der auf Ausgleich und Beruhigung bedachten Kanzlerpolitik das reinste Gift. Schließlich mußte sich der Chef der Kaiserlichen Admiralität Bismarcks Druck beugen und, wenn auch widerwillig, auf seine offensiven Gedanken zumindest öffentlich verzichten. Die Marine war sehr zu Stoschs Ärgernis (»unsere Sorgen und Wünsche [fordern] eine Vermehrung der auswärtigen Aufgaben der Marine ... und keinesfalls eine Verminderung«) nach diesem theoretischen Ausflug in höhere Gefilde wieder auf den Schutz der eigenen Küsten zurückgeschrumpft. Der Reichstag hatte ohnehin nur einen lächerlichen Teil der Mittel bewilligt, die zur Realisierung der hochfliegenden Zahlen im Flottengründungsplan notwendig gewesen wären: acht Panzerfregatten, sechs Panzerkorvetten, sieben Panzerkanonenboote, 20 Kreuzer, sechs Avisos, 18 Kanonen- und 20 Torpedoboote. Bis Mitte der siebziger Jahre waren drei Panzerfregatten GROSSER KURFÜRST, PREUSSEN und FRIEDRICH DER GROSSE, eine Panzerkorvette auf deutschen Werften und zwei in England in Auftrag gegebene Panzerfregatten vom Stapel gelaufen. Allesamt hatten sie noch dem Flottenplan Roons angehört. Zwar stimmte der Reichstag zwischen 1872 und 1874 dem Bau von vier Schiffen der SACHSEN-Klasse zu (sogenannte gepanzerte Ausfallkorvetten, mit denen sich Ausfallgefechte wie jenes von Jasmund durchführen ließen), deren Indienststellung konnte aber erst viel später erfolgen. Vom Flottengründungsplan 1873 wurden indes nur kleinere Einheiten fertiggestellt.

Hätte der General eine offensive, große Marine mit seinem Personal überhaupt unterhalten können? Da waren die Männer »Alter Garde«, Offiziere aus der ersten Stunde, die in der aufblühenden deutschen Gesellschaft wenigstens mit den Armee-Artilleristen gleiches Ansehen genossen. Es gab Adlige, die um nichts in der Welt die schicke Marineuniform mit einer schnöden der Armee vertauscht hätten, aus gutem Hause stammten und später die tollsten Positionen besetzen sollten. Und dann nahm manch merkwürdiger Knabe in der Marine Platz: Leute schlichten Gemüts und solcher Lebensweise, von draufgängerischer Natur zwar, aber zu wenig wendig für einen Marineoffizier, der einiges zu gelten sich bemühen mußte, war doch das Heer mit seinen Paradeoffizieren von der Kavallerie eindeutig vorneweg. Die Mäßigen in der Flotte verschwanden ungesehen, weil der Kaiser und Stosch den Wildwuchs nicht duldeten.

Ein gutes Marineoffizierkorps müsse es sein: Den Begriff »Crew«, Bezeichnung für einen Jahrgang von Offizieranwärtern, diese verschworene Gemeinschaft auf Gedeih und Verderb, nachher auch für die deutschen U-Boot-Besatzungen zum Sinnbild geworden, schuf kein anderer als Stosch. Homogen aufwachsen, auf dem Schiff und mit dem Schiff Dienst leisten, ineinander verweben, für sich und den Kameraden dasein! Das war der Leitfaden, der für etliche Anwärter aus der Handelsflotte zum unüberwindbaren Hindernis wurde. Stosch ist der Vater jenes ganz speziellen Marinegeistes, der »Crew-Kameradschaft«, die bis in den heutigen Tag hinein lebt und ein schönes Stück unserer Marinetradition ist.

Ihm war allerdings auch die eigene Stellung der Techniker in der Marine zu verdanken, die vom Seeoffizierskorps stets mit Argwohn betrachtet worden waren. Stosch sorgte dafür, daß sie »nicht eigentliche Offiziere sind, sondern, weil sie bei ihrem Dienst unter Deck an den Maschinenanlagen keine Kampfaufgaben wahrnahmen, Techniker mit Rang und Charakter von Seeoffizieren, die in ihrer Gesamtheit ein besonderes Korps neben dem Offizierkorps bilden«, woran den Seeleuten mit Offizierspatent ausdrücklich gelegen war. Und auch in einer weiteren Sache tat sich Stosch hervor, die ganz in seinem Wesen als Landgeneral lag, aber keineswegs von allen begrüßt wurde: im Exerzieren. Seeleute pflegen von jeher eine eigenwillige, etwas lässige und daher unmilitärische Haltung. Da aber Heer und Marine seit 1872 gesetzlich gleichgestellt waren, sollte auch der Drill derselbe sein. Die Marine holte sich für diesen Dienst hartgesottene Exerzier-Unteroffiziere aus der Armee heran, die ihr Handwerk aufs Beste verstanden und für Haltung, Disziplin und Ordnung der Rekruten Sorge trugen. Zur weiteren Ausbildung des Offiziersnachwuchses war fortan die Marineakademie in Kiel zuständig, und dort wurden die künftigen Offiziere der kaiserlichen Flotte mit der rechten Bildung versehen: Philosophie, Naturkunde, Meereswissen, Mathematik, Astronomie, jedoch kaum Geschichte und, was noch mehr verwundert, kaum Seerecht. Für solche, die sich durch herausragende Bildung und Leistung ausgezeichnet hatten, sah Stosch ab 1875 eine Admiralstabslaufbahn vor, die aber nach einigen Jahren wieder im Nichts verschwand, weil die vornehmlich in den Marinebehörden Dienst leistenden Admiralstäbler in der Gefahr standen, den Kontakt zur See zu verlieren.

Stosch setzte nicht nur die innere Struktur der Marine durch seinen hektischen Reform- und Gestaltungsdrang in Bewegung, sondern er war auch Schrittmacher im Herzen des deutschen Schiffbaus. Als er sein Amt antrat, waren die deutschen Werften in einem noch vorindustriellen Zustand. Zwar stand der Holzschiffsbau in Deutschland durchaus auf dem Entwicklungsstand der Zeit, doch für den Bau von Eisen- und Stahlschiffen, der zukunftweisenden Schiffbautechnologie, die vor allem größere maschinengetriebene Einheiten ermöglichte, mußten damals alle Aufträge an Werften des Auslands, vor al-

Ausreise des Konteradmirals Prinz Heinrich von Preußen nach Ostasien aus dem Kieler Hafen am 16. Dezember 1897. Im Vordergrund die zum Großen Kreuzer umgerüstete Panzerfregatte DEUTSCHLAND. Das Schiff war 1874 in England gebaut worden, verdrängte 8.940 ts und lief 14 kn. Lithographie nach einem Gemälde des Marinemalers Willy Stöwer (1864–1931). Archiv MOV/DMI

lem in England vergeben werden. Das war ein langwieriger Weg, zog höhere Preise, ausgedehnte Wartezeiten sowie oft mindere Qualität nach sich; erst in den achtziger Jahren hatte Stosch den Norddeutschen Lloyd und Hapag von dem Vorteil inländischer Produktion überzeugen können, und zum Zwecke der Kostenreduzierung trat die Admiralität als Vermittler für ausländische Auftraggeber in Erscheinung, die von der Güte deutscher Erzeugnisse durchaus angetan waren. Schritt für Schritt koppelte Stosch somit die deutsche Schiffsindustrie vom übermächtigen englischen Markt ab, und nachdem ab 1878 die Dillinger Hütte den Stahl lieferte und Krupp die Kanonen, war es bis zur Selbständigkeit im deutschen Kriegsschiffbau nicht mehr weit.

Die Panzerfregatte GROSSER KURFÜRST lief als erstes großes Schiff reich bejubelt nach langer Bauzeit 1875 bei einer deutschen Werft vom Stapel. Ihr folgten weitere Schiffe. GROSSER KURFÜRST lief an der Spitze eines Geschwaders schon im Frühjahr 1878 ins Mittelmeer aus, kehrte aber zum Entsetzen der Führung nie zum Heimathafen zurück. Eine Havarie, durch heillose Unordnung innerhalb des Verbandes hervorgerufen, riß die GROSSER KURFÜRST mit 269 Mann in die Tiefe. Erschütterung und Betroffenheit wichen daheim schnell der bitteren Anklage – nicht gegen den Befehlshaber des Geschwaders, sondern gegen Stosch.

Sein bis dahin militärisch unbeflecktes Wirken zeigte erste dunkle Spuren, denn die untersuchende Kommission stellte allerlei Mängel fest: Die Besatzungen waren durchweg unroutiniert, manche gerade erst von der Infanterieausbildung zurück, und daß die GROSSER KURFÜRST ohne auch nur eine Erprobungsfahrt absolviert zu haben in ein solches Unternehmen entlassen wurde, war grob fahrlässig. Stosch erwuchs in den Reihen des eigenen Offizierskorps Kritik, gar offene Opposition, denn vielen war der unkommunikative Einzelgänger zu selbstherrlich, hatte sich über die Empfindlichkeiten seiner Offiziere oft in scharfem Ton hinweggesetzt, sie bisweilen wenig respektvoll behandelt und selten nur in Fachfragen zu Rate gezogen. Der Marinechef führte ein zweifellos hartes Regiment. Hintergründe für den wachsenden Widerstand der Offiziere mögen indessen auch in seinem wirtschaftlichen und vor allem weitgreifenden politischen Engagement zu entdecken sein.

Stosch führte clever die Fäden, die das Geflecht Kriegsmarine-Handelsmarine-Werftindustrie-Zulieferindustrie zusammenhielten, welches selbst unter der wirtschaftlichen Depression nicht sonderlich litt. Als er jedoch forderte, sämtliche maritime Wirtschaftsinstitutionen (Handel, Schiffahrt, Küsten) der Admiralität einzuverleiben, brach der Konflikt mit Bismarck offen aus. Da damals die Marine noch die einzige zentrale Reichsinstitution war und es noch kein Wirtschafts- und Verkehrsministerium auf Reichsebene gab, wurden diese Bestrebungen Stoschs auch von anderen liberalen Reichstagsabgeordneten mitverfolgt. Ein weiterer Zusammenstoß ereignete sich zwischen Stosch und Bismarck 1873, als Kommodore Reinhold Werner eigenständig in die gerade herrschenden Revolutionswirren in Spanien eingriff und vor dessen Südküste drei Schiffe der aufmüpfigen Demokraten aufbrachte. Damit hatte Werner, vom deutschen Volk für seinen Wagemut als Held gefeiert, für die republikanische Sache in Spanien gefochten. Nicht nur, daß Bismarck sich derartige außenpolitische Selbstwege »irgendeines« Kommodores verbat, sondern schlimmer noch war ihm die grausige Vorstellung, die republikanische Staatsform könne mit solchen Aktionen eine unerwünschte Aufwertung erfahren. Was für Werner und Stosch allenfalls den Zug eines Achtungserfolgs für das Deutsche Reich trug, war für Bismarck von hochpolitischer Brisanz. So wollte er Werner für sein eigenmächtiges Handeln abstrafen lassen (von zwölf Jahren Gefängnis war die Rede), aber der Kaiser entschied anders. Bismarck war hier der Verlierer und mußte zu der vorübergehenden Einsicht gelangen, gegen Stosch und seine Männer nicht vorgehen zu können, wie ihm gerade zumute war. Immerhin stand der Kaiser dazwischen.

Bismarck war Zeit seines Lebens aus solchem Holz geschnitzt, Niederlagen nur schlecht zu verdauen. So feilte der Kanzler am Kaiser vorbei jahrelang an dem Negativimage seines Intimfeindes, stellte Stosch öffentlich als Systemgegner hin, hatte ihn in einer Reichtagsdebatte sogar ohne eigentlich faßbaren Grund einen »Linken« geheißen und arbeitete mit seiner ganzen zersetzenden, höhnisch-polemisierenden Kraft an der politischen Zerstörung des ihm unheimlichen und unkontrollierbaren Stosch.

Die Krise, mit dem Untergang der GROSSER KURFÜRST über ihn hereingebrochen, fand im Par-

Panzer- bzw. Ausfallkorvette BAYERN. Als erste von vier Panzerkorvetten wurde SMS BAYERN 1874 auf der Kaiserlichen Werft in Kiel auf Stapel gelegt. Das Bild zeigt das Schiff um 1880. Wegen der vier im Quadrat angeordneten Schornsteine erhielten diese Schiffe den Spitznamen »Zementfabriken«. 7.742 ts, 6 Ringkanonen 26 cm, 15 kn. Archiv MOV/DMI

lament ihre Fortsetzung und brach Stosch zunächst politisch und später dann auch als Militär das Genick. »Sein System geht davon aus, daß die praktischen seemännischen Erfahrungen, welche andere Marinen im Lauf der Jahrhunderte gemacht … in unserer Marine vielfach als überflüssig betrachtet werden. Man will an maßgebender Stelle nicht anerkennen, daß praktische Seemannschaft die Grundlage aller Nautik ist. Man stellt statt ihrer die Theorie und das rein militärische Prinzip«, dem Stosch in der Tat übermäßiges Gewicht beigemessen hatte.

Stosch führte zwar die Marine noch, zog sich aber politisch seit 1878 zurück, und es war keine Frage, daß er mit seinem militärischen, wirtschaftlichen und vor allem politisch zweifelhaften Karrierismus der Kaiserlichen Marine insgesamt und auf die Dauer wohl mehr Schaden beigebracht als er ihr mit seiner Gestaltung ganz eigener Art genützt hat. Bismarck indes hatte von dem Angeschlagenen nichts mehr zu fürchten, überging ihn und die Admiralität arrogant in Fragen, die ihre ureigene Sache waren. Er machte mit privaten Reedern Überseepolitik, entschied selbst und ohne die Marineführung zu konsultieren oder wenigstens an den Gesprächen zu beteiligen über Kolonialfragen und ignorierte völlig die Stimmen der Admiralität in den Beratungen über den Bau des Nord-Ostsee-Kanals. Von dem wird später noch die Rede sein.

Bismarck hatte die Marine zur bloßen Zuschauerin degradiert, ihr den Stempel des Selbstzwecks aufgedrückt. Sie tat, was der Kanzler wollte. Stoschs politische Abdankung wirkte sich unmittelbar auf seine Autorität im Oberkommando aus, dem es nun immer schwerer fiel, Geldforderungen für die Marine im Reichstag durchzubringen. Die Euphorie der Gründerjahre war sichtlich auch bei den Parlamentariern geschwunden; dreimal forderte Stosch vergeblich Mittel für eine Ausfallkorvette ein, die erst 1881 bewilligt wurden, und das nur unter Verzicht auf zwei Millionen Mark. Was mit dem dürftigen Endbetrag schließlich als Panzerkorvette OLDENBURG gebaut wurde, war ein jammervoller Zossen (in der Flotte mit dem Spitznamen »Bügeleisen« belegt) und geradezu Abbild von der Stimmung, der Flotte, die sich abermals verschlechterte, als die Entwicklung von Torpedo und Mine ihren Auftrag auf unbestimmte Zeit auf das Küstenvorfeld beschränkte.

Stosch zog aus den Querelen der vergangenen Jahre und seinem politisch-militärischen Gesichtsverlust schließlich die Konsequenzen und reichte seinen Abschied ein, den der Kaiser im März 1883 annahm. Stosch war trotz aller Vorkommnisse um seine facettenreiche Person doch kein so schlechter Mann gewesen. Am Anfang seiner Karriere verdienstvoll um Neugestaltung und Ordnung bemüht, war er dann dem bloß Drillhaft-Militärischen zugeneigt, hatte sich mit seinen politischen Machenschaften mehr und mehr aufgerieben und endlich einsehen müssen, dem Bismarckschen Riesen nie und nimmer gewachsen zu sein. Stosch wollte viel, zu viel für sich und die Marine: ihr die rechte Geltung auf den großen Meeren verschaffen und sich die seinige in Wirtschaft und Politik. Am Ende seiner Amtszeit stand eine von inneren Unsicherheiten gequälte Marine der Küste ohne jedes Selbstbewußtsein. Sie dürstete nach Kompensation, Ansehen, Kraft und großen Schiffen, und: sie wollte eine große Aufgabe.

Warum der Kaiser mit Generalleutnant Leo von Caprivi, später Reichskanzler, 1883 wieder einen Landmilitär und keinen Admiral an die Spitze der deutschen Flotte berief, war den Seeoffizieren nicht einsichtig. Dabei hätte sich Wilhelm leicht für einen aus ihren Reihen entscheiden können, denn der erfahrene Vizeadmiral Carl Ferdinand Batsch stand als qualifizierter Seemann zur Nachfolge bereit. Der Unglückliche führte damals das Kommando über die GROSSER KURFÜRST, was ihn beim Souverän diskreditiert haben mag, und daß er in der heiklen Frage maritimer Weltgeltung, großer Schiffe, Offensivgeist und überseeischen Handels mit Stosch in ein Horn blies, disqualifizierte ihn wohl für diesen Posten. Batsch befand als Ausgedienter später noch: »Zwischen einer Küstenverteidigung, die Aussicht auf Erfolg hat, und einer Offensivkraft, die an der äußersten Grenze ihrer Tragweite einsetzt, ist kein Unterschied. Wer einen solchen Unterschied findet, muß Gründe haben, die dem gewöhnlichen Sterblichen nicht erkennbar sind.«

Die Staatsführung – Politiker und Generale, die der Kaiser mit seinem Entschluß für Batsch einigermaßen verprellt hätte – dachte gar nicht an eine starke Flotte, wie sie Batsch vorschwebte, sondern verband mit Marine allein den Küstenschutz. Und der nüchterne Caprivi stand für eben diese Küstenschutz-Marine, wenn er auch die Panzerschiffe auf die Dauer nicht missen wollte. Gegenwärtig aber hätte eine deutsche Flotte im Kriegsfall Angriffe der Franzosen und Russen an den deutschen Küsten abzuschlagen und die eigenen Häfen unter Kontrolle zu halten.

Von einer Offensivmarine mit zahlreichen aufwendig zu bauenden Panzerschiffen im Sinne des Flottengründungsplans zehn Jahre zuvor konnte schon aus rüstungstechnischen Gründen für Caprivi, der eine Auseinandersetzung mit Frankreich und Rußland jederzeit für möglich erachtete, noch nicht die Rede sein. Auf Kurzfristigkeit mußte alle Planung angelegt sein, um dem Feind rasch begegnen zu können. Hierbei kamen dem neuen Marinechef zwei Umstände zugute: Die positiv verlaufende Entwicklung von Minenwaffe und Torepdobooten sowie die sich in Frankreich und England durchsetzende Erkenntnis, die Zeit großer Panzerschiffe ginge ihrem Ende entgegen.

Die ursprüngliche Idee, die unbeholfenen Kolosse durch kleine, wendige Schiffe, vor allem Kanonen-, Torpedo- und Rammboote zu ersetzen, entsprang der sogenannten »jeune école« (zu deutsch: »Junge Schule«) innerhalb der französischen Kriegsmarine. Zweiter Stützpfeiler ihrer Theorie war der Kreuzerkrieg gegen feindliche Handelsflotten, um deren Mutterland von Zufuhr und Nachschub abzuschneiden. Diese klassischen Ansätze einer schwächeren Marine – denke man an den deutschen Handelskrieg mit U-Booten gegen die englischen Verbindungen im Zweiten Weltkrieg – deckten sich mit militärischen, wirtschaftlichen, sozialen und politischen Argumenten vieler Parteien aus der Mitte, auch links davon (progressiv, kostensparend, effektiv!), waren also mit ideologischer Fracht beladen und eroberten lauffeuerartig die Massen. In England formierte sich die »Brick and Mortar School«, so spöttisch von der »Blue Water School« der Panzerschiff-Anhänger genannt, und alsbald schwappten die Kerngedanken der französischen Jugend-Marine und der progressiven Briten auch auf das Deutsche Reich über, wo sie in der Mehrheit des Reichstages mit Beifall begrüßt wurden.

Daß Leo von Caprivi seine Marinerüstung nach den Thesen der »jeune école« ausrichtete, trug ihm späterhin ein von den Dickschiff-Begeisterten sorgfältig gepflegtes düsteres Image ein, das dem General in der insgesamt recht steifen Tradition der Marine bis heute anhaftet. Da die deutsche Torpedowaffe qualitativ vor der anderer Staaten rangierte, wurden im Rüstungsprogramm Caprivis 150 Torpedoboote veranschlagt, die, vom Reichstag ohne jede Schwierigkeit mit den nötigen Geldern versehen, aus bautechnischen Gründen nachher auf 70 reduziert werden mußten. Allerdings gelangte der damalige Korvettenkapitän Alfred Tirpitz, der vorher im Range eines Kapitänleutnants am Aufbau der Torpedowaffe maßgeblich beteiligt war, in etlichen Versuchsläufen zu der Erkenntnis, daß Torpedoboote für den Schutz der Küste generell nur bedingt einsatzfähig wären und sich viel besser zur Unterstützung von Panzerschiffen eigneten. Panzerschiffe aber standen vorerst nicht zur Diskussion, so daß sich Mitte der achtziger Jahre die Marine kurzfristig auf eine »Küsten-Torpedo-Kanonenboot-Flotte« einpendelte, übrigens sehr zum Gefallen des dadurch erheblich Kosten einsparenden Parlaments.

Strategisch änderte sich gegenüber seinem Vorgänger insofern einiges, als Caprivi die deutschen Gewässer einschließlich des im Bau befindlichen Nord-Ostsee-Kanals nicht wie vordem als getrennte Kampfräume, sondern als einheitliches zusammengehörendes Gebiet betrachtete, welches nicht nur mit Ausfallgefechten zu beherrschen wäre. Daher müsse, so Caprivi, über neue Panzerschiffe mit der Unterstützungskomponente Torpedoboote nachgedacht werden, um möglichst schlagkräftig in den Kampf gehen zu können. Er nahm damit Tirpitz' Gedanken auf und führte sie weiter, als er die Pan-

Linienschiff SCHWABEN. Die von 1900–1904 gebaute SCHWABEN gehörte zu 5 sogenannten Standardlinienschiffen der Wittelsbach-Klasse. Die ca. 12.000 ts großen Schiffe waren mit 4 Seezielgeschützen von 24 cm, 18 Geschützen 15 cm und 12 im Kaliber von 8,8 cm sowie mit 6 Torpedorohren bewaffnet. Geschwindigkeit 17 kn. Archiv MOV/DMI

zerschiffsforderung, in Watte gewickelt »Panzerkanonenboote« geheißen, dem Reichstag unterbreitete. Dort traf man einen Kompromiß: Die Marine gab ihr Wort, keine Schlachtflotte aufzubauen, und im Gegenzug sagte der Reichstag ihr jährlich acht Millionen Mark zu, mit denen sehr tüchtige, gegenüber den Ausfallkorvetten weit beweglichere Küstenpanzerschiffe der Siegfried-Klasse in Bau gingen (bis 1896 insgesamt acht Schiffe).

Die von Bismarck seit etwa 1885 forcierte Kolonialpolitik forderte zum Ärger Caprivis die ständige Präsenz eines Kreuzergeschwaders auf den großen Meeren, und zu diesem Zweck mußte er auf Bismarcks Druck hin den Bau längst überholter Kreuzertypen vorantreiben. Die internationale Kolonialszenerie war in Bewegung geraten: Der Kanzler sah sich entgegen seiner früheren Absicht zu Reaktionen genötigt, wohl auch, um den Deutschen einen Anteil zu sichern, mehr aber, um sich unter Fadenschein und Ablenkung vom Kontinent besser auf Europa zu konzentrieren.

Ideen sind nur dann mächtig, wenn sie den geänderten Umständen angepaßt sind, und daß der gewiefte Kanzler nun bewußt in Kolonialpolitik machte, führte in der Marine flugs zum Umdenkungsprozeß und ließ Caprivi an Vorbereitungen für Kreuzergefechte arbeiten, experimentieren und den Einsatz seiner Kampfmittel auf einen solchen Krieg hin abstimmen. Er sagte nun: »Gegen Mächte mit einem nennenswerten Seehandel kann nach den Fortschritten, welche die Technik im Schiffs- und Maschinenbau gemacht hat, der Kreuzerkrieg, wenn

Auf dem Achterdeck des Linienschiffes KAISER FRIEDRICH III. um 1900. Kritisch betrachten (v.l.n.r.) der I. Offizier, Korvettenkapitän Wilken, die seemännische Nr. 1, auch »Schmadding« genannt, Bootsmann Siebold, und ein seemännischer Unteroffizier, Bootsmaat Hoffmann, den Abschluß des Großreinschiffs. Archiv MOV/DMI

auch langsam wirkend, doch wieder entscheidend werden.«

In der sogenannten Verschlußorder vom 17. März 1885 und einer Vorschrift für den Handelskrieg gipfelten die neuen Überlegungen. Deren Inhalt? Den Feind auf jede erdenkliche Weise schädigen, bestenfalls seine Kriegs- oder Handelsschiffe vernichten! Würde ein Befehlshaber sein Schiff im Gefecht verlieren, hätte er nichts zu befürchten. Das war neu. Nun führte auch Caprivi, wie ehemals Prinz Adalbert und Stosch, Untersuchungen zum Aufbau von Stützpunkten, was allein schon aus technischen und versorgungsmäßigen Gründen erforderlich war, mußte aber Bismarck melden, daß die alten Seemächte schneller gehandelt hätten und bereits im Besitze der für das Deutsche Reich in Frage kommenden Stützpunkte seien. Dennoch wurde eine Auslandsflotte mit Kreuzerkorvetten der Irene-Klasse auf Stapel gelegt, mit denen das Prinzip Handelskrieg und nicht das ehrenvolle Gefecht Kriegsschiff gegen Kriegsschiff favorisiert wurde. Viele Seeoffiziere bezogen deswegen Stellung gegen ihren Chef, ohne allerdings etwas zu bewirken.

Der deutsche Admiralstab war von hektischer Geschäftigkeit getrieben und ließ die Flottenverbände in Erwartung eines Kriegsausbruchs, der sich nach Abschluß des Dreibundes zwischen Deutschland, Österreich-Ungarn und Italien gegen Frankreich abzeichnete, vermehrt in Alarmbereitschaft versetzen und üben. Bismarck bannte mit dem 1887 auf drei Jahre geschlossenen Rückversicherungsvertrag mit Rußland eine mögliche Gefahr aus dem Osten, unterhielt zu England wohlwollende Beziehungen, so daß allein Frankreich als Kriegsgegner blieb. Caprivi sah für den Fall einer Auseinandersetzung mit dem westlichen Nachbarn einen Torpedoangriff gegen die in Cherbourg liegende französische Nordflotte und hernach einen massiven Angriff des deutschen Panzergeschwaders gegen Calais vor. Das hätte freilich einen ständigen Wechsel von Angriff, Rückzug, Ausweichen, kurz also einen auslaugenden Küstenkleinkampf auf längere Distanz bedeutet, der den ganzen Willen der Marine eingefordert hätte. Dagegen stand ihre miserable moralische Verfassung, die sich seit dem Tiefpunkt von 1878 noch nicht im mindesten erholt hatte. Die Flotte litt unter einem latenten Unterlegenheitsgefühl, und wie würde sie sich in einem Seegefecht erst präsentieren? Caprivi kam mit hohen Worten: »Das, was von der Marine im Krieg erwartet wird, sind nicht Opfer, sondern Taten, und das, was wir in Frieden heranzubilden haben, sind Sieger und nicht Märtyrer.« Doch es war so, daß das Seeoffizierskorps im inneren Gefüge noch nicht zum Kampf taugte.

Wer konnte es ihm auch verdenken? Nach drei Einigungskriegen, in denen die Flotte unbeachtetes, belächeltes fünftes Rad am Armeewagen war, sollte sie nun maritime Kabinettstückchen leisten, vielleicht einen Krieg entscheiden? Caprivi gab sich einsichtig: »Ich kann mich des Eindrucks nicht erwehren, daß das Sinnen und Denken unseres Offizierskorps noch nicht genug auf den Krieg und das, was er insbesondere von der Marine fordern wird, gerichtet ist.«

Er kehrte vielleicht deshalb der Marine den Rücken, quittierte 1888 seinen Dienst als Chef der Admiralität und wandte sich wieder seinem ursprünglichen Feld zu: dem Heer.

Wilhelm II. und »seine« Marine bis 1897

Hier, im Heer, sah der General die besten Möglichkeiten zur Entfaltung, zumal infolge zunehmender deutsch-französischer und auch deutsch-russischer Spannungen die Heeresverstärkung im Reichstag durchgesetzt wurde. Nach dem Tode Kaiser Wilhelms I. im Jahre 1888 bestieg sein der britisch-liberalen Richtung zuneigender, wohlmeinender, aber todkranker Sohn als Friedrich III. den Thron, starb schon nach 99 Tagen Regentschaft und räumte seinem Nachkommen Wilhelm II. den Platz.

In des neuen Monarchen Adern floß englisches Blut, weil seine Mutter die älteste Tochter der britischen Queen Victoria war. Die Haßliebe zu England hat der Kaiser nie überwunden, nach dessen Lesart sein verkrüppelter linker Arm verdammter britischer Herkunft zu verdanken war. Wenn er Nasenbluten hatte, so hoffte er, daß der letzte Tropfen des »verfluchten englischen Bluts« aus ihm weichen möge, andererseits schrieb er später: »Meine Mutter und ich haben den gleichen Charakter. Ich habe ihren geerbt. Dieses gute, hartnäckige englische Blut in unserer beider Adern will nicht nachgeben.« Und es sollte auch nicht nachgeben. Böse Vorahnung.

Wilhelm, ein Mann von durchaus hoher Begabung und bemerkenswertem Gedächtnis, war wandelbar, ein zerrissener und unsteter Geist, wankte hin und her zwischen Zuneigung und Ablehnung das Inselreich und eigentlich alles betreffend, und niemand wußte recht, woran man mit dem sprunghaften, mal brillant-dezenten, mal bizarr-aggressiven neuen Souverän war. Vielleicht war es die Behinderung seines linken Armes oder eben diese Haßliebe zu England – psychologisch durchaus erklärbar –, die ihn seine Marinepassion exzessiv ausleben ließ.

Mit Wilhelm II. wird das kollektive deutsche Gedächtnis immer das »Prinzip Marine« samt Weltmachtambitionen verbinden. Der Monarch war ein begeisterter Anhänger der Flotte, hatte schon als Prinz kaum ein Manöver zur See ausgelassen, trug am liebsten die Uniform eines Admirals, der er seit 1889 war. Er hielt sich allein zwischen 1897 und 1902 öfter in der Förde- und Marinestadt Kiel als in jeder anderen Stadt auf, fand auf seiner Yacht HOHENZOLLERN unübertrieben sein eigentliches Zuhause und war der Repräsentant deutschen maritimen Weltmachtstrebens schlechthin, das die Jahre 1890 bis zum Ersten Weltkrieg prägte. In einer großen Biographie über Wilhelm II. heißt es: »Aber im tiefsten Grunde war seine Haltung in der Flottenfrage Ausfluß seiner Haßliebe zum Lande seiner Mutter. Er wollte eine Flotte haben, weil England eine hatte, weil sie das Kennzeichen einer Weltmacht war, weil man mit ihrer Hilfe von den Engländern Aufmerksamkeit er-

Feuerlöschübung mit Atemgerät (Modifikation einer Helmtaucherausrüstung) an Bord von SMS KAISER FRIEDRICH III. um 1900. Die fünf Einheiten der KAISER FRIEDRICH III-Klasse waren die ersten modernen Standardlinienschiffe der Kaiserlichen Marine. In Größe und Bewaffnung sehr ähnlich der Wittelsbach-Klasse, waren sie zwischen 1899 bis 1904 gebaut worden.
Archiv MOV/DMI

ringen konnte und Deutschland ein begehrenswerter Bündnispartner werden würde.«

Der Kaiser entwickelte im Laufe der Jahre ein fast schon erotisches Verhältnis zu »seiner Flotte« und »seinen Männern«, denen er liebevolle Zuneigung schenkte: Zu Ostern versteckt Seine Majestät bunte Eier an Bord, zu Weihnachten läßt er teure Gaben unter den Matrosen verteilen, und er ist ihnen sogar geistlicher Beistand, wenn er persönlich an Bord Sonntagsgottesdienste abhielt und dabei predigte.

Wilhelm II. galt den Deutschen als Verkörperung der jungen, ehrgeizigen Nation, die zu Höherem berufen war als nur zum bloßen Dasein unter vielen Gewöhnlichen. Die Massen, welche bei seinen Einzügen die Straßen säumten, kamen aus tief empfundener und ehrlicher Begeisterung für ihren Herren. Wenn der Kaiser sprach, dann ließ er eine erstaunliche Begabung für die freie Rede erkennen, denn er schien seine Worte aus einem schier unendlichen Repertoire zu schöpfen und fügte seine Silben durchaus gekonnt aneinander. Mitunter aber übertrieb er es mit seinem Talent, wenn er zu unbedacht vorging (was ihm offenbar bewußt war): »Meine Nachfolger sollen einmal wissen, daß ich forsch war.«

Liest man heute die Reden Kaiser Wilhelms II., so wird man ein Schmunzeln kaum unterdrücken. Aber den nationalen Übereifer, der auf uns allenfalls komisch wirkt, sollten wir dennoch als ernstzunehmendes Element eines ganzen Zeitalters und als Teil der politischen Realität unserer Geschichte respektieren. Was uns als bombastische Ausleerung in einem ideologisch überfrachteten Protzstil vorkommen mag, wurde von den meisten Zeitgenossen nicht nur höflich beklatscht, sondern als sprachlicher Ausdruck ihres Seelenzustandes bejubelt, ja sogar nachgeahmt.

Keiner der Anwesenden fühlte sich am 27. Juni 1892 peinlich berührt oder stahl sich heimlich lächelnd aus der Zuschauermenge heraus, als der Kaiser das Panzerschiff HEIMDALL mit den Worten taufte:

»Ein neues stattliches Fahrzeug Meiner Marine sollst du hinabgleiten in dein Element, wohlvorbereitet, deine Aufgaben zu erfüllen. Du sollst die guten Eigenschaften, die in der kaiserlichen Marine vertreten sind, zur Geltung bringen, Gehorsam, Disziplin und vor allem Treue im Beruf. Möge deine Besatzung stets ihre Schuldigkeit thun! Es gilt nun, dem Schiff einen Namen zu geben. Er wird genommen aus der Urgeschichte unserer Vorväter im Norden. Du sollst den Namen erhalten des Gottes, dem als Hauptaufgabe die Abwehr übertragen war, desjenigen, dem es oblag, die goldenen Thore Walhallas vor jedem bösen Eindringling zu beschützen und zu bewahren. Wie jener durch sein goldenes Horn weithinschallend, wenn Gefahr im Anzuge, die Götter herbeirief zum Streit in der Götterdämmerung und durch sein Horn Verwirrung und Verderben in die Reihen seiner Feinde brachte, so sei es auch mit dir! Gleite hinab in dein Element, sei du stets ein treuer Hüter der Meere, sei stets ein treuer Hüter der Ehre unserer Nation, der Ehre unserer Flagge. Und wenn du dereinst zum Kampfe berufen sein wirst, so bringe auch Zerstörung und Verwüstung in die Reihen deiner Feinde. Trage in Ehren den Namen Heimdall!«

Es war die Sprache der Wilhelminischen Jahrzehnte, einer Zeit, die Minderwertigkeitskomplexe auszugleichen versuchte: Was Wilhelm sein verkrüppelter Arm, das war der Nation der schwächlich verlaufene erste Einigungsversuch von 1848, der als ein behinderter Teil vom ansonsten gesunden Körper herabhing. Beide, Volk und Kaiser, forderten die Achtung der Welt.

Wilhelm wollte als Erwachsener, freilich auf anderer Ebene, endlich jene Aufmerksamkeit, die er als Kind von seiner Mutter nie bekam; er hätte sie damals so sehr gebraucht. Im Verhältnis zu seiner Mutter spiegelt sich exakt jener deutsch-englische Antagonismus wider, der im späteren Wettrüsten der beiden Schlachtflotten seinen deutlichsten Ausdruck fand und im Krieg von 1914–1918 gipfelte. Mit Wilhelm II., der in einem ganz ungewöhnlichen Umfang die politische Kultur seiner Epoche geradezu verkörperte, setzte das gewaltige deutsche Streben nach einer Großmachtstellung in der Welt ein. Die deutsche Flotte wurde als Wundertechnologie allerhöchster Stolz und größte Hoffnung des deutschen Patriotismus im Zeitalter Wilhelms II.

Zerbrich der Heimat Schneckenhaus,
Zieh mutig in die Welt hinaus
Dass sie Dein eigen werde!
Du bist der Hirt der großen Völkerherde,
Du bist das Große Zukunftsvolk der Erde,
Drum wirf die Anker aus.

Postkarten, versehen mit dem marineblauen Kaiser und derlei markigen Sprüchen, waren Ausdruck eines Volkswillens, den Wilhelm antrieb, vielleicht mitschuf. Er war Motor beim Aufbau einer starken Kriegsflotte, und nichts hat ihn bei seinen Zeitgenossen fortschrittlicher und moderner erscheinen lassen. Wer zur Weltmacht aufsteigen wollte, der brauchte eine Flotte. Oder anders gewendet und auf eine schlichte Formel gebracht: Seemacht = Weltmacht. Das war nicht die Idee des Kaisers, sondern lag vielmehr in der Zeit, und Wilhelm II. übertrug die ihn faszinierenden theoretischen Vorgaben konsequent auf seine Politik.

Es war der amerikanische Kapitän und spätere Admiral Alfred Thayer Mahan mit seinem 1890 erschienenen einflußreichen, gar epochemachenden Werk »The Influence of Sea Power upon History«, das Wilhelm begierig aufsog.

Mahan beherrschte mit seinen aufreizenden Gedanken ganze Generationen von Marineoffizieren, und zum erstenmal schien nun der schriftliche Nachweis vorzuliegen, daß sich die Macht zur See zu allen Zeiten auf die Geschichte der Staaten ausgewirkt habe und Völker und Nationen ohne große Flotte im Wettstreit mit anderen stets unterlegen gewesen wären. Die Marineenthusiasten begriffen Mahans Buch als »Bibel«, aus der sie ihre Lehre, ihren Glauben schöpften. Produktion, Expansion und Schiffahrt waren die magnetischen Anziehungspunkte einer Seemacht, die mit Weltmacht unmittelbar einherging. Jede Nation konnte Seeherrschaft erlangen, wenn sie sich nur stark genug, »powerful«, fühlte. Damit ließen sich traditionelle, lediglich bewahrende Mächte wie England jederzeit vom Sockel schieben.

Seegeltung wurde zur Lebensfrage einer Nation und spielte die wichtigste Rolle im Kampf der Völker um Sein oder Nichtsein. Am britischen Beispiel ließ sich nach Mahan trefflich zeigen, daß Seemacht mehr war als bloß Qualität und Quantität einer Flotte. Nur in Verbindung mit ausgedehnten geographischen Räumen, Stützpunkten und dem Willen der Regierung zu bedeutungsvoller maritimer Politik könne eine Flotte ihre ganze Kraft und Wirkung entfalten. Mahan bezog mit seinen Lehren gleichsam die Gegenposition zur »jeune école«, da er nicht dem Kreuzerkrieg und dem Seekampf unter Einsatz kleiner, wendiger Schiffe das Wort redete, sondern einer Schlachtflotte, die allein die Seewege für den eigenen Verkehr zu erkämpfen imstande war.

Schlachtflotte war Machtfaktor, Seemacht gleich Weltmacht, und der deutsche Kaiser nahm die Sendung Mahans auf, wenn er sich auch beim Gedanken an eine pure Schlachtflotte reserviert zeigte, denn

»Klar bei Hängematten« an Bord von SMS KAISER FRIEDRICH III. Nach dieser bereits im 17. Jahrhundert aus Gründen der Platzersparnis angewandten Methode, bei Tage wurden die Hängematten gezurrt und verstaut, waren auf allen größeren deutschen Kriegsschiffen noch bis 1945 die Mannschaftsgrade untergebracht. Archiv MOV/DMI

er liebäugelte mehr mit den Ideen der »jeune école«, die beweglichere Möglichkeiten zum Zeigen seiner Flagge bereithielt.

Das Ausgreifen des Reiches via Flotte war Wilhelm und seinem Volk sehnlichstes Anliegen. Eine Hochseeflotte sollte es sein, die den Deutschen »Siedlungsraum« gibt und eben zu Entfaltung und einem größeren Vaterland verhelfen würde. Das wurde nicht als leere Phrase, sondern als erhabene, heilige Sache empfunden, und mehr noch: Die Deutschen würden der Welt Missionar, Kulturbotschafter, Politdiplomat und Pädagoge in einem sein. Eine solche Politik entsprach genau der oben genannten Doktrin eines Navalismus, basierend auf den Ideen Mahans, Treitschkes und einem soliden Sozialdarwinismus.

Dazu fühlte sich Deutschland in seinem Selbstverständnis von der Welt berufen und leitete daraus die geradezu gottgewollte Berechtigung zum »Griff nach der Weltmacht« ab, wozu eine maritime Rüstung ein überaus effizientes technisches Instrumentarium abgeben sollte.

Weltstaat, Weltmacht – wo immer diese Begriffe in den zeitgenössischen Publikationen auftauchten, waren in erster Linie Kolonialherrschaft mit überseeischem Besitz, Stützpunkte und dort florierender Handel als vorbereitende Plattform gemeint. Das Deutsche Reich hatte sich spät zur Kolonialpolitik in bescheidenem Stil aufgerafft – wie erinnerlich erst seit Mitte der achtziger Jahre – und dann gewahr werden müssen, daß die besten Stützpunkte schon ver-

»Torpedobootsdurchbruch« beim I. Geschwader um 1900. Die in Feuerlee von den Linienschiffen mitfahrenden Torpedoboote brechen zum Angriff gegen gegnerische Linienschiffe durch die eigene Linie vor. Unmittelbar hinter dem Heck von SMS KAISER WILHELM DER GROSSE, einem Schwesterschiff von SMS KAISER FRIEDRICH III., das in kurzem Abstand in Kiellinie folgt, passiert ein Torpedoboot. Archiv MOV/DMI

geben waren. Das koloniale Engagement fiel im traditionell kontinental ausgerichteten Deutschland eher dürftig aus, und im Gegensatz zu anderen Staaten hat die Reichsregierung Kolonialpolitik immer mehr als Prestigeangelegenheit und weniger als Existenzfrage betrachtet und hier nie den rechten Schwung gezeigt.

Bismarck hat den »Imperialismus« - ein stärkeres Wort für Kolonialwesen und als Bezeichnung für das Zeitalter von 1880-1914 griffiger - als Blitzableiter betrachtet, mit dem die Spannungen in Europa an die Ränder der Welt umgelenkt werden konnten. Man tat auch ein bißchen mit, aber lieber ließ man die anderen machen, um sich selbst besser dem europäischen Festland zuwenden zu können.

Mit dem Abgang Bismarcks 1890 wurde zwar im Reich nachhaltig die Forderung nach Kolonien erhoben, aber alle Versuche, doch noch auf den fahrenden Zug aufzuspringen und in der Kolonialfrage ein mächtiges Wort mitzureden, kamen über Ansätze nicht hinaus. Bemerkenswerterweise wurden übrigens die größten Fortschritte unter Verständigung mit den Briten erzielt (in Mittelafrika); man hätte sich an allen zehn Fingern abzählen können, daß nur der Weg über Verständigung und Übereinkunft mit dem Inselreich und nicht der beschwerliche des Gegensatzes der einzig mögliche war und daß der geplante Bau einer Hochseeflotte diese notwendige Verständigung eher mindern als fördern würde.

Wenn unter Weltmacht Kolonialmacht verstanden wird, und auf diesen gemeinsamen Nenner kann man sich einigen, dann war Deutschland bereits verunglückt, als in Wilhelm der Wunsch nach deutscher Weltgeltung aufstieg. Weltmacht, Weltstaat und Weltgeltung waren ohne Kolonialbesitz nichts, Deutschland war schon zu spät dran, und den Mangel hernach mit rasender Flottenrüstung wettmachen und wenn nötig gegen alle zugleich noch mitmischen zu wollen, wo es längst nichts mehr mitzumischen gab, mußte zwangsläufig die Gegnerschaft vor allem Englands herausfordern. Genau genommen waren der Weltmachtanspruch und mit ihm das System einer deutschen »Weltmarine« gescheitert, noch ehe sie zum Programm erhoben wurden, weil die kolonialen Versäumnisse der Vergangenheit schon 1890 alles unumkehrbar gemacht hatten.

Als Wilhelm II. seine Regentschaft am 15. Juni 1888 antrat, würdigte er seine Marine, die groß werden sollte, in einem gesonderten Tagesbefehl. Fortan führte er auch hier sein berühmt-sprichwörtliches »persönliches Regiment«, dem im März 1890 Kanzler Bismarck als erster zum Opfer gefallen war. Zwar kamen mit Graf von Monts und ein Jahr darauf mit Freiherr von der Goltz neue Chefs an die Spitze der Admiralität, später Admiral Knorr, »wilder Eduard« geheißen, aber der Monarch behielt sich immer die alleinige Befehlsgewalt vor. Der Jahreswechsel 1888/89 brachte die Teilung der Admiralität in nicht ganz spannungsfreie einzelne Sektionen: ein Oberkommando, in dem das operative Herz schlug, ein Reichsmarineamt, das für Marinepolitik und -verwaltung zuständig war, und ein Sekretariat als Umschlagplatz für die Weisungen des Kaisers, der es feierlich »Marinekabinett« nannte und von dem pflichtergebenen Kapitän zur See von Senden leiten ließ.

Zunächst blieb die Strategie des Oberkommandos bei der gewohnten Küstenverteidigung mit Torpedobooten und Avisos. Nach und nach sickerte aber die Erkenntnis durch, daß eine Offensivschlacht in der Nordsee einem befürchteten französischen Anmarsch die Energie viel besser nähme und auch das geringere Risiko darstellen würde. Eine solche Konzeption sollte von Kapitän zur See Alfred Tirpitz ausgearbeitet werden, der als Verantwortlicher der Torpedoinspektion schon zu einigen Meriten im Seeoffizierkorps gekommen war und in seiner nunmehrigen Eigenschaft als Chef der Ostseestation mit seinem Auftrag versehen Gelegenheit hatte, mit dem Kaiser zusammenzutreffen und auch ihn von der Grundsatzkonzeption einer Nordsee-Schlacht zu überzeugen. Der Kaiser war von der hemdsärmeligen Weise des fortschritts- und technikgläubigen Kapitäns angetan und ernannte ihn 1892 zum Stabschef des Oberkommandos, in dem dieser fortan einen schneidenden Wind anblies. In diesem Jahr übrigens erfuhr die Reichskriegsflagge eine fast unmerkliche, für Wilhelm aber nicht unwichtige Änderung: Die

Schwingen des preußischen Adlers zeigten nicht mehr die aufgeworfenen, barocken Rundungen, sondern waren nun elegant, schneidig, etwas spitzig nach unten gerichtet.

Mit Wilhelms Weisung, die künftige Flottentaktik auszuarbeiten, konnte Tirpitz hier ungehindert am Reißbrett entwerfen und seine Personalpolitik selbst machen, ohne großartige Rücksichten zu nehmen, die ohnehin nicht seine Sache waren.

In Denkschriften präsentierte er eine neue, bedingungslos offensive und dem imperialen Zeitgeist korrespondierende Marine, die mit und nachher unter Tirpitz zum eigentlichen und ihr typischen Bewußtsein gelangte. Tirpitz war sich offensichtlich völlig darüber im klaren, daß die Flotte erst durch ihn ein rechtes militärpolitisches Ziel erhalten hatte: »Unter Stosch hatte die Flotte nicht gewußt, für welches strategische Ziel sie arbeitete ... Die Mobilmachung stand nur auf dem Papier. Caprivi inspizierte im Frühjahr 1883 und war überwältigt von der ungeheuren Arbeitstätigkeit ohne rechte Leitgedanken«, schrieb er später in seinen Erinnerungen, und in der Tat stellte er in den vier Jahren als Stabschef Taktik, Strategie und die Ausbildung seiner Offiziere und Unteroffiziere auf eine neue Basis.

Es war eine fruchtbare und arbeitsreiche Zeit: »Jene Jahre umfassen meine beste Leistung, die Erfüllung der Flotte mit militärischem Geist.« Damit untertrieb er, denn immerhin gebar er jene mächtigen Ideen, die ihn für die Marine zum Denkmal machten: Flottenbauplan und neue Seestrategie. Prinzipiell aus den Erkenntnissen seiner Torpedoflottille geschöpft, übertrug Tirpitz deren beide Grundsätze (»Nahe heran und auf die Mitte feuern« und »Den Umständen gemäß handeln« – letzteres wohl nicht sehr originell, aber von tiefer Wahrheit) auf eine Schlachtflotte. Acht Panzerschiffe zu einem Geschwader zusammengefaßt würden gemäß seiner Strategie in der »Linie« fahren, daher »Linienschiffe«. Um den Gegner von beiden Seiten fassen und in die Zange nehmen zu können, brauchte es eine zweite »Linie«, also 16 Schiffe, die ein Führerschiff mit den nötigen taktischen Anweisungen und Befehlen versorgte.

Diese insgesamt 17 Linienschiffe tauchten als fixe Einheit in der berühmten »Dienstschrift IX« des Jahres 1894 auf, die Tirpitz in merkwürdig falscher Bescheidenheit »Allgemeine Erfahrungen aus den Manövern der Herbstübungsflotte« betitelte und ihm in der Marine zum eigentlichen Durchbruch verhalf. Ihre Kernaussage war unmißverständlich, Michael Stürmer hat sie eingangs erwähnt: »Die natürliche Bestimmung einer Flotte ist die strategische Offensive«, bestehend aus 17 Linienschiffen und zwei Torpedobootflottillen (Schlachtkomponente) und sechs Panzerkreuzern sowie zwölf Panzerdeckkreuzern (Aufklärungskomponente) nebst kleineren Unterstützungseinheiten wie etwa Hilfskreuzer, Troß- und Spezialschiffe aller Art.

Den Kaiser überraschten die neuen seestrategischen Ansätze, denn seine Sympathie gehörte dem Kreuzerkrieg nach den Lehren der »jeune école«. An Tirpitz war es nun, ganze Überzeugungsarbeit zu leisten, zumal er auch Widerstand aus den eigenen Reihen verspürte. Der Chef des Marineamtes, Admiral Hollmann, der mit Tirpitz einiger Kompetenzrangeleien wegen über Kreuz stand, verschloß sich dessen Ideen, und es hatte zunächst ganz den Anschein, als seien diese nichts als Schall und Rauch.

Das Seegefecht am Yalu im chinesisch-japanischen Krieg brachte der chinesischen Schlachtflotte am 17. September 1894 eine vernichtende Niederlage. Erschreckend simpel ging die Taktik der Japaner auf, mit wolfsähnlich kreisenden und schnellfeuernden Kreuzern die behäbigen Panzerschiffe aus der Entfernung zu beschießen, einige auch zu versenken und damit Tirpitz' Schlachtflottengedanken bis ins Mark zu erschüttern. Der zeigte sich aber uneinsichtig, und nach dem Motto »Angriff ist die beste Verteidigung« ging er scharf dagegen an, scholt den japanischen Sieg einen ordinären und überdies unvollständigen, weil es den Japanern eben an den großen Schiffen zum »Zusammenhämmern« des Feindes, wie er es ausdrückte, gefehlt hätte.

Tirpitz beharrte auf seinem Konzept, während der Kaiser die wie toll feuernden und dazu hübsch anzusehenden Kreuzer in Produktion gab. Die HERTHA's, so von den Engländern respektlos ge-

Kleiner (Ungeschützter) Kreuzer SEEADLER vor Anker in Schanghai 1904. Das 1890 bis 1892 gebaute Schiff gehörte zu einer Serie von sechs typgleichen Einheiten, die zwischen 1888 bis 1895 vornehmlich für den Einsatz im Auslandsdienst gebaut wurden. Die Schiffe waren ungepanzert und die letzten Einheiten mit Hilfsbesegelung. Bewaffnet mit 8 Geschützen 10,5 cm und 2 Torpedorohren, verdrängten sie 1.864 ts, 16 kn. Archiv MOV/DMI

nannt, erwiesen sich zwar im Ersten Weltkrieg als zu wenig kampfkräftig, für den Moment aber waren sie im Hinblick aufs »Flaggezeigen« ganz das Richtige, kamen im Parlament leicht durch und schienen, wie am Yalu von den anderen demonstriert, militärisch durchaus Sinn zu machen.

Nachdem er vergebens versucht hatte, den Kaiser, Hollmann und die gesamte Phalanx an Kreuzerbefürworter für sich und sein Schlachtflottenkonzept zu gewinnen, strich Tirpitz entnervt die Segel und erbat eine andere Verwendung.

Er war keineswegs gescheitert, denn während seiner Abwesenheit als Chef des Ostasiengeschwaders verschwanden seine Lehren nicht in den Aktenschränken des Oberkommandos, sondern wurden von den »Tirpitzanern«, seinen Leuten, gehegt und am 28. November 1895 in einem weit ausholenden Bericht dem Kaiser vorgelegt. Was ihn zur Wende bewog, den Schlachtflottengedanken, über den Tirpitz ins Straucheln geraten war, nun doch aufzunehmen? Die oben schon festgestellte Unstetigkeit des Monarchen war vielleicht um ein Beispiel reicher geworden, man weiß es nicht ganz. Daß das Konzept der Tirpitz-Schüler auch die Kreuzerkomponente enthielt, mochte bei seiner Kehre mitgeschwungen haben, vielleicht auch die erregende Nachricht vom englischen Einfall in Transvaal, den Kaiser und Öffentlichkeit als ungeheuerlich empfanden. Bleiben wir dabei: Man weiß es nicht ganz. Jedenfalls war Wilhelm II. gleichsam vom einen auf den andern Tag zum Bau einer Schlachtflotte bereit und holte ihren geistigen Vater zurück.

Der aalglatte Hollmann hatte zwischenzeitlich im Parlament schon alles für den kommenden Kreuzerbau vorbereitet. Die Mehrheit des Reichstages stand hinter ihm, aber er sah sich nun in ungewollter Konfrontation mit dem neuen Kurs des Kaisers dazu veranlaßt, seine Kreuzer-Versprechungen zurückzunehmen, kündigte dem Reichstag urplötzlich Panzerschiffe statt kleiner Kreuzer an und stiftete allgemeine Verwirrung, die ihm Wilhelm II. so sehr verübelte, daß er den Wendehals, zumindest für einige Zeit, fallen ließ. Tirpitz hatte das Ende Hollmanns, das vorläufige, aus der Ferne nur abzuwarten brauchen. Daß es jetzt oder später kommen würde, daran hatte er wohl nie gezweifelt und auch nicht, daß seine Person für den Kaiser und für Deutschlands Zukunft unentbehrlich würde. Abwarten.

Waren die Dynamik des »rabiaten Fachmanns«, seine militärspezifischen Kenntnisse, die er während seiner ruhigen Amtszeit im Oberkommando unter Beweis gestellt hatte, und seine Begabung auch fürs politische Tagesgeschäft allein hinreichende Gründe, in ihm den neuen Mann zu erkennen, wie es Wilhelm getan hat? Als der Reichstag, der noch zwei Jahre zuvor gegen weitaus gemäßigtere Flottenvorlagen gestimmt hatte, 1898 den systematischen Aufbau einer deutschen Schlachtflotte befürwortete und 1900 gar die doppelte Anzahl von Linienschiffen bewilligte, war dies allein Tirpitz' Werk, dem wir uns nun allmählich nähern.

Der Kaiser lud ihn am 28. Januar 1896 zu Gesprächen über die Bekleidung des Amtes ein. Er staunte nicht schlecht, als ihm der Konteradmiral, der sein letztes Kommando zwar akkurat, aber etwas unlustig versehen hatte, mit Forderungen kam. Zunächst unterbreitete er Wilhelm II. wie ehedem seine Gedanken zum Aufbau einer Hochseeflotte und verlangte sodann zur bestmöglichen Umsetzung seine Ernennung zum preußischen Minister. Zu seinem Forderungskatalog gehörte auch die Umbenennung des Reichsmarineamtes in »Kriegsmarineamt«, wodurch der Charakter der Marine als ernstzunehmender Kampffaktor des Deutschen Reiches unterstrichen werden sollte. Darüber hinaus regte Tirpitz die stärkere Einflußnahme der Kriegsmarine auf sämtliche Bereiche der Öffentlichkeit an: von der Auswanderungsbehörde über Fischerei bis hin zu marinetechnischen Instituten würde alles nach Tirpitz in der Hand seines »Superministeriums« liegen, dessen übermäßige Monopolstellung dem Kaiser zwar nicht recht war, aber er wollte die Flotte und willigte - wohl oder übel - in alle Forderungen ein. Er glaubte, daß nur Tirpitz die große Marine schaffen konnte.

Vielleicht hatte Tirpitz den Bogen überspannt, vielleicht war es auch wieder einmal die Wankelmütigkeit Seiner Majestät, den Konteradmiral nicht ins Reichsmarineamt wechseln zu lassen, sondern ziemlich unversehen als Divisionschef ins Gelbe Meer abzukommandieren. Die Sache ist wahrscheinlich so: Als Tirpitz seine Hand auch über dem zivilen Sektor wissen wollte, erhob Hermann von Lucanus als Chef dieses Bereichs beim Kaiser mit Erfolg zu energischem Protest an und flüsterte ihm vielleicht auch noch einiges Mißliebige über den allzu ehrgeizigen Tirpitz ins Ohr.

Nichts mit Berlin, kein Superministerium. Da bot die Ermordung von zwei Patres der katholischen Steyler Missionsgesellschaft am 1. November 1897 in Südshantung den willkommenen Anlaß zur Besitzergreifung der Kiautschoubucht am 14. November 1897. Mit einem den Chinesen am 6. März 1898 aufgenötigten Pachtvertrag für 99 Jahre begann auch der Ausbau Tsingtaus, damals ein kleines Dorf, zum deutschen Flottenstützpunkt in Fernost. Am 23. November 1897 war das in Ostasien stationierte Kreuzergeschwader als etatmäßiger Verband aufgestellt worden. Tirpitz trieb den Ausbau Tsingtaus mit großem Eifer voran, obwohl er von jeher etwas gegen übertriebene imperialistische Ausgriffe einzuwenden hatte. Tsingtau, das ausschließlich dem Reichsmarineamt unterstand, wurde von Tirpitz geradezu zu einem deutschen Musterstützpunkt in Fernost ausgebaut. Um in Stützpunkten handlungsfähig zu sein, bedurfte es einer Kreuzer- und keiner Schlachtflotte. Folglich stemmte er sich nach Kräften gegen die Verwendung Tsingtaus als militärische Basis und trat mit guten Argumenten für einen freien Handelshafen ein, der seiner Schlachtflottenkonzeption nicht gefährlich werden konnte. Und tatsächlich fiel nach einigem Gezerre die Entscheidung für die von Tirpitz vorgesehene Verwendung Tsingtaus als Hafenstadt und Pachtort. Sie blühte und gedieh und wurde in der Region alsbald zum Begriff, auch wenn sie freilich nie mit den Handelsgiganten Hongkong oder Shanghai mithalten konnte.

Die Bedeutung des Hafens flachte allerdings nach der Jahrhundertwende ab, weil der gesamte chinesische Markt wirtschaftlich und politisch natürlich interessanter war als das provinzielle Tsingtau. Die Stadt erlebte aber nach 1918 einen enormen Wirtschaftsaufschwung. Und vom militärischen Standpunkt hat die Sache ohnehin zu wenig eingebracht. Aber dennoch war Tirpitz mächtig stolz, den Hafen gleichsam als Zeichen für die Wirksamkeit der deutschen Marine als wirtschaftlichem Integrationsfaktor zu präsentieren. Noch heute kann man die prachtvollen Jugendstilbauten des kaiserdeutschen Tsingtau bewundern, und nicht von ungefähr wird in der einst von Deutschen errichteten Brauerei immer noch das berühmte Tsingtau-Bier gebraut, ein wichtiger Exportartikel der heutigen Volksrepublik China und Spezialität guter Chinarestaurants.

Tirpitz, seine Strategie und die Flottengesetze von 1898/1900

Erst jetzt, 1897, und nach zwei gescheiterten Versuchen, stieß Tirpitz mit seiner Ernennung zum Staatssekretär des Reichsmarineamtes das Tor zur Macht auf. Das Telegramm hatte ihn schon am 31. März erreicht, aber Tirpitz ließ sich mit der Rückkehr nach der Reichshauptstadt Zeit, lief über Japan und Amerika den deutschen Hafen an und zog sich zur Erholung von den Strapazen der letzten Monate und dem zusetzenden Klima nach Bad Ems zurück.

Tirpitz war der Schöpfer der deutschen Flotte, der Flottenbaumeister des Kaiserreichs. Doch wer war Tirpitz eigentlich, als er von seinem Kaiser nach Berlin zurückgeholt wurde? Woher kam er, wohin wollte er, und welcher ist eigentlich sein »Standort« in unserer Geschichte?

Alfred Tirpitz wurde am 19. März 1849 als Sohn eines Gerichtsassessors in Küstrin geboren, entstammte also dem gehobenen Bürgerstand, und seine Kindheit und Jugend können durchaus als normal, durchschnittlich in allen Belangen und wenig aufregend bezeichnet werden. Es geschah nichts, was man ein »Schlüsselerlebnis« für eine später besonders herausragende Karriere nennen könnte. Alles war undramatisch; weder ein Vielleser noch von musischen Ambitionen, schon gar kein Primus in der Schule, hatte er es vielmehr mit Streichen und soll eine Bande angeführt haben.

Wegen seiner mäßigen Zensuren versprach der weitere Aufenthalt in der Realschule in Frankfurt an der Oder wenig, und Alfred nahm mit der Sekundarreife und nach der Aufnahmeprüfung – als fünfter von insgesamt 24 hatte er gar nicht schlecht abgeschnitten – den Dienst in der Marine auf. Er durchlief anschließend und auch hier wenig spektakulär alle vorgesehenen Verwendungen, hatte aber als seefahrender Kadett, Fähnrich und Leutnant dann allerlei Erfahrungen gesammelt: was es hieß, wenn ein nach Höherem strebender Staat zur See doch nur schwach war und keinerlei Aussicht auf Änderung bestand, weil die Flottenpläne ein ums andere Mal im Parlament scheiterten; oder von welcher Bedeutung fehlende Stützpunkte in Übersee, etwaige Krisen- und Kriegszustände für die moralische Qualität und das Selbstbewußtsein der Marineoffiziere waren.

Tirpitz galt seinen Vorgesetzten als strebsamer, fleißiger, entscheidungsstarker, ehrgeiziger und gewissenhafter Seeoffizier, mit den Augen überall und

Großadmiral Alfred von Tirpitz (1849–1930), von 1897 bis 1916 Staatssekretär des Reichsmarineamtes, 1901 in den erblichen Adel erhoben. Auf dem Bild trägt er den Schwarzen Adlerorden, die höchste preußische Auszeichnung. Archiv MOV/DMI

den Kern der Sache schnell erfassend, der aber bislang nicht erkennbar von solchen außergewöhnlichen Gaben war, die ihn von tausend anderen klar und deutlich unterschieden.

Er, dessen Hauptinteresse der Technik galt, brachte sich nun mit weitergehenden, sogar richtungweisenden Gedanken in den Aufbau der Torpedowaffe ein. Hier wurde Stosch auf ihn aufmerksam, las Tirpitz' Berichte mit Respekt und beauftragte ihn daraufhin, 1878, mit der Torpedoentwicklung. Schließlich kommandierte Tirpitz ab 1886, unter Caprivi, die Torpedoinspektion. Hier arbeitete er mit technischem und taktischem Geschick, führte über das enge Ressortdenken seiner Torpedowaffe hinaus immer auch das Größere im Blick und wurde von Caprivi zum taktisch-strategischen Gedankenaustausch in den Planungensstab miteinbezogen, in dem er und Hollmann als die Seeoffiziere der Zukunft galten. Auf Tirpitz immerhin sollte die Prognose zutreffen.

Mit Denkschriften, vor allem seiner schon genannten »Dienstschrift IX«, war er in den Gesichtskreis des Kaisers gerückt, der das Wesentliche so sehr an Tirpitz schätzte. Nicht aufgeputzt-schönen Appellen und glitzernden Überflüssigkeiten galt Tirpitz' Zuneigung, sondern der sachlichen Leistung, genauer: Die Funktion Deutschlands in der Welt lag ihm am Herzen, und sie zu stärken und Deutschland mit einer mächtigen Flotte ganz nach oben zu führen – das war ihm Höchstes, Allerheiligstes. Dieser hehre und doch so verfehlte Anspruch führte im letzten Kriegsjahr zu einer bitteren Erkenntnis. Er schrieb 1918: »Das deutsche Volk hat sich zur Erhebung als Weltvolk nicht geeignet oder nicht geeignet gezeigt. Die Kraft an sich war dazu vorhanden ... Der Weg zur Höhe war ihm gewiesen, während es sich von seinen schlechten Instinkten in die Tiefe reißen ließ.« Sein Wirken sah er im nachhinein als »Aufbau der deutschen Weltmacht« und hat diesen mit den Worten gerechtfertigt: »Solange die Erde von Menschen bewohnt ist, hat im Leben der Völker Macht vor Recht gestanden«, folglich sei es für ein großes Volk eine zutiefst notwendige, ja legitime und vor Gott gerechte Sache, sich einen schönen Platz an der Sonne zu erfechten.

Vielleicht schätzte der Kaiser auch die seinem eigenen Wesen so fremde Stetigkeit von Tirpitz, der mit sachlichen Argumenten zu überzeugen wußte und der romantisch-verklärenden Natur des Monarchen diamentral entgegenstand. Es mag doch durchaus sein, daß Wilhelm II. einen Antipoden zu seinem unruhigen und zweideutigen Charakter gesucht und in Tirpitz gefunden hat. Beide waren Weltmacht- und Marinefanatiker, aber während sich der Kaiser oft in abenteuerlichen Phantasmagorien erging, blieb der Beamtensohn auch im Planen schnörkellos beim Machbaren. Tirpitz tat sich dem Kaiser gegenüber als Antreiber und Visionär hervor, war Mahner und Warner zugleich, als er ihm unverblümt sagte, »daß unser Reich im kommenden Jahrhundert von seiner Großmachtstellung herabsinkt, wenn nicht energisch, ohne Zeitverlust und systematisch unsere gesamten Seeinteressen vorwärts getrieben werden«. Er war in seinem ganzen Wesen der Zukunft hingewandt und lebte immer im Morgen, nicht im Heute.

Der publizistische Riesenerfolg »Deutschlands Seemacht sonst und jetzt« vom Marineautor Georg Wislicenus bereicherte pünktlich zu Weihnachten 1896 die Gabentische in deutschen Bürgerstuben, und nicht nur sie: Tirpitz nutzte die daraufhin hereinbrechende Navalismuswelle in der Gesellschaft für seine Überzeugungsarbeit beim immer zaudernden Heute-so-morgen-so-Kaiser. Tirpitz hatte natürlich den Propagandaerfolg in der erwartungsvollen Bevölkerung vorausgesehen und auch den Rückkopplungseffekt bei Wilhelm II. Die Wirkung von »Öffentlichkeitsarbeit«, um mit einem modernen Wort zu reden, erkannte er im Gegensatz zum pur militärisch dahindümpelnden Reichsmarineamt genauso wie die schier überwältigenden Möglichkeiten von Technik, Wissenschaft und Wirtschaft, die er seinen Zwecken nutzbar machte. Die Welt war auf beinahe allen Lebensgebieten im Umbruch, und genau dies erfaßte und begriff Tirpitz.

Und: Tirpitz sah früh, daß nicht nur die fünf großen Mächte England, Frankreich, Deutschland, Österreich und Rußland die Zukunft prägen würden, sondern daß vielmehr Riesenstaaten (man könnte sie Supermächte nennen) mit ihren Interessen gegeneinander lägen und Deutschland bei der kleinsten Unachtsamkeit in der Gefahr stünde, zwischen ihnen zerrieben zu werden. Tirpitz schlußfolgerte: »Das Zusammenballen von Riesennationen Panamerika, greater Britain, das Slawentum und möglicherweise der mongolischen Rasse mit Japan an der Spitze werden Deutschland im kommenden Jahrhundert vernichten oder doch ganz zurückdrängen, wenn Deutschland nicht eine politische Macht auch über die Grenzen des europäischen Kontinents hinaus wird. Die unerläßliche Grundlage hierfür in dieser Welt, wo die Dinge hart aufeinanderstoßen – ist eine Flotte.« Um nicht unterzugehen, mußte Deutschland also zur Supermacht werden, und Supermacht konnte Deutschland nur mit der Hochseeflotte sein, der somit existentiell politische neben rein militärischer Bedeutung von Tirpitz beigemessen wurde.

Seine Planung beruhte vom Anfang bis zum Ende im Kern auf dem Konzept einer siegreichen Entscheidungsschlacht gegen Englands Flotte, wenn die Engländer von einer starken deutschen Marine nicht ohnehin abgeschreckt und daher den Kampf um jeden Preis meiden würden. »Risikobindung« hieß das Ding seit seinem zweiten Flottengesetz von 1900: Hätte Deutschland eine Hochseeflotte, würde England keine Schlacht riskieren, um seine teuren Schiffe nicht in Gefahr zu bringen. Schlichtes Dasein der deutschen Flotte hindere die Engländer am Angriff, käme es aber dennoch aus welchen Gründen auch immer zur Schlacht, möglichst in der Deutschen Bucht, dort irgendwo zwischen Helgoland und Themsemündung, dann sollte sie die endgültige Entscheidung über Sieg oder Niederlage bringen. »Grundsätzliche Verfechter der Flottendefensive gehen von der Annahme aus, daß der offensive Gegner sich zur Entscheidung stellen müsse, wo man es gerade wünscht. Dieses ist tatsächlich aber nur in sehr beschränktem Maße der Fall. Die lästige Tätigkeit des Feindes braucht sich nämlich keineswegs hart an der Küste abzuspielen, sondern sie kann es sehr wohl auf See, und jedenfalls weit ab von den eigenen Werken, so daß der eigenen Flotte dann nur die Wahl bleibt zwischen Untätigkeit, d.h. moralischer Selbstvernichtung oder dem Entscheidungskampf auf offener See.«

Welche Weitsicht! Aber was nun, wenn der Feind sich nicht zur »lästigen Tätigkeit«, sondern zur noch viel lästigeren Untätigkeit entschließe? Zu mehr als eher zufälligen Aufeinandertreffen ist es nachher 1914/18 nicht gekommen, wohl aber zu jener verfluchten Untätigkeit, der Zeit totschlagenden deutschen »fleet in being« und der von Tirpitz gesehenen »moralischen Selbstvernichtung«. Denn die Engländer erwiesen der deutschen Admiralität keineswegs den Liebesdienst, just an der von Tirpitz erwünschten Position geduldig auf eine Schlacht zu warten.

Seine Idee, mit einer starken Hochseeflotte die Engländer derart einzuschüchtern, daß sie den Kampf nicht wagten, stellte sich späterhin ebenso als ein totaler Fehlschlag heraus wie seine Hoffnung – käme es trotz alledem zum Seegefecht – die alles bringende Entscheidung in aussichtsreicher geographischer Position zu suchen. Die Engländer beließen es im Weltkrieg bei einer für sie zwischen den Shetlandinseln und Norwegen ohne weiteres ausübbaren, aber ohne jede Aussicht auf Erfolg angreifbaren Fernblockade und zerstörten damit unerbittlich das Lebenswerk des Admirals. Wie hatte der auch annehmen können, und seine Sicht hielt sich prinzipiell bis in den Krieg hinein, daß die Briten nichts denn eine enge Blockade der deutschen Nordseebucht als Strategie bereithielten? Fataler Irrtum. Ein gleichermaßen fataler Irrtum war auch Tirpitz' vehement verfochtene Meinung, mit einer Hochseeflotte die »Bündnisfähigkeit« des Reiches stärken und Deutschland so zu einem attraktiven Partner für jedermann machen zu können. Grund dafür war die verbreitete Ansicht, alle schwächeren Seemächte würden sich im Kriegsfall geradezu darum reißen, unter Deutschlands Führung die übermächtige englische Seestellung gewaltsam zerstören zu wollen.

Sicherlich ist es für den nachmaligen Großadmiral eine erschütternde Erkenntnis gewesen, daß nicht ein einziger seiner drei strategischen Eckpfeiler – »Risikobindung«, »Entscheidung«, »Bündnisfähigkeit« – gehalten hat. Sie sind eingestürzt, weil ihre Konstruktion auf falschen Berechnungen beruhte.

Die Bedeutung eines politisch oder militärisch Handelnden ist nicht nur von dessen schließlichem Erfolg oder Versagen abhängig, sondern auch von seinem Platz in den Zeitläuften, davon, ob er den Gang der Historie wesentlich beeinflußt, mitbestimmt oder ihm sogar eine andere Richtung gibt. Trotzdem er letztlich total versagte und vollends scheiterte, ist Tirpitz ein bedeutender Mann, weil er viele Errungenschaften der neuen Zeit wie kein Zweiter in seine politisch-militärischen Konzeptionen einzuflechten wußte, und weil er die Zeichen der Moderne erkannte und schon ganz bewußtes Kind des 20. Jahrhunderts war. Michael Salewski charakterisiert ihn: »Er war der erste große ›Technokrat‹ des 20. Jahrhunderts, ein durch und durch der Moderne verpflichteter und von ihr faszinierter Mensch, der politisch und weltanschaulich aber tief im 19. Jahrhundert steckenblieb.« Dies zeigte sich vor allem an seinem starren Festhalten an den althergebrachten Herrschaftsformen. So nimmt es auch nicht wunder, daß Tirpitz die unter seiner Ägide aufstehenden Marinebauten in dem dem Kaiser wenig zusagenden, damals avantgardistischen Jugendstil gestalten ließ, mit dem auch auf diese Weise mit ästhetischen Mitteln die Modernität der Marine ausgedrückt werden sollte.

Als Tirpitz sein Amt unter dem neuen Reichskanzler Hohenlohe-Schillingsfürst antrat (der übrigens politisch unglücklich agierte), war er 48 Jahre alt, mit Marie Lipke verheiratet, hatte zwei Söhne und zwei Töchter. Ein Mann im besten Alter also, dem als rauhe Natur und mit hohem Posten versehen die Familie Ruhepol war. Man wohnte beschaulich in einer komfortablen Villa in St. Blasien, und dem Staatssekretär stand nun seiner Stellung entsprechend auch eine ansehnliche Dienstwohnung am Leipziger Platz zu.

Die Marine zählte 1897 schon ca. 1.000 Offiziere und Ingenieure und etwa 22.000 Unteroffiziere und Mannschaften, konnte auf ein Militärbudget von 117 Millionen Mark zurückgreifen und hatte immerhin sieben Panzerschiffe, einen Panzerkreuzer, sieben Küstenpanzerschiffe und fünf Kreuzer zur Verfügung. Das war respektabel. Respektabel war auch das äußere Erscheinungsbild, das der Welt den technischen Fortschritt Deutschlands drastisch vor Augen führte. Gemeint ist der Kaiser-Wilhelm- oder auch Nord-Ostsee-Kanal, der im Selbstverständnis der Deutschen von eminenter maritim-militärischer Bedeutung gewesen ist, letztlich aber wenig austrug.

Kaiser Wilhelm II. (1859–1941), Deutscher Kaiser und König von Preußen 1888–1918, und Großadmiral Prinz Heinrich von Preußen, der Bruder des Kaisers (1862–1929). Der Kaiser hat den verkrüppelten linken Arm angewinkelt, damit diese Behinderung, unter der er zeitlebens litt, im Bild nicht erkennbar ist. Archiv MOV/DMI

Im Juni 1895 fertiggestellt und im Beisein von etwas 3.900 Besuchern feierlich mit einer Flottenparade eingeweiht, verbindet die fast 100 Kilometer lange künstliche Wasserstraße die Nord- mit der Ostsee (von Brunsbüttelkoog über Rendsburg nach Holtenau an der Kieler Förde) und ermöglichte im Kriegsfall gegen Rußland und Frankreich je nach Bedarf die Schiffskonzentration entweder im Osten oder im Norden. Als erstes Schiff passierte die Kaiserliche Yacht HOHENZOLLERN den Kanal, der an seinen Ausgangs- und Endpunkten je zwei Schleusenkammern von 150 Metern Länge und 25 Metern Breite erhielt; mit einer durchschnittlichen Wassertiefe von nur neun Metern würden sich aber für größere Schiffe Schwierigkeiten ergeben, und auch die Schleusenbreite gab zu Bedenken Anlaß. Welche Gefahren mit einer Schiffs-Rochade von der Nord- in die Ostsee verbunden waren, stellte sich erst nach der Inbetriebnahme des Kanals in etlichen Versuchsläufen heraus: Gelänge es dem Gegner, die Schleusen zu zerstören oder zu »verstopfen«, während die deutsche Flotte auf dem Marsch ist, säße sie buchstäblich in der Falle. Was auch, wenn Havarien während der Kanaldurchfahrt den Vormarsch verzögern oder ihn gar stoppen würden? Derartige Szenarien verhalfen zu der Erkenntnis, daß der Kanal schlicht zu knapp bemessen war (zwischen 1908 und 1914 wurde er auf eine Sohlenbreite von 44 Metern und eine Tiefe von elf Metern erweitert). Als mit Tirpitz England ins Visier der deutschen Politik rückte, grassierte im Oberkommando ein wahrer Blockade-Komplex – nämlich die Angst, von den Engländern abgeriegelt zu werden. Doch die dachten nicht daran, sich in die unmittelbare Nähe deutscher Gewässer vorzuschieben. Weil die Briten bei ihrer Fernblockade blieben, konnten Teile der deutschen Hochseeflotte 1914 auch in aller Ruhe und völlig unbehelligt durch den Kanal in der Deutschen Bucht aufmarschieren. Die falsche deutsche Feindbeurteilung wies dem Kanal eine militärische Rolle zu, die er nie spielte.

Doch wieder zurück zu Tirpitz. Im Kurort Bad Ems mit den nötigen Kräften versehen, äußerte sich Tirpitz im Juni/Juli 1897 in seiner Denkschrift »Allgemeine Gesichtspunkte bei der Feststellung unserer Flotte nach Schiffsklassen und Schiffstypen« zu seinem Rüstungsziel. Wesentlich darin war, daß der gefährlichste maritime Gegner Deutschlands England hieß. Das war fürderhin der Mittelpunkt aller militärischen und politischen Erwägungen, während der deutsche Generalstab nach wie vor einem Zweifrontenkrieg gegen Frankreich und Rußland und zwar bei wohlwollender Neutralität des Inselreiches in seinen Planungen Rechnung trug. Hatte die Generalität damit so Unrecht? Wer sagte denn, daß sich England notgedrungen gegen Deutschland wenden würde? Eigentlich nur Tirpitz und vor ihm auch der Kaiser, und dies schon 1896, als er an geheimen Papieren für eine Wendung gegen Großbritannien arbeiten ließ: »England wird ohne Zweifel versuchen, unsere Seemacht von Grund aus zu vernichten und zu diesem Zweck mit überlegenen Streitkräften gegen unsere Flußmündungen vorgehen, unsere Flotte zu schlagen, oder durch Zerstören der Werftanlagen und des Kaiser-Wilhelm-Kanals ihr einen Teil ihrer Lebensbedingungen zu nehmen suchen, um hierdurch gleichzeitig die Auferstehung einer vernichteten deutschen Flotte auf Jahre hinaus unmöglich zu machen.«

Woher aber nahm der »England-geschädigte« Wilhelm, woher um alles in der Welt nahm auch Tirpitz die Gewißheit, die Engländer würden wütig gegen Deutschlands Flotte ziehen und wären auf nichts anderes als nur auf die totale Vernichtung des Reiches aus? Boten sich dafür den beiden deutschen »Führern« wirkliche Anhaltspunkte, oder war nicht vielmehr der Wunsch Vater des Gedanken? Ersonn man sich nicht im geheimen Kämmerlein eine potentielle und rein hypothetische englische Aggression, um den Bau der deutschen Hochseeflotte endlich vollends zu rechtfertigen? England, das »perfide Albion«, dessen Politik allein zu Deutschlands Schaden gereicht?

Diese auch von der deutschen Presse systematisch geschürte Furcht vor einem plötzlichen britischen Überfall, im Amtsdeutsch von Tirpitz »Gefahrenzone« geheißen, war ein ziemlich aus der Luft gegriffenes Konstrukt. Zugegeben, die Briten unterhielten die größte Flotte, kontrollierten den Seehandel der Welt, und die deutsch-englischen Beziehungen harmonierten nicht gerade. Und freilich gab es englische bärbeißige Admirale, wirre Schlagetots, degenerierte Lords und vom Nationalstolz enthemmte Militaristen, die Deutschlands Vergehen wünschten, dies auch öffentlich propagierten und am Biertisch für tolle Seestrategien sorgten. Aber die englische Regierung und der Großteil der Gesellschaft dachten anders und räumten den Deutschen sogar ein beschränktes Mitspracherecht auf See ein. Warum auch nicht? Man fragte sich dort allerdings etwas verwundert, warum das Deutsche Reich es nicht bei seiner unbestrittenen Hegemonie zu Lande beließ, warum es unter allen Umständen auch eine »Seagoing Nation« sein wollte. Aber richtig aufmerksam wurden die Briten auf Tirpitz und seine Marine noch nicht.

Für den hingegen stand als Grundgesetz fest: Eine Nation, die eine Hochseeflotte hat, muß zu einer Nation, die eine Hochseeflotte haben will, von Natur aus in Gegensatz stehen. Damit lautete die Marschrichtung für die kommenden Jahre, so rasch wie nur möglich ein Maximum an Schlagkraft zu produzieren, um den Engländern ebenbürtig zu sein.

Diesen Flottenbauplan, auch »Tirpitz-Plan« genannt, änderte der Staatssekretär unter Nutzung der technischen Möglichkeiten: 1898 erstes Flottengesetz, 1900 zweites Flottengesetz, 1906, 1908 und 1912 jeweils Flottennovellen. So sollte die Zahl der Großkampfschiffe bis zum Jahr 1920 von 19 auf 61 steigen. Dabei war seine Überlegung entscheidend, daß die Engländer mindestens mit 90 Einheiten aufwarten müßten, um den 60 wendigeren, kleineren und sehr viel moderneren deutschen Schiffen Paroli bieten zu können.

In seiner Vorstellungswelt hielt Tirpitz das englische politische System für sehr viel schwächer als das deutsche und leitete daraus eine deutsche apriorische Überlegung ab. Der englische Parlamentarismus war nach Ansicht des Admirals der deutschen konstitutionellen Monarchie eindeutig unterlegen. Nur müsse man achtgeben, daß diese nicht von Demokraten oder gar Sozialisten aufgeweicht und so eine leichte Beute für jeden Gegner würde. Aus diesem Grunde hat man den »Tirpitz-Plan« auch als eine Art innerpolitische Krisenstrategie gedeutet, mit deren Hilfe die deutsche Herrschaftsstruktur dauerhaft betoniert werden sollte.

Die außenpolitische, militärische Bedeutung gegen England deckt sich so mit der innerdeutschen des Flottenbauplans, der dazu auch finanziell durchdacht war und zumindest bis 1905 hielt: Tirpitz erwartete ein gewaltiges wirtschaftliches Wachstum, so daß die Marinerüstung ohne weiteres durch die steigenden Einnahmen des Reiches und nicht durch wesentliche Steuererhöhungen finanziert werden könnte. Daß der Dreadnought-Sprung – der noch zu behandelnde Bau englischer Großkampfschiffe neuer Qualität – die Kosten in die Höhe trieb und die Finanzierung deutscher Schiffe zum echten Problem werden ließ, ahnte Tirpitz 1897 noch nicht im geringsten. 1908 sagte er dann auch resignierend: »Auf einen Wettlauf mit den Dreadnoughts können wir uns mit den viel reicheren Engländern gar nicht einlassen.«

Bevor er das erste Flottengesetz gleichsam als erste Stufe seines Plans dem Reichstag vorlegte, nahm der Admiral noch einige Hürden. Er besetzte zielsicher das Reichsmarineamt mit solchen Offizieren und Beamten, die seinen Kurs fuhren, hatte dafür aber einige Zeit zäh gekämpft. Daß Tirpitz es schaffte, mit Kapitän zur See Eduard von Capelle einen Seeoffizier an die Spitze des für die finanziellen Belange zuständigen und bislang zivil geführten Admiralitätsrats zu setzen, beweist sein Gespür für die Situation. Er wußte, daß dem finanziellen Aspekt für sein Rüstungsvorhaben künftig eine ungeheure Bedeutung zukäme. Mit einem Militär – dazu rangniedriger – als Verantwortlichen für die Finanzfragen der Marine würde es hier keine Schwierigkeiten geben. Schwierigkeiten indes sah Tirpitz im Reichstag, der die Flottenvorlagen bewilligte oder ablehnte. Das Parlament betrachtete die Marine im Gegensatz zur Reichsleitung lediglich als Kompensationsobjekt, als politisches Werkzeug ohne eigentlich sinnvolle Aufgabe.

Tirpitz' Männer im Reichsmarineamt waren sich völlig darüber im klaren, daß mit dem anvisierten

Flottengesetz die kleinste Etappe auf dem Weg zur großen Flotte gemeint war, und sie verhielten sich Reichs- und Landespolitikern gegenüber bewußt reserviert. Das war allemal klug, denn das eigentliche Vorhaben »an die große Glocke« zu hängen, hätte mit Sicherheit den Widerstand der Parlamentarier hervorgerufen. Schon das erste Flottengesetz brachte Tirpitz mit den Politikern in Konflikt, vor allem mit dem preußischen Finanzminister Johannes von Miquel. Der hoffte, den Admiral von »der größeren, weiter aussehenden Marineforderung« abzubringen; statt dessen solle er lieber »nur etwas an Ersatzbauten fordern«. Miquel, dem das ganze Flottengewese in seinem Ausmaß ohnehin unsinnig vorkam, ging beherzt gegen Tirpitz und das Reichsmarineamt an und mußte sich erst geschlagen geben, als der Kaiser für klare Verhältnisse sorgte. Und siehe da: Miquel war seither ein enger und williger Mitarbeiter des Marineamtes, unterstützte Tirpitz und gab sich auch sonst recht freundlich.

Zwar ließ sich der Finanzminister umlenken, aber wie war die Mehrheit der Abgeordneten für die Marinesache zu gewinnen? Daß Tirpitz auch hierfür eine Lösung bereithielt, die zumindest den Reichstag hellhörig und den ein oder anderen gefügig machte, verschaffte ihm Respekt auch von solchen, die bislang mit dem Rauhbein und seinen maritimen Extravaganzen nichts anzufangen wußten. Tirpitz ließ den Reichstag kurzerhand links liegen und mobilisierte die Öffentlichkeit mit spitzfindig eingefädelter Marinepropaganda, gewann »die durch Wissen und Bildung ausgezeichnete kleinen Minderheit der Bevölkerung« und hoffte, daß die Intelligenz, »falls sie nur ernstlich will und Hand anlegt, die große Masse mit sich reißt«.

Mit dem ins Leben gerufenen Marinejahrbuch »Nauticus« konnte jeder Interessierte an Marinepolitik und Seemännischem teilhaben, und Insidern bot sich mit der vom Oberkommando herausgegebenen »Marine-Rundschau« die Möglichkeit, selbst militärisch-maritime Fachfragen zu diskutieren. In Zeitungen, Schriften oder Jahrbüchern, in Broschüren, auf Plakaten und unzähligen Veranstaltungen war immer häufiger von deutschen Seeinteressen die Rede, die auch vor Schulen und Hörsälen der Universität nicht Halt machte. Es gab regelrechte »Flottenprofessoren«, die in Seminaren und Vorlesungen Marinefragen erörterten, und das Reichsmarineamt applaudierte natürlich, wenn Universitätsdozenten die »wissenschaftliche Begründung« für ein maritimes Deutschland beibrachten. Gezielt beeinflußte die »Abteilung für Nachrichtenwesen und allgemeine Parlamentsangelegenheit«, knapp »N« für Nachrichtenbüro genannt, Agenturen und die als Multiplikatoren und Meinungsmacher wirkenden Journalisten. »N« spornte Autoren zu Marinebüchern jedweder Art an – eine Branche, die fortan boomte.

Kurz und gut: Die Propaganda zeigte in der breiten Öffentlichkeit ungeahnte Wirkung und verursachte wieder einmal eine wahre Begeisterung für alles Maritime, das klare Konturen erhielt. Von Kreuzern und kleinen Küstenflöttchen wollten die Deutschen nichts mehr wissen, die jetzt ganz im Sinne von Tirpitz und seinem Nachrichtenbüro für die große Sache fochten: für Schlachtschiffe einer Hochseeflotte. Der Faktor Werbung, dem Tirpitz als erster einen hohen Stellenwert beimaß und den er für seine Zwecke einsetzte, zahlte sich nun in barer politischer Münze aus, denn natürlich beeinflußten Volksbegehren und öffentliche Meinung die Haltung des Reichstages. Der konnte sich zwar einem Tirpitz in den Weg stellen, aber nicht auf die Dauer dem Willen des Volkes widersprechen. Die Deutschen hinter sich, hielt Tirpitz zwar ein gewaltiges Argument in der Hand, lieber aber war ihm dennoch die Vorstellung, den Reichstag in seiner Bewilligungsfreiheit grundsätzlich zu beschneiden, um ungehindert auch in Zukunft freie Bahn zu haben. Er fürchtete, daß der Reichstag jederzeit »in den jährlichen Marineforderungen ein bequemes und sicheres Mittel findet, um seinen parlamentarischen Einfluß auf sonstige Entschließungen auszuüben«.

Seine Furcht war nicht unbegründet, und daher steckte er sich zum Ziel, einen »Eisernen Etat« durchzubringen. Das hieß nichts anderes, als der Marine durch einmaligen Parlamentsbeschluß das Recht auf den Bau einer jährlich festgesetzten Zahl von Schiffen einzuräumen. Einen solchen Rüstungs-Freischein

Wohnhaus des Gouverneurs in Tsingtau. Das 1905–1907 errichtete Gebäude vereinigt in seiner Architektur Elemente des deutschen Jugendstils und der chinesischen Architektur. Es wird heute als Gästehaus und Hotel genutzt. Archiv MOV/DMI

gegen den Willen der Parlamentsmehrheit zu erwirken war beileibe nicht einfach, aber der gerissene Tirpitz fand auch hier den Weg: Man mußte der Flottenvorlage nur eine überzeugende Begründung beigeben, und ob diese auf Lug und Trug, Übertreibung und - je nach dem - auch auf Untertreibung beruhte, war dem Admiral dabei herzlich gleichgültig.

Mit einer Reihe von Maßnahmen gelang es Tirpitz, der peinlich genau die Erwähnung weitergehender Planungen vermied, seine Vorlage mit einer auch den blutigsten Laien überzeugenden Systematik zu durchziehen. Den Parlamentariern war nach der Lektüre das maritime Fachwissen kein Buch mit sieben Siegeln mehr; viele wurden gleichsam in den Marine-Bann gezogen und nannten sich nun selbst Fachleute. Tirpitz hatte sie nämlich nicht belehrt, sondern ganz im Gegenteil und psychologisch viel wertvoller: Er hat in ihnen die Freude an Schiffen und an der See geweckt. Bewußt unterstrich er in maßloser Untertreibung die für eine Schlachtflotte notwendige Strategie. »Die Aufgabe der Schlachtflotte ist die Verteidigung der heimischen Küsten. Ausschließlich hiernach ist die Zahl und Größe der Schiffe bemessen. Größeren Seemächten gegenüber hat die Schlachtflotte die Bedeutung einer Ausfallflotte.« Das war glatt gelogen. Aber das war Tirpitz.

Sehr zur Überraschung des Parlaments, das mit dem Marinemann bisher maßlose Flottenplanungen verband, waren die Schiffsforderungen durchaus niedrig gehalten. Das machte mißtrauisch, wie etwa Eugen Richter von der »Freisinnigen Volkspartei«: »Wer hindert denn die Regierung, noch Forderungen darüber hinaus zu erheben? Eine Uferlosigkeit ist auch dann vorhanden, wenn zwar die Ufer der nächsten Jahre erkennbar sind, aber dahinter alles in Nebel liegt!«

Tirpitz wußte die Mehrheit des Parlaments auf seiner Seite, und mit den Stimmen von 212 Abgeordneten (gegen 139) verabschiedete der Reichstag am 10. April 1898 das erste Flottengesetz, in dem sich gepanzerte Einheiten fanden, weil die Marine in allen anderen und kleinen Kategorien ohnehin freie Hand hatte. Die Schlachtflotte sollte aus einem Flottenflaggschiff, zwei Geschwadern zu je acht Linienschiffen und zwei Divisionen zu jeweils vier Küstenpanzerschiffen bestehen. Die Aufklärungskomponente umfaßte sechs Große und 16 Kleine Kreuzer und die Auslandskomponente drei Große sowie zehn Kleine Kreuzer. Darüber hinaus waren zwei Linienschiffe, drei Große und vier Kleine Kreuzer in Reserve zu halten. Der Marine standen für sämtliche Bereiche 409 Millionen Mark bis 1903 zur Verfügung, und sie mußte damit tunlichst auskommen, denn der Reichstag war nicht zu mehr verpflichtet.

Abzüglich aller schon vorhandenen Schiffe legte das erste Flottengesetz im ganzen den Bau von sieben Linienschiffen, zwei Großen Kreuzern und 17 Kleinen bis Ende 1903 fest. Tirpitz hatte sein erstes Etappenziel, auf das er jahrelang hingearbeitete hatte, endlich erreicht, aber er wußte zugleich, daß er damit seinem Endziel verpflichtet war und es bis dahin ein langer, qualvoller Marsch würde.

In nämlichem Jahr legte Wilhelm - das nur nebenbei - die endgültige Form der Reichskriegsflagge fest, die bis zum 31. Dezember 1921 auf deutschen Kriegsschiffen wehte und heute rechtsgerichteten Gedankenträgern das Symbol für Nationalismus und »Deutschtum« schlechthin ist. Auf weite Sicht ähnelte die englische der deutschen Flagge in ihrer Form und Anordnung durchaus: Rotes Georgskreuz auf weißem Grund und in der Gösch den Union Jack, was zu peinlichen Verwechslungen führte, etwa als ein russisches Kriegsschiff die deutsche Delegation mit dem Hissen der englischen Kriegsflagge empfing. Obwohl man diese Unaufmerksamkeit leicht auch als einen böswilligen Affront auslegen kann, sah der Kaiser es als zweckmäßig an, das Balkenkreuz verbreitern und den Kreis, welcher den preußischen Adler umgibt, lückenlos schließen zu lassen. Und in der Tat wurden seither keine Verwechslungen mehr bekannt.

Nachdem das erste Flottengesetz unter Dach und Fach war, wandte sich der Admiral wieder der inneren Marinestruktur zu. Noch immer hatte er sein »Superministerium« im Hinterkopf und ging mit seinen Vorstellungen an den Kaiser heran:

»Abgesehen von dem Schutz und der Förderung der Hochseefischerei sowie aller für die Seemacht arbeitenden Gewerbe und abgesehen von dem Schutz des deutschen Handels und der Deutschen im Auslande, wird es in der Zukunft besonders auf die weitere Ausdehnung des Kolonialbesitzes sowie vor allem auf die Schaffung einer Kette von maritimen Stützpunkten im Auslande ankommen. Zur Führung einer derartigen größeren Marinepolitik sind ... umfangreiche planmäßige Vorarbeiten und eingehende Studien aller in Betracht kommenden Verhältnisse unerläßlich.«

Und jetzt kam es: »Das ist indessen nur ausführbar, wenn die Mittel, eine so weitreichende und wichtige Tätigkeit zu entfalten, in eine Hand gelegt werden ... Soll die von Euer Majestät gestellte Aufgabe einer erfolgreichen Lösung entgegengeführt, soll die Nation mehr und mehr zu der Erkenntnis der vitalen Bedeutung einer starken Seemacht gebracht werden, soll Euer Majestät gegenüber ich die Verantwortung für die zweckmäßige Entwicklung Euer Majestät Marine zur Vertretung der Seeinteressen tragen und demgemäß für die nötigen Mittel sorgen, so bitte Euer Majestät ich alleruntertänigst, mir diejenige Freiheit und entscheidende Initiative allergnädigst zu gewähren, deren ich zur Lösung dieser für die Zukunft des Vaterlandes immer wichtiger werdenden Lebensfrage dringend bedarf. Nur wer den Apparat und die Mittel hat, kann Euer Majestät richtige, in jeder Beziehung durchdachte Vorschläge machen und zweckmäßige Vorarbeiten durchführen.«

Natürlich traf Tirpitz mit diesen Ausführungen auf einen blanken Nerv Seiner Majestät. Das änderte jedoch nichts daran, daß Wilhelm II. wie vorher schon der Gedanke an die Machtballung in einem Marinezentrum nicht behagte. Immerhin verbuchte

Tirpitz als Erfolg, daß ihm der Kaiser die Übertragung einiger Ressorts vom Oberkommando ins Reichsmarineamt zusagte. Zu seinem Bedauern bekam Tirpitz den gesamten Bereich der Kolonial- und Stützpunktpolitik nicht in seine alleinige Gewalt, hielt es aber für angebrachter, den Kaiser in dieser Sache nicht mehr über Gebühr zu strapazieren.

Wichtiger als alles andere war Tirpitz sowieso die Vorbereitung der zweiten Stufe seines Flottenbauplans. Er steckte sich zum Ziel, den beiden im ersten Flottengesetz vorgesehenen zwei Geschwadern ein drittes und viertes anzufügen und für deren Bau angemessene Werftanlagen und Kriegshäfen bereitzustellen. Er gab beflügelt vom »Sieg« am 10. April 1898 im Dezember des Jahres die Anweisung, alles dem Schlachtflottenbau unterzuordnen, woraufhin befehlsgemäß Einsparungen vorgenommen wurden, die zeitweise sogar die Kriegsbereitschaft der Marine in Frage stellten.

Die nächste Ausbauetappe zeichnete der Kaiser ab, und mehr noch: Am 28. September 1899 erwirkte Tirpitz Wilhelms Einwilligung zum Bau von 45 Linienschiffen und 15 Großen Kreuzern bis zum Jahre 1920! Seine Begründung für diese nach damaligen Verhältnissen gigantische Flotte klingt denkbar einfach: Das Verhältnis von 2:3 zur englischen Flotte, also weltweit 60:90 Schiffen, blieb bestehen, aber mit regionaler Überlegenheit in der Nordsee. Wilhelm horchte auf.

Bitter not ist uns eine starke deutsche Flotte

Mit diesen Worten gab der Kaiser öffentlichkeitswirksam während des Stapellaufs von KAISER KARL DER GROSSE am 18. Oktober 1899 die Flottenvermehrung bekannt. Tirpitz war dabei nicht ganz wohl zumute, da die Arbeiten im Reichsmarineamt für die zweite Etappe noch nicht sichtbar vorangeschritten und sich auch einige Stimmen innerhalb der Marine zu Wort meldeten, die im enthemmten Flottenrüsten puren Wahnsinn witterten. Einer von ihnen war Curt Freiherr von Maltzahn, Dozent für Seekriegsgeschichte an der Marineakademie und Tirpitz aus früheren Zeiten gut bekannt, der den Wert einer Hochseeflotte schlichtweg in Abrede stellte und allein eine Marine für sinnvoll erachtete, die »durch den Schutz der Küsten der Armee den Rücken freihält«.

Tirpitz hielt alle Kritik an seiner Flotte, die er immer auch als Kritik an seiner Person und seinem Wirken begriff, für völlig inakzeptabel und brandmarkte sie als »Gift für die Flotte« aus der »Selbstmörderecke des deutschen Wesens«, aus der er sich jedwede Äußerungen gegen seinen Flottenplan verbat. Maltzahn kannte sich als Seegeschichtslehrer in seiner Materie bestens aus und schöpfte aus verschiedenen Beweggründen die Überzeugung, daß Deutschland zur See gegenüber England für immer der Schwächere sei. Tirpitz wußte, daß Maltzahn in seiner Eigenschaft als Lehrer bildenden Einfluß auf die studierenden Offizierschüler ausübte und bastelte – allerdings erfolglos – an seiner Ablösung, nachdem er ihn schon das Verbot zur Veröffentlichung seiner gesammelten Vorlesungen erteilt hatte.

Neben Maltzahn gab es etliche aktive und auch pensionierte Seeoffiziere, die in Deutschland den ewigen Zweiten hinter England erkannten, dem Kreuzergedanken anhafteten und die Chance auf eine siegreiche Entscheidungsschlacht gegen das Empire für minimal hielten. Sie zeigten ihre Ablehnung mit Schriften an, manchmal unter Hinzuziehung und Auswertung amtlichen Aktenmaterials. Tirpitz ging dagegen scharf zu Werke, indem er dem Reichsmarineamt das Recht auf Zensur einräumte. Im Grunde genommen war das eine diktatorisch verfügte Gleichschaltung des Marineoffizierkorps, ob aktiv oder pensioniert.

Sie war aber nur von geringem Ausmaß und sollte deswegen nicht allzu ernstgenommen werden, zumal die Anzahl von Willigen und Tirpitz-Anhängern in der Marine und vor allem im Volk bei weitem die der Kritiker überstieg. Als Kristallisationspunkt aller Marine-Euphorie trat 1898 der »Deutsche Flottenverein« in Erscheinung, der von einem Berliner Lebertranfabrikanten gegründet wurde. Vorsitzender war Wilhelm Fürst zu Wied, die Schirmherrschaft übernahm Prinz Heinrich von Preußen. Der Verein, der schon bald über eine Million Mitglieder zählte,

Kanonenboot PANTHER. Das 1900–1902 gebaute Schiff gehörte zu einer Serie von 6 typgleichen Einheiten, die für den Auslandsdienst bestimmt waren. Bewaffnet mit 4 Geschützen 8,8 cm bzw. 2 Geschützen 10,5 cm, verdrängten sie 1.193 ts und liefen 14 kn. Das Anlaufen der Bucht von Agadir am 1. Juli 1911 ging als »Panthersprung von Agadir« in die Geschichte ein. Archiv MOV/DMI

entfaltete eine überaus rege Geschäftigkeit in Gestalt von Vortragsabenden und Veranstaltungen, die mit den kaiserlichen Slogans für die Marine warben: »Der Dreizack gehört in unsere Faust«, »Bitter not ist uns eine starke deutsche Flotte«, »Unsere Zukunft liegt auf dem Wasser« oder »Reichsgewalt bedeutet Seegewalt«. Als Erster bemächtige sich der Verein des brandneuen Mediums Film und begeisterte mit den bewegten Bildern von stolzen Schiffen, die vorzugsweise sturmgepeitschte Meere durchpflügten, nicht nur die Jugend der Nation. Vor allem gab er zahlreiche Publikationen in hohen Auflagen heraus, darunter eine mit dem bemerkenswerten Titel »Arbeiter und Flotte«. Finanzielle Unterstützung erfuhr der Flottenverein besonders von der Schwerindustrie, an der Spitze die Essener Firma Krupp, für die sich solche Investitionen sehr schnell amortisiert haben dürften. Nicht zuletzt diesem Flottenverein ist es zu verdanken, daß entschiedenes Engagement für den Kriegsschiffbau bald zur Ehrensache der Industriellen, aber auch jedes »aufrechten« Deutschen wurde. Das sollte sich erst recht im Krieg zeigen, als das Geld knapp wurde. Krupp wie überhaupt die gesamte Schwerindustrie wurden vom Kaiser auf ihre vaterländischen Pflichten als »gute Deutsche« verwiesen und zum Bau von Schiffen und Kanonen angetrieben: Wilhelm II. hatte sie buchstäblich beim patriotischen Portepee gefaßt, und was wäre den »Managern« auch anders übrig geblieben als das untertänigste »Sehr wohl«?

Tirpitz zögerte trotz des Rückhalts für seine Marinepolitik mit dem Einbringen der zweiten Vorlage im Reichstag, denn außenpolitisch tat sich zu wenig, um eine weitere Flottenvermehrung mit guten Gründen zu rechtfertigen.

Es kam ihm ein Umstand zupaß, der alles weitere wie von selbst in Gang brachte. Die Nachkommen der niederländischen, niederdeutschen und hugenottischen Kolonisten des Kaplandes an der südlichen Spitze Afrikas, Buren genannt, kämpften seit Ende 1899 gegen Großbritannien um ihre Unabhängigkeit. Es war ein wenig aussichtsreicher Kampf, in dem nur dann die Buren eine Chance besaßen, wenn sich Neutrale auf ihre Seite schlagen würden. Der südafrikanische Politiker und Präsident von Transvaal, Paulus »Ohm« Krüger, suchte daher vergebens in Europa um militärische Hilfe nach. Die Briten annektierten 1900 die Republiken Oranje-Freistaat und Transvaal, deren Bevölkerung zwar erbitterten Widerstand leistete, schließlich aber an den harten Gegenmaßnahmen der englischen Besatzer scheiterte (flächendeckende Zerstörung von Farmen und Internierung von Frauen und Kindern in eigens dafür geschaffenen Konzentrationslagern). Nachher, 1902, wurden die Burenrepubliken im Frieden von Pretoria zu britischen Kolonien erklärt.

Deutschland interessierte sich für Tansvaal, beließ es aber – die letzte Besonnenheit – bei der Ausarbeitung von Operationsplänen. Entrüstung ob der englischen kriegerischen Kolonialpolitik griff um sich, vor allem, weil die Briten im Eifer des Gefechts Schiffe der deutschen Ostafrika-Linie beschlagnahmt hatten. Im Reichstag rumorte es, doch Wilhelm und Tirpitz war das ungebetene britische Vorgehen Wasser auf ihre Mühlen. So läßt sich in den Memoiren des Kaisers lesen: »Tirpitz rief aus: ›Jetzt haben wir den Wind, den wir brauchen, um unser Schiff in den Hafen zu bringen; das Flottengesetz geht durch. Eure Majestät müßten dem englischen Kommandanten noch einen Orden verleihen ...‹. Der Reichskanzler bestellte Sekt, und so tranken wir drei mit Dank an die englische Marine, die sich so hilfreich erwiesen ...«

Jetzt konnte alles nicht schnell genug gehen, die Gunst der Stunde zu nutzen. Die Parteien erklärten sich zur Annahme des neuen Flottengesetzes bereit, nur müsse Klarheit über die Finanzierung herrschen. Die Kosten erfuhren durch Erhöhung von Gebühren, etwa auf Alkoholika, Wertpapiere oder Lose, die für notwendig gehaltene Absicherung, und am 14. Juni 1900 wurde das zweite Flottengesetz mit 201 gegen 103 Stimmen von insgesamt 397 angenommen: zwei Flottenflaggschiffe, vier Geschwader zu jeweils acht Linienschiffen, acht Große und 24 Kleine Kreuzer! Für den Auslandsdienst waren drei Große und zehn Kleine Kreuzer vorgesehen, für die Reserve vier Linienschiffe, drei Große und vier Kleine Kreuzer, insgesamt also 38 Linienschiffe, 14 Große und 38 Kleine Kreuzer. Das bedeutete ein Kräfteverhältnis der deutschen zur britischen Flotte von 2:3 (beim ersten Flottengesetz noch 1:2) und damit eine gewaltige quantitative Verschiebung.

Nun war die englische Hegemonie mit dieser Masse erstmals wirklich in Gefahr. Es galt nicht die Frage, ob, sondern wann und unter welchen Bedingungen die Briten die deutsche Herausforderung annehmen und mit einem Gegenprogramm antworten würden. Die englische Regierung war um Besänftigung ihrer aufgeregten Öffentlichkeit bemüht und rechnete sich auch einige Chancen aus, über den Weg der politischen Verständigung mit Deutschland zu einer gütlichen Einigung zu gelangen, zumal auch Tirpitz amtlich machte, eine solche Flotte bloß zur Sicherung des deutschen Welthandels einsetzen zu wollen.

Tirpitz führte seine oben schon erwähnte »Risikobindung« als strategisches Kernstück des zweiten Flottengesetzes ins Feld: »Deutschland muß eine so starke Schlachtflotte besitzen, daß ein Krieg auch für den seemächtigsten Gegner mit derartiger Gefahr verbunden ist, daß seine eigene Machtstellung in Frage gestellt wird. Zu diesem Zweck ist es nicht unbedingt erforderlich, daß die deutsche Schlachtflotte ebenso stark ist, wie die der größten Seemacht, denn diese wird im allgemeinen nicht in der Lage sein, ihre sämtlichen Streitkräfte gegen uns zu konzentrieren. Selbst wenn es ihr aber auch gelingt, uns mit größter Übermacht entgegenzutreten, würde die Niederkämpfung einer starken deutschen Flotte den Gegner doch so erheblich schwächen, daß dann trotz des etwa errungenen Sieges die eigene Machtstellung zunächst nicht mehr durch eine ausreichende Flotte gesichert wäre.«

Man darf sich jedoch nicht von seinen beschwichtigenden und Bescheidenheit vorgaukelnden Ausführungen beirren lassen. Tirpitz verschleierte seine wahren Absichten meisterhaft. Was er vielmehr von Beginn an wollte, war eine den Engländern ebenbürtige Flotte mit einer realen Siegerchance. Daß er dies erst sehr viel später, 1914, zugeben sollte, versteht sich füglich von selbst: »Dieses natürliche und einzige Ziel konnte in den letzten zwei Jahrzehnten aber nicht gesagt werden.« Deutlicher geht's nimmer.

Stapellauf des Kleinen Kreuzers STETTIN am 7. März 1907 auf der Stettiner Vulcan-Werft. Nach SMS LÜBECK war dieser Kleine Kreuzer das zweite Schiff der Kaiserlichen Marine mit Turbinenantrieb. Bewaffnung: 10 Geschütze 10,5 cm, 8 Geschütze 5,2 cm 2 Torpedorohre, 3.822 ts, Geschwindigkeit 25 kn. Archiv MOV/DMI

Schlachtflottenbau und Flottenenthusiasmus um die Jahrhundertwende

Wie kaum ein anderes Waffensystem repräsentiert das moderne Kriegsschiff den technischen Entwicklungsstand und die wirtschaftliche Leistungsfähigkeit einer Industrienation. Das galt damals mehr noch als heute. So ist das schwimmende Material der Kaiserlichen Marine ein deutlicher Indikator für den Übergang Deutschlands zur Industrienation, der sich im letzten Viertel des 19. Jahrhunderts endgültig vollzog.

Das Kriegsschiff in seiner großen Typenvielfalt, vom schwer bestückten Linienschiff bis zum kleinsten Kanonenboot, war selbst wiederum Ergebnis eines technisch-wirtschaftlichen Entwicklungsstandes wie auch taktisch-politischer Forderungen.

Generell ist im damaligen Kriegsschiffbau eine Entwicklung des Dualismus von Bewegungen und Feuer zu beobachten, wobei die Schaffung des dampfergetriebenen, rundum feuernden und gepanzerten Schlachtschiffes im Mittelpunkt stand, dessen militärische und politische Wirksamkeit sich im Geschwaderverband typengleicher Einheiten vervielfältigte. In einem knappen Jahrzehnt, von 1885 bis 1895, reifte die zweite Komponente dieses Dualismus, die Schiffsartillerie, zum wirkungsvollsten Waffensystem zur See heran, was sie bis in den Zweiten Weltkrieg hinein bleiben sollte.

Die Entwicklung der Schiffsartillerie, die nach 1885 geradezu sprunghaft vorangetrieben wurde, war die Folge der Erfindung neuer Treibladungsmittel und verbesserter Stahllegierungen. Bis etwa 1895 war das moderne Geschütz herangereift und hatte die Verbesserung von Lafetten, Türmen und Munition nach sich gezogen. Die gewaltige Leistungssteigerung der Schiffsartillerie von 1895 bis 1914 – Gefechtsentfernungen von 2.000 Meter bis 20.000 Meter – hatte dann seit der Jahrhundertwende die Schaffung moderner Feuerleitverfahren und -geräte zur Folge.

Für die Nutzung der taktischen Möglichkeiten der verbesserten Artillerie war die witterungsunabhängige Bewegungsfähigkeit des Schiffes von entscheidender Bedeutung, so daß die Entwicklung leistungsfähiger Schiffsmaschinen forciert wurde. In den siebziger Jahren begann sich der Dualismus von Feuer und Bewegung abzuzeichnen, dessen augenfälligste Folge die Abkehr vom Segel als Kriegsschiffsantrieb war, die dann in den achtziger Jahren endgültig erfolgte. Durch Einführung der erheblich wirtschaftlicher arbeitenden Dreifachexpansionsmaschine konnte damals der Aktionsradius beträchtlich gesteigert werden. Auch hier spielten Artillerieeinflüsse eine unmittelbare Rolle, denn nach Fortfall der Takelage stand den Geschützen ein größeres Schußfeld zur Verfügung.

Großer Kreuzer SMS SCHARNHORST, das Flaggschiff des in Tsingtau stationierten Kreuzergeschwaders in der Südsee 1912. Der Panzerkreuzer war 1906 erbaut worden und seit 1909 in Ostasien eingesetzt. Bewaffnung 8 Geschütze 21 cm, 6 Geschütze 15 cm, 18 Geschütze 8,8 cm, 4 Maschinenkanonen 3,7 cm und 4 Torpedorohre, 12.985 ts, 22,5 kn. Archiv MOV/DMI

Äquatortaufe 1909 auf SMS SCHARNHORST. Der bei den Seeleuten seit altersher übliche Brauch, die seemännischen Neulinge unabhängig von ihrem Dienstgrad beim ersten Überqueren der Linie vom »Schmutz der nördlichen Erdhalbkugel zu reinigen«, wurde auf allen Schiffen deutscher Marinen bis zum heutigen Tage mehr oder weniger rauh gepflegt.
Archiv MOV/DMI

Im Wechselspiel der Verbesserung von Artillerie, Antriebsanlagen und Schiffbaus kam es in den neunziger Jahren zur Entwicklung eines »Standardschlachtschiffes«, eines Linienschiffes mit einer Bestückung von vier schweren Geschützen in zwei Türmen vorn und achtern und einer starken Mittelartillerie, die beide auf gleicher Gefechtsentfernung – bei durchschnittlichen Sichtverhältnissen von ca. 7.000 Metern in der Nordsee –, die man damals entfernungsmeßtechnisch beherrschte, eingesetzt wurden.

Um 1890 war man unter dem Einfluß dieser technischen Entwicklung wieder zur Linientaktik übergegangen, die die Schaffung homogener Geschwader aus typgleichen Einheiten verlangte. Der Gegner konnte aus Richtungen von seitlich voraus bis seitlich achteraus mit dem ganzen Geschwader bekämpft werden, wobei durch verbesserte Signalmittel, geringere Sichtbehinderung durch die rauchlosen Pulver, eine Feuerkonzentration des ganzen Geschwaders auf ein einzelnes Schiff vorgenommen werden konnte.

Der Übergang zum »All Big Gun Ship« mit dem Stapellauf von HMS DREADNOUGHT im Jahr 1905 brachte Probleme der optimalen Gechützaufstellung mit sich, die durch überhöhte Aufstellung der Türme in Mittschiffsebene gelöst wurden. Infolge der Gefährdung durch den Gasdruck an der Rohrmündung ging man nur zögernd zu dieser Aufstellungsweise über, die 1906 auf USS MICHIGAN erstmalig angewendet wurde.

Die Wirksamkeit dieses Waffensystems war nur bei reibungslosem Zusammenspiel einer ganzen Schiffsbesatzung gewährleistet. Ohne die permanente Einhaltung eines bestimmten Ausbildungsstandes, der das Geschwader in seiner Ganzheit betraf, war dieses komplizierte Gebilde der Technik wertlos. Daher mußte man seit den neunziger Jahren Geschwader als institutionell dauerhafte Einrichtungen schaffen.

Auf wirtschaftlichem Gebiet hatte diese Entwicklung schon Ende der achtziger Jahre zu einem so hohen Kostenaufwand geführt, daß eine Anwendung der technischen Errungenschaften im Flottenbau von der Festlegung beträchtlicher fiskalischer Mittel auf längere Zeiträume hinaus abhängig wurde.

So war eine Finanzierung nach der bis dahin üblichen Form der jährlichen Festlegung von Marinebudgets durch die Parlamente nicht länger möglich. Als erste Nation verabschiedete England 1889 die »Naval Defence Act«, eine gesetzliche Regelung der Finanzierung eines ganzen Flottenbauprogramms, das eine grundlegende Modernisierung der Royal Navy einleiten sollte und bis 1894 u.a. den Bau von zehn Linienschiffen vorsah. Bis 1914 folgten weitere Flottenbaugesetze.

Der sich seit 1902 abzeichnenden Blockbildung der Großmächte gegen Deutschland glaubte man mit der Flotte ein letztes Druckmittel gegen England entgegensetzen zu können. Danach war weniger die Seeschlacht gegen England als vielmehr der politische Druckansatz das eigentliche Ziel der Tirpitzschen Flottengründung. Das Fatale an dieser Einschätzung wurde der Umstand, daß allein schon aus

Mangel an Stützpunkten und infolge des immer noch zu geringen Aktionsradius deutsche Großkampfschiffe nicht in der Lage waren, nach Kriegsausbruch 1914 die englische Fernblockade zu verhindern und die seewärtigen Zufuhren, auf die das Reich so dringend angewiesen war, zu gewährleisten. So mußte sich im Ersten Weltkrieg die deutsche Flottenpolitik nach 1906 als folgenschwere Fehlplanung erweisen, die mit dazu beigetragen hatte, die Konfrontation mit England zu verschärfen.

Mit der Indienststellung der vier Einheiten der BRANDENBURG-Klasse (erbaut zwischen 1890 und 1914), Linienschiffe von ca. 10.000 t und einer Bestückung mit sechs Geschützen in drei Doppeltürmen im Kaliber von 28 cm, deren Munition erstmalig das seit 1889 auch in der Kaiserlichen Marine eingeführte rauchschwache Pulver enthielt, begann eine neue Epoche deutschen Panzerschiffbaus. Die fünf Linienschiffe der KAISER FRIEDRICH III.-Klasse, in den Jahren von 1895 bis 1901 erbaut, gehörten bereits dem Standardtyp des modernen Linienschiffs an, ca. 10.000 t groß und mit einer schweren Artillerie von vier Geschützen im Kaliber von 24 cm und einer Mittelartillerie von 18 bis 14 Geschützen von 15 cm bewaffnet. Bis 1908 wurden von dieser Konfiguration insgesamt zwanzig Einheiten der Kaiserlichen Marine gebaut: WITTELSBACH-Klasse (fünf Einheiten von 1899 bis 1903); BRAUNSCHWEIG-Klasse (fünf Einheiten von 1901 bis 1905); DEUTSCHLAND-Klasse (fünf Einheiten von 1903 bis 1908). Die Linienschiffe SCHLESWIG-HOLSTEIN und SCHLESIEN dieser letzten Klasse von Vor-DREADNOUGHTS standen nach zahlreichen Umrüstungen noch bis März bzw. Mai 1945 als aktive Kriegsschiffe im Einsatz.

Mit den vier Einheiten der NASSAU-Klasse, Linienschiffen von ca. 20.000 t Deplacement und einer Bewaffnung von zwölf Rohren im Kaliber von 28 cm in sechs Doppeltürmen, sowie einer Mittelartillerie von zwölf Einzelrohren im Kaliber 15 cm, wurden in den Jahren von 1907 bis 1910 die ersten Großkampfschiffe des DREADNOUGHT-Typs gebaut. Ihnen folgten 1908 bis 1912 die vier Einheiten der OSTFRIESLAND-Klasse, Linienschiffe von ca. 24.000 t Deplacement und einer Bewaffnung von zwölf Rohren im Kaliber von 30,5 cm in sechs Doppeltürmen und einer Mittelartillerie von 14 Einzelrohren von 15 cm. Von 1909 bis 1913 entstanden die fünf Schiffe der KAISER-Klasse: 27.000 t Deplacement, zehn Geschütze im Kaliber 30,5 cm in Doppeltürmen; die KAISER-Klasse wurde erstmalig mit Turbinen ausgerüstet, wodurch Geschwindigkeiten von über 20 Knoten überhaupt erst erreichbar geworden. Es folgten von 1911 bis 1914 die vier Einheiten der KÖNIG-Klasse, ca. 28.000 t groß, mit zehn Geschützen von 30,5 cm Kaliber bewaffnet, deren beiden vorderen und achteren Doppeltürme erstmalig in Mittschiffsebene überhöht Aufstellung fanden. Als letzte Linienschiffe wurden von 1913 bis 1916 die Großkampfschiffe BAYERN und BADEN fertiggestellt, sie kamen 1916/17 zur Flotte, waren ca. 32.000 t groß und mit vier Doppeltürmen von Geschützen im Kaliber 38 cm bewaffnet.

Außer diesen 19 Schlachtschiffen, die offiziell noch als Linienschiffe bezeichnet wurden, bauten deutsche Werften von 1908 bis 1917 sieben Schlachtkreuzer, ebenfalls Großkampfschiffe mit einer Bestückung von acht bis zehn Rohren im Kaliber von 28 cm bis 30,5 cm: VON DER TANN (1908 bis 1910), ca. 21.000 t, 8 x 28 cm, MOLTKE, GOEBEN, SEYDLITZ (1909 bis 1913), 25.000 bis 28.000 t, 10 x 28 cm, und DERFFLINGER, LÜTZOW und HINDENBURG, ca. 26.000 t, (1912 bis 1917), 8 x 30,5 cm. Sie traten 1914, 1915 und 1917 zur Flotte. Die 1914 an die Türkei verkaufte GOEBEN blieb bis 1973 dort im aktiven Dienst und wurde 1976 verschrottet, nachdem alle Versuche fehlgeschlagen waren, dieses als letztes Exemplar eines Schlachtkreuzers übrig gebliebene Schiff als Museumsschiff in der Bundesrepublik zu erhalten. Die Schlachtkreuzer verfügten nahezu über die gleiche Kampfkraft wie die Linienschiffe bzw. Schlachtschiffe, waren aber leichter gepanzert und etwas schneller (bis zu 28 Knoten gegenüber 21–22 Knoten).

Bei Kriegsanbruch 1914 hatte die Kaiserliche Marine insgesamt 19 Großkampfschiffe im Flottendienst, die Royal Navy deren 29. Eine Zusammenstellung der wichtigsten Kriegsschiffstypen zeigt die Flottenstärken der am Ersten Weltkrieg beteiligten Nationen im August 1914.

Das Seerüstungspotential der Großmächte um 1914

	Deutschland	Österreich	England	Frankreich	Rußland	Italien	Japan	USA(1916)
Dreadnoughts	15	3	20	4	–	3	2	12
Vor-Dreadnoughts	20	6	40	18	7	8	13	21
Schlachtkreuzer	4	–	9	–	–	–	–	–
Panzerkreuzer	9	2	34	20	6	9	13	10
Kreuzer	41	5	74	9	9	6	13	14
Zerstörer bzw. Torpedoboote	130	18	167	84	91	36	50	54
U-Boote	30	6	70	64	30	19	13	44

Die deutschen Kriegsschiffe waren den britischen technisch durchaus gleichwertig. Das geringere Geschützkaliber bei den deutschen Linienschiffen und Großkampfschiffen bedeutete keine artilleristische Unterlegenheit, da mit diesen Geschützen auf die damals üblichen Gefechtsentfernungen die Panzerung der gleichaltrigen britischen Schiffe durchschlagen werden konnte. Aufgrund einer stärkeren Ausbildung der inneren Raumaufteilung galten die deutschen Schiffe als standfester, also unempfindlicher gegen Treffer.

Die Hochseeflotte mit ihren Schiffen, die zumeist erst während des letzten Jahrzehnts vor Ausbruch des Krieges entstanden waren, verkörperte die hohe Leistungsfähigkeit der neuen deutschen Industrienation. Dennoch erwies sie sich als militärpolitische Fehlplanung. Das politische Ziel, zu dessen Erreichung sie geplant war, wurde nicht erreicht: England wurde nicht bündnisbereit, sondern der Gegensatz zu der die Weltmeere beherrschenden Nation wurde erst recht vertieft. Das britische Inselreich vermochte in einem geradezu gigantischen Kraftakt der Schiffsproduktion, der bis an die Grenze der wirtschaftlichen Leistungsfähigkeit ging, die durch die deutsche Flotte empfundene Bedrohung zu überwinden. Andererseits konnte die deutsche Hochseeflotte dann im Krieg aus Mangel an Gelegenheit und wegen der ungünstigen geostrategischen Lage ihren militärischen Auftrag, durch Dezimierung der gegnerischen Flotte Deutschlands Zugang zu den Weltmeeren zu sichern, nicht erfüllen. Die unentschiedene Skagerrakschlacht blieb das einzige Aufeinandertreffen größerer Flottenverbände.

Dennoch war ihre Binnenwirkung weitreichend. In der Marine selbst wirkte die Faszination einer großen Flotte noch bis in die Flottenpläne von 1939 (Z-Plan) nach. Verbände von Großkampfschiffen mit erheblich gesteigerten Aktionsradien und die Möglichkeit einer Brennstoffversorgung im Einsatzgebiet sollten Operationen im Atlantik ermöglichen.

Am nachhaltigsten hat sich die Tirpitzsche Flottenpolitik auf das Bewußtsein der deutschen Bevölkerung ausgewirkt. Seit der Reichsflotte von 1848 dienten deutsche Marinen immer der Vertretung gesamtdeutscher Interessen und waren Ausdruck der politischen Einheit Deutschlands. Das zeigte sich am augenfälligsten in der Namensgebung deutscher Kriegsschiffe, die oft nach deutschen Städten, Ländern und damals herrschenden Dynastien benannt wurden. Vor allem in der Kaiserlichen Marine wurde diese Tradition beibehalten, wie bereits die Namen der hier aufgezählten Einheiten verdeutlichen. Im Gegensatz zur Armee, die aus den Kontingenten der deutschen Staaten bestand, war die Kaiserliche Marine die erste zentrale Institution des Reiches, die unmittelbar dem Kaiser unterstand.

In der Flotte dienten Männer aus allen Teilen Deutschlands, wodurch der Integrationsfaktor, vor allem nach der erheblichen personellen Aufstockung nach 1900, deutlich zutage trat. In der Tat diente die Flotte auch als Instrument der Legitimation von Herrschaft, als Faszinosum der Massen und zur Festigung der Macht im Staate. Mit der Flotte identifizierte sich auch das deutsche Bürgertum, aus dessen Kreisen die Konstrukteure und der überwiegende Teil des Offizierkorps stammten. Durch die persön-

Kleiner Kreuzer der AMAZONE-Klasse in schwerem Wetter. Das Schiff gehörte zu einer Serie von 10 typgleichen Einheiten, die von 1897 bis 1904 gebaut wurden. Bewaffnet mit 10 Geschützen 10,5 cm, 10 Maschinenkanonen 3,7 cm und 2 Torpedorohren, verdrängten sie ca. 3.000 ts und liefen 21 kn. Archiv MOV/DMI

liche Flottenbegeisterung Wilhelms II. erfuhr diese Entwicklung besondere Impulse.

Mit der bereits erwähnten Gründung des »Deutschen Flottenvereins«, der um die Jahrhundertwende mit einer Million Mitglieder der bis dahin stärkste Interessenverband war, hatte Tirpitz ein Propagandainstrument von hoher Effizienz geschaffen. In Bild und Schrift wurde ein Flottenenthusiasmus bewirkt, der sich bis in die entlegensten Gebiete des Reiches verbreitete und der weite Teile der binnenländischen Bevölkerung ergriff. Das Unglückliche an dieser Entwicklung lag aber darin, daß hierdurch weniger ein Meeresbewußtsein erzeugt wurde, das auf die Notwendigkeit und Abhängigkeit des Reiches von überseeischen Handelsverbindungen hinwies, als vielmehr eine recht vordergründige Begeisterung für stählerne Giganten, eine militärische Machtdemonstration mit unheilvollen politischen Folgen.

Man täte indes dem Marinechef bitter Unrecht, ihn allein treibende Kraft zu nennen, ohne den Generalstab mit ins Feld zu führen. Der 1891 bis 1906 amtierende Generalstabschef Alfred von Schlieffen richtete mit seinem Plan das Heer genauso einseitig aus wie Tirpitz mit seiner Schlachtflotte die Marine. Nur wies Schlieffen nicht unbedingt in Richtung Krieg, er provozierte ja nicht, während Tirpitz und Wilhelm mit ihrer Flottenliebhaberei geradewegs auf Konfrontationskurs mit England liefen. Der sogenannte Schlieffen-Plan sah beim Zweifrontenkrieg eine hinhaltende Verteidigung gegen Rußland und den Umfassungssieg über Frankreich durch den massierten rechten Flügel vor, der unter Verletzung der belgischen Neutralität nach Frankreich vorstoßen sollte. Der Plan lag seit Mitte des neuen Jahrzehnts in den Aktenschränken des Generalstabes, wurde bis auf Kleinigkeiten vom Prinzip her nicht geändert, und die Militärs hätten eigentlich Zeit genug für die Einsicht gehabt, daß England im Falle einer Mißachtung belgischer Neutralität sofort gegen Deutschland ziehen würde. Sichere Anzeichen dafür gab es zur Genüge. Die Chance, England aus einem Krieg herauszuhalten, war gleich Null, hielte man am Schlieffen-Plan fest. Man wußte das, und trotzdem wich die deutsche Führung nicht von ihm ab, der im Ersten Weltkrieg in abgeschwächter Form und nicht konsequent zur Anwendung kam.

Die innere Struktur

Nichts prägte die Wilhelminische Ära so sehr wie der Militarismus, der nicht nur Ausdruck des kriegerischen Geistes einer ganzen Nation ist, sondern zum heldischen Mythos schlechthin hinaufgesteigert wird. Der Krieg ist das Höchste im Leben eines Soldaten, und nur er trägt ihm auf ewig den Stolz des Vaterlandes ein; erst dort kommen alle Tugenden des Menschen zur Entfaltung, denn auf dem Feld der Ehre erweist sich, wer ein wahrer Held ist, wem der Dank des Vaterlandes gebührt. »Alles, was sich auf militärische Dinge bezieht, hat bei uns Vorrang«, schrieb damals ein Universitätsprofessor, und »darum erscheint uns, die wir vom Militarismus erfüllt sind, der Krieg selbst als etwas Heiliges, als das Heiligste auf Erden«.

Der Militarismus aber war dem Volk nicht etwa von »oben« aufgepfropft worden, sondern vielmehr hatten die endlich vollzogene Einheit, der wirtschaftliche Wohlstand und die ehrlich empfundene Überlegenheit auch im stetig gewachsenen Militarismus ihre Ursache. Dem deutschen Volk war das gleichsam von Gott gegeben, denn es brachte ja Gutes und führte geradewegs ins Glück. Und in der Tat fehlte es den Deutschen von Bismarcks Reichseinigung bis zum Katastrophenjahr 1918 nicht an politischer Orientierung, denn sie fühlten sich als willige Untertanen in einem Obrigkeitsstaat geborgen.

Zahllose Vereine förderten vor dem Krieg die Begeisterung für das Vaterland und damit die nationale Sache und durchtränkten ihre Mitglieder mit militärischem Gehabe. Veteranen – bei Vereinsfesten demonstrativ mit ihren Orden- und Ehrenzeichen geschmückt – warteten mit Heldengeschichten aus den Einigungskriegen auf, man trank, ersann neue Strategien, ließ den Kaiser hochleben. Das schweißte die vorwiegend kleinen Leute dieser Vereine zusammen, deren Spitzenpositionen zumeist Reserveoffiziere, Akademiker aller Sparten und politisch Wirksame innehatten. Man kam aber nicht nur am Biertisch zusammen, sondern pflegte Kameradschaft und Korpsgeist auch beim Schießen und zeigte überhaupt einige Aktivität an:

»Ein frischer, lebensfroher Zug geht gegenwärtig durch unsere Kriegervereine. Nicht nur zu festlichen Gelegenheiten und anderen Vergnügungen will man sich zusammenfinden und sich zeigen; man will auch beweisen, daß der soldatische Geist … ebenfalls noch wach ist. So sieht man denn jetzt überall im deutschen Vaterlande, meistens an Sonntagen, die jungen und, recht zahlreich auch, die alten Kameraden ins Feld ziehen, um zu erproben, ob die Hand, die einst bei der Truppe so ruhig und sicher das Gewehr führte, auch heute noch die Waffe meistern kann und ob das dem deutschen Infanteristen so wohlbekannte ›Sprung auf – Marsch, marsch!‹ seine belebende Wirkung noch nicht eingebüßt hat.«

Diese kriegerische Vereinsmeierei ist uns Heutigen etwas absonderlich und trägt für den rückschauenden Betrachter komische, mitunter abstoßende Züge, aber es stand in der Mentalität der Zeit und war Ausdruck des »männlichen«, des deutschen Selbstverständnisses, sich hier zusammenzutun und bei jeder passenden Gelegenheit den »Zivilunken« stolz die Uniform zu präsentieren. Der Kaiser war Symbolfigur und Vorbild zugleich, erschien er doch zu den meisten Anlässen in Uniform; in welcher, das richtete sich meist nach dem Regiment, das er inspizierte. Der »Sterbekittel«, wie Friedrich der Große die Soldatenuniform sarkastisch und doch so treffend bezeichnete, verriet nicht nur die militärische Zugehörigkeit, sondern er war Ausweis der »aufrechten«, deutschen Haltung seines Trägers. Wer denkt hier nicht an Heinrich Manns grandiosen Roman »Der Untertan«, dem es in Ermangelung des Offizierspatents beinahe das Herz zerreißt, oder an den volkstümlichen »Hauptmann von Köpenick«, diesen armen Schlucker, der aus purem Zufall an eine Offizier-Garderobe gerät und sich mit seinem so gewonnenen imposanten Äußeren zum Feldherrn über das Rathaus aufschwingt?

Die Wertschätzung alles Militärischen verschaffte den Offizieren eine märchenhafte Reputation: Jeder Offizier war bei Hofe zugelassen, und der schnöseligste Leutnant genoß gesellschaftlichen Vorrang selbst vor dem Professor. Das äußere Erscheinungsbild gerade des jungen Offiziers stimmte dabei nicht recht mit den Verhältnissen überein, denn weder die Bezahlung war seinem aufwendigen Lebensstil angepaßt, noch entsprach seine Bildung dem sozialen Prestige. So entstand ein merkwürdiges Zerrbild: »Sankt Leutnant« zwischen übersteigertem Standesdünkel und leeren Taschen.

Der künftigen Karriere ungemein förderlich und darüber hinaus von Ansehen für die meist studierten Bürger ist zu damaliger Zeit die Zugehörigkeit zum erlesenen Kreis der Offiziere des Beurlaubtenstandes, also zum Reserveoffizierkorps. Zwar betrachteten die Aktiven den Reserveoffizier bestenfalls als Zivilist mit mildernden Umständen, doch wer sich Leutnant der Reserve nannte, es zum Oberleutnant oder gar Hauptmann brachte (hier war bis auf wenige Ausnahmen das Ende der Fahnenstange erreicht), der brauchte sich um seine Zukunft nicht zu sorgen. Der Offizier war der erste Stand im Staat, der Soldatenberuf, welcher Laufbahn auch immer, genoß in der Gesellschaft hohes Ansehen, und so nimmt es nicht wunder, daß Armee und Marine über Nachwuchssorgen nicht zu klagen hatten.

Das Größte aber war, des Kaisers Blauen Rock zu tragen und in Seiner Majestät Marine zu dienen.

In der Kaiserlichen Marine kannte man Wehrpflichtige, Freiwillige und Berufssoldaten. Die Wehrpflicht umfaßte Männer im Alter von 17 bis 45 Jahren. Diejenigen, die der Beruf mit der See verband, also Seeleute, Schiffszimmerer, Heizer, Schiffsköche etc., waren von vornherein zum Dienst in der Marine verpflichtet, und für die Marine unverzichtbare Handwerksleute – vom Schuhmacher bis zum Bäcker – wurden aus dem gesamten Reich rekrutiert. Drei Jahre tat der Wehrpflichtige Dienst, und nach dessen Beendigung stand er automatisch für weitere vier Jahre als Reservist zur Verfügung. So konnte die Marine Ende des ersten Kriegsjahres auf stattliche 13.200 Reservisten zurückgreifen, die weit über den Bedarf hinausgingen.

Jedem Wehrpflichtigen blieb es überlassen, sich auch freiwillig zu melden und auf drei oder vier Jahre zu verpflichten; diente er schon, gab es für ihn die Möglichkeit zum fünf- oder sechsjährigen Dienst.

»Z«-vor! war das Flaggensignal für den Durchbruch der Torpedoboote durch die Kiellinie der Schiffe des II. Geschwaders aus Linienschiffen der BRAUNSCHWEIG-Klasse, den 5 Einheiten der vorletzten Klasse von Standardlinienschiffen der Vordreadnought-Ära, die von 1901 bis 1905 gebaut wurden. Archiv MOV/DMI

Ihm erwuchsen dadurch zwar keine finanziellen Vorteile, aber immerhin ging er in der Regel als Maat ab. Wer über sechs Jahre hinaus länger in der Marine dienen wollte, unterschrieb sogenannte »Kapitulationen«, für die er Prämien kassierte.

Und wer den Wunsch hatte, den Beruf des Seeoffiziers zu erlernen, der mußte sich einer Einstellungsprüfung unterziehen, die am 1. April eines jeden Jahres stattfand. Voraussetzung für die Teilnahme war das Abitur, zuweilen aber genügte auch die Primareife. War der Anwärter in den Dienst der Marine übernommen, prägte die ersten Wochen seiner militärischen Laufbahn eine ziemlich strapazierende Infanterieausbildung. Der spätere Großadmiral Erich Raeder trat der Marine 1894 bei, und er schreibt in seinen Erinnerungen: »Die ersten sechs Wochen unserer Dienstzeit waren der infanteristischen Ausbildung gewidmet, die von dem Lieutenant der Marine-Infanterie von Oidtmann geleitet und von ausgesuchten Unteroffizieren des Heeres als Korporalschaftsführern durchgeführt wurde ... Diese Ausbildungszeit war für mich der schwierigste, am wenigsten erfreuliche Teil meiner Kadettenzeit; nicht wegen der Schärfe, mit der wir von den Heeresunteroffizieren angefaßt wurden, sondern wegen ihres Tones uns gegenüber. Sicherlich waren ihre gewaltigen Schimpfkanonaden nicht böse gemeint, aber die gesucht unflätige Art ihrer Ausdrücke stieß mich so ab, daß ich zeitweise ernstlich überlegte, ob ich weiter in einer solchen Atmosphäre dienen könnte.«

Im Anschluß an die Infanterieschulung wurde der Kadett für ein Jahr auf ein Auslandsschulschiff abkommandiert und nach bestandener Prüfung zum Fähnrich zur See befördert. Danach erfolgte die Versetzung zum einjährigen Offizierslehrgang an die Marineschule Kiel, Danzig oder Stettin, ab 1910 ausschließlich in Flensburg-Mürwik, der mit der Hauptprüfung schloß.

Flensburg ist seitdem die zentrale Ausbildungsstätte für Seeoffiziere. Die Verlegung aus der Industriegroßstadt Kiel in das provinzielle Flensburg erfolgte vor allem aus erzieherischen Gründen, um den Offiziernachwuchs von allen schädlichen Einflüssen einer pulsierenden Arbeitermetropole fernzuhalten. Auf 15 Hektar Bauland wurde die neue Marineschule nach den Plänen des Architekten Adalbert Kelm in den Jahren 1907 bis 1910 errichtet. Die Stadt Flensburg scheute zur Begrüßung der Marineschule weder Kosten noch Mühen, waren die Bürger und ihre Vertreter doch stolz darauf, daß ihre Stadt nun die entscheidende Station für jeden künftigen Marineoffizier war. Der Stadtverordnetenvorsteher Dr. Löhmann schloß seine Begrüßungsrede mit einem gutgemeinten Verschen:

Wer ebnete dem Bau die Wege,
erwarb die Mittel und das Land?
Der Intendant.
Wer schuf den Bau so stolz
vom Grund zum Turm und Helm?
Kelm.

Seit 1912 stellte die Kaiserliche Marine Luftschiffe des Grafen Zeppelin als Aufklärungseinheiten und Bomber in Dienst. L3, nahezu baugleich mit L1, wurde 1914 in Dienst gestellt. Das noch technisch unvollkommene Vorkriegsluftschiff bombardierte 1915 englische Küstenstädte. *Archiv MOV/DMI*

Beim Bau der Marineschule wurde ein ästhetisches Programm realisiert, das Tirpitz persönlich angeregt hatte. Das am Fördeufer gelegene Schulgebäude hatte zwar mit seinen auseinandergezogenen Geschoßflügeln den Grundriß einer barocken Schloßanlage, bei seiner Ausgestaltung wurden aber in reichem Maße Zitate aus der Backsteingotik mittelalterlicher Burgen des Deutschen Ritterordens verwendet. Damit sollte bewußt eine Kontinuität zur Seemacht der Hanse und zum preußischen Ordensstaat hergestellt werden. Die Offiziersanwärter der Kaiserlichen Marine sollten sich quasi als die Nachfahren preußischer Ordensritter erfahren und zu loyalen Vasallen des Hauses Hohenzollern werden.

Offiziell wurde die »Burg« am 21. November 1910 eingeweiht, in der schon Anfang Oktober der Unterricht begann. Der Kaiser lief auf dem Linienschiff SMS DEUTSCHLAND in die Flensburger Förde ein, um über ein Depeschenboot an der Marineschule anzulegen, wo ihn ein dichtes Programm erwartete. Honorige Persönlichkeiten der Stadt Flensburg sowie hohe Militärs - an der Spitze Tirpitz - begleiteten Wilhelm II. zur Schule. Nach Besichtigung des Bronzedenkmals, das den Kaiser in Admiralsuniform zeigte, begab man sich zur Turnhalle, in der Lehrpersonal und Offizierschüler Aufstellung genommen hatten. Nach Abschreiten der Front wandte sich der Kaiser in einer Rede an die Fähnriche und richtete hernach an seine Schützlinge noch einige im Protokoll nicht vorgesehene, bemerkenswerte Worte, deren Überlieferung nur der stenographischen Mitschrift eines aufmerksamen Fähnrichs zu verdanken ist:

»Noch eine kleine Ermahnung will Ich Euch mit auf den Weg geben, eine Frage, die Mir sehr am Herzen liegt für Meine Nation. Es ist die Frage des Alkohols und des Trinkens. Ich weiß sehr wohl, daß die Lust zum Trinken ein altes Erbstück der Germanen ist. Immerhin müssen Wir Uns aber in jeder Beziehung durch Selbstzucht von diesem Übel befreien. Ich kann Ihnen versichern, daß Ich in Meiner 22jährigen Regierung die Erfahrung gemacht habe, daß die größte Menge der Verbrechen, die Mir zur Aburteilung vorgelegt wurden, zu neunzehntel auf die Folgen des Alkohols zurückzuführen ist.« Der Monarch hatte also den jungen Offiziersanwärtern nichts anderes zu sagen als einen längeren Sermon über Alkoholmißbrauch.

Ob sich die Fähnriche die mahnenden Worte des Kaisers so zu Herzen genommen haben, fürderhin gänzlich auf ihre feuchtfröhlichen Kameradschaftsabende zu verzichten, darf bezweifelt werden; indes aber wird sich der eine oder andere schon etwas gemäßigt haben, denn immerhin hatte Seine Majestät höchstselbst wider das Saufen gewettert. Den »Freuden des Bechers« übrigens war das Seeoffizierskorps allgemein zugetan, denn es gilt als erwiesen, daß Alkoholabusus »bei Seeoffizieren viel häufiger eintrete als bei Marineingenieuren, Ärzten und Zahlmeistern«. Natürlich trocknet die salzige Seeluft die Kehlen aus, und natürlich sind Seeleute trinkfest, doch wenn übertriebener Alkoholgenuß 38 Prozent aller Marine-Gerichtsbarkeiten zwischen 1894 und 1899 verursachte, dann stimmt das wohl bedenklich.

Abschließend ließ der Kaiser die Besichtigung der Schule folgen, über die er sich sehr wohlwollend geäußert haben soll, verlieh einigen Verdienten (darunter dem Architekten Kelm) hohe Auszeichnungen und ging wieder an Bord.

Wer zu den Erlesenen »auf der Marineschule« zählt, gehört für immer zur Elite der Nation, und die jungen Offizieranwärter waren sich in ihrem frischen Optimismus dessen vermutlich sehr wohl bewußt. Je vier Fähnriche teilten sich ein Wohn- und Schlafzimmer, und jeweils acht ein Badezimmer, das zwischen den Schlafräumen lag. Fünf Unterkünfte bildeten eine Inspektion, im allgemeinen von einem Oberleutnant zur See geführt, und die zählte im Schnitt 21 Schüler. Die Crew 1909 etwa bestand aus 190 Fähnrichen, aufgeteilt in Kompanien, die sich in die einzelnen Inspektionen gliederten. Da bereits zwei Jahre später der Andrang so groß war und die Zahl der Schüler auf mehr als 230 anstieg, erwog die Marineführung eine Erweiterung der Schule: 1913 wurden weitere Fähnrichswohnungen im obersten Deck des Nordflügels eingerichtet; seine bisherigen Bewohner, Seekadetten, mußten ins Unterdeck ausweichen.

In der Dienstvorschrift der Marineschule Mürwik hieß es: »Die Marineschule hat den Zweck, die Fähnriche zur See in Ergänzung der Ausbildung auf den Seekadettenschulschiffen in wissenschaftlicher und berufstechnischer Beziehung für die Seeoffizierprüfung vorzubereiten.« Der Lehrplan war in Fächer unterschiedlicher Wertigkeit unterteilt. Die I. Ordnung umfaßte Navigation, Seemannschaft und Schiffskunde, Artillerie, Hydraulik, Maschinenkunde und Dienstkenntnis und zählte für die abschließende Bewertung dreifach. In der II. und zweifach zählenden Ordnung sammelten sich Schiffbau, Mathematik, Naturlehre, Elektrotechnik, Englisch, Französisch, Landtaktik und Befestigungslehre. In einer dritten Kategorie – einfach gewertet – wurde gezeichnet, stenographiert oder eine weitere Fremdsprache erlernt. Selbstverständlich gehörten zum Ausbildungsplan Sport, Reiten, Fechten und Tanzunterricht. Seerecht, Seetaktik und Seekriegsgeschichte fehlten völlig. Navigation und Seemannschaft waren Schwerpunktfächer. Wenn die Leistungen dort ungenügend waren, galt die Seeoffiziersprüfung als nicht bestanden. In der Zensur flossen auch Urteile über Charakter und Befähigung des Fähnrichs für den Seeoffiziers-Beruf ein, die dann ausschlugen, wenn die Gesamtleistung zwischen zwei Noten stand.

Im Lehrplan vermißt man innen- und sozialpolitische Seminare, auch die allgemeine Politiklehre, kurz all das, was heute in der sogenannten »Politischen Bildung« Offizieren, Unteroffizieren und Gemeinen vermittelt wird, um Kritikfähigkeit und Urteilsfindung zu schulen. Der Kaiser verfügte, »daß im militärischen Dienstunterricht Fragen sozialpolitischer Art nicht zu erörtern sind«. Der Seeoffizier als treuergebener Diener von Kaiser und Vaterland war tunlichst von allem Politischen fernzuhalten, um das Offizierkorps nicht mit unerwünschten Gedanken zu verformen.

Daß die Anwärter nicht lernten, wie sie als Offiziere mit Untergebenen angemessen umgingen, stell-

Albatros-Doppeldecker D3, mit dem am 5. Juli 1912 der erste Start vom Wasser aus gelungen war. Seit 1911 begann aus primitivsten Anfängen heraus der Anfang der Marinefliegerei, die sich gegen Ende des Ersten Weltkrieges zu einer schlagkräftigen Waffe entwickeln sollte. Archiv MOV/DMI

te sich gerade gegen Ende des Krieges als schwerwiegender Mangel heraus. »Menschenführung« war ein Fremdwort, und wenn die Kaiserliche Marine auch sicherlich in vielem die Anlage für den Idealtypus eines Seeoffiziers erreichte (»eine gediegene allgemeine und formale Bildung, gepaart mit gründlicher Kenntnis des praktischen Dienstes und darin erworbener Erfahrungen«), so wäre dennoch die pädagogische Schulung von größter Wichtigkeit gewesen.

Von Montag bis Sonnabend standen vormittags fünf Stunden Unterricht an, am Nachmittag blieb Zeit für den praktischen Dienst, das Selbststudium, Sport, Fechten und ähnliches. Der Dienst verlangte dem Anwärter einiges ab, aber die so ersehnte Beförderung zum Kaiserlichen Leutnant zur See lohnte alle Mühe. Wenn es der gedrängte Dienstplan erlaubte, ging man abends aus. Das Auftreten der Fähnriche ließ allerdings oft zu wünschen übrig: Die Anzahl der verhängten Strafen und vermehrten Abgänge legen die Vermutung nahe, daß sich der Offiziersnachwuchs manchmal recht rüpelhaft benommen haben muß.

Seine künftigen Marineoffiziere spornte der Kaiser in seiner Rede am 21. November kräftig an: »Schon Ihre Marineschulzeit ist keine leichte. Der Seeoffizier muß sehr viel lernen. Er soll ein gebildeter Mann im allgemeinen Sinne sein und er soll sich ein weitgehendes technisches Wissen aneignen. Das erfordert viel ernste Arbeit über den Büchern und die ist doppelt schwer nach dem einen Jahr an Bord, welches Sie in vorzugsweise praktischer Ausbildung und unter den erfrischenden Eindrücken der Auslandsreise zugebracht haben. Denken Sie bei der Arbeit daran, daß sie nicht nur ein Ansammeln von Wissen bedeutet, sondern daß sie auch ein Ausdruck von Pflichtgefühl und Energie ist und damit für die Bewerthung der ganzen Persönlichkeit ins Gewicht fällt …«

In Erwartung eines kurzen Krieges wurde 1914 die Ausbildung an der Marineschule zunächst eingestellt; bereits im Herbst 1915 nahm sie ihren Betrieb mit neuen, kriegsorientierten Schwerpunkten unter Änderung des Dienstplans wieder auf.

Seeoffiziershauptprüfung 1914

Jahrgang	09		10	11	12
Höchste	80	(Abitur)	95	87	87
Punktzahl	61	(o. Abitur)	74	58	55
Niedrigste	11	(Abitur)	21	5	7
Punktzahl	6	(o. Abitur)	12	13	7
Vorzüglich bestanden	–		2	–	2

Nach Bestehen der Offiziershauptprüfung verließ der Fähnrich die »Burg« und ging zur Erlangung des Offizierspatents wiederum an Bord, diesmal für zwei Jahre. Bewies er hier außerordentliche Fähigkeiten, durfte er sich schon nach zwölf Monaten bei entsprechender Leistung Kaiserlicher Leutnant zur See nennen. Die Mindestausbildungszeit dauerte so dreieinhalb Jahre. Bis zur Beförderung zum Offizier kam die Familie für die Kosten, die sich insgesamt auf 4.850 Mark beliefen, auf, und danach bezog der Leutnant zur See zwar sein erstes Gehalt, das aber nicht gerade üppig ausfiel, so daß der junge Offizier auf die Unterstützung aus seinem Elternhaus nach wie vor angewiesen war. Erst der Oberleutnant erhielt eine einigermaßen angemessene Bezahlung, doch bis er diesen Dienstgrad erreichte, waren seine Eltern um ganze 9.000 Mark ärmer. Zugegeben, gemessen an den Kosten einer Hochschulausbildung des Sprößlings hielten sich die Gelder noch im Rahmen, aber für weniger finanzkräftige Familien, für kleinbürgerliche Häuser oder gar Arbeiter (der empfing im Durchschnitt 1.300 Mark, und zwar jährlich) war an solch horrende Summen gar nicht erst zu denken. Die hohen Unterhaltungskosten schoben sich so für viele Söhne aus weniger betuchten Elternhäusern wie eine Wand zwischen Wunsch und Wirklichkeit.

Der Marineführung war das nur recht, denn die Exklusivität des Korps hing in entscheidender Weise von der Herkunft seiner Offiziere ab. Der Kaiser wollte keine Söhne sozial schwacher Eltern als Offiziersnachwuchs. Betrachtet man die Zusammensetzung der Crew 1907, dann gibt es erstaunliche Ergebnisse: Die überragende Mehrheit der Seekadetten entstammte dem preußischen Bildungsbürgertum, elf Prozent waren von Adel, zwei bis drei Prozent sogar

U-Boote in Kiel 1914. An der Pier des heutigen Scheer-Hafens in der Kieler Wik liegen die ersten deutschen U-Boote. Im Vordergrund U 19 bis U 22, die von 1910 bis 1913 bereits als Dieselboote gebaut und zu den moderneren Booten der Kaiserlichen Marine gehörten. Mit dem 1906 fertiggestellten U 1 begann der Aufbau der U-Bootwaffe. Archiv MOV/DMI

kleinbürgerlicher Herkunft und ein bis zwei Prozent getaufte Juden. Zwar vertraten die Marineoffiziere keine expliziten Antisemitismus, schlossen sich aber der allgemeinen Abneigung des Wilhelminischen Deutschland gegen Juden an, denn die meist vermögenden jüdischen Offiziere wurden erst nach ihrem formalen Übertritt zu einer christlichen Konfession ins Offizierskorps aufgenommen. Als Juden galten im damaligen Deutschland nur die Angehörigen jüdischer Konfession. Der getaufte Jude hatte demnach sein Judentum abgelegt. Im preußischen Heer der spätwilhelminischen Zeit und in der Kaiserlichen Marine gab es keine jüdischen Offiziere. In der Kaiserlichen Marine konnte ein Jude, und war er noch so tüchtig und seine Familie von höchstem Ansehen, kein Offizier werden.

Soziale Mißgunst spielte gewiß eine herausragende Rolle, ebenso wie der Neid gegenüber adligen Kameraden unterschwellig stets mitschwang. Der Adelstitel galt als ein begehrter Zusatz, der verdienten Offizieren im Einzelfall verliehen wurde – so auch Tirpitz –, um das Seeoffizierskorps mit dem angesehenen Prädikat zu schmücken. Allerdings mußte man sich arg ins Zeug legen, wollte man das Adelspatent erwerben, und die Kosten von 4.000 Mark pro Titel wirkten als zusätzliches Regulativ, denn schließlich waren die wenigsten von solchem Vermögen, das ihnen derartige Extravaganzen erlaubte. Ein Admiral zu einem Kapitänleutnant kurz vor Ausbruch des Krieges: »Sie wissen ja gar nicht …, was Sie vor anderen voraushaben, daß Sie einem Uradelsgeschlecht angehören; denn was für Sie Selbstverständlichkeiten sind, dazu brauchen andere unendlichen Schweiß. Und das ist etwas so häßliches; den muß man immer wieder herunterwaschen.«

Im Laufe der langen Karriere geadelt zu werden, war dem Seeoffizier daher ein erstrebenswertes Ziel, auch wenn er von vornherein in seinem gesellschaftlichen Ansehen selbst den Offizieren der Armee gegenüber deutlich im Vorteil war: »Der Kaiser behandelt seine getreue Armee«, hieß es in einem Brief an Tirpitz, »doch stellenweise sehr schlecht. Ein armer Linienoberst spielt eine traurige Rolle neben dem Garde-Lieutenant und gar erst recht neben dem jungen Seeoffizier, der sich mit ihm zusammen beim Kaiser meldet.« Wenn das Seeoffizierskorps, das unter dem direkten Oberbefehl des Kaisers dessen besondere Gunst genoß, auch nach außen hin Geschlossenheit demonstrierte, waren Animositäten gerade zwischen bürgerlichen Seeoffizieren und solchen von Adel nicht selten. Um aus dem Schatten der Bessergestellten herauszutreten, besannen sich die Offiziere aus dem bürgerlichen Stand auf ihrer Tugenden als »ritterliche Edelleute« und gründeten sozusagen als Ausgleich für ihr soziales und finanzielles Manko in Wilhelmshaven und Kiel im Jahre 1908 einen »Marine-Offizier-Fechtklub«, der seine eigene Exklusivität entfaltete. Hier wurde galant exerziert, was an anderer Stelle von tödlichem Ernst war: das Duell. Die Marineführung erließ gegen das eitle Ritual einige Ordres, aber das Offizierskorps kannte seine eigenen Gesetze, und selbst der Kaiser befand, »daß über die Standespflichten klare und in Fleisch und Blut übergehende Anschauungen herrschen« sollten.

Wer mit einem Offizier Streit anfing, wußte, daß er sein Leben aufs Spiel setzte. Zwar sank die Zahl der Duelle in Marine und Armee von 1900 bis 1914 auf jährlich vier herab, aber die Tradition, mit der Waffe zweifelhafte Ehrenhändel auszutragen, blieb bis zum Ende des Kaiserreichs bestehen.

Ist der Offizier an Land erster Repräsentant des Kaiserreichs, so ist der Kommandant an Bord nicht nur unumschränkter Herrscher und Richter über Schiff und Mannschaft, sondern stets der unmittelbare Vertreter Seiner Majestät. Die persönliche Bindung des Seeoffiziers an den Kaiser galt aber auch, wenngleich in nicht so ausgeprägter Form, für alle übrigen Dienstgrade der Marine und kommt wohl am besten im Fahneneid zum Ausdruck: Er schwor, »Seiner Majestät dem Deutschen Kaiser, Wilhelm II., meinem Obersten Kriegsherrn, in allen und jeden Vorfällen, zu Lande und zu Wasser, in Kriegs- und Friedenszeiten, und an welchen Orten es immer sei, treu und redlich zu dienen, Allerhöchst dero Nutzen und Bestes zu befördern, Schaden und Nachteil aber abwenden, die mir vorgelesenen Kriegsartikel und die mir erteilten Vorschriften und Befehle genau befolgen und mich so betragen will, wie es einem rechtschaffenen, unverzagten, pflicht- und ehrliebenden Soldaten eignet und gebühret.«

SMS OSTFRIESLAND mit den drei Schwesterschiffen des I. Geschwaders in Dwarslinie um 1913. Die vier Linienschiffe der HELGOLAND-Klasse waren die 2. Serie der neuen deutschen DREADNOUGHTS, die von 1908 bis 1912 gebaut wurden. Bewaffnung: 12 Geschütze 30,5 cm, 14 Geschütze 15 cm, 14 Geschütze 8,8 cm, 6 Torpedorohre 24.700 ts, 21 kn. Archiv MOV/DMI

Nur die Angehörigen der Marine leisteten den Fahneneid auf den Kaiser. Die Soldaten der Armee jedoch auf ihren Landesherren, das heißt die preußischen Soldaten auf Kaiser Wilhelm als König von Preußen, die bayerischen Soldaten auf den König von Bayern usw. Die Marine war eine kaiserliche Institution (die deutschen Landstreitkräfte bestanden aus den Armeen der deutschen Bundesstaaten).

Der Seeoffizier vertrat den Kaiser, das Kriegsschiff repräsentierte die Nation. Letzteres hat sich nicht geändert, denn auch heute ist vor allem das Schulschiff GORCH FOCK in den Häfen der Welt »Blauer Botschafter« Deutschlands und nimmt gleichsam diplomatische und auch politische Aufgaben wahr.

Abschließend noch zu den anderen Korps in der Kaiserlichen Marine, die aus Spezialisten verschiedener Fachrichtungen bestanden, im Ansehen den Seeoffizieren aber nie ebenbürtig waren.

Eine unverzichtbare »Gattung« innerhalb der Marine waren die Marineingenieure, deren Zuständigkeitsbereich sich von Betrieb, Wartung und Pflege der Maschinen an Bord über die Ausbildung des unterstellten Personals bis hin zur Verwaltung von Einrichtungsgegenständen erstreckte. Wer sich als Anwärter zum jährlichen 1. Oktober meldete, mußte eine 30monatige Tätigkeit in einer Schiffsfabrik sowie die Befähigung zum einjährig-freiwilligen Dienst nachweisen. Erklärte er sich zudem bereit, monatlich 40 Mark bis zum Ingenieurapplikanten zu entrichten, ging er zunächst in die Infanterieschule und daran anschließend für neun Monate an Bord. Danach schiffte sich der frisch gebackene Applikant entweder abermals – nur länger – an Bord ein, oder er wurde zur Torpedoabteilung abkommandiert. Daraufhin lernte er ein Jahr an der Deckoffiziers- oder Marineingenieurschule, ehe er zum Aspiranten ernannt wurde, als der er vier Jahre diente. Bis zum vollwertigen Marineingenieur dauerte es aber noch: Der Aspirant drückte für ein Jahr die Schulbank in einer Ingenieurklasse, und dann hing sein Ziel von der Wahl durch das Seeoffiziers- und Ingenieurkorps ab: Wollten sie ihn, wollten sie ihn nicht?

Man sieht, daß die Ausbildung zum Marineingenieur langwierig und der endliche Erfolg keineswegs sicher war, im Gegensatz zu den Sanitätsoffizieren, die als Einjährig-Freiwillige schon nach vier Wochen zu Unterärzten und in der Regel nach drei Monaten schon zu Assistenzärzten ernannt wurden. Die Fachoffiziere – Torpedo- und Minen- und Sprengspezialisten – galten als eine ebensolche Sonderheit in der Marine wie die sogenannten Deckoffiziere. Sie waren den Unteroffizieren mit Portepee zwar Vorgesetzte, gehörten aber der Dienstgradgruppe der Unteroffiziere an. Eigentümlich ihr Äußeres: Die Deckoffiziere trugen den Offizieren täuschend ähnliche Uniformen, was im traditionell konservativen und steifen Seeoffizierskorps einigen Widerstand hervorrief. Sie bewohnten eigene Kammern, unterhielten eine eigene Messe mit eigener Verpflegung und siedelten gleichsam zwischen Baum und Borke, zwischen Offizieren und Unteroffizieren, was ihnen das Leben an Bord nicht eben erleichterte. Ihr fachliches Können (Instandhaltung aller Einrichtungen an Bord, Waffendienst) war allemal geschätzt, doch bis zum Einsatz als Deckoffizier war es ein langwieriger und steiniger Weg, der meistens erst nach 18 bis 20 Jahren den ersehnten Dienstrang einbrachte.

Natürlich gab es noch eine ganze Anzahl verschiedenster und aus heutiger Sicht teils auch kurioser Laufbahnen – vom Torpedoheizer und Büchsenmacher über den Obermaterialienverwalter bis hin zum Marinebeamten mit oder ohne Offiziersrang oder dem Marinepfarrer –, die freilich hier nicht berücksichtigt werden können (das wäre ein eigenes Buch wert). Doch ein Wort noch zu den Unteroffizieren, denen einige Laufbahnen Aufstiegsmöglichkeiten im Range eines Feldwebels einräumten. So den Wachtmeistern, eine Art Bordpolizei, oder den Proviantmeistern, welche diesen Dienstgrad, wenn überhaupt, erst nach neun Jahren erreichten. Hingegen kamen Bäcker, Maler oder Segelmacher nur bis zum Obermaat. Die langen Beförderungszeiten gerade in den unteren Dienstgradgruppen wirkten sich frustrierend und oft auch entmutigend aus. Bedenkt man, daß ein Obermaat erst nach 18jähriger Dienstzeit zum Vizefeldwebel aufstieg, dann war das dem Diensteifer und der Motivation bestimmt nicht immer förderlich.

Marinepersonal 1914/15

Offiziere

Admirale	34
Kapitäne zur See	100
Fregatten- und Korvettenkapitäne	274
Kapitänleutnante	565
Oberleutnante und Leutnante zur See	1.356
Seeoffiziere insgesamt	2.329
Marine-Ingenieure	575
Marine-Sanitätsoffiziere	340
Fachoffiziere	245
Marine-Zahlmeister	276
Offiziere der Marine-Infanterie	54
Pensionierte Offiziere im aktiven Dienst	59

Unteroffiziere und Mannschaften

Seefahrendes Personal	847
Deckoffiziere	1.000
Musikmeister	9
Feldwebel und Wachtmeister	215
Vizefeldwebel	58
Obermaate	5.237
Maate	7.857
Obermatrosen	11.804
Matrosen	35.414
Schiffsjungen	1.950

Ausbildung

Fähnriche zur See	448
Seekadetten	245

Nichtfahrendes Personal

Oberdeck- und Deckoffiziere	569
Zahlmeisteraspiranten	105
Feldwebel, Unteroffiziere	1.655
Zahlmeisterapplikanten	266
Matrosen	6.366

Außerdem beschäftigte die Marine 3.582 Beamte und auf ihren Werften 24.000 Arbeiter (1.500 Chinesen in Tsingtau).

Organisation der Kaiserlichen Marine vor Ausbruch des Krieges

Immediatstellen der Marine

Immediatstelle	Chefs
Marinekabinett	von Senden, von Müller
Admiralstab der Marine	von Bendemann, von Diederichs, Büchsel, von Baudissin, von Fischel, von Heeringen, von Pohl
Kommando der Hochseeflotte	von Koester, Prinz Heinrich, von Holtzendorff, von Ingenohl
Kreuzergeschwader	von Spee
Marinestationen Ost- und Nordsee	Ostsee 1914: von Coerper, Nordsee 1914: von Heeringen
Schiffskommandos Ausland	
Reichsmarineamt	von Tirpitz

Zuständigkeiten des Staatssekretärs des Reichsmarineamtes

Reichsmarineamt	Nachgeordnete Behörden
Zentralabteilung	Schulschiffe
Werftdepartement	Marineakademie
Konstruktionsdepartement	Marineschule Mürwik
Etatsdepartement	Schulen in Kiel und Wilhelmshaven
Waffendepartement	Schiffsjungendivision in Mürwik
Nautisches Departement	Gouvernement Kiautschou
Verwaltungsdepartement	Technische Institute, Küstenbezirksämter
Medizinabteilung	Marinebekleidungsämter, Sanitätsämter
Justitiariat	Marine-Indendanturen
Nachrichtenbüro (N)	
Marineattaches	

Werften

Staatswerften	Privatwerften
Kaiserliche Werften Wilhelmshaven, Kiel und Danzig	Blohm & Voß (Hamburg), Vulcan (Hamburg und Stettin), AG Weser (Bremen), Germania (Kiel), Schichau (Danzig und Elbing), Meyer (Papenburg), Tecklenburg und Seebeck (Geestemünde)

Die Kaiserliche Marine im Ersten Weltkrieg

Punktueller Einsatz von Überwasserschiffen und Handelskrieg mit U-Booten

Nach dem deutsch-französischen Krieg 1870/71 gab es zwar manche und mitunter auch ernsthafte Krisen, aber ein Krieg war dank der Verhandlungskunst von Staatsführern und Botschaftern immer wieder verhindert worden. Man verstand es eben, die Krisen zu entschärfen und ihnen auch mit eigenem Entgegenkommen den Wind aus den Segeln zu nehmen. 1878 war ein Kompromiß in der Balkanfrage erreicht, 1884 einer über die Aufteilung Afrikas; England und Frankreich fanden Anknüpfungs- und Verständigungspunkte und schließlich zueinander. England und Rußland konnten sich 1907 über Persien verständigen. Dieses System aus Verständigung, Kompromiß und Übereinkunft hielt unter den Mächten auch 1913 noch, als es auf dem Balkan gefährlich rumorte, nicht mehr aber 1914. Jahrzehntelang zeigte sich die Diplomatie fähig, im Jahr 1914 jedoch war sie unfähig, einen Krieg abzuwenden; vornehmlich, weil die festgesetzten Planungen der Militärs ihre Entscheidungsfreiheit beschnitten, aber auch, weil sie nicht mehr kriegsverhindernd, beschwichtigend und ausgleichend sein wollte. Irgendwann mußte die Bombe ohnehin platzen, warum nicht jetzt? Diplomati-

Vizeadmiral Maximilian Graf von Spee, Chef des Kreuzergeschwaders (1861–1914). 1878 in die Marine eingetreten, wurde er 1910 zum Konteradmiral befördert und 1912 zum Chef des in Ostasien stationierten Kreuzergeschwaders ernannt. 1913 zum Vizeadmiral befördert, ging er am 8. Dezember 1914 mit seinem Flaggschiff SMS SCHARNHORST bei den Falklandinseln unter. Archiv MOV/DMI

Kleiner Kreuzer EMDEN. Das 1908 erbaute Schiff wurde 1910 zum Kreuzergeschwader nach Fernost beordert. Auf Wunsch des letzten Kommandanten, Kapitän zur See von Müller, wurde das Schiff im August 1914 zur Kreuzerkriegführung in den Indischen Ozean entlassen. Bewaffnung: 10 Geschütze 10,5 cm, 8 Geschütze 5,2 cm und 2 Torpedorohre, 4.268 ts, 23,5 kn. Archiv MOV3./DMI

sche Alternativen zu einem Krieg lehnte man dann auch wie selbstverständlich ab. Hatten die hochgerüsteten Nationen nun nichts mehr gegen jene Auseinandersetzung, die ihr Mütchen kühlte und endlich Klarheit für alle Zukunft schuf?

Das Problem der Kriegsschuld und das Verhalten der Mächte während der »Julikrise 1914« sind in der Forschung heiß diskutiert worden, geht es doch letztlich um die brisante Frage, wer für das große Sterben vor der Geschichte eigentlich zur Verantwortung zu ziehen ist. Die Kontroverse soll hier nicht in ihren einzelnen Facetten beleuchtet werden, aber dennoch ist es für das Gesamtverständnis jener Tage ungemein förderlich, einen kurzen Blick auf sie zu werfen. Zunächst: Was würde den Nationen ein Krieg einbringen, was eigentlich nützen?

Beginnen wir mit Frankreich. Natürlich hegten die Franzosen Hoffnungen auf den Wiedererhalt der 1870/71 verlorenen Gebiete, aber wegen einiger Landfetzen riskierte Paris gewiß nicht wieder einen Krieg, zumal die Automatik der gegenseitigen Bündnisse seine Ausweitung schon fast garantierte. Ein begrenzter Krieg war unmöglich, das wußten alle Regierungen. Frankreichs russischer Partner schielte nach Ostasien, Zentralasien und auf den Balkan mit Zielen, die von einer ungeheuren ideologischen Motivationsgröße, dem Panslawismus, überlagert waren. Der Wille, alle slawischen Völker unter russischer Führung zusammenzuschließen, die orthodoxen Christen unter dem Schutzschirm des Kreml zu vereinen, die Meerengen und Konstantinopel zu kontrollieren, um den freien Zugang zur offenen See zu sichern, war in der russischen Führung lebendiger als je zuvor. Rußland stellte sich auf die Eventualität des Krieges ein und würde nach seinem siegreichen Ende einigen Gewinn davontragen. England, der dritte im Bunde, stand vor allem auf See in klarer Konkurrenz zu Deutschland, ließ aber trotz Tripel-Entente eine definitive Aussage darüber vermissen, wo es im Falle eines Krieges steht – das ahnte man nur. Ist Deutschland geschlagen, gehören der britischen Krone wohl auf unbestimmte Zeit die Meere der Welt, wobei die Engländer den Faktor USA noch nicht berücksichtigten.

Umgekehrt galt das auch für Deutschland, und hinzu kam die verlockende Aussicht, durch einen Krieg die Grenzen in Ost und West zu seinen Gunsten zu verschieben und die deutsche Hegemonie auf dem europäischen Festland dauerhaft zu etablieren. Österreich als einzig ernst zu nehmender Partner Deutschlands betrachtete den großserbischen Nationalismus als existenzbedrohende Gefahr, und daß sich ausgerechnet hieran der Funken entzündete und den Bündnismechanismus in Gang brachte, zeigt die politische Bedeutung Südosteuropas, die bis heute nichts von ihrer Brisanz eingebüßt hat.

Am 28. Juni wurde das österreichisch-ungarische Thronfolgerpaar von südslawischen, dem Großserbentum anhängenden Terroristen ermordet, und einige Tage später sicherte der deutschen Kanzler seinem österreichisch-ungarischen Bundesgenossen die volle militärische Unterstützung (»Blankoscheck«) zu, sollte es über die Streitigkeiten mit den Serben zum Krieg kommen. Vom 20. bis 23. Juli war der französische Ministerpräsident Poincaré in St. Petersburg. In ausgesprochen freundlicher Atmosphäre – das Blumenarrangement zu Tisch trug die Farben der Trikolore – bekräftigte man gegenseitig das Bündnis, und Paris sagte den Russen vorbehaltlos militärischen Beistand zu. Als am 23. Juli das österreichische Ultimatum die serbische Regierung erreichte und diese zum Verzicht auf eigenstaatliche Souveränität aufgefordert wurde, antworteten die Serben mit der Mobilmachung. Jetzt ging alles sehr schnell: Rußland traf kriegsvorbereitende Maßnahmen, Österreich-Ungarn erklärte am 28. Juli Serbien den Krieg, woraufhin der slawische Bruder Rußland mit Mobilmachung und einen Tag darauf mit der Generalmobilmachung reagierte; gleiches geschah am 30. und 31. Juli in Österreich, am 1. August in Deutschland, das Rußland nach verstrichenem Ultimatum den Krieg erklärte. Am 3. August erreichte die deutsche Kriegserklärung Paris, 24 Stunden später die britische Mitteilung über die Eröffnung der Feindseligkeiten Berlin.

Die Betrachtung der Ereignisabfolge von der Ermordung Franz Ferdinands und seiner Gemahlin bis hin zum Kriegsausbruch unter Berücksichtigung von Zielsetzung und Vorgeschichte der einzelnen Mächte hat die Historiker zu unterschiedlichen Urteilen gelangen lassen. Der Hamburger Gelehrte Fritz Fischer etwa entwickelte in den sechziger Jahren eine Art »Kriegsentfesselungsthese«, nach der Deutschland mit seinen expansiven Bestrebungen den Krieg bewußt herbeiführte. Gerhard Ritter beispielsweise bezog gleichsam Gegenposition mit seiner Theorie von der allein defensiven Ausrichtung des Deutschen Reiches: Nur bestrebt, dem Bundesgenossen Österreich-Ungarn beizustehen, sei Deutschland in der letzten Phase vor Ausbruch des Krieges in den militärischen Handlungszwang hineinmanövriert – ein Zwang, der ihm alle politischen Entscheidungsfreiheiten raubte.

Richtig ist wohl, daß die militärischen Gegebenheiten Deutschland zu überhasteten Kriegserklärungen trieben, denn die nach dem Schlieffen-Plan vorgesehene gigantische Einkreisung und die danach beabsichtigte Vernichtung des Gros der Französischen Streitkräfte konnte nur dann seine strategische Wirkung entfalten, wenn (nach der Niederwerfung Frankreichs) die deutschen Truppen per Eisenbahn möglichst rasch gen Rußland transportiert würden, bevor seine Kriegsfähigkeit gefährlich anwuchs. Spätestens in zwei Jahren sei, so die Berechnungen des deutschen Generalstabes, die russische Aufrüstung weitgehend abgeschlossen und dann das Riesenreich kaum mehr zu schlagen. Der Schlieffen-Plan setzte also auf Zeitgewinn. Und das ist in der Tat der »Knackpunkt«: Handelt Deutschland jetzt nicht sofort, ist der Schlieffen-Plan nicht das Papier wert, auf dem er steht, zumal die Russen bereits mobil gemacht hatten, und Mobilmachung bedeutete unweigerlich Krieg. Militärischer Reaktionszwang nach der russischen Generalmobilmachung auf deutscher Seite sowie das allgemeine Bündnis- und Beistandsphänomen waren die Automatismen Ende Juli 1914, die den tödlichen Stein ins Rollen brachten.

Sicherlich wollte keine der großen Mächte den Krieg wirklich oder arbeitete gar zielsicher auf ihn hin, aber haben die Nationen und ihre Führungen aufrichtig den Frieden gewollt? Weit gefehlt, denn alle nahmen ja das Risiko eines Krieges bewußt in Kauf, obwohl ihn jede Macht durch verantwortungsvolles Handeln verhindern konnte: Österreich – leitet es Gespräch mit den östlichen Nachbarn ein und verzichtet darauf, die großserbische Bewegung unter allen Umständen zu zerschlagen. Deutschland – treibt es Österreich in seinem Bestreben nicht an, sondern mahnt zur Zurückhaltung. Rußland – erweitert es den serbisch-österreichischen Konflikt nicht durch seine voreilige Mobilmachung. Frankreich – schlägt es sich nicht bedingungslos auf die russische Seite und schließlich England – gibt es seinen Entente-Partnern die absolute, offizielle und für die deutsche Regierung vernehmbare und daher abschreckende Zusicherung, im Kriegsfall mit Frankreich und Rußland zu gehen. Daß die Briten an russischer und französischer Seite kämpfen würden, fürchtete die deutsche Führung zwar, und das schon seit Jahren, gleichwohl aber fehlte ihr die letzte Gewißheit.

Nun ist sie da, die erste große Katastrophe des 20. Jahrhunderts, und wenn den Regierungen auch mulmig zumute war, so streute eine jede innerhalb des eigenen Volkes Siegeszuversicht aus. In Berlin rief Wilhelm II. der Menge zu: »In dem jetzt bevorstehenden Kampfe kenne Ich in Meinem Volke keine Parteien mehr. Es gibt unter uns nur noch Deutsche.« So auch in Frankreich, dem Poincaré bekundete: »Zu dieser Stunde gibt es keine Parteien mehr. Es gibt nur noch das einige Frankreich, das friedliche und entschlossene Frankreich.« Es sollte ein schneller und kurzer Krieg werden. Zu Weihnachten, das wurde allerorts verkündet, würden die Soldaten wieder daheim und der Kampf der Völker entschieden sein.

Die deutschen Truppen stießen im August, den Zeitplan im Nacken, wie geplant durch Belgien fast bis Paris vor, wurden aber kurz vor ihrem Erfolg jäh gestoppt. Das »Wunder an der Marne« bedeutete das Scheitern des Schlieffen-Plans, das heißt die Einschließung des Französischen Heeres war nicht gelungen, und es folgte ein zermürbender, unzählige Leben nehmender Stellungskampf. Im Osten gingen die russischen Armeen schnell in Galizien und Ostpreußen vor, der deutsche Gegenangriff warf die Russen in der Schlacht bei Tannenberg zwar wieder zurück, aber gewonnen wurde eigentlich nichts. Die Japaner traten auf alliierter Seite in den Krieg ein, und die Türken schlossen sich bald dem Dreibund an.

Und die Flotte? Sie ist während der Julikrise genauso wenig wie ihr Schöpfer Tirpitz von Belang gewesen, obgleich ihr herausragende Bedeutung als eine der Hauptkriegsursachen zukam. Aber die Jahre 1913

Das Kentern des Großen Kreuzers BLÜCHER in der Doggerbank-Schlacht am 24. Januar 1915 (englische Aufnahme). Der 1908 erbaute Panzerkreuzer BLÜCHER war ein Einzelschiff, bewaffnet mit 12 Geschützen 21 cm, 8 Geschützen 15 cm, 16 Geschützen 8,8 cm und 4 Torpedorohren, 17.500 ts, 24,8 kn. SMS BLÜCHER unterlag dem artilleristisch überlegenen Gegner. Archiv MOV/DMI

und 1914 standen ganz im Zeichen des Heeres, die Aufmerksamkeit von Kaiser und Kanzler richtete sich auf den Generalstab und seinen Schlieffen-Plan, und die Flotte schien darüber beinahe in Vergessenheit geraten zu sein. Tirpitz trat in jenen Jahren kurz vor Ausbruch des Krieges auch nicht sonderlich in Erscheinung, ließ zwar fieberhaft an der Vermehrung seiner Seestreitkräfte arbeiten, mußte aber im August 1914 doch die vielfache Überlegenheit des englischen Gegners hinnehmen. Die Royal Navy hielt allein in der Nordsee 26 Schlachtschiffe und Schlachtkreuzer bereit, und lediglich 18 deutsche Einheiten gleichwertiger Qualität standen der erhofften engen Blokkade in der Nordsee entgegen. Nur mit ihren relativ wenigen U-Booten war die Kaiserliche Marine in der Vorhand, die aber bei Kriegsbeginn im strategischen Konzept noch eine völlig untergeordnete Rolle spielten.

Auf den offenen Ozeanen operierten seit Kriegsbeginn die Panzerkreuzer SCHARNHORST und GNEISENAU unter Vizeadmiral Graf von Spee. Weil die Japaner auf der Feindseite standen, entschloß sich der Graf, möglichst rasch über Südamerika die Heimathäfen anzulaufen. Er vereinigte sich mit den Kleinen Kreuzern LEIPZIG, NÜRNBERG und DRESDEN (die EMDEN wirkte als Handelsstörer im Indischen Ozean) und stieß am 1. November 1914 vor der chilenischen Küste bei Coronel auf einen britischen Verband unter Admiral Sir Cradock, aus dem zwei Panzerkreuzer versenkt wurden. Doch der Sieg war nur von taktischer Bedeutung: Deutschland besaß keine gesicherten überseeischen Stützpunkte, die das Geschwader mit Munition, Kohle und Proviant versorgten. Werfen die Briten Teile ihrer Grand Fleet den Deutschen entgegen, ist der deutsche Verband früher oder später verloren.

Und natürlich entschied die Admiralty, ihren Prestigeverlust mit der Vernichtung des deutschen Kreuzergeschwaders zu rächen und entsandte ihre beiden Schlachtkreuzer INVINCIBLE und INFLEXIBLE. GNEISENAU und die NÜRNBERG näherten sich am 8. Dezember dem britischen Stützpunkt Port Stanley auf den Falkland-Inseln, um die dortige Funkstation zu zerstören; als die deutschen Einheiten der britischen Schlachtkreuzer ansichtig wurden, drehten sie nach Südosten ab, wurden aber sofort von den überlegenen englischen Streitkräften verfolgt. Alle Absetzversuche waren zwecklos, und Spee tat das einzig Richtige, indem er den Kleinen Kreuzern und Begleitschiffen freie Hand ließ und das Gefecht mit seinen Panzerkreuzern aufnahm. Die Engländer eröffneten mit ihren schwerkalibrigen Schlachtkreuzern das Feuer aus einer Distanz, die ein deutsches Erwidern unmöglich machte, und allen Versuchen des Grafen Spee, näher an die Briten heranzukommen, entwichen die Briten mit taktisch klugen Ausweichmanövern. Am Nachmittag sank die SCHARNHORST, am frühen Abend die GNEISENAU, und von den Kleinen Kreuzern entkam vorerst nur die DRESDEN, die einige Monate später versenkt wurde.

Die Schlacht bei den Falkland-Inseln kostete mehr als 2.000 Seeleuten das Leben und beendete den Einsatz der deutschen Auslandskreuzer, die bis zu ihrer Niederlage recht erfolgreich den britischen Handel störten und vor allem starke Feindkräfte banden. Das bewiesen auch die EMDEN und die KÖNIGSBERG im Indischen Ozean oder der Kleine Kreuzer KARLSRUHE im Atlantik. Freilich suchte die Kaiserliche Marine im Kreuzerkrieg nicht die Entscheidung gegen das Inselreich, aber die Wechselwirkung zwischen Nordseestrategie und Auslandseinsätzen war von einer Bedeutung, welche die Admiralität nicht gesehen und daher nicht genutzt hat: Deutsche Erfolge, wie bei Coronel, forderten die Briten zum Abzug einiger starker Kräfte ihrer Grand Fleet auf, die dann für Angriffe der deutschen Hochseeflotte verwundbar wurde. Die aber blieb untätig.

Während das Ostasiengeschwader regelrecht in eine Falle gelaufen war, beschossen am 4. August der Schlachtkreuzer GOEBEN und der Kleine Kreuzer BRESLAU Häfen an der algerischen Küste und marschierten dann weiter nach Konstantinopel, wo sie der türkischen Regierung am 10. August offiziell übergeben wurden. Fortan waren die Meerengen für alliierte Schiffe nicht mehr zu durchlaufen – mit gewichtigen Folgen, denn neben den deutsch be-

Admiral Reinhard Scheer (1863–1928), 1879 in die Marine eingetreten, war er von 1916 bis 1918 Chef der Hochseeflotte, die er in der Seeschlacht vor dem Skagerrak befehligte. Archiv MOV/DMI

herrschten Ostseezugängen verstellte sich somit der letzte passierbare Seetransportweg nach Rußland. Zu knappe Kriegsmittel, unter anderem auf die Sperrung der Seewege zurückzuführen, waren mithin ein Grund für Rußlands Zusammenbruch 1917.

Bei allen anfänglichen Erfolgen der Kreuzer im Mittelmeer oder im Indischen Ozean, feindliche Einheiten durch ihr Auftreten zu binden, schlug doch das Herzstück der deutschen Seestrategie in der Nordsee. Am 30. Juli erging der deutsche Operationsbefehl.

»Seine Majestät der Kaiser haben für die Kriegführung in der Nordsee befohlen:

1. Ziel der Operationen soll sein, die englische Flotte durch offensive Vorstöße gegen die Bewachungs- oder Blockadestreitkräfte der Deutschen Bucht sowie durch eine bis an die britische Küste getragene, rücksichtslose Minen- und wenn möglich U-Bootoffensive zu schädigen.

2. Nachdem durch diese Kriegführung ein Kräfteausgleich geschaffen ist, soll nach Bereitschaft und Zusammenfassung aller Kräfte versucht werden, unsere Flotte unter günstigen Umständen zur Schlacht einzusetzen. Bietet sich schon vorher günstige Gelegenheit zum Schlagen, so muß diese ausgenutzt werden.

3. Handelskrieg ist gemäß Prisenordnung zu führen. In welchem Umfang der in den heimischen Gewässern zu betreiben ist, ordnet der Chef der Hochseeverbände an. Die für den Handelskrieg in außerheimischen Gewässern bestimmten Schiffe sind so früh als möglich herauszubringen.«

Der frühe Ausgleich der Kräfte fand nie statt, die Engländer konzentrierten sich auf eine weite Blokkade, die Sicherung ihrer Seeverbindungen und den Schutz des Mutterlandes. Außer einem Kreuzergefecht – das erste größere Aufeinandertreffen des Ersten Weltkrieges, in dem die Kleinen Kreuzer CÖLN, ARIADNE und MAINZ am 28. August unerwartet auf ein britisches Schlachtkreuzergeschwader gestoßen und versenkt wurden – und der Beschießung zweier Hafenstädte an der britischen Ostküste blieb dort oben alles ruhig.

Was also mit der deutschen Flotte in der Nordsee anfangen? Der Kaiser lehnte offensive Pläne kategorisch ab, um seine Schiffe nicht unnötiger Gefahr auszusetzen. Er wollte seine Hochseeflotte für den Augenblick aufbewahren, in dem sich die Lage für sie günstig anließ, möglichst aber sollte sie den Krieg unbeschadet überstehen – dessen Ende erwartete er ohnehin in wenigen Monaten –, um sie als intaktes Instrument wieder für die Weltpolitik einzusetzen. Ist die Flotte doch nicht mehr als nur ein politisches Mittel und kaiserliches Riesenspielzeug zu Friedenszeiten, dem im Krieg wie ehedem am militärischen Entscheidungsprozeß kein Anteil eingeräumt wurde? Tirpitz spürte deutlich, daß er an Einfluß im Dunstkreis Seiner Majestät verlor, ja in das zweite Glied zurückgedrängt wurde, weil nun anderes vordringlicher schien. Im Heer bluteten die Wunden der Nation, nicht auf See.

Tirpitz war niedergeschlagen. Hinzu gesellten sich Vorwürfe des Auswärtigen Amtes, der Krieg wäre mit Sicherheit nicht ausgebrochen, »wenn Sie (Tirpitz) uns ein kleines Flottenagreement mit England gegeben hätten«. Auch die Öffentlichkeit, sonst immer der große Rückhalt des Staatssekretärs, zielte mit offener Kritik gegen Tirpitz und seine Hochseeflotte. Und jetzt, im Angesicht des Krieges und als die Kämpfe im Westen bereits furchtbare Opfer einforderten, bekannten sich auch die Medien zum Primat des Heeres und sahen offensichtlich die Flotte nur noch als schmückliches Nebenbei, dessen Lack allmählich abblätterte. In einer Berliner Zeitung stand zu lesen: »Gewiß brauchen wir eine leistungsfähige Flotte, aber im Landheere sind die starken Wurzeln unserer Kraft, die es uns möglich machen, uns im Herzen Europas zu behaupten gegen eine Übermacht von Feinden ringsum.«

Wenn es ernst wird, hat dann die Marine auf den Schauplätzen nichts mehr zu suchen? Tirpitz war nahe daran zu resignieren, denn nichts, absolut gar nichts von dem, was er sich und seiner Hochseeflotte zurechtgelegt und wofür er schließlich über Jahrzehnte hinweg gearbeitet hatte, trat ein. Die Besatzungen der »Dickschiffe« – Offiziere, Unteroffiziere, Mannschaften – waren verbittert, warteten vergebens auf den so ersehnten großen und ehrenvollen Einsatz, der ihnen vom Chef höchstselbst immer wieder verheißen wurde. Deswegen waren die meisten von ihnen in die Marine eingetreten, weil sie die finale Schlacht mit dem verhaßten England schlagen wollten. In diesem Glauben wuchsen sie auf. Und nun? Üble, langweilige Bordroutine bestimmte den Tageslauf, und die Männer überkam maßlose Enttäuschung. Wo war der Krieg, auf den sie jahrelang getrimmt worden sind? Ihnen schien alles wenig auf den Kriegszustand vorbereitet.

Die Spitzengliederung war es übrigens auch nicht. Der Chef des Admiralstabes von Pohl, Tirpitz als Staatssekretär des Reichsmarineamtes, der Chef der Hochseeflotte von Ingenohl und der Chef der Ostseestreitkräfte Prinz Heinrich unterstanden jeder für

Admiral Franz Ritter von Hipper (1863–1932), 1881 in die Marine eingetreten, wurde er 1913 Befehlshaber der Aufklärungsschiffe und führte als solcher als Vizeadmiral die Schlachtkreuzer in der Seeschlacht vor dem Skagerrak. Nach der Beförderung zum Admiral löste er im August 1918 Admiral Scheer als Chef der Hochseeflotte ab. Archiv MOV/DMI

Eine Salve der schweren Artillerie (28-cm-Geschütze) des Schlachtkreuzers VON DER TANN im Frühjahr 1914. Das Schiff war zusammen mit 2 typgleichen Schlachtkreuzern von 1908–1912 erbaut worden. Bewaffnung: 10 Geschütze 28 cm, 12 Geschütze 15 cm, 12 Geschütze 8,8 cm, 4 Torpedorohre, 21.900 ts, 27,4 kn. Archiv MOV/DMI

sich und völlig unabhängig voneinander direkt dem Kaiser, der indes die schwere Aufgabe eines militärischen Oberbefehlshabers nicht wahrnehmen mochte, wohl auch nicht konnte. Jeder führte seinen Bereich, doch keiner die Marine im ganzen. Uneinheitliche Abstimmungen waren der Grund für konfuse Reaktionen und wirre Befehle, und es ist kaum nachzuvollziehen, warum erst im Herbst 1918, kurz vor Toresschluß, eine eindimensionale Seekriegsleitung geschaffen wurde. Zwischen Herr und Marine gab es überhaupt keine Verbindung; hier war der Kaiser die einzige Relaisstelle, die jedoch nicht viel ausrichtete.

Jetzt galt es umzudenken. Die bislang sekundären Kampfmittel U-Boot und Mine rückten in das Zentrum der Überlegungen. Mit leichten Streitkräften, Minensperren und den unsichtbaren Unterwasser-Booten konnte den feindlichen Schiffen direkter oder auch indirekter Schaden zugefügt und das Inselreich rasch zum Nachgeben gezwungen werden. War die

Grand Fleet nicht unmittelbar zu treffen, so doch mittelbar durch Kampf gegen den britischen Transport, die Seeverbindungen und Nachschubwege. Tirpitz, der bislang immer dem Schlachtflottengedanken das Wort redete, zog sich nun unter den geänderten Umständen und nach den bitteren Erfahrungen mit der praktisch uneinsetzbaren Hochseeflotte den Schuh an, der ihm bisher immer zu klein war: U-Boote.

In den ersten Kriegsmonaten erwies sich die U-Boot-Waffe als recht schlagkräftiges Kampfmittel und kam zu einigen spektakulären Erfolgen: Im September 1914 etwa versenkte Kapitänleutnant Weddigen mit seinem U 9 drei wenn auch unmoderne Panzerkreuzer. Zuvor versenkte U 21 die PATHFINDER vor dem Firth of Forth – der erste U-Boot-Erfolg in der Seekriegsgeschichte.

Unbeschränkter Handelskrieg mit U-Booten, das war die neue Losung, die im Detail erörtert erstmals vom Führer der U-Boote, Korvettenkapitän Bauer, am 8. Oktober 1914 dem Admiralstab zuging. Kritik und skeptische Anmerkungen (unbeschränkter Handelskrieg verstieß eindeutig gegen das Völkerrecht, weil ein Unterseeboot gar nicht in der Lage sein konnte, die Regeln der internationalen Prisenordnung einzuhalten) wichen dort alsbald grenzenloser Euphorie. Die Aussicht, eine Gegenblockade zu errichten, den Feind im Rücken zu fassen und ihm den Lebensnerv abzuklemmen, wirkte nicht nur auf den Admiralstab, sondern auch auf die Öffentlichkeit belebend. Allenthalben wurde nun der Krieg gegen den feindlichen Handel zum sicheren Siegesmittel erklärt, und das mit nicht mehr als 21 U-Booten! Die waren mit ihren 850-PS-starken, dieselbetriebenen Motoren den gegnerischen wohl überlegen, aber nicht alle deutschen Tauchboote gehörten der neuen Generation an. Überlegen übrigens war die deutsche Kriegführung auch mit ihren Marineluftschiffen, über die der Feind nicht verfügte, aber eine entscheidende Wirkung konnte von den insgesamt 71 Luftschiffen mit ihrem geringen Aktionsradius, ihrer Abhängigkeit von den Wetterverhältnissen und nicht zuletzt aufgrund ihrer Anfälligkeit gegen Beschuß, nicht erwartet werden. 52 Luftschiffe gingen während des Krieges verloren.

Der Chef des Admiralstabes ließ den Reichskanzler am 7. November wissen, »unsererseits schärfere Mittel im Handelskrieg anzuwenden als bisher. Besonderen Erfolg verspricht eine Blockade der gegnerischen Küste durch Unterseeboote«. Der Einwand, eine solche Blockade ginge wider geltenden Rechts, wischte Pohl mit der Bemerkung beiseite, die Engländer hätten mit der Absperrung der Nordsee ebenso gegen das Völkerrecht gehandelt, was zweifellos den Tatsachen entsprach. Der Vorbehalt, derartige Unternehmungen seien »besonders grausam, weil der Blockadebrecher in den meisten Fällen vernichtet würde«, galt Pohl nichts, denn das Schiff begäbe sich ja bewußt in Gefahr und hätte daher jederzeit die Folgen zu tragen. Die Neutralen müßten darauf hingewiesen werden, so der Admiral weiter, »daß England uns durch die Abkehr von den bisher als gültig betrachteten Bestimmungen des Völkerrechts, wie sie vor allem in der Erklärung der Sperrung der Nordsee für die neutrale Schiffahrt, aber auch in der fast unbegrenzten Erweiterung des Begriffs der Kriegskonterbande, in der Wegnahme eines Lazarettschiffes unter den nichtigsten Vorwänden und ähnliches mehr zutage tritt, zu diesen verschärften Maßnahmen gegen den englischen Seeverkehr zwingt«.

Nachdem Churchill am 9. November weissagte, die englische Blockade werde Deutschland wirtschaftlich erdrosseln, ging Tirpitz vor die Presse und verkündete seinerseits, daß Deutschland dasselbe zu tun gedenke. Die Frage war allerdings, wie man mit den wenigen Booten wirksam würde, zumal die Angelsachsen das Gros ihrer Fracht natürlich nicht über die Ost-, sondern über die Westküste transportierten. Der Anfahrtweg ist lang und gefährlich, und die Boote haben nicht weniger als 1.700 Seemeilen zurückzulegen. Werftliegezeiten sorgten außerdem dafür, daß nicht einmal vier Boote ständig im Kampfraum standen. Bei diesen aberwitzigen Umständen konnte gar keine Rede von einer Gefährdung der Insel, schon gar nicht von einer wirksamen Blockade sein, wie sie Tirpitz vollmundig ankündigte. Die Marineleitung verschleierte der Politik, vor allem der Öffentlichkeit, welche die Bedeutung und

Die vier entscheidenden Phasen der Skagerrak-Schlacht

1. Das Schlachtkreuzer-Gefecht 15.20-16.50 Uhr

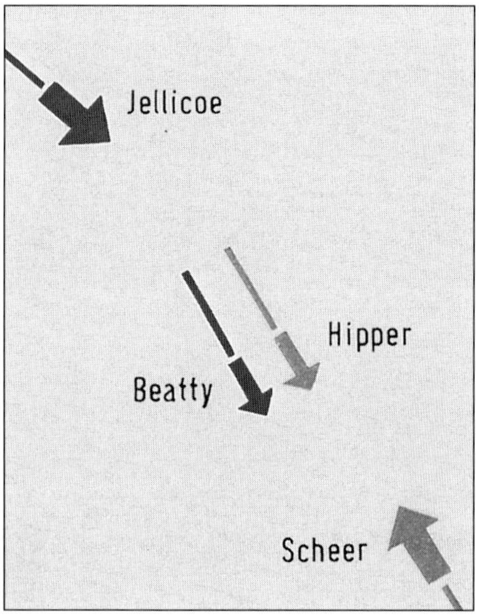

2. Die Verfolgung der britischen Schlachtkreuzer 16.50-18.00 Uhr

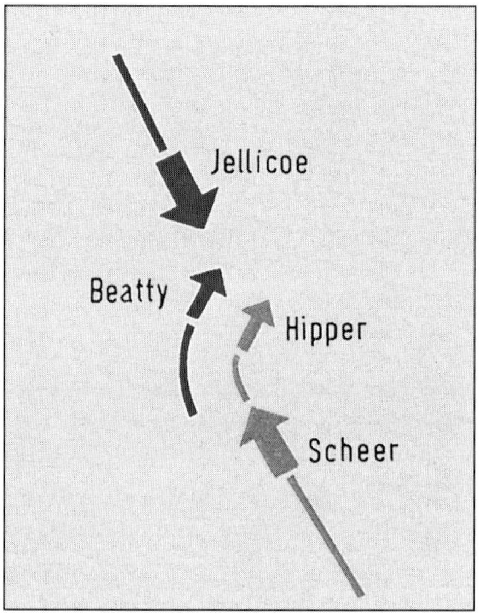

Zu 1.: Hipper versucht, die englischen Schlachtkreuzer auf das deutsche Gros zu ziehen.
Zu 2.: Die englischen Schlachtkreuzer versuchen, sich vor ihr eigenes Gros zu setzen und die deutsche Flotte nach Osten zu überflügeln.

3. Die Flottenschlacht 18.00-21.15 Uhr

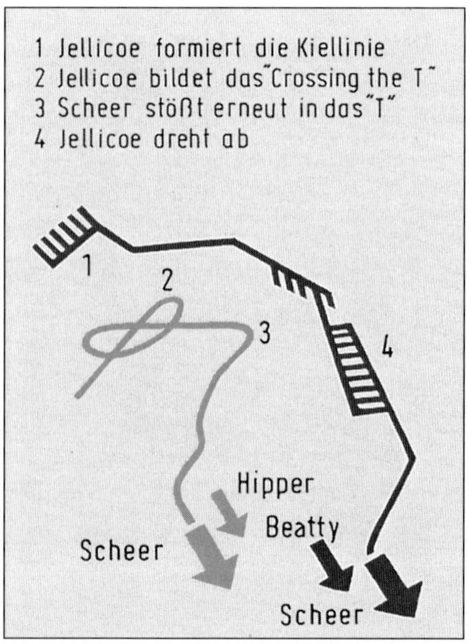

4. Die Nachtschlacht 18.00-03.00 Uhr

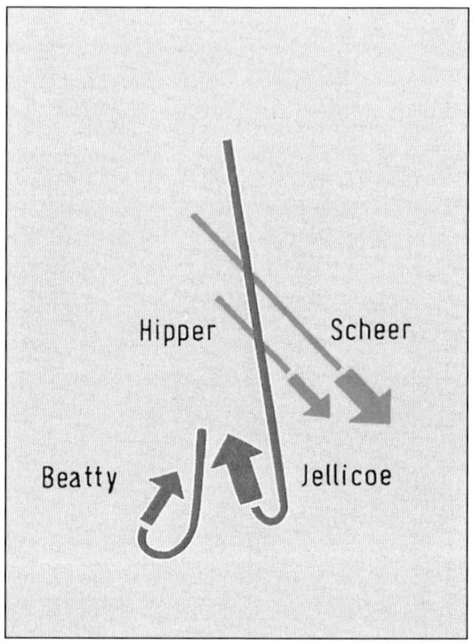

Zu 4.: Während der Nacht stoßen Teile der Flotten noch einmal kurz aufeinander. Um vier Uhr drehen die Engländer nach Norden und beginnen den Rückmarsch. Nach: F. Potter, Ch. Nimitz.

die Möglichkeiten der Unterwasser-Fahrzeuge gefährlich zu überschätzen begann, die wahren Verhältnisse. Sie stapelte notorisch hoch und vermengte Wunsch mit Realität.

Unterdessen kam es am 24. Januar 1915 zu einem Seegefecht zwischen deutschen und britischen Einheiten bei der Doggerbank. Die Schlachtkreuzer SEYDLITZ, MOLTKE und DERFFLINGER, der Panzerkreuzer BLÜCHER sowie vier Kleine Kreuzer und 20 Torpedoboote stießen unter dem Befehl von Konteradmiral Hipper dorthin vor, um feindliche leichte Seekräfte aufzuspüren und zu vernichten. Die als Überraschung geplante Unternehmung mißlang jedoch gründlich, denn die Briten hatten den verschlüsselten Funkbefehl geknackt. So warteten die von Vizeadmiral Beatty geführten fünf Schlachtkreuzer, sieben Kleine Kreuzer, 34 Zerstörer und 26 Torpedoboote auf die Ankunft des deutschen Verbandes. Bei dem anschließenden Gefecht wurde die BLÜCHER versenkt und die SEYDLITZ schwer beschädigt. Die Engländer, das Gefecht nach drei Stunden abbrechend, mußten zwar Treffer auf den Schlachtkreuzern LION und TIGER hinnehmen, aber keinen Totalverlust. Nach dem Kampf übten beide Seiten heftige Kritik an der Gefechtsführung, die auf deut-

Franz Krüger (1797-1857): Prinz Adalbert von Preußen (1811-1873) als »Admiral der preußischen Küsten« 1854. Verwaltung der Staatlichen Schlösser und Gärten Berlin Charlottenburg

Speckter & Co. Hamburg: Die erste deutsche Flottille auf der Elbe im August 1848, Lithographie. Archiv MOV/DMI

Lüder Arenhold: Preußische Korvette AMAZONE (1843–1861), Aquarell von 1900.
Marineschule Mürwik

Franz Johann Wilhelm Hünten (1822–1887): Preußische Gedeckte Korvette SMS ARCONA im Seegefecht vor Jasmund am 17. März 1864.
Sammlung: Peter Tamm, Hamburg

H. Leitner: Gedeckte Korvette HERTHA vor Konstantinopel 1878. Militärgeschichtliches Forschungsamt Potsdam

Panzerfregatte der Marine des Norddeutschen Bundes SMS KÖNIG WILHELM in der Nordsee um 1870. Lithographie. Archiv MOV/DMI

Carl Saltzmann (1847–1923): Mann über Bord. Ein Fähnrich sucht mit seiner Kutterbesatzung einen über Bord gegangenen Kameraden zu retten. Das großformatige Gemälde (4 m x 2 m) hing vor dem Krieg in der Wilhelmshavener Garnisonskirche. Marine-Unterstützungs-Kommando

Carl Saltzmann (1847–1923): Empfang der Kaiserlichen Yacht SMS KAISERADLER im Hafen von Kronstadt 1887.
Sammlung: Peter Tamm, Hamburg

Carl Saltzmann (1847–1923): Torpedoboot S 23 im Sturm, 1913. *Sammlung: Peter Tamm, Hamburg*

Willy Stöwer (1864–1931): »Torpedoboote ran an den Feind«, 1913. Sammlung: Peter Tamm, Hamburg

Hans Bohrdt (1857–1945): Fregatte SMS NIOBE nach Kiel einsegelnd.
Archiv MOV/DMI

Kaiser Wilhelm II: Linienschiff. Bleistiftzeichnung auf dem Löschblatt der Unterschriftsmappe. Der Kaiser hat die Zeichnung während eines Aktenvortrages am 7. Februar 1893 angefertigt. Sammlung: Peter Tamm, Hamburg

Reichsbanknote über Ein Hundert Mark der Deutschen Reichsbank von 1910, Rückseite.
Archiv MOV/DMI

Bleiglasfenster über dem Eingangsportal der Marineschule Mürwik mit dem Wappen des Deutschen Reiches, Archiv MOV/DMI

Marineschule Mürwik, Mitteltrakt mit Turm von der Flensburger Förde her gesehen, Architekt Hans Kelm, 1910. Archiv MOV/DMI

Claus Bergen (1885–1964):
Linienschiff SMS MARKGRAF in der Seeschlacht vor dem Skagerrak, Tempara.
Marineschule Mürwik

Felix Schwormstädt:
In der Zentrale eines U-Bootes 1915.
Deutsches Schiffahrtsmuseum Bremerhaven

Johann Georg Siehl-Freystett: Torpedoboote an der Brücke 1918. *Küstenmuseum Wilhelmshaven*

Claus Bergen (1885–1964): Gefechtsmast des Panzerschiffes DEUTSCHLAND 1939.
Deutsches Schiffahrtsmuseum/Sammlung Bernartz

Claus Bergen (1885–1964): U-Boot im Atlantik. Marineschule Mürwik

Claus Bergen (1885–1964): Deutsche Zerstörer laufen in den Narvik-Fjord ein. Gemälde von 1940. Archiv MOV/DMI

Franz Radziwill (1895–1983): Auslaufen des U-Bootes. Küstenmuseum Wilhelmshaven

scher Seite so schwer wog, daß Flottenchef von Ingenohl, vom Kaiser bereits für die verlorenen drei Kreuzer vor Helgoland zur Verantwortung gezogen, abgelöst wurde. Bis zur berühmtesten Seeschlacht des Ersten Weltkrieges, 1916 am Skagerrak, war das Doggerbank-Gefecht vorerst die letzte Auseinandersetzung zwischen größeren britischen und deutschen Einheiten. Die U-Boote übernahmen die Initiative.

Als besonderes Problem der U-Boot-Kriegführung galt die Versenkung von Handelsschiffen, die sich von Truppen- oder Munitionstransportern kaum unterschieden. Die Kaiserliche Marine nahm jedoch auf Passagierschiffe keinerlei Rücksicht, erklärte die englischen Küstengewässer zur Kriegszone und versenkte Schiff auf Schiff. Aber auch die Engländer verhielten sich nicht eben »gentlemanlike«, denn schließlich hatten sie die Nordsee offiziell in ein Kriegsgebiet verwandelt und durften sich nun nicht wundern, wenn die deutsche Führung ihre zweifelhaften Methoden als Vergeltungsmaßnahmen rechtfertigte und verteidigte. In dieser speziellen Form der Kriegführung kündigten sich bereits jene Terrorakte an, die später dem Zweiten Weltkrieg seinen besonderen Stempel aufdrückten: Der Kampf gegen die Zivilbevölkerung, der auf der falschen Hoffnung beruhte, das Volk kriegsmüde zu bomben und so gegen die eigene Regierung aufzubringen.

Die deutsche Kriegsgebietserklärung vom 4. Februar 1915 verfügte kurzerhand die Bekämpfung aller britischen Schiffe, wogegen die US-Regierung Bedenken anmeldete und im Deutschen Reich zu der Furcht Anlaß gab, die Amerikaner könnten nun an der Seite der Entente in den Krieg ziehen. Drei Monate später kam es zur größten Schiffskatastrophe des Krieges und führte zu scharfem Protest der Amerikaner: Ohne jede Warnung versenkte U 20 südlich von Irland das britische Passagierschiff LUSITANIA. Innerhalb von nur zwanzig Minuten war der gewaltige Passagierdampfer, der allerdings nachweislich Kriegsmaterial im Vorschiff geladen hatte, mit 702 Mann Besatzung und 1.257 Passagieren, unter ihnen Frauen und Kinder, in den Abgrund gerissen worden. Weil auch 120 US-Bürger den Tod fanden, lief die amerikanische Öffentlichkeit Sturm gegen das unmenschliche deutsche Gebaren, während der Untergang der LUSITANIA in der deutschen Presse als Erfolg der »Wunderwaffe« U-Boot gepriesen wurde.

Der diplomatische Konflikt war programmiert: US-Präsident Wilson verzichtete zwar auf Drohungen, verurteilte aber das Vorgehen scharf und forderte Deutschland auf, das Leben amerikanischer Staatsbürger niemals mehr aufs Spiel zu setzen. Klar war, daß sich ein solcher Vorfall nicht wiederholen durfte, wollte man die Amerikaner nicht zum Abbruch der Beziehungen zwingen und damit in den Krieg treiben. Generalstabschef von Falkenhayn, den nicht nur die Gefahr eines Kriegseintritts der Vereinigten Staaten, sondern auch die Parteinahme der Neutralen für die alliierte Seite ängstigte, forderte von Tirpitz eine definitive Zusage über die politisch konfliktlose U-Boot-Kriegführung. Erstaunlicherweise erging sogleich Befehl an die U-Boot-Kommandanten, »lieber ein feindliches Handelsschiff durchzulassen, als ein neutrales zu versenken«. Tirpitz versuchte die Weisung mit dem entlarvenden Argument wieder aufzuheben, man könne dann wohl ganz auf den U-Boot-Krieg verzichten. Der würde, so Tirpitz, »da sein Geheimbleiben ausgeschlossen sei, als eine Entschuldigung für die Versenkung der LUSITANIA aufgefaßt werden. Er kann bei unseren Gegnern, bei den Neutralen, im eigenen Volke und der eigenen Marine nur als gefährliches Zeichen der Schwäche ausgelegt werden.« Tirpitz überlagerte damit bewußt die politische Tragweite der LUSITANIA-Tragödie mit psychologischen Gesichtspunkten und scheute sich auch nicht davor, den Fall zur Prestigefrage zu erheben. Daß er obendrein mit dem Admiralstabschef Bachmann zusammen seinen Abschied einreichte, brachte den Kaiser auf, der knapp, aber um so heftiger reagierte: »Nein! In solchem Moment, das ist Felonie … Die Herren haben zu gehorchen und zu bleiben. Regelrechte Militärverschwörung! Durch Tirpitz veranlaßt!«

Den Sommer hindurch wurden geschäftig Noten mit den USA ausgetauscht, doch die Deutschen ließen keinerlei Bereitschaft zur wirklichen Einschränkung des U-Boot-Krieges erkennen. Es be-

Der in der Skagerrak-Schlacht schwer beschädigte Schlachtkreuzer SMS SEYDLITZ nach der Rückkehr in der Wilhelmshavener Schleuse. In das 28.550 ts verdrängende Schiff waren 5.500 Tonnen Wasser eingedrungen, 98 Tote und 55 Verwundete waren zu beklagen. Der 1912 als Einzelschiff gebaute Schlachtkreuzer war mit 10 Geschützen 28 cm, 12 Geschützen 15 cm, 12 Geschützen 8,8 cm und 4 Torpedorohren bewaffnet, Geschwindigkeit bis 29,1 kn. Archiv MOV/DMI

stand kein Zweifel: Die Versenkung der LUSITANIA beschwor die unmittelbare Gefahr eines offenen Bruchs zwischen den Vereinigten Staaten und Deutschland herauf, und der amerikanische Präsident mühte sich redlich, die deutsche Führung zur Preisgabe ihres U-Boot-Krieges zu bewegen. Er ersuchte das Reich eindringlich, die »erhabenen und heiligen Rechte der Menschlichkeit« zu wahren. Während sich Bethmann Hollweg zu Konzessionen in der U-Boot-Kriegführung aussprach, um den Frieden mit den Amerikanern zu erhalten, verharrten der Admiralstab und Tirpitz in ihrer ablehnenden Position. Und das auch nicht ganz zu Unrecht, denn wie solche theoretischen Konzessionen in die Praxis umzusetzen waren, verriet Bethmann Hollweg nicht, der dazu ja auch gar nicht in der Lage war. Daß der U-Boot-Krieg nicht aufgegeben werden konnte, lag für Tirpitz in der militärischen Logik, und daß die U-Boot-Besatzungen außerstande waren, alle Dampfer zunächst auf US-Bürger hin zu durchforsten, um jene hernach zu versenken, verstand sich von selbst. Bleibt die Frage, ob die verhältnismäßig bescheidenen U-Boot-Erfolge den Bruch mit den Vereinigten Staaten überhaupt lohnten.

In diese heikle Situation platzte ein erneuter Zwischenfall, der aber – zunächst – für Klarheit sorgte: Im August versenkte ein deutsches U-Boot den mit Passagiereinrichtungen versehenen britischen Frachter ARABIC an der Südküste Irlands. 44 Menschen starben, darunter zwei Amerikaner. Politik und Admiralstab gerieten nun heftig aneinander, wie weiter mit der Unterwasser-Kriegführung zu verfahren sei. Die Admiralität frohlockte: Die Politiker können tun und lassen, was sie wollen, am Ende setzt die Marine eh durch, was sie für richtig und zweckmäßig hält. Der Kanzler aber hatte es satt, der Marine und des geltungssüchtigen Tirpitz wegen ständig auf dem allzu schmalen Rand eines Vulkans zu wandeln und bat ohne Hinzuziehen der Admirale den Kaiser unter vier Augen, endlich einzulenken und den uneingeschränkten U-Boot-Krieg aufzugeben. Mit Erfolg, denn daraufhin teilte das Reich der US-Regierung mit, die deutschen U-Boot-Kommandanten erhielten Befehl, Passagierschiffe nur nach eingehender Warnung und nur dann zu versenken, wenn die Sicherheit der Menschen an Bord garantiert sei. Um die U-Boote überhaupt nicht erst in Versuchung zu führen, unterblieben fortan Fahrten in den Westen Englands.

Die Politik hatte vorläufig über das Militär gesiegt, und von den U-Booten sollte vorerst auch keine politische Gefahr mehr ausgehen. Der grollende Tirpitz kam wiederum mit einem Entlassungsgesuch, erreichte aber nur, daß ihm das Recht auf ständige Beratung des Kaisers in allen Marineangelegenheiten entzogen wurde. Tirpitz war mit diesem Abgang aus der unmittelbaren Umgebung des Kaisers politisch am Ende, doch aufgeben mochte er noch lange nicht, besann sich auf seine Qualitäten als Meinungs- und Stimmungsmacher in der Öffentlichkeit und suchte diese für den unbeschränkten U-Boot-Krieg zu gewinnen. Tirpitz kalkulierte richtig, und ihm kamen dabei Umstände außerhalb seines Einflußbereiches zupaß: Falkenhayn faßte den fatalen Entschluß zum Angriff auf die Festung Verdun, um die französische Armee »ausbluten« zu lassen.

Nach dem Scheitern der Marneschlacht im September 1914 kam der deutsche Vormarsch im Westen zum Stehen. Das von Schlieffen geplante »Cannae«, die Vernichtung des französischen Heeres in einer großen Kesselschlacht, war unmöglich geworden. Die Heere »gruben sich ein«, und von Flandern bis zur Schweiz erstarrte die Front zu einem durchgehenden System von teilweise tiefgestaffelten Feldstellungen. Der Schützengraben wurde so zum Symbol des Ersten Weltkrieges. In verlustreichen Kämpfen rang man um den Besitz kleiner und kleinster Geländevorteile.

Im Jahre 1915 konnte ebenfalls keine Entscheidung des Krieges erzwungen werden. Zwar hatte das deutsche Heer im Osten beachtliche Erfolge errungen, aber auch diese vermochten nicht, Rußland aus der Entente herauszubrechen. Im Westen scheiterten in den Herbstschlachten in Artois und der Champagne die Versuche, die Front durch gewaltige Massenanstürme von Infanterie zu durchbrechen, im Feuer der massierten Abwehr.

Neuartige Kampfmittel, wie Maschinengewehre, Handgranaten, Flammenwerfer und Gas, sowie ein

Trefferwirkung einer 38-cm-Granate in der Wasserlinie am Achterschiff des Schlachtkreuzers VON DER TANN in der Skagerrak-Schlacht. Die Aufnahme vom 4. Juni 1916 zeigt das Schiff im Dock der Kaiserlichen Werft in Wilhelmshaven. Archiv MOV/DMI

bis dahin ungeahntes Artillerieaufgebot, machten den Verteidiger stärker als den Angreifer. Die Ausmaße des Krieges wuchsen ins Gewaltige, vor allem die ungeheuren Materialmengen, die aufgewendet werden mußten, schufen ein völlig neues Kriegsbild. Die Oberste Heeresleitung mußte erkennen, daß die Personal- und Materialreserven Deutschlands nicht mehr lange ausreichen würden.

So reifte bei General Erich von Falkenhayn, seit Herbst 1914 Chef des Generalstabes, der Entschluß, den Krieg noch vor dem Wirksamwerden des angelsächsischen Rüstungs- und Menschenpotentials zu entscheiden. In seiner Denkschrift vom Dezember 1915 sieht er in England den Hauptgegner Deutschlands, dessen Seerüstungspotential die deutsche Flotte bisher nicht auszuschalten vermochte, dessen Festlandsdegen aber die französische Armee sei. Erst durch deren Vernichtung könne England friedensbereit gemacht werden. Das sei aber nur vor der in absehbarer Zeit zu erwartenden Vergrößerung der englischen Armee durch die Einführung der allgemeinen Wehrpflicht möglich.

Da ein Durchbrechen der Front, wie die Erfahrungen vom Vorjahr zeigten, nicht erfolgversprechend war, sollte nun der umgekehrte Weg beschritten werden: Die Franzosen sollten gezwungen werden, sich in fortwährenden Angriffen im Feuer der deutschen Artillerie zu verbluten. Auf diese Weise hoffte von Falkenhayn die französische Armee zu vernichten.

Diese Zermürbungsschlacht sollte an einer Stelle der Front geschlagen werden, die aus strategischen und psychologischen Gründen von den Franzosen unter allen Umständen gehalten werden mußte, die aber auch zur Heranführung des gewaltigen Materialbedarfes verkehrsmäßig günstig gelegen war. Seine Wahl fiel auf Verdun, eine Stadt, die schon seit 843 und zuletzt 1871 in der deutsch-französischen Geschichte eine Rolle gespielt hatte. Sie war nun Mittelpunkt eines Ringens gewaltiger Befestigungen.

Niemand rechnete hier mit einem deutschen Angriff. Eine Eroberung Verduns hätte allerdings den deutschen Truppen den Weg nach Paris freigemacht.

Die Eroberung dieser Stadt war nach von Falkenhayns Plan nur Nebenzweck für den Fall, daß die Franzosen der Zermürbungsschlacht auswichen. Offenbar hat er diese Überlegungen nicht dem Führer der 5. Armee, dem deutschen Kronprinzen, mitgeteilt, so daß dieser der Auffassung war, seiner Armee wäre die Eroberung Verduns befohlen worden. Als wesentliche Ergänzung dieses Planes sollte die Unterbindung der Zufuhren nach England durch den uneingeschränkten U-Boot-Krieg erfolgen. Daß dies unterblieb, hielt der General später für die wesentliche Ursache des Scheiterns der Schlacht.

Auf einem Schlachtfeld von rund 350 Quadratkilometern standen sich bisweilen eine Million Soldaten im Kampf gegenüber. Ungefähr 90 Prozent des französischen Heeres nahmen an der Schlacht von Verdun teil. Das Reichsarchivwerk nennt in seinem 10. Band 317.000 gefallene, vermißte und verwundete französische und 281.000 deutsche Soldaten. Die genaue Zahl läßt sich nicht mehr ermitteln.

Aufgrund des erwähnten Mißverständnisses wird der beginnende deutsche Angriff so energisch vorgetragen, daß er unverhältnismäßig große Opfer fordert. Die Reorganisation der französischen Verteidigung, vor allem auch in der Bereitstellung fast unbegrenzten Materialnachschubes seit dem 25. Februar durch General Philippe Pétain, macht Verdun auch für die deutsche Armee zur Zermürbungsschlacht.

Die steigenden Verluste und der Mangel an Reserven, wobei die im Juni beginnenden Somme- und Brussilow-Offensiven die Oberste Heeresleitung zwingen, Truppen aus dem Maasgebiet abzuziehen, führen dazu, seit dem 11. Juni in die Verteidigung überzugehen.

Die Politik hat sich nunmehr vollständig den Erfordernissen des Militärischen unterzuordnen. Falkenhayn wollte den Kanzler nicht einmal mehr in militärischen Angelegenheiten unterrichten, denn die, so sagte er, »gehen die Diplomaten gar nichts an«. Ob es über den U-Boot-Krieg mit den USA wieder zu Komplikationen käme oder sogar zum Krieg, das war für ihn nicht von ausschlaggebender Bedeutung. Diese Haltung ist ein untrügliches Zeichen für die Totalisierung des Krieges, nun alles auf eine

Karte zu setzen, alles zu riskieren. Bethmann Hollweg geriet zwischen die Mühlsteine von Militär und Politik in der leidigen U-Boot-Frage. Der Kanzler versuchte es noch einmal mit Diplomatie und erwog, mit »England in ausgesprochener Weise über seine Bereitwilligkeit zu Friedensverhandlungen zu sondieren, wobei die bevorstehende Wiederaufnahme des U-Boot-Krieges angedeutet werden könnte«. Er machte dabei unmißverständlich klar, daß das »finis Germaniae« droht, wenn der U-Boot-Krieg, aus welchen Gründen auch immer, scheitert.

Gestützt von der öffentlichen Meinung, die das mörderische Ringen in der »Hölle von Verdun« mit allen Vergeltungsmaßnahmen gerächt sehen will, rief der Reichstag zum grenzenlosen Krieg mit Unterseebooten auf. Zwischen Bethmann und dem Reichstag einerseits und ihm und der Militärfronde andererseits rissen unüberwindbare Gräben auf. Nur war er als Kanzler und erster Berater Seiner Majestät von großem Einfluß auf dessen endlichen Beschluß, aber wie sollte der Kaiser bei den ihm vorgetragenen, grundverschiedenen Ansichten entscheiden, wo er ohnehin nie der Entscheidungsfreudigste war? Bethmann holte in seiner wohl beeindruckendsten Denkschrift weit aus und versuchte Wilhelm II. unter anderem davon zu überzeugen, daß es völlig aussichtslos, ja die Vorstellung allein schon grotesk sei, mit ein paar Booten England auszuhungern und zum Aufgeben zu zwingen: »Sei es mit, sei es ohne Convoi wird England eine gewisse Anzahl von Schiffen

Das U-Boot U 9 versenkte am 22. September 1914 drei britische Panzerkreuzer. Kapitänleutnant Otto Weddingen wurde dafür als erster Seeoffizier mit dem Orden Pour le mérite und die übrige Besatzung mit dem Eisernen Kreuz ausgezeichnet. Otto Weddingen wurde 1915 als Kommandant von U 29 mit der gesamten Besatzung durch Rammstoß von HMS DREADNOUGHT versenkt. Archiv MOV/DMI

durch unsere weitmaschigen U-Boot-Sperren und auch durch die Minensperren unter allen Umständen, eventuell über Frankreich durchbringen können. Selbst ohne Berücksichtigung vorhandener Getreidereserven genügen bei einer durchaus erträglichen Einschränkung des Verbrauchs 4 bis 5 Schiffe mittlerer Größe täglich, um die Versorgung Englands mit Brotgetreide zu sichern. Vor allem aber: ein Nachgeben der Briten kommt dem öffentlichen Eingeständnis gleich, daß die Seeherrschaft Albions durch Deutschlands Seemacht vernichtet worden ist. Ehe sich England zu einem solchen Eingeständnis entschließt, opfert es den letzten Mann und den letzten Groschen.«

Und was sagten die Militärs? Dort ging die Rede, die Engländer halten noch einige Monate, allenfalls ein halbes Jahr durch – dann sind sie am Ende. Vor allem erging sich Tirpitz in derlei wilden Prognosen. Die Situation war kompliziert, denn immerhin standen Reichstag, Öffentlichkeit, Armee und Marine für das Prinzip des »Totalen Krieges«, dessen ausdrucksvollstes Sinnbild der wiederaufgenommene U-Boot-Krieg sein würde, und Bethmann nahm erschreckt wahr, daß sich der Kaiser mehr und mehr dem vereinten Druck von Admiralen und Generalen zu beugen begann, nachdem bereits der Flottenbefehl vom 11. Februar den U-Boot-Krieg wieder verschärfte (bewaffnete Handelsschiffe durften nach dem Befehl ohne vorherige Warnung versenkt werden). Die Spannungen mit den USA nahmen zu, und Bethmann Hollweg zeigte sich nur noch ein Ausweg, das Äußerste zu verhindern: Tirpitz, der »Anführer«, mußte gestürzt werden, und das möglichst gleich. Der Kanzler ließ den Staatssekretär über zwei unfein inszenierte Intrigen stolpern. Am 10. März 1916 erreichte den Großadmiral eine Ordre Wilhelms mit der Aufforderung zum Abschied. Tirpitz verweigerte sich nicht:

»Euer Majestät habe ich durch Jahrzehnte mit vollen Kräften gedient, um das Lebenswerk Euer Majestät zu fördern, dem deutschen Volke den Weg über die See in die Welt zu weisen. In dem Entscheidungskampf gegen die Feinde, die uns diesen Weg der internationalen Entwicklung mit dem Schwert vertreten wollen, haben Euer Majestät meinem Rate nicht folgen können ... Mein Amt, Euer Majestät Regierung vor dem Volke in den Fragen der Seegeltung zu vertreten, vermag ich nicht mehr pflichtgemäß zu versehen. Die schwere Sorge, das Lebenswerk Euer Majestät und die nationale Zukunft Deutschlands auf dem betretenen Wege zusammenbrechen zu sehen, macht es mir klar, daß meine Dienste Euer Majestät Regierung nicht mehr von Nutzen sein könnten ... Zermürbung meiner seelischen Kräfte durch die in letzter Zeit gesteigerten inneren Kämpfe, unter denen ich gestanden habe, machten es für mich unabweisbar, Euer Majestät zu melden, daß ich die Geschäfte des Staatssekretärs des Reichsmarineamtes nicht mehr zu führen vermag. Nach Euer Majestät Allergnädigsten Entschließungen darf ich nunmehr Alleruntertänigst bitten, mir den Abschied aus meinem Amt als Staatssekretär in Gnaden zu bewilligen.«

Der Abgang des Großadmirals, am 16. März wurde er aus seinem Amt mehr herausgejagt als verabschiedet, änderte die Lage nicht wesentlich. Zwar gewann der Kanzler mit Tirpitz' Nachfolger von Capelle einen umsichtigen und wahrheitsliebenden »Verhandlungspartner«, der beispielsweise auf geschönte Versenkungsziffern verzichtete und im Gegensatz zu seinem Vorgänger stets korrekte Auskunft über den tatsächlichen Bestand deutscher U-Boote gab, aber es blieb beim Befehl vom 11. Februar.

Ausgerechnet in dieser Phase, in der Bethmann – dem physischen Zusammenbruch nahe und zum Kettenraucher geworden – seine Unterredungen und Verhandlungen intensivierte, ereigneten sich Zwischenfälle: Deutsche U-Boote nahmen harmlose Dampfer unter Beschuß, und wiederum kamen amerikanische Staatsbürger zu Schaden. Am folgenreichsten war die Versenkung der französischen SUSSEX am 24. März 1916, die den unbeschränkten U-Boot-Krieg de facto ankündigte. Die Weisung für den verschärften Krieg mit U-Booten war unbestritten dehnbar, und man durfte am wenigsten den U-Boot-Kommandanten Vorwürfe machen, denn niemand konnte von den Männern verlangen, in der angespannten Situation den feinen Unterschied zwischen »unbeschränkt« und »verschärft« herauszuschälen und hiernach zu handeln. Die USA reagierten prompt mit einer Note, in der sie mit sofortigem Abbruch der diplomatischen Beziehungen drohten, falls Deutschland nicht unverzüglich seinen Verzicht auf den U-Boot-Krieg gegen Passagier- und Frachtschiffe erklärt. Lenkt das Reich jetzt nicht ein, und kommt es abermals zu einem für amerikanische Staatsangehörige tödlichen Zwischenfall, dann sehen sich die USA zur Aufgabe ihrer Neutralität genötigt.

Bethmann war tief betrübt, empfand es aber als Erleichterung, daß Capelle hinter den verschärften U-Boot-Krieg ein großes Fragezeichen setzte: War es lohnend, um einiger zusätzlich versenkter Bruttoregistertonnen willen den Krieg mit den USA anzuzetteln? Der Ansicht war zunächst auch Wilhelm II., ließ sich aber schon nach wenigen Augenblicken umstimmen, als ihm der neue Chef der Hochseeflotte, Admiral Scheer (von Pohl hatte sich schwer krank aus seinem Amt abgemeldet), die Notwendigkeit des uneingeschränkten U-Boot-Krieges im strategischen Zusammenspiel mit Verdun vor Augen führte. Doch die Offensive, das wußte Falkenhayn genauso gut wie Scheer, war gescheitert, und so ist diese Flucht nach vorn nichts als der hilflose Versuch gewesen, im Kanzler den eigentlich Schuldigen an der gesamten Misere zu entdecken. Der empfand die Anlastung aller Verantwortung als eine Zumutung und verwahrte sich gegen derlei ungeheuerliche Anschuldigungen. Der Kaiser, das überrascht niemanden, änderte seine Meinung wieder, da er ernsthaft fürchtete, »Amerika auf den Hals zu bekommen«. Und tatsächlich kamen Verhandlungen mit Abgesandten der USA in Gang, in deren Verlauf Wilhelm bereitwillig einlenkte und den verschärften U-Boot-Krieg preisgab.

Die »SUSSEX-Krise« nahm einen glücklichen Ausgang, und es ist bezeichnend, daß sich der Kaiser allein mit Bethmann Hollweg darüber beriet. Falkenhayn war brüskiert und bat um seinen Abschied, den ihm der Kaiser allerdings verweigerte. Falkenhayn blieb – mit der Begründung, seine Offiziersehre verbiete ihm, gegen einen kaiserlichen Befehl anzugehen.

Die amerikanische Öffentlichkeit feierte Wilson nach der Übereinkunft mit dem Deutschen Reich als Friedensstifter, und in der Tat war das Wohlwollen der Amerikaner für den Präsidenten im Wahljahr nicht ohne Belang. In Deutschland aber hinterließ die Krise einen bitteren Nachgeschmack: Der Kanzler stand fortan mit dem Generalstabschef unwiderruflich über Kreuz, und Gefährliches zeichnete sich ab: Die Front der Militärs gegen die Politik trieb einen Keil in die deutschen Führung.

Der U-Boot-Krieg kam aus Mangel an Gelegenheit für einige Monate beinahe zum Erliegen, obwohl das gewiß nicht in Scheers Absicht stand. Als er sein Amt als Chef der Hochseeflotte antrat, ließ er den Willen erkennen, neben dem verschärften U-Boot-Krieg auch der Hochseeflotte zu einiger Aktivität zu verhelfen.

Kräfteverhältnis in der Schlacht am Skagerrak 31. Mai/1. Juni 1916

Schlachtflotte

Hochseeflotte	Grand Fleet
16 Dreadnoughts	24 Dreadnoughts
6 Ältere Linienschiffe	3 Schlachtkreuzer
6 Kleine Kreuzer	8 Panzerkreuzer
31 Torpedoboote (Zerstörer)	12 Kleine Kreuzer
52 Zerstörer	
Admiral von Scheer	Admiral Sir Jellicoe

Aufklärungskräfte

Hochseeflotte	Grand Fleet
5 Schlachtkreuzer	4 schnelle Dreadnoughts
5 Kleine Kreuzer	6 Schlachtkreuzer
30 Torpedoboote (Zerstörer)	14 kleine Kreuzer
27 Zerstörer	
Vizeadmiral von Hipper	Vizeadmiral Beatty

Geschütze

Hochseeflotte	Grand Fleet
244 (Kaliber 28,0 cm und 30,5 cm)	344 (Kaliber 30,5 cm und 28,1 cm)

SM UB 38 passiert die Schleuse des Kaiser-Wilhelm-Kanals bei Brunsbüttel beim Auslaufen zu einer Operation in der Nordsee. UB 38 war 1916 gebaut worden und wurde mit der gesamten Besatzung von 24 Mann im Februar 1918 im Kanal versenkt. Das kleine für den küstennahen Einsatz konzipierte Boot verdrängte getaucht 303 ts. Bewaffnung: 4 Torpedorohre, 1 Geschütz 5cm, Geschwindigkeit überwasser 9 Kn, getaucht 5 Kn. Archiv MOV/DMI

Die Aufschlüsselung zeigt eindrucksvoll die britische Überlegenheit. Obwohl die deutsche Führung ihre U-Boote als Falle vorsah, kamen sie wegen der langen Stehzeit nicht zum Einsatz.

Nach der Übernahme des Oberbefehls über die Hochseeflotte seit Anfang 1916 versuchte Vizeadmiral Reinhard Scheer durch verschiedene Vorstöße der Schlachtkreuzer zu Küstenbeschießungen einen Kräfteausgleich herzustellen, indem er Teile der englischen Flotte in Gefechte verwickeln wollte. Im Mai 1916 hatte Scheer einen Erkundungsvorstoß zum Skagerrak geplant. Dabei sollte die Schlachtflotte die Aufklärungstreitkräfte decken. Am 30. Mai erfaßte die britische Funkaufklärung das für den kommenden Tag befohlene Vorhaben. In der Annahme, unterlegene Seestreitkräfte vorzufinden, läßt Admiral John Jellicoe die Grand Fleet aus den Flottenbasen Scapa Flow, Cromarty Firth (Nordschottland) und die Schlachtkreuzer unter Vizeadmiral David Beatty aus Rosyth im Firth of Forth auslaufen. Wegen der ungünstigen Wetterlage war auf beiden Seite keine Luftaufklärung möglich, so daß keiner der Flottenchefs damit rechnete, das Gros der gegnerischen Flotte vor sich zu haben.

Am 31. Mai 1916 trafen daher um 15.20 Uhr mitteleuropäischer Zeit etwa 80 Seemeilen westlich der Jammerbucht vor dem Skagerrak die Spitzenschiffe der größten Flotten der Welt aufeinander. Auf dem filigranartigen Muster der vielen Kurse, wie die Karten im 5. Band des Admiralstabswerkes zeigen, lassen sich vereinfachend die Bewegungen von vier großen Flottenkörpern herausnehmen, die der beiden Schlachtkreuzergeschwader und das Gros der am Kampf beteiligten Flotten.

In der ersten Phase dieser Seeschlacht, dem Schlachtkreuzergefecht, versucht Konteradmiral Franz von Hipper, der Führer der deutschen Schlachtkreuzer, seinen in Sonnenluv stehenden Gegner auf die hinter ihm mit Nordkurs heranmarschierende Hochseeflotte zu ziehen. Kurze Zeit nach dem Austausch der ersten schweren Salven fliegen im Abstand von 20 Minuten die Schlachtkreuzer INDEFATIGABLE und QUEEN MARY durch Treffer in die Munitionskammern in die Luft.

Die englischen Schlachtkreuzer drehen jetzt in der zweiten Phase der Schlacht nach Norden ab und versuchen, sich vor ihr eigenes Gros zu setzen und die deutsche Flotte in einem »Crossing the T« nach Osten zu umflügeln. Mittlerweile verschlechtert sich die Sicht, vor allem die deutschen Schiffe können den in Sonnenlee stehenden Gegner schlecht ausmachen, während sie selbst als Silhouetten gegen die tiefstehende Abendsonne gut sichtbar sind.

Den Höhepunkt bildet die dritte Phase, die Flottenschlacht. Der drohenden Einkreisung kann Scheer nur durch ein gewagtes Manöver, einer gleichzeitigen Kehrtwendung aller Schiffe, das durch einen Torpedobootangriff unterstützt wird, entgehen. Die Hochseeflotte macht wieder kehrt und stößt erneut auf den Gegner vor. Durch eine zweite Gefechtskehrtwendung bricht Scheer um 20.18 Uhr die Schlacht ab. In dieser dritten Phase verloren die Engländer die Panzerkreuzer DEFENCE und WARRIOR sowie den Schlachtkreuzer INVINCIBLE, während auf deutscher Seite der Kleine Kreuzer WIESBADEN zusammengeschossen wurde, auf dem der Dichter »Gorch Fock« als Matrose fiel. Auch der schwerbeschädigte Schlachtkreuzer LÜTZOW mußte aufgegeben werden.

Die Hochseeflotte löst sich vom Gegner, der auch seinerseits das Gefecht nicht fortsetzen will. In der Nacht kommt es in der vierten Phase, der Nachtschlacht, nochmals zu mehreren kurzen Gefechtsberührungen, bei denen die Engländer einen älteren Panzerkreuzer und fünf Zerstörer, die Deutschen ein älteres Linienschiff und drei Kleine Kreuzer verloren. Um 4.00 Uhr gab Jellicoe den Befehl zum Heimmarsch, den die Hochseeflotte eine Stunde später antrat.

Verluste in der Schlacht am Skagerrak

Verluste	Hochseeflotte	Grand Fleet
Tote und Gefangene	3.039	6.784
Schlachtkreuzer	1	3
Ältere Linienschiffe	1	
Panzerkreuzer		3
Kleine Kreuzer	4	
Zerstörer/Torpedoboote	5	8
Beschädigte Schiffe	27	19

Beide Waffengänge sind gekennzeichnet durch den Triumph der aufgebotenen Massen von Menschen und Material. Das Bekanntwerden des taktischen Sieges der Hochseeflotte über die Grand Fleet hob in Deutschland die allgemeine Siegeszuversicht in dem Augenblick, als sich die Schlacht von Verdun als Fehlschlag herauszustellen begann.

Bei Verdun hatte sich erneut die Erfahrung vom Vorjahr bestätigt, daß die Front auch mit dem bisher größten Aufwand an Menschen und Material nicht zu durchbrechen war. Die gewaltigen Verluste werden jetzt spürbar. Mit der nun einsetzenden Somme-Offensive beginnen die alliierten Gegenangriffe, die mit Unterbrechungen bis zum Waffenstillstand 1918 fortgesetzt werden, wobei die deutsche Frühjahrsoffensive von 1918 nur den letzten verzweifelten Versuch darstellt, den Krieg doch noch siegreich zu beenden. So lag seit 1916 die Initiative bei den Entente-Mächten, und deshalb kann dieses Jahr als eigentlicher Wendepunkt des Ersten Weltkrieges gelten.

Admiral Scheer mußte erkennen, daß durch die Hochseeflotte, trotz ihres Erfolges vor dem Skagerrak, die Seemacht England nicht entscheidend geschlagen werden konnte. Der Flottenchef forderte nunmehr die Konzentration aller Kräfte auf die Führung des uneingeschränkten U-Boot-Krieges.

Auch Admiral Jellicoe wollte eine neue Kraftprobe mit der Hochseeflotte nicht mehr riskieren.

Der Lorbeer vom Skagerrak verwelkte scheinbar schnell; die Hochseeflotte kam nicht mehr zum Einsatz. Dieser Umstand und der Abzug der tüchtigsten Besatzungsmitglieder zur U-Boot-Waffe begünstigten zu einem gewissen Teil die Ereignisse vom Oktober und November 1918.

Auf psychologischem Gebiet waren die Folgen aber nachhaltig: Es entstand der Glaube, daß der deutsche Frontsoldat vor Verdun und der Seemann am Skagerrak ihre hohe moralische Überlegenheit bewiesen hätten. Einem verbissen kämpfenden Gegner mit nahezu unbeschränktem Materialnachschub hat der zahlenmäßig unterlegene und immer unter Materialmangel leidende Frontsoldat erfolgreich getrotzt. Nur durch das Material geschlagen, aber unbesiegt, räumte er die Walstatt.

Eine junge Marine hat durch überlegenen Kampfgeist, bessere Führung und Ausbildung mit technisch höherwertigem Schiffsmaterial einem traditionsreichen, zahlenmäßig überlegenen Gegner größere Verluste zugefügt, als sie selbst hinnehmen mußte. England, das große Vorbild zur See, war besiegbar. Durch die Tatsache, daß dieser »Seesieg« in Gewässern erfochten wurde, in denen die seestrategisch günstigere Lage des Inselreiches keine Rolle spielte, erhöhte sich sein Glanz noch mehr. Davor mußten die Geschehnisse vom November 1918 später verblassen.

Skagerrak bedeutete auch das Ende der britischen Weltherrschaft zur See, denn England sah sich nach dem Kriege außerstande, noch eine Flotte bauen zu können, die den technischen Anforderungen, die sich aus dem Verlauf dieser Seeschlacht ergaben, entsprochen hätte. Im Abrüstungsvertrag von Washington mußte man deshalb 1922 die Konsequenzen aus der sich abzeichnenden Verlagerung des Weltschwergewichtes von Europa nach Amerika ziehen.

Die Anhänger der Ideen des Großadmirals Tirpitz, vor allem der Oberbefehlshaber der späteren Kriegsmarine, Großadmiral Erich Raeder, der die Schlacht als Stabschef des Admirals Hipper miterlebte, sahen nach 1918 deren Richtigkeit durch das Ergebnis vom 31. Mai bestätigt. Politische Eingriffe von außen, die vom Unverständnis des Wesens der See bestimmt waren, hätten den Erfolg verhindert. Mit einer ausgewogenen Flotte, die vor allem im Atlantik operieren konnte, sollte durch den Kreuzerkrieg die Seeherrschaft errungen werden. Moralische Überlegenheit der Besatzungen, bessere Führung und Technik sollten teilweise eine numerische Unterlegenheit ausgleichen.

Skagerrak, mein Skagerrak, du bist der Flotte Ehr'
So mancher brave Seemann war dort die deutsche Wehr
Und starb für Kaiser, Reich und Volk
Als Held im tiefen Meer

Ähnliche Gereimtheiten gingen in der freudig-erregten Nation umher, der Verantwortliche aber, Scheer, sah alles weitaus nüchterner, kritischer. Ihm ist bei allem Jubel bewußt, daß die deutsche Flotte nur knapp einer vollständigen Katastrophe entgangen war. Denn was, wenn Jellicoe mit aller Verbissenheit hinter den deutschen Einheiten hergejagt und diese noch vor Horns-Riff abgefangen hätte?

Was das bedeutete, war keinem so gegenwärtig wie Scheer, und dies noch während der Schlacht: Die deutschen U-Boot-Basen wären angreifbar und für die Briten die Wege in die Ostsee frei. Verfolgt man das »Was wäre gewesen wenn« weiter, dann würde sich durch einen englischen Sieg am Skagerrak der Lauf des Krieges wohl anders entwickelt haben: Eine britisch beherrschte Ostsee hätte kaum noch schwedische Erzlieferungen an das Reich zugelassen, aber den Angelsachsen den Seeweg für Kriegsmitteltransporte nach Rußland geöffnet.

Zwar bekannte sich Scheer in seinem Bericht vom 4. Juli an den Kaiser zur Fortführung der Aktivitäten mit seiner Hochseeflotte, die »Mitte August bis auf DERFFLINGER und SEYDLITZ zu neuem Schlagen bereit sein wird«, und sah es auch als erwiesen an, »daß wir uns in dem Ausbau unserer Flotte und Entwicklung der einzelnen Schiffstypen von richtigen strategischen und taktischen Anschauungen haben leiten lassen, daß wir deshalb die eingeschlagenen Bahnen weiter verfolgen müssen«. Allerdings führten ihn die eindeutigen Nachteile der militärgeographischen Lage gegenüber Großbritannien sowie die schier erdrückende materielle Übermacht des Feindes zu der festen Überzeugung, das Inselreich mit der Hochseeflotte niemals mehr schlagen zu können. Das einzige Mittel, den Briten zu schaden und somit ein siegreiches Ende des Krieges zu erwirken, war nach Scheers Vorstellungen nur »durch Ansetzen des Unterseebootes gegen den englischen Handel« möglich. Die Skagerrak-Schlacht brachte das Bekenntnis zur Forcierung des U-Boot-Krieges, zu dessen schroffsten Verfechtern der Chef der Hochseeflotte fortan zählte:

»Hierzu irgend eine abgeschwächte Form zu wählen muß ich nach pflichtmäßiger Überzeugung nach wie vor Euerer Majestät abraten, nicht nur weil es dem Wesen der Waffe widerspricht und der Einsatz der Boote nicht im Verhältnis zu dem erwarteten Gewinn steht, sondern weil es trotz größter Gewissenhaftigkeit der Kommandanten nicht möglich ist, in Englands Gewässern, in denen die amerikanischen Interessen lebendig sind, Zwischenfälle zu vermeiden, die uns zu demütigendem Nachgeben zwingen, wenn wir nicht bis zur vollen Schärfe durchhalten können.«

War die verkündete »U-Boot-Totale« schon ein Wetterleuchten? Die Flotte lief noch einige Male aus, im August und später noch im Oktober, und wieder wäre es beinahe an der Doggerbank zum Gefecht gegen die britische Übermacht gekommen, aber von Mal zu Mal hatte sich Lähmung auf den großen Schiffen in der schalen Erkenntnis ausgebreitet, fürderhin den U-Booten nur noch als Hilfsmittel zu dienen. Es war für die Besatzungen der Schlachtschiffe und Schlachtkreuzer niederschmetternd, daß dem einstmaligen Stolz der Nation offensichtlich keine größe-

Deutsche U-Boote in einem Stützpunkt um 1918. Die vier Boote im Vordergrund gehören zum Typ UB-III, die seit 1916 als U-Boote mittlerer Größe (ca. 650 ts getaucht) für Hochseeverwendung gebaut wurden. Aus dem U-Bootstyp UB-III entstand später der Typ VII-C, das meistgebaute Kampfboot des Zweiten Weltkrieges. Archiv MOV/DMI

re Aufgabe mehr zugedacht war. Das sollte sich rächen, und nicht erst 1918, als die unzufriedenen Männer der Kaiserlichen Marine ins revolutionäre Horn bliesen.

Da der Schwerpunkt auf die U-Boote verlagert wurde und deren Einsatz gute Offiziere brauchte, versetzte die Marineleitung Erfahrene – in erster Linie Oberleutnante zur See und Kapitänleutnante – (und das waren vor allem die jungen engagierten Offiziere, die aufgrund ihrer Dienststellungen an Bord im unmittelbaren Kontakt mit der Mannschaft standen) von den schweren Einheiten weg auf U-Boote und Kleinboote. Damit war den angestammten Besatzungen der »Dickschiffe« ein wichtiger Bezugspunkt genommen, denn junge, schnell ausgebildete Offiziere, denen es am Gespür für die Führung ihrer Untergebenen mangelte, nahmen nun den Platz ihrer älteren und kampferprobten Kameraden ein. Das Verhältnis war in vielerlei Hinsicht getrübt: Die Bevorzugung der Offiziere bei der Verpflegung und Urlaubsregelung erregte Ärgernis; die Großkampfschiffe waren zum eintönigen, nervtötenden Bereitschaftsdienst verurteilt, der unbefriedigende Langeweile unter den Mannschaften verbreitete. Der Gammelei traten die neuen, allzu übereifrigen und unwissend-jugendlichen Leutnante mit ziellosen und schikanösen Befehlen entgegen, und die »Unteren« beobachteten die Umwelt an Bord nun zusehends kritischer: Sie regten in der räumlichen Enge politische Diskussionen an, etwa über die rostende »fleet in being«, ihre Befehlshaber, schließlich über die eigene soziale Stellung und den Sinn des Krieges schlechthin. Und die Offiziere? »Das Seeoffizierkorps sitzt herum, ißt, trinkt, politisiert, intrigiert und kommt sich dabei noch patriotisch vor, indem es auf unlauterem Wege den U-Boot-Krieg durchzusetzen sucht. Der U-Boot-Krieg soll die Dummheiten im Flottenausbau und in der Flottenverwendung im Kriege verdecken. Aus der unerlaubten Propaganda für ihn spricht das schlechte Gewissen.« Das schrieb der Kapitänleutnant Ernst von Weizsäcker am 27. September 1916 in sein Tagebuch. Der Keim zu Unruhen war gelegt.

Die brachen 1917 aus: Dienst- und Essenverweigerungen häuften sich. Und die Marineingenieure forderten jetzt vom Seeoffizierskorps höhere Achtung und disziplinarische Befugnisse gegenüber den Mannschaften, die ihnen bislang verwehrt wurden. Die jungen Seeoffiziere wußten um die durchschlagende Autorität des technischen Personals gerade auf die Männer unter dem Panzerdeck, und so ergaben sich ernsthafte Schwierigkeiten zwischen Seeoffizierskorps und erfahrenen Ingenieuren. Scheer griff ein: Es sei allein Sache des Seeoffiziers, das Schiff zu führen, und ein allgemeines Vorgesetztenverhältnis an Bord zwischen älterem Marineingenieur und jüngerem Seeoffizier sei abzulehnen. Der Erste Offizier habe die Disziplinargewalt, und dabei müsse es bleiben.

Als zwei juristisch höchst fragwürdige Todesurteile wegen einer Protestdemonstration in Wilhelmshaven gegen den Obermatrosen Max Reichpietsch und den Heizer Albin Köbis im September 1917 gefällt und vollstreckt wurden, mahnte Scheer seine Offiziere zwar zu größerer Fürsorge gegenüber den Untergebenen, die Grundprobleme jedoch – mangelnde Schulung der Seeoffiziere in Menschenführung und untergeordnete Stellung der Marineingenieure – wurde nicht an der Wurzel gepackt. Ebensowenig nahmen die Verantwortlichen zur Kenntnis, daß den Deckoffizieren mit der fortschreitenden Technisierung der Schiffe größere Bedeutung zukam. So sahen sich viele in ihrer Stellung zwischen Unteroffizieren und Offizieren unter Wert eingestuft und drängten in das Seeoffizierskorps, was die Marineführung jedoch strikt ablehnte. Die »fleet in being« hatte das Selbstverständnis der Besatzungen tief erschüttert. Vor allem wurde verkannt, daß es, um Vertrauen zu gewinnen, notwendig ist, sich um seine Soldaten zu kümmern und erkennbares Vorbild zu sein.

Sehr zum Leidwesen von Kanzler Bethmann Hollweg, dem die Ungereimtheiten auf den Großkampfschiffen nie zugetragen wurden, stand nach Skagerrak der Losbruch des uneingeschränkten, eben totalen U-Boot-Krieges wieder auf der Tagesordnung. Für ihn stand fest, daß weder der Kaiser noch seine Marine sich zu irgendwelchen Friedensverhandlungen mit dem überlegenen Gegner würden hinreißen lassen, ehe nicht das letzte, vermeintlich sicherste Siegesmittel eingesetzt, der einzig noch verbleibende Trumpf vergeben war. Hindenburg und Ludendorff indes verhielten sich in der U-Boot-Frage angesichts der festgefahrenen Lage an den Landfronten sowohl im Osten als auch im Westen zunächst überraschend reserviert. Die Kriegserklärungen Rumäniens und vorher schon des bisherigen Bundesbruders Italien stifteten äußere, die Entlassung Falkenhayns als Generalstabschef auch innere Unruhe und ließen die militärischen Führer zeitweise den Überblick verlieren. Nichts wäre nun fataler, als es auch noch mit den Amerikanern aufnehmen zu müssen, die den uneingeschränkten U-Boot-Krieg nicht mehr geduldet hätten.

Die Marine aber ließ nicht locker, und obwohl nichts darauf hindeutete, vermeinte der Chef des Admiralstabes, von Holtzendorff, jetzt Englands Kriegswillen brechen zu können. Die rumänische Kriegserklärung hatte derartig schockierend auf die deutsche politische und militärische Führung eingewirkt, daß sie vorübergehend den Landkrieg in der sicheren Überzeugung verlorengab, Österreich-Ungarn würde als einziger Partner bald zusammenbrechen. Trotz dieser Panik ließ man sich nicht zu unüberlegten Handlungen verleiten. Der U-Boot-Krieg, letzter Strohhalm, war vielleicht aufgeschoben, aber nicht aufgehoben. Es mit den U-Booten noch einmal versuchen, vielleicht klappt es ja, und das Kriegsglück wechselt die Seiten? Die Untergangsstimmung führte dazu, daß nun auch der Kanzler nicht mehr so entschieden gegen den uneingeschränkten U-Boot-Krieg votierte wie noch vor Wochen, und selbst der bislang besonnene Capelle versicherte Anfang Oktober 1916, die Zahl der Unterwasser-Boote und das Personal reichten allemal hin, um diesen rücksichtslosen Seekrieg zu führen.

Aber glaubte man im Ernst daran, England werde sich von gut hundert deutschen U-Booten in die Knie zwingen lassen? Gerade die seit Monaten tobende Schlacht an der Somme bewies die Übermacht des Gegners, und es durfte eigentlich kein Zweifel darüber bestehen, daß die Zeit für die Alliierten arbeitete. Das ließ nur zweierlei zu: entweder sofortige Friedensverhandlungen oder U-Boot-Krieg. Und tatsächlich raffte sich die Politik auf und formulierte ein Friedensangebot, das den Wahnsinn der Menschenschlächterei beenden sollte, aber von der englischen Regierung im Dezember 1916 aufs schroffste abgewiesen wurde. Warum sollen sich die Alliierten auch mit Deutschland verständigen, wo doch der militärische Sieg näherrückt?

Dem Kanzler waren alle Waffen aus der Hand geschlagen. Wie zu erwarten, nutzten die Militärs die britische Ablehnung zu der Forderung, den U-Boot-Krieg nun mit aller Schärfe zu führen. »Unsere militärische Lage«, hieß es in einem Telegramm, »erlaubt es nicht, durch irgendwelche Verhandlungen eine einmal als richtig erkannte militärische Maßnahme hinauszuschieben und so die Energie der Kriegführung zu lähmen.« Die Oberste Heeresleitung bat darum, den uneingeschränkten U-Boot-Krieg unverzüglich aufnehmen zu dürfen. Man tauschte daheim zwar noch eine Zeitlang Bedenken aus, aber es war nicht mehr die Frage ob, sondern nur noch wann grünes Licht gegeben würde. Der Admiralstab berechnete statistisch die zu erwartenden Erfolgsaussichten und garantierte, mit nur 95 größeren Front-Booten monatlich 600.000 Bruttoregistertonnen zu versenken. Der Admiralstab hatte sich mit seinen »Berechnungen« gefährlich verkalkuliert, aber er nahm sich ohnehin eine Selbstsicherheit heraus, die schon ans Groteske rührte, wenn von Capelle frank und frei erklärte, die Bedeutung eines Kriegseintritts der USA sei »gleich null«, da ihre Truppentransporte ohnehin versenkt würden.

Am 9. Januar 1917 traf der Kronrat zusammen, um den Entschluß für den U-Boot-Krieg festzustellen. Es war die dunkelste Stunde in der politischen Karriere von Kanzler Bethmann Hollweg. Alle Mühe vergebens, alle Erwartungen dahin: Die politische Autorität war, wie es sich schon in den voraufgegangenen Monaten abzeichnete, endgültig der militärischen gewichen; und wie schon im Juli 1914 pfuschte die Ungeduld der Militärs der Diplomatie gründlich ins Handwerk.

Der Tragödie letzter Akt begann am 1. Februar mit dem uneingeschränkten U-Boot-Krieg, für den am Stichtag 105 Boote zur Verfügung standen. Als amerikanische Schiffe versenkt wurden, kam es erwartungsgemäß zum Bruch mit den USA, die dem Deutschen Reich am 6. April den Krieg erklärten. In diesem Monat schickten die U-Boote mit 458 Schiffen gigantische 840.000 Tonnen auf Grund – eine Zahl, die jedoch einmalig blieb, denn die Alliierten änderten ihre Taktik, indem sie fortan Schiffstransporte in Konvois zusammenfaßten und in gefährlichen Zonen durch Kriegsschiffe schützten. Dadurch sackten die Versenkungen durch U-Boote ebenso rapide ab wie ihre Verlust durch Minen dramatisch stiegen, so daß der prophezeite Erfolg von vernichteten 600.000 Bruttoregistertonnen monatlich ausblieb und somit das strategische Ziel verfehlt wurde, die englischen Seeverbindungen effektiv zu unterbrechen.

Als sich die Politik, von der Obersten Heeresleitung gedrängt, zu der Unlösung des »Alles-oder-Nichts« durchrang, war alles verloren, nichts mehr zu retten, denn auch wenn es noch zu militärischen Einzelerfolgen kommt, wird sich die Übermacht des Gegners auf die Dauer durchsetzen. Der »Triumph« der Militärs über die Diplomatie ist zum zweitenmal nach 1914 verhängnisvoll. An diesem 9. Januar 1917 wird die weltgeschichtlich so folgenreiche Entscheidung getroffen, denn sie bedeutet durch den Kriegseintritt Amerikas nicht nur die sichere deutsche Niederlage, sondern nach der Machtübernahme der Sowjets in Rußland vor allem eine neue politische Dimension: Das Zeitalter des Ost-West-Gegensatzes, der zwar erst nach dem Ende des Zweiten Weltkrieges voll aufbrechen sollte, hat nicht zuletzt hier seine Wurzeln.

Als die Amerikaner in das Kriegsgeschehen aktiv eingriffen – die Schlacht an der Somme im Vorjahr war durchgestanden –, lief es auf dem westlichen Kriegsschauplatz für die deutschen Truppen nicht schlecht: Die Armeeführung nahm die Front planmäßig zurück, und die feindlichen Vorstöße gingen vollkommen ins Leere. Unter dem General Nivelle (in der rücksichtslosen Art dem abgelösten Falkenhayn ähnlich) mußten die Franzosen in pausenlosen und wenig Sinn machenden Einsätzen schwere Verluste hinnehmen. Nachdem es hierüber zu Meutereien gekommen, die russische Februar-Revolution den Willen der westlichen Aufrührer gestärkt und Rumänien vollends zusammengebrochen war, geriet die Entente in eine ernsthafte Krise. Der berühmte General Pétain stoppte die revolutionären Umtriebe durch den gnadenlosen Einsatz gegen die Meuterer. Unter maßgeblicher Beteiligung der Briten zogen sich die »Flandernschlachten« von Mai bis Dezember hin, ohne von eigentlicher Bedeutung zu sein. In Flandern übrigens, auch das ist Marinegeschichte, erleichterte während des Krieges das Marinekorps unter seinem Befehlshaber Admiral von Schröder die Unterwasser-Operationen in der Nordsee mit der Besetzung und dem Ausbau der Häfen von Brügge, Zeebrügge, Ostende und Blankenberge zu U-Boot-Basen.

Im April 1917 gelangte Lenin mit deutscher Unterstützung nach St. Petersburg, um im November mit den Bolschewisten die Macht zu übernehmen, zum Frieden zu kommen und die inneren Verhältnisse zu stabilisieren. Rußland ist nicht mehr in der Lage, den Krieg weiterzuführen, woran die deutsche Marine einen erheblichen Anteil hat. Im Rahmen der Offensivoperationen gegen Rußland stellte das Heer die Forderung, eine mögliche Bedrohung in der Nordflanke durch Besetzung der Baltischen Inseln von vornherein auszuschließen. Elf moderne Großkampfschiffe, acht Kreuzer, 50 Torpedoboote und eine ganze Anzahl von Minensuchern unterstützten die Transportflotte, die 23.000 Mann, 1.400 Fahrzeuge, 5.000 Pferde und 54 Geschütze am 12. Dezember 1917 mit Erfolg an Land setzte: Die erste »joint operation« – die Zusammenarbeit von Armee und Marine – der Seekriegsgeschichte war geglückt. Ein Hoheitssymbol des Zarenreichs wurde, so wird vermutet, kurz nach Ende der Operation an der Bootshafentreppe der Marineschule Mürwik als »Ösel-Adler« angebracht und überdauerte auch den Zweiten Weltkrieg. Schüler aus Mürwik und Studenten der Pädagogischen Hochschule übrigens, die lange nach Kriegsende zeitweise auf dem Gelände der Marineschule untergebracht waren, richteten die Trophäe mit Steinwürfen übel zu und zerstörten deren Federkleid, bestehend aus Gewehrschlössern der napoleonischen Kriege, fast vollständig. Nach mühe-

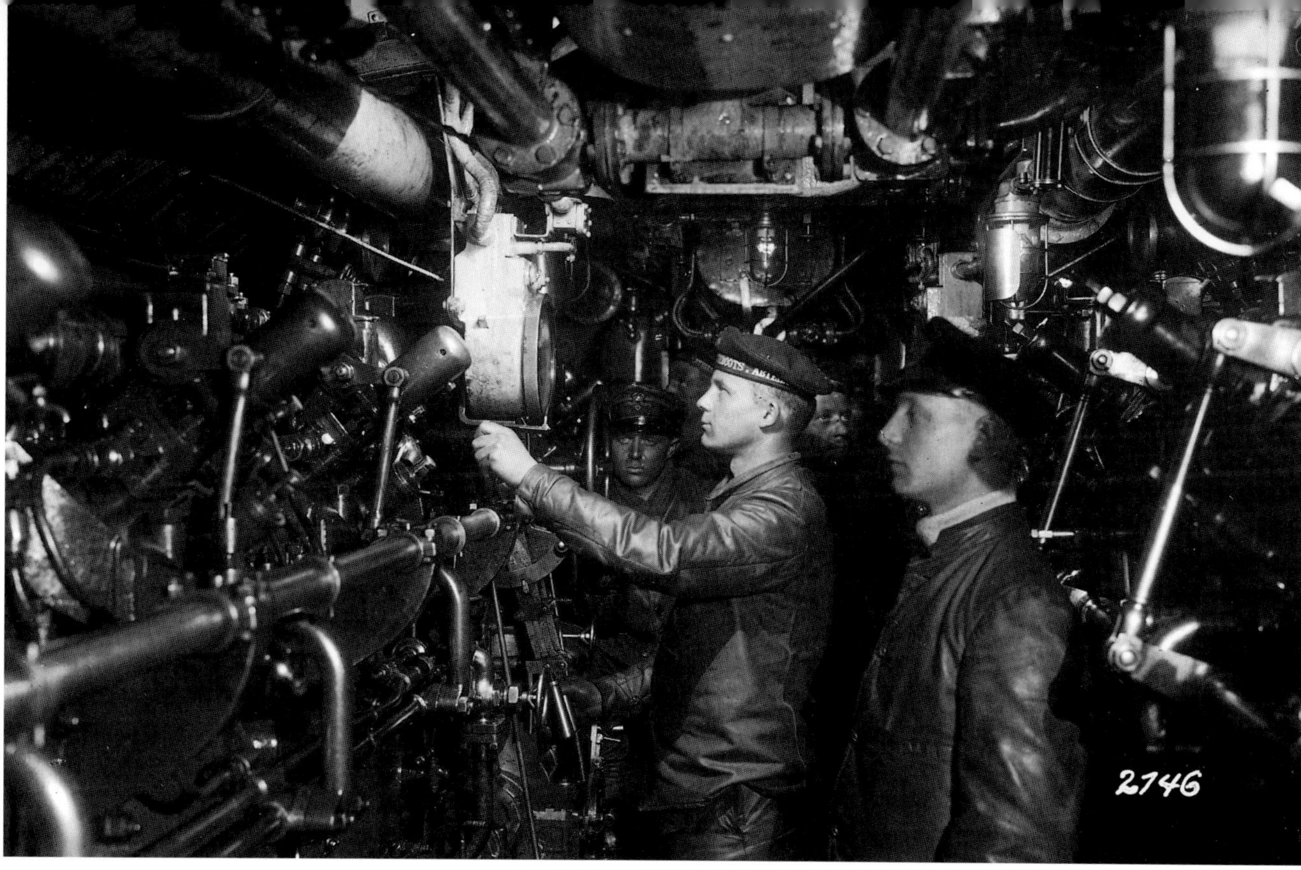

Im Dieselmotorenraum eines U-Bootes um 1917. Der Fahrmast quittiert ein Maschinensignal, im Vordergrund der Leitende Ingenieur und im Hintergrund ein Portepeeunteroffizier des technischen Dienstes. Alle tragen »Lederpäckchen« als Schutzkleidung. Archiv MOV/DMI

voller Restauration hängt der »Ösel-Adler« nun sicher im Wehrgeschichtlichen Ausbildungszentrum der Marineschule Mürwik.

Bereits am 15. Dezember schloß Rußland den Waffenstillstand mit Deutschland, der nach langen Verhandlungen in den Frieden von Brest-Litowsk (3. März 1918) mündete. Deutschland hatte nun den Rücken im Osten frei und wandte sich mit seinen geeinten Kräften gegen den Ansturm der Alliierten im Westen: Die »Michael-Offensive« sollte die endgültige militärische Entscheidung bringen. Unter dem Eindruck der zunehmenden Kriegsmüdigkeit der Deutschen, zurückzuführen auf die erbarmungslose britische Blockade und die mangelnde Fähigkeit der Eliten, mittels politischer Reformen neu zu motivieren, erschien eine letzte gemeinsame Kraftanstrengung als die einzige Lösung. Heimat und Truppe verzweifelten trotz der Entbehrungen nicht, sie sehnten vielmehr den finalen Schlag herbei, um dem zehrenden Grabenkrieg ein Ende zu setzen und die Bevölkerung aus dem Würgegriff der britischen Blockade zu befreien. Sollte es jetzt, nach dem Ende des Zweifrontenkrieges, nicht möglich sein, den Gegner zurückzudrängen und ihn so hart zu treffen, daß er friedensbereit ist, bevor die Amerikaner in großem Stil eingreifen? Die Hoffnungen und Erwartungen der Nation waren hochgesteckt und die Soldaten willig, aber müde.

Auf einer Breite von 70 Kilometern brachen die deutschen Truppen bis Anfang April 1918 in die feindlichen Verteidigungslinien ein, doch schon wenige Wochen später war die Offensive festgefahren, die Kampfkraft vollends verbraucht. Die Oberste Heeresleitung machte in Verkennung der tatsächlichen Umstände das »Versagen« der Offiziere und Unteroffiziere und selbst den einfachen, braven Frontsoldaten für das Scheitern der Offensive verantwortlich, obwohl die Fehlkalkulation der militärischen Führung den Ausschlag gegeben hatte. Die »Zermürbungstaktik«, den Feind mit ständigen

Kapitänleutnant Lothar von Arnauld de la Perière (1886–1941), als Kommandant von U 35 und U 139 der erfolgreichste deutsche U-Bootkommandant des Ersten Weltkrieges, führt Kronprinzessin Cäcilie von Preußen über den im Mai 1918 in Dienst gestellten U-Kreuzer U 139 (2.483 ts getaucht, 6 Torpedorohre, 2 Geschütze 15 cm). Archiv MOV/DMI

kleineren Angriffen zum Aufgeben zu zwingen, verfehlte ihr Ziel gründlich. Die Frontsoldaten und die Heimat waren maßlos enttäuscht: Würde sich der Krieg jetzt bis zur totalen Erschöpfung hinziehen und es abermals zu den fürchterlichen Stellungskämpfen der Vorjahre kommen? Die Bevölkerung wurde mit zweifelhaften Meldungen von der Front gefüttert, die ihren Durchhaltewillen stärken und den Haß auf den Feind schüren sollten. Diese verzweifelten Propagandaversuche der Führung erinnern bereits an Hitlers verkrampfte Strategie im Endstadium des Zweiten Weltkrieges. Der Durchhaltewille sank in der Heimat wie im größten Teil der Armee: Die meisten glaubten nicht mehr an einen Sieg, sondern sahen sich von der Führung gezwungen, nunmehr einen aussichtslosen Kampf zu kämpfen und im letzten Stadium des Krieges sinnlos verheizt zu werden.

Franzosen und Engländer ermannten sich mit Hilfe der Amerikaner und unterstützt von Panzern zu einer großen Gegenoffensive, deren Beginn – es war der 8. August – als »schwarzer Tag des deutschen Heeres« in die Geschichte einging. Bereits am 14. August erklärte die Oberste Heeresleitung die siegreiche Beendigung des Krieges für unerreichbar. Auch auf den Nebenkriegsschauplätzen brachen die Fronten ein. Ludendorff einigte sich mit Hindenburg auf ein Waffenstillstandsangebot, und tags darauf trafen die wichtigsten Männer der Regierung, Hindenburg, Ludendorff, Kanzler Graf Hertling (Bethmann Hollweg hatte schon im Juli 1917 erschöpft aufgegeben) und der Vertreter des Kanzlers, Hintze, im Beisein des allerdings passiven Kaisers zu Gesprächen zusammen und kamen überein, vor Volk und Reichstag den Offenbarungseid zu leisten. Mit dem Gesetz über die Verfassungsänderungen vom 28. Oktober 1918 war das Kaiserreich zu einer parlamentarischen Monarchie umgewandelt worden. Dieser Schritt sollte aber keine Auswirkungen mehr haben. Daß sich ausgerechnet die Sozialdemokraten als ehemalige »Reichsfeinde« Bismarcks und »Vaterlandslose Gesellen«, wie sie Wilhelm II. beschimpft hatte, in der kritischen Situation zur Übernahme der Regierung und dies wohlgemerkt in einem Kaiserreich bereiterklärten, ist ein kurioses Stück deutscher Geschichte.

Der neue Kanzler, Prinz Max von Baden, suchte bereits am Tage seiner Ernennung beim US-Präsidenten Wilson, am 3. Oktober, um Waffenstillstand nach, worauf Wilson allerdings nur mit Gegenfragen reagierte: Ob die deutsche Regierung seine »14 Punkte« vorbehaltslos zu akzeptieren und als Zeichen ihrer guten Absichten die besetzten Gebiete im Westen zu räumen bereit sei? Außerdem wüßte der amerikanische Präsident nur zu gern, mit wem er derzeit eigentlich verhandele. Ihm war die Position des neuen Kanzlers unklar, wo waren Hindenburg und Ludendorff, welche Rolle spielte der Reichstag, und was hatte es mit dem Eifer der Sozialisten, die im Volk an Nährboden gewannen, eigentlich auf sich? Der Prinz beteuerte, den Reichstag hinter sich zu haben, gab sein Einverständnis zu Wilsons »14 Punkten« und der amerikanischen Regierung zu verstehen, er arbeite mit der vollen Zustimmung der Obersten Heeresleitung.

Unter dem Druck seiner Partner, die mitnichten an Waffenstillstand, sondern an eine deutsche Kapitulation dachten, wurde Wilson in der nächsten Note schärfer, ja grob: Bevor das deutsche Volk nicht unter die zivilisierten Nationen zurückgekehrt sei, kämen Verhandlungen nicht in Frage – der gnadenlose U-Boot-Krieg und die unmenschliche Kriegführung des deutschen Generalstabes könnten nicht einfach ignoriert werden. Die Reichsregierung wollte den Alliierten mit der sofortigen Einstellung des U-Boot-Krieges entgegenkommen, doch sie scheiterte am Widerstand der Seekriegsleitung – die im Großen Hauptquartier im August unter Admiral Scheer gebildete oberste Kommandobehörde der Kaiserlichen Marine –, an Oberster Heeresleitung und schließlich am Kaiser selbst. Man teilte zwar mit, die Beschießung der Passagierschiffe fortan zu unterlassen, doch von Einstellung des U-Boot-Krieges war nicht die Rede.

Das mitunter spitzfindige Hin und Her zwischen beiden Lagern und die durchscheinende Absicht der Entente, den Deutschen nur den Weg der Kapitulation zu lassen, forderten die Oberste Heeresleitung heraus, die Verhandlungen abzubrechen und den Krieg fortzuführen. Der Kaiser war empört und zitierte seine Generale Hindenburg und Ludendorff zu sich. Die hitzige Diskussion, in der Ludendorff alle Formen der Ehrerbietung gegenüber Seiner Majestät vermissen ließ (»Sie vergessen wohl, daß Sie mit dem König reden«), brachte seinen Abschied und damit die Option auf weitere Verhandlungen mit Wilson. Ohne Ludendorff sah die Oberste Heeresleitung jetzt ein, daß ein letztes Aufbäumen mit der ausgelaugten Truppe, die sich gefährlich gegen die Führung zu wenden begann, keinen Sinn mehr machte.

Die Soldaten kämpften trotz aller Resignation und Erschöpfung noch bis in den November hinein. Die Zähigkeit der Frontsoldaten, selbst unter den widrigsten Umständen die Abwehr zu halten, zählt zu den herausragenden und beeindruckendsten militärischen Leistungen des Ersten Weltkrieges. Aber das Pulver war verbraucht, der Spaltpilz machte seine zersetzenden Kräfte überallhin frei, und die Symptome des Verfalls waren soweit fortgeschritten, daß jede Verlängerung des Krieges nur noch einem verkrampften, letzten Zucken gleichkam: Widerstand hat keinen rationalen militärischen Sinn mehr. »Emporreißen der nationalen Stimmung«, »Soldatenehre« und »Zusammenfassen aller Kräfte« – doch mit patriotischen Appellen einiger Generale an ihre Truppe war der Friedenssehnsucht der Soldaten nicht mehr entgegenzutreten.

Als Österreich-Ungarn am 27. Oktober der deutschen Regierung mitteilte, in der ausweglosen Lage nur noch den Sonderfrieden mit der Entente zu sehen, sandte Berlin die vierte und letzte Note an Wilson. Darin hieß es, »Vorschlägen entgegenzusehen für einen Waffenstillstand, der einen Frieden der Gerechtigkeit einleitet, wie ihn der Präsident in seinen Kundgebungen gekennzeichnet hat«. Abermals, wie bei der ersten Note, ließ der US-Präsident mit einer Antwort auf sich warten. Unterdessen hatten die Türkei am 31. Oktober und Österreich-Ungarn am 2. November kapituliert. In Deutschland aber brach die Revolution aus.

Vom Matrosenaufstand zur Revolution

Im Kampf gegen die drohende Niederlage hatte Wilhelm II. am 30. September verkündet, das Volk solle »wirksamer als bisher an der Bestimmung der Geschichte des Vaterlandes mitarbeiten«. Das Volk wurde in der Tat wirksam, nur in einem anderen Sinne, als dem Kaiser vorschwebte; nichts fürchtete er so sehr wie das revolutionäre Aufbegehren der Volksmassen gegen die Obrigkeit. Das strahlende Bild des Kaisers als Übervater und Leitfigur verlor schon zu Anfang des Krieges seinen Glanz, blich währenddessen aus und verblaßte gegen Ende gar bis zur Unkenntlichkeit. In den letzten Wochen spürte seine Umgebung deutlich Wilhelms Nervosität, die sich, von der wachsenden Gefahr der revolutionären Bewegungen hervorgerufen, ins Unerträgliche steigerte. Von Abschied wollte der Monarch nichts wissen: »Ein Nachfolger Friedrichs des Großen dankt nicht ab.«

Die wochenlangen ergebnislosen Waffenstillstandsverhandlungen, die Überbeanspruchung der physischen und psychischen, überhaupt aller moralischen Kräfte und die nahe, unausweichliche Niederlage trieben die Volksseele der Opposition in die Arme. Die unermüdliche Wühlarbeit linkssozialistischer, teilweise von der bolschewistischen Regierung in Moskau unterstützter Agitatoren gegen die monarchische Autorität in Deutschland fand massenhaft Fürsprecher und eifrige Verbreiter. Daß ausgerechnet die Marine, die erst unter dem Kaiser groß wurde, den Funken der Revolution entfachte, war die Folge einer Zuspitzung des preußischen Militarismus.

Auf den Schiffen Seiner Majestät kam es schon, wie gesagt, 1917 zu Gehorsamsverweigerungen und Meutereien, die mit den beiden Todesurteilen gegen Reichpietsch und Köbis ihren unrühmlichen Höhepunkt fanden. Damit galt die Sache für die Marineleitung als erledigt, welche gar nicht an Reformen zur Beseitigung der Mißstände in der Flotte dachte. Daß diese aber nicht nur blieben, sondern sich unter dem Druck der Verhältnisse steigerten und das Maß alles Zumutbaren schließlich überstiegen, ist nicht verwunderlich. Auf den brachliegenden Großkampfschiffen mit ihrem eintönigen und phantasielosen Dienst war die Atmosphäre zum Zerreißen gespannt, während die kleineren Einheiten mit diesen Problemen nicht zu kämpfen hatten. Auf den U-Booten, den Minensuch- und Torpedobooten, die im Einsatz standen und Langeweile und Verdruß nie aufkommen ließen, lebte der Offizier in den beengten Räumlichkeiten mit seinen Leuten auf Gedeih und Verderb, war gleicher Gefahr ausgesetzt, erhielt auch die gleiche Verpflegung und genoß auch sonst keine Vorzüge – im Gegensatz zu den Herren der Großkampfschiffe.

Der Matrose Richard Stumpf, der den Ersten Weltkrieg auf dem Linienschiff HELGOLAND erlebte, hält die miserablen Erscheinungen in der Hochseeflotte – in seiner Schreibweise – fest:

»Wohl nirgends in Deutschland war die Begeisterung und das Selbstvertrauen größer als gerade in der Flotte … Manches freilich gewinnt im Lichte der heutigen Ereignisse eine ganz neue Bedeutung. Fast unverständlich erscheint mir heute die Gedult der Matrosen bei den verschiedenen Chikanen der damaligen Vorgesetzten.

Sonntagsmusterung. Eine halbe Stunde schon steht die Division angetreten auf der Schanze, bis sich der Herr Oberleutnant herbeiläßt die Leute zu mußtern. Dazu setzt er sein denkbar anmaßendstes Gesicht auf. Programmäßig ›fällt‹ etwa jeder zehnte Mann auf. Feldwebel! Dieses Schwein putzt nachher die Sirene. Dieser da meldet sich um sechs sieben acht neun und zehn beim W.O. in Pardeanzug. Und dieses Ferkel? Hat um 12h zur Zeugmusterung ausgepackt. u.s.w. u.s.w.

Von den Speiseabfällen findet der I.O. noch ein paar Kartoffeln. Der Proviantmeister muß kommen und stimmt bei daß die Mannschaft anscheinend noch immer zuviel Essen bekomme. Bei der Musterung sagt nun der Diff.Offz. im niederträchtigsten Tone: Ihr habt noch immer zu dick zu leben. Sonst würdet ihr die Kartoffeln nicht wegwerfen. Von heut ab gibts also weniger, und zwar solange bis sich keine solchen mehr in den Speiseüberresten finden. Solche Episoden ließen sich in beliebiger Reihe aufzählen.«

Aus den Zeilen gehen die Empfindungen deutlich hervor. Einst war man stolz darauf, in des Kaisers Marine zu dienen, liebte das Vaterland und war bereit, sein Leben zu opfern. Die Überbewertung des sozialen Kastendenkens, auf das sich jeder Vorgesetzte berief, führte zu Willkür, Schikanen und sinnlosen Akten purer Gewalt gegen Untergebene und schürte den Haß auf den Offizier oder Unteroffizier, auf den preußisch-deutschen Militarismus schlechthin. Noch einmal Stumpf: »Trotz alledem bin ich von einer tiefen echten Vaterlandsliebe durchdrungen und bin wie kein zweiter von der weltgeschichtlichen Kulturmission Deutschlands überzeugt. Vaterland und Militarismus sind für mich zwei grundverschiedene Dinge, die ich wohl auseinanderzuhalten weiß. Eines ist nicht auf das andere angewiesen. Ich bin kein Gegner, sondern ein Freund der allgemeinen Dienstpflicht, aber ich bin tief betrübt, wenn ich sehe, wie mit Leuten, die des Königs Rock tragen, umgesprungen wird. Zuviel verkommene und unfähige Menschen sind es, die im Offiziers- und Unteroffiziersstande den letzten Rettungsanker suchen und auch finden. Hier ist für den aufrichtig und gerecht denkenden Mann kein Platz. (…) Ich weiß nicht ob ich mich eines Tages nicht doch vergesse. Wäre nicht die Rücksicht auf Eltern und Angehörige, hätte ich meinen Ingrimm schon längst an einem Kerl gekühlt, der alles getan hat, um die Ideale von Vaterlandsliebe und Gerechtigkeit in meinem Herzen zu zerstören. Was kein Buch, keine Zeitung und kein Sozialist vermocht hat, das gelang dem System des Militärs. Ich habe diese verkörperte Autorität hassen und verachten gelernt wie nichts auf der Welt. Diese Autorität, die ihren Rückhalt nicht in der fühlbaren Überlegenheit, sondern einzig in der Furcht vor den Paragraphen des Militär-Strafgesetzbuches hat.«

Jahrelang angestautes Unrecht verwandelte sich nun in gefährlichen Sprengstoff, und die inneren Spannungen mußten sich zwangsläufig unter dem Eindruck der andauernden Mißerfolge eruptiv entladen. Die Seekriegsleitung selbst legte den Hebel um, der die Revolte auslöste. Der gescheiterte Versuch Scheers, mit seinem U-Boot-Programm (36 Neubauten im Monat) dem Unterwasser-Krieg neue Impulse zu geben, führte zu Kompensationsgelüsten in der Marineleitung und der Überlegung, die Großkampfschiffe in einer letzten, gewaltigen Operation gegen Großbritannien einzusetzen. Der Welt sollte noch einmal die Leistungsfähigkeit der deutschen Flotte vor Augen geführt werden. »Aus einem ehrenvollen Kampf der Flotte, auch wenn er ein Todeskampf wird in diesem Kriege, wird – wenn unser Volk nicht überhaupt national versagt – eine neue deutsche Zukunftsflotte hervorwachsen; einer durch einen schmachvollen Frieden gefesselten Flotte ist die Zukunft gebrochen.« Das philosophische Prin-

Auf dieser Aufnahme sind Hoheitszeichen und die Nummer des betreffenden Luftschiffes von der Zensur gestrichen worden. Vermutlich handelt es sich um das Zeppelinluftschiff L 12. Das Luftschiff konnte etwa 1 Tonne Bomben mitführen. Die Kaiserliche Marine hatte 76 Luftschiffe aller Bauarten in Dienst gestellt, wovon 52 Schiffe verlorengingen, davon 19 mit der ganzen Besatzung. Archiv MOV/DMI

zip des »Stirb und werde« war der Seekriegsleitung nun oberster Grundsatz.

Vom nüchternen militärischen Standpunkt betrachtet war ein solches Unternehmen heller Wahnsinn und zudem völlig überflüssig. Es würde nur kurz vor Toresschluß unzähligen Seeleuten das Leben nehmen, und dies allein, um dem militärischen Ehrgefühl Admiral Scheers und des Stabschefs der Hochseeflotte, Admiral von Trotha, sowie des Stabschefs der Seekriegsleitung, Konteradmiral von Levetzow, Genüge zu leisten und ihren Durst nach persönlicher Profilierung zu stillen. Die Herren wußten vorab genau, daß durch einen Einsatz der Hochseeflotte die Dinge keine entscheidende Wendung erführen. Wurden die politischen Instanzen von dem Vorhaben, das am 30. Oktober anlaufen sollte, erst gar nicht in Kenntnis gesetzt, so sickerten doch Gerüchte von einer bevorstehenden »Todesfahrt« zu den Besatzungen durch. Der Krieg war praktisch zu Ende, verloren, und der Abschluß eines Waffenstillstandes in greifbarer Nähe. Warum also sollten sich die Matrosen in letzter Stunde sinnlos verheizen lassen und einer Sache opfern, die nur auf die Eitelkeiten ihrer Befehlshaber zurückging?

Am 29. Oktober erhielt der Chef des III. Geschwaders Meldung, daß auf seinen Linienschiffen in Wilhelmshaven schwere Unruhen unter den Mannschaften den planmäßigen Anlauf der Unternehmung behinderten, ja unmöglich machten. Die Meuterei griff auf andere Schiffe über. Wild ging es überall zu: Matrosen der THÜRINGEN etwa hatten ihre Unteroffiziere kurzerhand eingesperrt und sich geweigert, die Anker zu lichten. Dem Kommandanten erklärten sie, sich nur dann den Engländern zum Kampf zu stellen, wenn sie ihrer ansichtig würden. Vorher war auf einem Schiff der POSEN-Klasse ein Leutnant zu Tode geprügelt worden, auf der STRASSBURG verließen die Heizer einfach das Schiff, der Rest der Besatzung löschte das Feuer und versuchte gar die Versenkung durch Öffnen der Flutventile.

Admiral Hipper sah sich gezwungen, den Vorstoß abzublasen: »Das geplante Gefechtsbild fällt aus.« Auch seinen zweiten Anlauf, mit U-Booten und sieben Großkampfschiffen vorzustoßen, verhinderten die Mannschaften durch geschlossenen Widerstand. Was dabei am meisten verwundert: Die Marineoffiziere standen konsterniert und hilflos den Ausschreitungen gegenüber, obwohl sie nicht nur das Recht, sondern auch die Mittel hatten, die Untergebenen mit Waffengewalt zur Räson zu bringen. Aber sie verharrten in einer ungläubigen Starre, ungläubig, weil sie nicht wahrhaben wolten, daß es mit ihrer sa-

Linienschiff BADEN. Neben seinem Schwesterschiff SMS BAYERN war SMS BADEN das modernste Schlachtschiff der Kaiserlichen Marine. Beide Einheiten waren von 1913 bis 1916 gebaut worden. Bewaffnung: 8 Geschütze 38 cm, 16 Geschütze 15 cm, 2 Flak 8,8 cm, 5 Torpedorohre, 50.000 ts, 22 kn. Archiv MOV/DMI

Gedenkstein für den Obermatrosen Max Reichpietsch und den Heizer Albin Köbis auf dem Gelände des heutigen Luftwaffenamtes in Wahn bei Köln. Beide Männer waren 1912 freiwillig in die Marine eingetreten und wurden als Rädelsführer der Meuterei in der Hochseeflotte im August bzw. September 1917 durch ein Kriegsgericht in einem mehr als juristisch fragwürdigen Verfahren zum Tode verurteilt und am 5.9.1917 auf dem Schießplatz in Wahn erschossen. Sie wurden später vor allem in der Volksmarine der ehemaligen DDR zu Märtyrern für den Sozialismus hochstilisiert.

WGAZ Marineschule Mürwik

krosankten Autorität nun offenbar schlagartig ein Ende hatte. Überrascht von dem urplötzlichen Zusammenbruch der militärischen Disziplin verloren sie jede Kraft zu Initiative und Führungswillen. »Traurig, tief traurig, daß es soweit kommen konnte!«, schreibt Stumpf. »Eine gewisse Schadenfreude kann ich jedoch beim besten Willen nicht unterdrücken. Wo ist die Allmacht der stolzen Kapitäne und Stabsingenieure geblieben? Die jahrelang als Hunde erniedrigten Heizer und Matrosen wissen endlich, daß ohne sie nichts, rein nichts geschehen kann. Ist das zu glauben? Wer so lange, lange unter dem Bewußtsein der eisernen Disziplin, des blinden Kadavergehorsams gedient hat wie ich, muß so etwas für unmöglich halten.«

Auch die fassungslose Seekriegsleitung suchte, unfähig zu einem Entschluß, nach Rat. Der »Eventualfall Revolte« war nie Gegenstand von Admiralstabsübungen – alles hatte man gedrillt, aber die Reaktionen auf einen Matrosenaufruhr nun gerade nicht.

Nachdem sich die Seekriegsleitung wieder besann, ließ sie den Verband auseinanderziehen, um die Vereinigung der Meuterer zu verhindern und die Kontrolle über die Schiffe zu gewinnen. Was zunächst als richtige Maßnahme zur Eindämmung der Unruhen erscheint, stellte sich bald als fataler Fehlgriff heraus, denn mit der Verlegung von Teilen der Hochseeflotte aus Wilhelmshaven nach Kiel schleppte die Seekriegsleitung den revolutionären Erreger ausgerechnet in eine Werft- und Arbeiterstadt (70 Prozent Arbeiter!) ein, in der sich die Revolte natürlich wie ein Waldbrand ausweitete.

Hier fand eins zum anderen: Verhaftete Matrosen wurden zwar von Bord gebracht, aber alle wachfreien Mannschaften erhielten Landgang. Matrosenvertreter mit dem Oberheizer Karl Artelt an der Spitze nahmen Kontakt zu Gewerkschaften und sozialdemokratischen Parteien (SPD, USPD) auf, ermunterten die Kieler zu Demonstrationen und Protestmärschen. Immerhin folgten am 3. November fast 6.000 Menschen dem Aufruf zu einer Kundgebung. Später setzten konterrevolutionäre Bestrebungen durch die Seeoffiziere ein, die ihre verlorenen Machtpositionen wiederzugewinnen und die Monarchie zu wahren hofften. In fast konspirativer und geheimbündlerischer Weise knüpften die Marineoffiziere untereinander Verbindungen, um im Wilhelminischen Geist die politische Entwicklung rückgängig zu machen, und taten sich im November in der »Seeoffiziers-Vereinigung Ostsee« (SOVO) zusammen, der die soge-

Am 30. Oktober 1918 brachen auf den Linienschiffen THÜRINGEN und HELGOLAND erste offene Unruhen aus, die sich dann zur Meuterei der Hochseeflotte ausweiteten. Die Heizer auf SMS THÜRINGEN hatten die Feuer aus den Kesseln gezogen, um das Schiff an der Teilnahme eines von der Flottenführung eigenmächtig geplanten letzten Vorstoßes gegen England zu hindern. Torpedoboote und ein U-Kreuzer ermöglichten unter Androhung der Torpedierung die Verhaftung von 124 Heizern und 314 Männern des seemännischen Personals.
Archiv MOV/DMI

nannte Roden- oder auch Eiserne Brigade mit sozialdemokratischen Sympathien gegenüberstand. Viel richteten beide nicht aus.

Die Matrosen waren am Zug. Auch wenn sie mit frischer Wut rote Flaggen an die Masten deutscher Kriegsschiffe brachten, hatten sie noch lange nicht Kaisers Rock mit Schlägermütze und rotem Halstuch vertauscht und flegelten auch nicht mit leerer Hetze auf den Lippen durch Kiels Innenstadt. Ihnen ging es weder um die Übernahme der bolschewistischen Struktur, noch um die »Herrschaft des Proletariats« schlechthin (worüber es ohnedies nur konfuse Vorstellungen gab), sondern in erster Linie um das Ausmerzen des Kadavergehorsams, der sie den langen Krieg über unsäglich gequält und ihre Selbstachtung mit Füßen getreten hatte. Als die Soldaten unter dem Chef der Marinestation Ostsee, Admiral Souchon, gezielt auf die Demonstranten schossen (acht Tote und 29 Verwundete), erfaßte die Stadt Kiel ein wahres Solidaritätsfieber: Der Schritt von der Marinemeuterei zur politischen Massenbewegung war getan, und wenige Tage später lag die Macht in ihren Händen.

Am 5. November trat unter dem Vorsitz von Karl Artelt der erste Soldatenrat in der Geschichte der Revolution von 1918 zusammen, kurze Zeit später der »Oberste Soldatenrat Kiel«. Die Vertreter erarbeiteten die sogenannten »Kieler 14 Punkte« (nicht von ungefähr erinnern sie an die »14 Punkte« des amerikanischen Präsidenten Wilson), ein in ihrer Zielsetzung recht unterschiedliches, zuweilen diffuses Programm. Souchon strebte Verhandlungen mit den Matrosenvertretern an, um das Äußerste zu verhindern, ganz sicher auch, um wieder für Ruhe und Ordnung zu sorgen, doch die Revolutionäre gaben sich siegesgewiß: »Kameraden!«, hieß es in einem Flugblatt, »... Zum ersten Male ist die politische Macht in die Hände der Soldaten gelangt. Ein Zurück gibt es nicht mehr! Große Aufgaben liegen vor uns. Aber damit sie erfüllt werden können, ist Einigkeit und Geschlossenheit der Bewegung notwendig.«

Einigkeit und Geschlossenheit waren das eigentliche Problem, denn zu viele ernannten ihre aus persönlichen Negativerfahrungen gespeisten Forderungen zu den Gravamina der Revolution, und zu viele Köche verderben bekanntlich den Brei. Als der sozialdemokratische Reichstagsabgeordnete Gustav Noske am Kieler Hauptbahnhof mit tosendem Beifall empfangen wurde, war zweierlei klar: Erstens haben die Matrosen nun einen politisch versierten, überall bekannten und erfahrenen Mann an ihrer Spitze, und zweitens bekundeten sie damit ihren Willen, nicht gegen die Regierung, sondern mit ihr zusammen dem verhaßten Militarismus den Garaus zu machen. Der tatkräftige und elanvolle Noske war klug genug, seinen Anhängern »Ruhe zu verordnen« und sie nicht noch unnötig aufzustacheln. Noske bekam die Situation in den Griff. Als neuer Gouverneur Kiels suchte er den Ausgleich zwischen altstaatlichen Souveränitäten und den forschen Umstürzlern und tat sich so als pragmatischer Ordnungspolitiker hervor. Hätte die Revolution nicht schon ihren Wirkungskreis auf andere Städte des Reiches erweitert (zunächst im Norden, überflutete sie West-, Süd- und Ostdeutschland), wer weiß, ob Noske mit seiner beständig-ruhigen Beschwichtigungspolitik nicht die Flammen gelöscht hätte.

Unter dem Eindruck der Nachrichten aus den deutschen Großstädten mußte in Berlin gehandelt werden. Nachdem dort der Entschluß gefaßt war, »mit der weißen Fahne hinüberzugehen«, antwortete US-Präsident Wilson endlich: Marschall Foch wurde autorisiert, »gehörig beglaubigte Vertreter der deutschen Regierung zu empfangen und von den Waffenstillstandsbedingungen in Kenntnis zu setzen«. Unterdessen war die Revolution unaufhaltsam im Vormarsch und erreichte schließlich am 9. November 1918 Berlin. Jetzt erst reagierte der Kaiser mit seiner Flucht ins holländische Exil. Mit dem peinlichen, ja feigen Abgang Wilhelms erlosch die Dynastie der Hohenzollern. Zwar wollten manche Generalstabsoffiziere und Getreue des Kaisers einen vermeintlich heroischen Abgang inszenieren: Mit dem Säbel in der Hand und einem tüchtigen »Hurra Deutschland« auf der Zunge sollte Wilhelm an der Spitze eines künstlich arrangierten Scharmützels fallen, aber die zu offensichtliche Gemeinheit einer derartigen Flunkerei schreckte die Offiziere denn doch ab.

Am 11. November wurde der Waffenstillstand in Compiègne geschlossen, zwei Tage zuvor riefen Philipp Scheidemann und Karl Liebknecht die Republik aus. 2.000 Matrosen waren bis zu diesem Morgen in Gefangenschaft, erhielten aber im Laufe des Tages ihre Freiheit zurück. Deutschland wurde vorübergehend sozialdemokratisch.

Die Marine stand trotz ihrer hervorragenden und vom Feind geachteten Einzelleistungen im November 1918 vor einem Scherbenhaufen. »Die Marine! Entsprungen aus dem Weltmachtsdünkel, verdirbt unsere auswärtige Politik 20 Jahre lang, hält ihre Versprechungen im Kriege nicht und entfacht nun den Umsturz!« In drei Zeilen schrieb sich der Korvettenkapitän Ernst von Weizsäcker im November 1918 seine ganze Enttäuschung von der Seele. Zwar hatte die Marine mit ihrer Präsenz in der Nordsee britische Kräfte gebunden, den eigenen Küstenbereich ge-

Um einer Besetzung der in Scapo Flow seit November 1918 internierten deutschen Einheiten vorzubeugen – falls Deutschland die Versailler Bedingungen nicht unterschrieb, wäre völkerrechtlich der Kriegszustand eingetreten – ließ Konteradmiral von Reuter am 21.6.1919 die Schiffe sich selbst versenken. Im Bild der im Sinken begriffene modernste deutsche Schlachtkreuzer SMS HINDENBURG. Archiv MOV/DMI

schützt und die Ostsee für alliierte Nachschublieferungen nach Rußland gesperrt – also durchaus strategisch gewirkt; aber Hochseeflotte und U-Booten haftete das Stigma an, doch vollständig versagt zu haben, denn ihre hochfahrenden Versprechungen hielten zu keinem Zeitpunkt des Krieges – trotz herausragender Einzelleistungen.

Der Krieg war zu Ende, der Seekrieg total gescheitert. Das lag gewiß nicht an den Männern, die auf den Schiffen ihren Dienst versehen und alles gegeben haben, sondern an den verfehlten strategischen Konzeptionen und dem Unvermögen der Führung, auf sich ändernde Situationen und schließlich Mißstände mit neuen Ideen und Reformen zu reagieren.

Von der Marine war die Revolte ausgegangen, von ihr der Anstoß zum Umsturz. Nach ihrer Schaffung im Revolutionsjahr 1848 nun auch Wegbereiter der Revolution 1918 zu sein, war der Marine fortan wie ein Kainsmal auf die Stirn geschrieben – ein Trauma, das noch lange das Selbstverständnis des Marineoffizierskorps bestimmen sollte.

Verluste der Marine im Ersten Weltkrieg

Personal		
Offiziere	1.569	
Deckoffiziere und Unteroffiziere	8.067	
Mannschaften	25.197	
Schiffe und Flugzeuge		
Linienschiffe	1	(Nordsee)
Schlachtschiffe	1	(Nordsee)
Große Kreuzer	6	(2 Nordsee, 2 Ostsee, 2 Südatlantik)
Kanonenboote	7	(Auslandsstationen)
Kleine Kreuzer	17	(7 Nordsee, 3 Ostsee, 7 Auslandsstationen)
Große Torpedoboote	31	(23 Nordsee, 5 Ostsee, 1 Flandern, 2 Auslandsstationen)
Zerstörer	36	(15 Nordsee, 10 Ostsee, 11 Flandern)
Kleine Torpedoboote	38	(1 Nordsee, 17 Ostsee, 10 Flandern, 1 Adria)
U-Boote	187	
Minensuchboote	30	
Minenräumboote	3	
Fernlenkboote	6	
Marine-Luftschiffe	52	
Marineflugzeuge	170	
Hilfskreuzer	13	
Sperrbrecher	8	
Vorposten-, Geleit- und Handelsschutzboote	63	
Hilfsminensuch- und Minenräumboote	54	

Die Marine der Weimarer Republik 1919–1932

Wirrungen und Konsolidierung

Die totale militärische Niederlage, der schmähliche Abgang des Kaisers und mit ihm das Ende der Monarchie wurden in Deutschland als Zusammenbruch einer Welt, als Sturz ins Bodenlose empfunden. Der Krieg hatte alte Ordnungen zerstört oder zumindest geschwächt, aber zunächst keine neuen geschaffen, und die Zeiten, die jetzt hereinbrachen, waren unruhig und konnten nichts anderes sein als unruhig. Der Historiker Friedrich Meinecke fand für die Verwirrung, ja Kopflosigkeit seiner Zeitgenossen eine plausible Erklärung: »Es hingen zu große Erinnerungen, zu edle Gemütswerte an unserer monarchistischen Vergangenheit, als daß sie ohne leidenschaftliche Zuckungen hätten begraben werden können.« Nun waren die »edlen Gemütswerte« dahin, Wilhelm und die Seinen hatten sich davongestohlen – vergleichbar den Ratten, die das sinkende Schiff verlassen. Es war nur die Erinnerung geblieben, Reminiszenzen an eine große Zeit, die vieles verheißen und nichts eingehalten hatte.

Im niedergeschlagenen Volk kursierte die von der politischen Rechten angetriebene »Dolchstoßlegende«, nach welcher der Krieg nicht aus militärischen Zwangsläufigkeiten, sondern durch den pazifistischen, vielleicht auch demokratischen, in jedem Falle sozialdemokratischen Verrat in der Heimat verlorengegangen sei. Dem im Felde »unbesiegten« Heer sei von der Heimat der Dolch in den Rücken gestoßen worden. Wenn auch historisch unhaltbar, so ist die »Dolchstoßlegende« doch ein sicheres Indiz für die trotzige Reaktion der Deutschen auf das Kriegsende: »Im Felde unbesiegt!« Diese letzte Korsettstange durfte in einer Gesellschaft nicht brechen, der man einst sagte, daß gegen Demokraten nur Soldaten halfen und die den Militarismus mit der Muttermilch aufgesogen hatte. So einfach war es nicht, von der Monarchie zur Demokratie hinüberzuschwenken und den Gezeitenwechsel ohne Friktionen und Spannungen zu vollziehen.

Eine solch gewaltige Erschütterung wie der Krieg konnte nach seinem Ende weder innen noch außen zu einem sofortigen, befriedigenden, friedlichen Abschluß gelangen. Die Nachbeben wirkten fort, bis 1923 dauerten Folgerevolutionen und Folgekonflikte weltweit an, und bereits im Augenblick des Triumphs der Demokratie und der Gründung der ersten deutschen Republik waren Gegenkräfte am Werk, die nachher zur Zerstörung der liberalen Verfassungsordnung entscheidend beitrugen.

Der Kriegsverlierer sollte auf zwei Grundpfeilern stehen: Die von der Weimarer Nationalversammlung gegebene republikanische, demokratische und parlamentarische Verfassung des Deutschen Reiches (11. August 1919) war der Rahmen für die innenpolitische Struktur, und der Versailler Vertrag regelte die Beziehungen zu den ehemaligen Feinden. Den zwischen Deutschland und 27 alliierten und assoziierten Nationen offiziell zur Beendigung des Weltkrieges abgeschlossenen Waffenstillstandsvertrag unterzeichnete das Reich am 28. Juni 1919. Unter dem Vorsitz des französischen Ministerpräsidenten Clemenceau legten die Sieger in den sogenannten Pariser Vorortverträgen den Inhalt fest, dem Deutschland vorbehaltlich zustimmte, zustimmen mußte: Alleinschuld am Krieg, Grenzziehung im Osten, riesenhafte Reparationsforderungen, sogar teilweise Verletzung des Selbstbestimmungsrechts bei der Grenzregelung waren die Hauptpunkte, die das Papier mehr als Reparationsdiktat denn als Friedensvertrag auswiesen.

»Das wissen wir heute«, schreibt Golo Mann in seiner ›Deutschen Geschichte des 20. Jahrhunderts‹, »die Kriege des Jahrhunderts sind ein böses Spiel für jedermann, und es kann nicht jener, der als Sieger daraus hervorgeht, seinen Schaden ungeschehen machen, indem er den des Besiegten verdoppelt oder verhundertfacht. Versucht er es, so erhöht er den eigenen auch. Sieg ist Illusion ... Sagen wir nur: Aus dem Grundsatz der Reparationen, so wie der Vertrag ihn anwandte, kam Wirrsal und Narrheit dreizehn Jahre lang und konnte nichts anderes kommen.«

Der Versailler Vertrag und die Umstände, die zu ihm führten und ihn umgaben, waren der Keim des späteren Unheils, das in seiner Geschichtsmächtigkeit noch in das nächste Jahrtausend hineinreichen wird. Verlorener Krieg, Revolution, miserable Wirtschaftslage, verschärft durch die Bedingungen des Abkommens - sie sind Zutaten zu einer höchst explosiven Mischung, aus der Adolf Hitler schließlich seine Bombe bastelte. Die als schwere Demütigung geltenden Auflagen durch den Versailler Vertrag gaben den besten Nährboden für radikale rechte und linke Gruppierungen, welche die politische Mitte zerrieben und die Republik von Weimar in die Handlungsunfähigkeit trieben.

Freilich ahnten die Friedensmacher von 1919 nicht im geringsten, daß ihre moralistische Überlegenheit, mit der sie den Besiegten behandelten, sich bitter rächte. Das letzte Recht liegt immer in der Macht, und die Macht haben allemal die Sieger; zu ihren Sünden müssen sie sich nicht bekennen und tun es auch in der Regel nicht. Deutschland war ja bereit, einen ehrlichen Beitrag zum Aufbau der angerichteten Verwüstungen in Frankreich und Belgien zu leisten, doch die erzwungene Annahme der brutalen Versailles-Regelung, die die Nation auf Dauer niederhält, erfolgte nur unter Protest. Der Versailler Vertrag beruhte auf einem Macht- und Gewaltverhältnis, und es war eine Frage der Zeit, wann sich Energien gegen die Ungleichgewichte stemmten.

Die Besetzung des Rheinlandes und die Abtrennung des Saargebietes nahm die deutsche Bevölkerung mit ohnmächtiger Wut hin, denn im Augenblick blieb ihr gar nichts anderes übrig. Auch die Beschränkung von Armee und Flotte auf die Macht eines Kleinstaates wertete man als gewaltsamen Eingriff, durch den Deutschland auf Zeit eine wehrlose Beute hungriger Wölfe ist. Von allen Maßnahmen schien diese noch die verständlichste zu sein, denn um die Wiederaufnahme eines Krieges zu verhindern, lag den Siegermächten besonders an der dauerhaften militärischen Schwächung Deutschlands und vor allem den Engländern an der Ausschaltung deutscher Konkurrenz zur See. Vorher schon, im Waffenstillstandsabkommen von Compiègne am 11. November 1918, waren Grundsätzlichkeiten über die Zukunft einer deutschen Flotte festgelegt.

Zu allererst galt es, den Deutschen die gefährlichste Waffe, das U-Boot, aus der Hand zu schlagen. Der U-Boot-Krieg hatte ein neues Zeitalter der Seekriegsführung eingeläutet, und die Tragweite der neuen Waffe war sowohl vom Reich als auch von der Entente erkannt worden. Karl Dönitz, der spätere Oberbefehlshaber der Kriegsmarine und letzter Präsident des »Dritten Reiches«, wurde als Kommandant von UB 68 am 4. Oktober 1918 im Mittelmeer von der britischen QUEENSLAND versenkt und von einem zurückkehrenden Geleitzerstörer aus dem Wasser gefischt. »Dies war das Ende meiner U-Bootfahrzeit im ersten Weltkrieg. Die letzte Nacht aber hatte mir eine grundsätzliche Erkenntnis mitgegeben: Der Angriff über Wasser auf einen Geleitzug im Schutz der Dunkelheit ist für das U-Boot besonders aussichtsreich. Je mehr U-Boote gleichzeitig angreifen, um so günstiger wird die Lage auch für jeden einzelnen Angreifer ... Es mußten also der Masse von Schiffen eines Konvois möglichst viele U-Boote entgegengesetzt werden. Mit dieser Erkenntnis ging ich in die englische Gefangenschaft.«

Die Engländer wußten, was sie taten, als die das generelle Verbot von U-Booten in Deutschland verfügten. Alle fahrbereiten Boote mußten ausgeliefert und die im Bau befindlichen abgewrackt werden. Anders bei den Überwasserstreitkräften, die den Siegermächten wertvolle Dienste bei der Stabilisierung der unsicheren Lage im Ostseeraum leisten konnten. Doch in welche Marine wird der Rest deutscher Seestreitkräfte eingegliedert, ohne daß ein unerträgliches Mißverhältnis entstünde? Die deutschen Schiffe modernster Bauart sollten bis auf weiteres »eingemottet« werden. Gemäß Artikel 23 des Waffenstillstandsabkommens waren 16 Großkampfschiffe, acht Kreuzer und 50 Zerstörer beziehungsweise Torpedoboote in einem möglichst neutralen Hafen zu internieren. Doch bereits zehn Tage nach Compiègne lag der deutsche Internierungsverband unter dem Befehl von Flottenchef Konteradmiral von Reuter in der auf den britischen Orkney Inseln gelegenen Bucht von Scapa Flow, dem Hauptstützpunkt der Grand Fleet.

Hierhin sickerten in der ersten Hälfte des Jahres 1919 Nachrichten von der Pariser Friedenskonferenz, die keine Zweifel ließen, daß der deutschen Marineführung nicht ein Schiff zugebilligt werde.

Diese war übrigens, das sei hier erwähnt, mit ihren einzelne Abteilungen und Ämtern durchaus arbeitsfähig und weitgehend intakt. Sämtliche Kommando- und Verwaltungsangelegenheiten übernahm zunächst das Reichsmarineamt. Reichswehrminister Noske und der Vertreter des Reichsmarineamtes, Vizeadmiral Rogge, legten im März 1919 ein Gesetz über die Bildung einer Vorläufigen Reichswehr vor. Mit Zustimmung der Nationalversammlung hieß die deutsche Marine vom 16. April 1919 an Vorläufige Reichsmarine, deren Aufgaben mit Küstensicherung, Fischereischutz, Minenräumen, Seepolizei und Unterstützung der Handelsschiffahrt definiert waren. Später, nach der Unterzeichnung des Versailler Vertrages, gingen die Befugnisse auf die neu gebildete Admiralität über. Bis zum 31. Dezember 1921 führte die Reichsmarine, die das Schwarz-Rot-Gold der 48er-Revolution in oft provozierender Weise ablehnte, noch die kaiserliche Kriegsflagge. Als sogenannter »Flaggenstreit« zog die Diskussion um die nationalen Farben Kreise bis in die höchsten politischen Gremien. Mit Wirkung vom 1. Januar 1922 bestand die Kriegsflagge aus den dominierenden Farben Schwarz-Weiß-Rot, in der Mitte ein mächtiges Eisernes Kreuz und im linken Oberdeck, bewußt klein gehalten, die schwarz-rot-goldene Gösch. Man hatte hier im Grunde genommen die Gösch der ehemaligen Kaiserlichen Kriegsflagge vergrößert und ihr die Farben der Republik quasi appliziert. Die mangelnde Bereitschaft, die neuen Nationalfarben anzunehmen, drückt sich auf manchem Marinebild aus, auf denen sie der Künstler einfach wegließ.

Man beriet über Möglichkeiten, wie weiter in der Bucht von Scapa Flow zu verfahren sei. Die Wiederaufnahme von Feindseligkeiten verbat sich angesichts der hoffnungslos unterlegenen Seestreitkräfte ebenso wie die unehrenhafte Verteilung der Flotte auf die Siegerstaaten. Um der Auslieferung der Schiffe an den ehemaligen Kriegsgegner zu entgehen, blieb nur die Selbstversenkung.

Die Lage auf den internierten Schiffen war schwierig, denn Teile der Besatzungen neigten nach wie vor linksradikalem Gedankengut zu. Als die

Kleiner Kreuzer MEDUSA beim Verholen 1920 in Wilhelmshaven. Das Schiff gehörte zu den 10 Kreuzern der GAZELLE-Klasse, die zwischen 1897 und 1904 gebaut wurden. Bereits 1914 veraltet, gehörte das Schiff zu den wenigen Einheiten, die der Versailler Vertrag einer deutschen Flotte zugestand. 1924 wurde das Schiff außer Dienst gestellt. Archiv MOV/DMI

Engländer die Reduzierung der Mannschaften forderten und daraufhin »alle unzuverlässigen Elemente« (Erich Raeder), die sich wahrscheinlich einer Versenkung verweigert hätten, nach Deutschland zurückführten und der Artikel 184 des Versailler Vertrages die Auslieferung der Schiffe definitiv festschrieb, nahmen die Planungen Gestalt an. Da der Admiralität die Weisung zur Selbstversenkung nach den Vertragsbestimmungen untersagt war, konnte Vizeadmiral von Trotha nicht mehr tun, als dem Flottenchef die Notwendigkeit der Selbstversenkung ans Herz zu legen.

Von Reuter hatte jetzt Handlungsfreiheit. Er ließ am 21. Juni 1919 das Ultimatum zur Unterzeichnung des Vertragswerks verstreichen und gab unter dem Vorwand, er sei von einer Verlängerung des Waffenstillstandes nicht unterrichtet und habe daher an die Wiederaufnahme des Kampfes geglaubt, den Befehl zur Selbstversenkung: Es sanken die Schlachtkreuzer SEYDLITZ, MOLTKE, VON DER TANN, HINDENBURG und DERFFLINGER; die Linienschiffe KAISER, KAISERIN, PRINZREGENT LUITPOLD, KÖNIG ALBERT, FRIEDRICH DER GROSSE, KÖNIG, GROSSER KURFÜRST, KRONPRINZ WILHELM, MARKGRAF, BAYERN und die Kleinen Kreuzer KÖLN, KARLSRUHE II, BRUMMER, BREMSE und DRESDEN II sowie 46 Zerstörer bzw. Torpedoboote. Das Linienschiff BADEN und die Kleinen Kreuzer FRANKFURT, EMDEN und NÜRNBERG schleppten die Briten an Land.

Zwar verurteilten die Sieger das eigenmächtige Vorgehen, aber prinzipiell hatte sich ihr Problem nun von selbst gelöst, und auch der deutschen Marine war eine schwere Last genommen, ihre Ehre unter dem Beifall der Heimat mithin gerettet. Der Geist der Besatzungen, der bei Coronel und den Falklands, vor dem Skagerrak, in den eisernen Särgen unter Wasser oder in etlichen Kreuzergefechten gezeigt wurde, war nicht vergangen, sondern setzte im Gegenteil mit Scapa Flow ein nationales Fanal gegen die Siegermächte und den moralischen Grundstein zum Wiederaufbau einer deutschen Flotte. Allerdings waren die materiellen Folgen der Selbstversenkung hart, denn die Alliierten forderten volle Entschädigung: Neben fünf modernen Kreuzern, die ursprünglich den Kern einer neuen Flotte bilden sollten, mußte die Marine 80 Prozent des Hafenmaterials – vom Bagger bis zum Schwimmdock – und das Reich außerdem den größten Teil der Handelsflotte abgeben.

Was die Alliierten in Artikel 181 des Versailler Vertrages der Marine an Fahrzeugen für die Zukunft zubilligten, war wenig genug: Sechs alte Linienschiffe der »Vor-Dreadnought-Ära«, sechs Kleine Kreuzer, zwölf Zerstörer und zwölf Torpedoboote. Alle übrigen Schiffe sind abzuwracken, U-Boote und Luftfahrzeuge verboten. Nach 20 Jahren durften die Linienschiffe und Kleinen Kreuzer und nach jeweils 15 Jahren Zerstörer und Torpedoboote durch Neubauten ersetzt werden. Das Marinepersonal wurde auf insgesamt 15.000 Mann begrenzt, davon höchstens 1.500 Offiziere, die sich auf mindestens 25 Jahre verpflichten mußten.

Die Friedensbedingungen wirkten auf die von inneren Krisen geschüttelte und um Konsolidierung bemühte Marine wie ein Keulenschlag; eine Ungeheuerlichkeit gar bedeutete den Offizieren die im Vertragstext geforderte Auslieferung von Kriegsverbrechern, zu denen die Alliierten auch die Admirale von Trotha, von Schröder und von Hipper und etliche U-Boot-Kommandanten zählten. Auf die Frage von Erich Raeder – Hippers Chef des Stabes – an Admiral Schröder, was dieser bei seiner Festsetzung zu tun gedenke, antwortete der »Löwe von Flandern« markig: »Ich lieferre den Kerrls ein Gefecht auf der Trreppe!« Erst der Widerstand im Volk ließ es den Siegermächten ratsam erscheinen, von ihren Auslieferungsforderungen abzusehen.

Die Offiziere waren wie andere monarchische Eliten – Beamte und Staatsdiener –, die zum Kaiser im personalen Treueverhältnis standen, nunmehr ideologisch entwurzelt und erlebten den Zusammenbruch und das »Schanddiktat von Versailles« als Verlust aller Werte. Die ehemals stolzen Repräsentanten des starken, aufstrebenden und blühenden Staates, der den deutschen Geist als eine Heilsbotschaft in die Welt tragen sollte, empfanden die chaotischen

Verhältnisse der Nachkriegszeit als tiefe Schmach. Das Selbstverständnis vieler Offiziere, Deckoffiziere und Unteroffiziere war erschüttert, man hatte sich doch gut zur See gehalten und nur deswegen die Segel gestrichen, weil damals die Zersetzungskampagnen der Bolschewisten das Volk weichgeklopft und in Feindesarme getrieben haben.

Das war der Tenor von Tausenden, die unter der Monarchie zu Ehren gelangt waren und jetzt buchstäblich vor dem Nichts standen. Die Not schweißte zusammen: Die sogenannte Marine-Offizier-Hilfe (MOH) wurde am 12. November 1918 in Wilhelmshaven zur Vertiefung des Zusammenhalts, vor allem als Hilfe für verabschiedete Offiziere beim Übergang in den Zivilberuf und für notleidende Angehörige von gefallenen oder ehemaligen Marineoffizieren gegründet. »Diese Gründung beruhte auf der Idee, kameradschaftliche Selbsthilfeaktionen freizusetzen.« Zahlreiche weitere Vereine und Bünde zeigten, daß dieser ganz spezielle »Marinegeist« weiterlebte – und weiterlebt, denn die MOH steht nach wie vor aufopferungsvoll bereit, in Not geratenen aktiven und ehemaligen Marineangehörigen sowie ihren Hinterbliebenen zu helfen. Marine verbindet.

Der Unmut über den verlorenen Krieg sowie unbändiger Haß auf die zerstörerischen Energien der Kommunisten führten 1919 Berufssoldaten in den Marinebrigaden Ehrhardt und Loewenfeld zusammen. Die Brigaden verstanden sich auch als Gegenpol zur bereits erwähnten Eisernen Brigade, in der sich vornehmlich untere Dienstgrade sammelten, die gegen die monarchische Haltung der Seeoffiziere Front machten.

Unter der Führung von Korvettenkapitän Hermann Ehrhardt hatte seine II. Marinebrigade mit 4.500 Mann eine beachtliche Stärke, zeichnete sich anfänglich durch Disziplin und straffe Ordnung aus und wurde als Regierungstruppe Mitte April 1919 gegen die »Roten« in Braunschweig geführt. Die aufgestauten Ressentiments entluden sich in fürchterlichen Straßengemetzeln, in denen Ehrhardts Männer mit unglaublicher Härte und Brutalität vorgingen. Mißhandlungen, Erschießungen und Plünderungen waren in allen Freikorps an der Tagesordnung und ließen aus den »Kämpfern wider die Roten Banden« binnen kurzer Zeit eine marodierende, rasende Soldateska werden. Das allgemeine Freibeutertum in der häßlichen Gestalt einer bunt gewürfelten, rohen Söldnertruppe empfing aus bürgerlichen Kreisen Beifall und Unterstützung, zumal die Kommunisten nicht minder brutal vorgingen und den blutigen Wirrwarr in Deutschland schließlich auch angezettelt haben. Unter ihnen gab es nicht wenige linksgerichtete ehemalige Angehörige der Kaiserlichen Marine, die sich in der sogenannten Volksmarinedivision zusammenfanden. Auf dem Höhepunkt ihres Wirkens zählte sie über 3.000 Mann, die zu Weihnachten 1918 den Angriff von Regierungstruppen auf das Berliner Schloß abwehrten oder den Gründungsparteitag der Kommunistischen Partei Deutschlands (KPD) sicherten. Unter vornehmlicher Beteiligung von Vertretern der Volksmarinedivision bildeten sich Marinesoldatenräte, vor allem der 53er Ausschuß der Marine zur Kontrolle des Reichsmarineamtes und des Admiralstabes. Die Volksmarinedivision wurde erst nach den blutigen Märzkämpfen 1919 aufgelöst.

»Unsere Reichswehr«, das Buch von »Heer und Flotte« aus dem Jahre 1932, zeichnete ein dramatisches Bild von den Wirren der Revolution: »Aber drinnen im Reiche drohte das Chaos. Unverantwortliche Hetzer waren am Werk. Blut floß auf den Straßen der großen Städte. Im Osten riß der Pole ein Stück nach dem anderen aus dem Körper des ohnmächtigen Reiches, war der Bolschewismus im siegreichen Vormarsch durch die baltischen Länder … Da sprang die Fronttruppe in die Bresche. Sie warf Heimatsehnsucht, Ruhebedürfnis hinter sich. Sie sah neue Aufgaben, neue Pflichten vor sich. Entschlossene Führer sammelten einen Stamm alter Leute um sich, warben neue hinzu. Freiwilligenverbände und Freikorps entstanden. Die Regierung nahm ihre Hilfe dankbar an … Mannigfaltig war ihre Gestalt, ihre Zusammensetzung … Sie gaben sich selber Regeln und Gesetze, bestimmten selbst ihren Sold, ihr Werbegeld. Sie trugen am feldgrauen Rock, an der Mütze selbstgewählte Abzeichen: das Eichenlaub, den Gardestern, den Totenkopf, das Hirschgeweih. Sie trugen stolze Namen: ›Landesschützen‹, ›Eiserne Division‹, oder nannten sich schlicht nach dem Führer: ›Freikorps Neuville‹, ›Korps Lichtschlag‹. Es waren manche tollen Gesellen unter ihnen, manche Landsknechtsnaturen.«

Die Marineführung distanzierte sich im Sommer 1919 vom wilden Tun und Treiben der Brigade Ehrhardt.

Was die II. Marinebrigade in Wilhelmshaven, das war die etwa 2.500 Mann (nach Schätzungen sogar 4.000 Mann) zählende III. Marinebrigade in Kiel, deren Kern junge Seeoffiziere bildeten, in erster Linie U-Boot-Fahrer. In Berlin und Oberschlesien unter dem Kommando von Korvettenkapitän Wilfried von Loewenfeld eingesetzt, stand sie in Freibeutermentalität und Handhabung scheußlicher Lynchjustiz der »Schwesterbrigade« in nichts nach. Aber während Ehrhardt um politischen Einfluß bemüht ist, hält von Loewenfeld die Verbindung zur Marine generell und zur Admiralität im speziellen aufrecht.

Die sozialdemokratische Regierung fühlte sich gewiß unwohl, mit den wütend umherziehenden Freikorps im Bunde zu sein, wie auch die Freikorps, die ja mit der Republik und den Sozialdemokraten nichts im Sinne hatten, diese momentane, notgedrungene Liaison nur als Mittel zum Zweck betrachteten, die rote Revolution niederzuhalten. Das eigentliche Unglück war nur, daß nicht demokratische, also vom Volk ausgehende Kräfte, sondern pure Gewalt rauher Burschen den kommunistischen Umtrieben den Garaus machten – und dies mit stiller Beteiligung der Sozialdemokraten.

Die Gefahr von »links« trat ebenso wie die Gefahr von »rechts« hervor. Stete Unruhe ging mit scheinbarer Festigung Hand in Hand. Das ist das hervorstechendste Merkmal der ersten deutschen Demokratie und wohl das eigentliche Wesen der Weimarer Republik, deren parlamentarische Macht von Beginn an auf tönernen Füßen stand. Wie hätte es auch anders sein sollen? Die traditionellen Eliten lehnten die Republik ab, und das verwundert kaum, denn der gesamte Herrschaftsapparat des Kaiserreichs war erhalten und weitgehend funktionsfähig: Justiz, Verwaltung, Schule, Universität, Wirtschaft, Kirche, Generalität, Admiralität – sie alle zweifelten an der Lebensfähigkeit der jungen Republik und ahnten ihre Anfälligkeit für anarchistische Einflüsse.

Eben diese Situation versuchten Generalleutnant Freiherr von Lüttwitz und Generallandschaftsdirektor Kapp für einen Coup von »rechts« zu nutzen. Der Kapp-Lüttwitz-Putsch fände hier nur mit einem Satz Erwähnung, wenn nicht die Brigade Ehrhardt darin eine wichtige Rolle gespielt und der Ausgang des Putsches schwerwiegende Folgen für die Marine gehabt hätte. Direkten Anlaß gab im März 1920 die alliierte Forderung, die Reichswehr nun definitiv zu verkleinern. Die Marine stand vor der Entscheidung, die Brigaden entweder aufzulösen oder in den erlaubten 15.000 Mann starken Personalbestand einzugliedern. Reichswehrminister Gustav Noske verfügte am 29. Februar 1920 die Auflösung der beiden Marinebrigaden, woraufhin rechtsstehende, altmo-

Leichter Kreuzer EMDEN. Das von 1921 bis 1925 gebaute Schiff war der erste Kreuzerneubau für die junge Reichsmarine. Das Schiff war vornehmlich als Schulkreuzer eingesetzt und zeigte bis 1939 auf zahlreichen Reisen, darunter mehrere Weltreisen, die deutsche Flagge im Ausland. Bewaffnung: 8 Geschütze 15 cm, 3 Flak 8,8 cm, 4 Torpedorohre, 6.990 ts, 29 kn. Archiv MOV/DMI

narchistische Kräfte wie auch Militärs gegen die Reichsregierung aufbegehrten und Waffengewalt androhten.

Am 13. März besetzte die Brigade Ehrhardt Berlin, Kapp verjagte die Regierung nach Süddeutschland und gebärdete sich für wenige Tage als deutscher Kanzler. Während sich Generaloberst Hans von Seeckt als Chef des Truppenamtes abwartend verhielt - man müsse sehen, wie weit Kapp käme - und dezidiert den Schutz der Republik versagte, erklärte Vizeadmiral von Trotha frank und frei, die Marine werde »der neuen Regierung zur Verfügung« stehen. Bemerkenswert ist nun, daß sich zahlreiche niedrige Dienstgrade der Marine im Gegensatz zu den Offizieren zur legalen Regierung mit ihrem Präsidenten Friedrich Ebert bekannten. Die offene Konfrontation zwischen Seeoffizieren und ihren Untergebenen war unausweichlich: Gewaltsame Absetzungen von Offizieren durch Deckoffiziere, Unteroffiziere und Mannschaften und blutige Auseinandersetzungen in Kiel und Wilhelmshaven zeigten an, daß die inneren, tiefgreifenden sozialen Spannungen innerhalb der Marine nichts von ihrer Zugkraft eingebüßt hatten.

Erich Raeder in seinen »Erinnerungen«: »Es gab Schießereien und Verluste - Kapitän zur See Mönch wurde beim Betreten des von ihm geleiteten Marinearsenals in Kiel erschossen -, und das Verhältnis zwischen Marine und Teilen der Zivilbevölkerung verschärfte sich in bedauerlicher Weise ... Ich nahm mit Vizeadmiral von Trotha am frühen Morgen des 17. März an einer Sitzung teil, bei der der Kapp-Putsch von seinen Urhebern, Generallandschaftsdirektor Kapp, General von Lüttwitz, General Ludendorff, Oberst Bauer und Hauptmann Pabst, liquidiert wurde. Da den Aufständischen das Geld ausgegangen war, wurde Korvettenkapitän Ehrhardt aufgefordert, es aus der Reichsbank mit Gewalt zu beschaffen, weil die Bankbeamten mit den notwendigen Schlüsseln nicht aufzufinden waren. Ehrhardt erklärte jedoch, er sei zwar bereit zu kämpfen, würde aber unter keinen Umständen Geldschränke aufbrechen.«

Der Putsch, dilettantisch und unüberlegt geführt, war gescheitert. Die Aufrührer hatten den Sturz einer von der Verfassung eingesetzten Regierung versucht und damit zweifellos wider geltendes Recht gehandelt. Doch kann ohne weiteres in Acht und Bann getan werden, wer nach dem Trauma des Zusammenbruchs und dem Ausverkauf jener als edel empfundenen »Gemütswerte« die Restaurationswünsche von Kapp und Lüttwitz teilte? Der Vizeadmiral be-

gründete hernach seinen illegalen Vorstoß: Er habe die Einheit der Marine wahren wollen. Ihm diente dabei offensichtlich nur der Zusammenhalt des Seeoffizierskorps als Maßstab und nicht die gesamte Marine. Selbst 18 Monate nach der Revolution vom November 1918 waren die Gegensätze nicht überwunden und die Erfahrungen der Zwischenzeit nicht verarbeitet. Trotha hätte das als Verantwortlicher wissen sollen.

Reichswehrminister Noske mußte gehen, der Vizeadmiral auch. Konteradmiral William Michaelis bekleidete fortan als Interimsnachfolger den Chefposten an der Spitze der Admiralität und hatte denkbar schlechte Karten, denn das Image der Marine, die im Ruf stand, jederzeit Umsturzabsichten auszubrüten, war einigermaßen lädiert: Die Regierung beauftragte einen Untersuchungsausschuß mit der Überprüfung aller Seeoffiziere, welche ihrerseits die Deck- und Unteroffiziere wegen illegaler Dienstenthebungen und Befehlsverweigerungen bestraft wissen wollten. Zahlreiche Offiziere resignierten angesichts der Negativerfahrungen und politischen Verhältnisse und nahmen konsequenterweise ihren Abschied.

Als Konteradmiral Michaelis vor Kommandeuren am 3. August 1920 Stellung zur Zukunft der Marine bezog, war von höchster Stelle die ernsthafte Existenzkrise der Marine bestätigt: »Kein größerer Bevölkerungsteil irgendwelcher Richtung hat z.Z. das geringste Interesse an der Erhaltung und dem Wiederaufbau der Marine. Rechtsstehende Kreise schieben vielfach die Novemberrevolution fälschlich allein der Marine in die Schuhe, auch hat die Auswirkung des mißlungenen Kapp-Putsches viele verschnupft. Demokraten und Mehrheitssozialisten tragen uns vor allem den Kapp-Putsch nach. Die äußerste Linke hat grundsätzlich kein Interesse an dem Erstarken irgendeines Machtmittels der Regierung.«

Zwar blieb schon kurz nach Kriegsende nichts unversucht, um die Marine wieder mit Inhalt zu füllen und vor neue Aufgaben zu stellen, aber die angeführten Argumente für ein Auferstehen waren vor dem Hintergrund der tiefschürfenden, lähmenden Ereignisse um den Kapp-Lüttwitz-Putsch gänzlich verblaßt. Damals unternahmen es einflußreiche, hohe Marineoffiziere, die Notwendigkeit einer Marine mit wirtschaftlichen Gesichtspunkten zu begründen. So hieß es in einer Denkschrift aus dem Jahre 1919: »Unterlassen wir es, die deutsche Kriegsflagge zu zeigen und damit kundzugeben, daß der furchtbare Krieg Deutschlands Wille zur Seegeltung zerbrochen hat, dann werden wir in den Augen des Auslandes eine Quantité négligeable, ein Staatsgebilde, mit dem es sich nicht mehr lohnt, wirtschaftliche Beziehungen anzuknüpfen.« Woanders und in andere Richtung: »Wollte man jetzt auf eine Marine verzichten, so würden damit unermeßliche Werte materieller und ideeller Art zerschlagen werden. Eine Marine wird das Deutsche Reich aber, wenn es sich einst erholt haben wird, unter allen Umständen wieder brauchen und aufbauen.«

Die Worte des in der Skagerrak-Schlacht gefallenen Dichters Johann Kinau, besser bekannt unter seinem Pseudonym »Gorch Fock«, galten: »Seefahrt ist not!« Die Admiralität war sich einig: Man wollte, konnte und durfte nicht aufgeben und das viel geltende Tirpitzsche Erbe nicht leichtfertig verspielen, gerade jetzt nicht, wenn es in schwierigen Zeiten darum gehen mußte, Flagge zu zeigen. Aber ist die Reichsführung, wie auch die Bevölkerung vom Gegenteil einer Quantité négligeable einer Flotte, dieser baren Nutzlosigkeit, zu überzeugen? Niedergeschlagen und ohne zündende Ideen wurde diskutiert, den Küstenschutz in Heereshand zu geben und selbst die Marinebehörden der Heeresleitung zu unterstellen. Es half, daß sich von Seeckt als nunmehriger Chef der Heeresleitung für die Selbständigkeit der Marine stark machte und damit einen Funken Hoffnung verbreitete, nachdem die Stimmung bereits auf den Nullpunkt herabgesunken war, als Reichspräsident Ebert aus vornehmlich finanziellen Gründen für die gänzliche Abschaffung der Marine plädierte. Es mußte geradezu wie ein Treppenwitz der Geschichte wirken, daß letztlich die Marine nur deshalb weiterbestehen sollte, weil sie im Versailler Vertrag überhaupt als existierend vorgesehen war und man sich nicht die Blöße geben wollte, auf das Wenige an Seestreitkräften zu verzichten, was das

»Diktat« von Versailles dem Deutschen Reich überhaupt zugestand. Michaelis war es zuviel geworden. Admiral Paul Behncke wurde sein Nachfolger.

Gestärkt durch die Rückendeckung von Seeckts – auch der neue Reichswehrminister Otto Geßler stand dahinter und setzte sogar die Schaffung einer Admiralsstelle für den Marinechef durch – formulierte die in Marineleitung umbenannte Admiralität in einer Denkschrift vom Sommer 1920 ihre Ziele. Sie gingen noch auf Michaelis zurück.

1. Sicherung der staatlichen Ruhe und Ordnung im Küstengebiet;
2. Überwachung der längs der deutschen Küsten liegenden Hoheitsgewässer;
3. Verhinderung des Aufkommens von Seeräuberunwesen vor der deutschen Küste;
4. Verteidigung der Küsten gegen Annektionsgelüste von benachbarten kleineren Seestaaten;
5. Sicherung der Seewege vor der Küste, insbesondere die Verbindung mit Ostpreußen;
6. Sicherung der Blockade durch kleine Ostseestaaten;
7. Auftreten in überseeischen Ländern als Maßstab für die Tüchtigkeit und Haltung der ganzen Nation;
8. Seevermessung, Fischereischutz, Meeresforschung.

Mit den Gedanken an innere Unruhen, Fischerei- und Küstenschutz ließ sich freilich keine »Kriegsmarine« aufbauen, aber der Anspruch, das Land zu verteidigen, spornte an. Michaelis wies in seiner Denkschrift unverblümt darauf hin, daß die Marine bei vollem Ausbau »immer noch den Marinen unserer sämtlichen Nachbarstaaten insbesondere in der Ostsee, tatsächlich überlegen« wäre.

»Niemand dürfte endlich die Verantwortung auf sich zu nehmen berechtigt sein, daß unseren Kindern und Kindeskindern die Möglichkeit abgeschnitten würde, sich einmal wieder eine große Seemacht zu verschaffen, wenn sie dies für erforderlich halten … Der Fluch unserer Nachfolger und Kinder würde uns in hohem und vielleicht berechtigten Maße treffen, wenn wir jetzt kurzsichtig auch nur etwas preisgäben, von dem, was selbst unsere erbittertsten Feinde uns nicht nehmen zu können glaubten.«

Die Sehnsüchte, die ein halbes Jahrhundert das Selbstverständnis des Offizierskorps bestimmten, flackerten wieder auf, waren den Seeoffizieren Appell zu bleiben und anderen Aufruf, zur Marine zu kommen, um den Neubeginn zu wagen. Doch zunächst mußten das innere Gerüst stabilisiert und die Strukturprobleme überwunden werden. Zu tief saßen die Wunden, welche die beiden Marinekrisen der Jahre 1918 und 1920 aufgerissen hatten, und es brauchte Zeit, Mißtrauen abzubauen und systematische Wiederaufbauarbeit zu leisten.

Admiral Paul Behncke trat mit der Übernahme der Marineleitung im Oktober 1920 ein schwieriges Amt an, und es ergaben sich in der Tat erhebliche Komplikationen, die mehr das Wesen der Marine berührten als weniger ihr Verhältnis zum Staat. Die Marine identifizierte sich nicht sonderlich mit der demokratischen Grundordnung von Weimar; sie nahm zwar eine loyale, aber weitgehend desinteressierte Haltung gegenüber der Republik ein. Im Reichstag meist auf die Mehrheit bürgerlich-konservativer Parteien gestützt und in Reichspräsident und Reichswehrminister zuverlässige Ansprechpartner findend, war die Notwendigkeit deutscher Seestreitkräfte keine Frage, die Existenz der Marine also sicher. Man kam miteinander aus. Reichstag und Reichsregierung kümmerten sich wenig um die Belange der Marineführung, und einen klar umrissenen militärischen Auftrag erteilte die Politik erst 1928, so daß die Marine bis dahin autark arbeitete und in allen strategischen Fragen selbst die Initiative übernahm.

Das barg freilich die Gefahr einer Verselbständigung von Reichsmarine wie auch von Reichswehr in sich. 1925 bemerkte der SPD-Abgeordnete Stücklen im Reichstag: »Es sind aber … recht deutliche Anzeichen dafür vorhanden, daß die Entwicklung der Reichswehr dahin geht, eine Art Staat im Staate zu werden. Das war das, was früher bei den Verhandlungen über die Reichswehr im Hauptausschuß und im Plenum dieses Hauses immer wieder betont wurde, eine gewisse Abgeschlossenheit, ein Korpsgeist, der zur Abgeschlossenheit führen mußte und letzten Endes bewirkte, daß die alte Armee wirklich ein Staat im Staate war, mit einem eigenen Ehrbegriff, ihrem

Linienschiff SCHLESIEN. Das 1906 vom Stapel gelaufene Linienschiff der Vordreadnought-Ära gehörte zu den 8 durch den Versailler Vertrag der Reichsmarine zugestandenen Linienschiffen. Bis 1926/27 in Reserve gehalten, wurde das Schiff nun modernisiert und sollte bis 1945 in Dienst gehalten werden. Archiv MOV/DMI

eigenen Strafkodex, mit einem Wort, eine Menge Einrichtungen, die von den Einrichtungen der zivilen Bevölkerung losgelöst waren.« Die Eigenständigkeit der Reichsmarine trieb Blüten, die, wie noch zu sehen ist, heftige innenpolitische Irritationen auslösten.

Die Integration der ehemaligen, nach wie vor radikal gesinnten, meist jüngeren Brigadeangehörigen führte zu einer Art Generationenkonflikt zwischen Altgedienten und »rechten« Draufgängern, die im Gegensatz zur gemäßigten, ja unpolitischen Haltung großer Teile der Marine gegenüber der Staatsführung reaktionäre Positionen vertraten und diese auch offen zur Schau stellten. Auf Demonstrationszüge, Protestveranstaltungen, Schlägereien und Schießereien reagierte die Marineführung mit der Entlassung vieler Offiziere und Offizieranwärter, bemühte sich aber ansonsten mehr um Ausgleich und Vermittlung, um die innere Geschlossenheit wieder herzustellen. Gerade im Aufbau begriffen, durfte sich die Marine keinen erneuten Rückschlag erlauben.

Der umsichtige Admiral Behncke schob daher den Schiffsdienst in den Vordergrund der Ausbildung, um die alten Tugenden wieder zu fördern, von revolutionären und reaktionären Gedanken abzulenken und die Besatzungen mit maritimen Zukunftshoffnungen zu erfüllen. Behncke war darüber hinaus bedacht, solchen Mißständen – insbesondere in der Behandlung von Mannschaften durch die Offiziere –, die für die Novemberrevolution mitverantwortlich gewesen sind, von vornherein entgegenzutreten. So sollte der Offizieranwärter, dessen Ausbildungsgang zum Seeoffizier im Vergleich zur Kaiserlichen Marine ansonsten keine wesentlichen Änderungen erfuhr, »über Lebensanschauungen, Lebensweise, Wünsche und Bedürfnisse der Freiwilligen« gründlich informiert werden. Die vom Inspekteur des Bildungswesens, Konteradmiral Erich Raeder, vorgebrachten Bedenken, »daß die in jeder Hinsicht noch wenig gefestigten jungen Leute sich manches aneignen, was später mit Mühe wieder aus ihnen herausgebracht werden müsse«, ließ Behncke nicht gelten. Zwar wurde »Menschenführung«, um mit einem modernen Wort zu reden, in der Ausbildung zum Marineoffizier berücksichtigt, aber Unterrichte in Verfassungsrecht, über politische Ordnungen und die Grundlagen der parlamentarischen Demokratie blieben Ausnahmen. Neu war das Bestreben, die scharfe Trennung zwischen See- und Ingenieuroffizierskorps aufzuheben, um die Isolierung und schließlich Verselbständigung einzelner Korps zu verhindern. Ferner beschloß die Marineleitung, künftig auf die Ausbildung von Deckoffizieren zu verzichten und die Laufbahn gänzlich zu streichen, weil die Deckoffiziere mit ihrer Zwischenstellung zwischen Offizier und Unteroffizier stets für Spannungen gesorgt hatten. Durch die Umwandlung von Deckoffizier- in Unteroffizierstellen stieg die Zahl der Unteroffiziere – für die es allein 15 Fachlaufbahnen gab – in der 15.000-Mann-Marine von 3.413 im Jahre 1921 auf 3.794 im Jahre 1929. Entsprechend sank die Zahl der Mannschaften von 10.087 auf 9.983 im selben Zeitraum.

Vermehrte Auslandsreisen dienten wohl auch der Selbstdarstellung, förderten aber den Zusammenhalt der Besatzungen und knüpften mit ihrem quasi-diplomatischen Auftrag zugleich neue wirtschaftliche und industrielle Kontakte. Ansehen und Achtung in den besuchten Ländern stiegen, wenn sich auch die geplante Stationierung eines Auslandskreuzers in Übersee aus guten Gründen noch nicht realisieren ließ. Die Marine leitete indes ihre Existenzberechtigung in erster Linie aus den Aufgaben für die Landesverteidigung und dem Schutz der Seezufuhr ab, die das Reich so dringend benötigte.

Der Erste Weltkrieg brachte der Marine zwei wesentliche Erkenntnisse: Zum einen sind moderne Waffensysteme wie U-Boote und Marineluftfahrzeuge künftig von großer Bedeutung, und zum anderen mußten die vorhandenen Schiffstypen der Überwasserflotte angesichts der gegebenen geographischen Lage Deutschlands auf die Anforderungen in einem modernen Seekrieg hin überprüft werden.

Für die strategischen Planungen spielte die Ostseekriegführung gegen Polen zunächst die herausragende Rolle, erst nach und nach rückten Frankreich und somit auch die Nordsee immer mehr ins Zentrum intensiver Überlegungen, die freilich von den sehr bescheidenen maritimen Rüstungsmöglichkeiten bestimmt wurden.

Die Siegermächte setzten Kontrollkommissionen zur Überprüfung der deutschen Rüstung ein, doch zunehmend unterlief man die Limitierungen auf geheimem und trefflich getarntem Wege, um Zahl und Qualität der Streitkräfte über den gezogenen Rahmen hinaus zu mehren und dem »Diktat von Versailles« ein Schnippchen zu schlagen. Nach den Bestimmungen mußten sämtliche Unterlagen, Vorschriften, Baupläne und -zeichnungen abgegeben oder vernichtet werden, doch das Marinepersonal entwickelte eine erstaunliche Betriebsamkeit mit der Unterschlagung und Sicherstellung von Material, dem Frisieren von Listen, mit Tarnmaßnahmen und Konstruktionsveränderungen. Das Verstecken von Waffen, Munition und Gerät stellte sich dabei als nützlichste aller dunklen Machenschaften heraus, denn der Verkauf ins Ausland brachte Devisen und einen erklecklichen Nebenetat zur Finanzierung legaler Rüstungen ein.

Man sieht, daß die starren Kontrollmechanismen wieselhaftem Erfindungsreichtum und konspirativer Tüchtigkeit deutlich unterlagen. Besonders kritisch war die Berührung der »neuralgischen« Bereiche U-Boot und Marineluftfahrzeug. Hier waren alle Bestrebungen im Gange, internationale Informationen zu sammeln und auszuwerten. Wünsche aus dem Ausland – Spanien, Schweden, Japan oder Argentinien – häuften sich, das U-Boot-Know-how deutscher Konstrukteure zu importieren, um in den Genuß der überlegenen Unterseewaffe zu gelangen. In diesem Zusammenhang arbeitete die Marineleitung bereits 1922 an der Gründung eines Konstruktionsbüros, das tatsächlich einige Jahre später in Den Haag seine Arbeit aufnahm: 1925 wurden zwei 500-Tonnen-Boote für den Auftraggeber, die Türkei, fertiggestellt.

Boote anderer Größen an andere Länder folgten, und die Seetransportabteilung unter der Führung des gewitzten Kapitäns zur See Lohmann begann mit gezielter Kontaktaufnahme und teils auch mit der

Steuerung von Auslandsrüstungen durch deutsche Baufirmen, nicht zuletzt, um wertvolle Erfahrungen für Mobilmachungsplanungen einzuholen – alles getarnt! Daß von dieser Stelle die Unterstützung der gigantischen Phoebus AG ausging, weist Lohmann zudem als umtriebigen Manager aus. Die Filmgesellschaft drehte für sechs Millionen Reichsmark maritime Propagandastreifen, welche ihren Zweck, durch das Massenmedium Film »das Interesse der deutschen Öffentlichkeit auf die Fragen der Landesverteidigung und der Seegeltung« hinzulenken, glänzend erfüllte.

Daß sich die Marine unter Verletzung des Versailler Vertrages Freiräume schuf, ist bei den wenigen Schiffen und Mitteln, die zugestanden oder von den Siegern überlassen wurden, nicht verwunderlich. Die geduldeten Kreuzer waren restlos überaltert und selbst demontierte Teile nicht mehr sinnvoll verwendbar. Trotz finanzieller Schieflage gelang es der Marineleitung 1921 mit dem KREUZER A, später EMDEN, ein halbwegs modernes Schiff auf Stapel zu legen, das allerdings erst 1925 in Dienst gestellt wurde und als Auslandskreuzer zum Einsatz kam.

Da sich der Haushalt nach 1924 einigermaßen stabilisierte, setzte die Marine im Reichstag ohne größere Schwierigkeiten zwölf Torpedoboote und vier Kleine Kreuzer durch. Als sie 1927 die veralteten und den Bestimmungen des Vertrages gemäß jetzt neu zu bauenden Linienschiffe mit einem einzigen 10.000-Tonner ersetzen wollte, geriet sie mit dem Reichstag aneinander, der aufflammende maritime Ansprüche ahnte. Zudem waren die geheimen Aktivitäten der Seetransportabteilung durch die Presse aufgeflogen, sorgten für innenpolitische Furore und lösten im Reichstag einen Sturm der Entrüstung aus. Die folgende Untersuchung förderte das ganze Ausmaß der marineinternen Geschäftigkeit zu Tage. Reichswehrminister Geßler stellte, noch bevor die Untersuchungen zum Abschluß gelangten, im Gefühl der Mitschuld sein Amt zur Verfügung, und man durfte erwarten, daß auch der vornehm-strenge Admiral Zenker, seit 1924 Chef der Marineleitung, sein Amt aufgeben würde. Dummerweise nämlich stand seine Unterschrift unter der Reichsbürgschaft für die Phoebus AG.

Was schwer wog, war der nach Jahren grundsolider Aufbauarbeit schlagartige Vertrauensverlust in Parlament und Öffentlichkeit. Wieder sorgte die Marine für negative Schlagzeilen und erregte die Gemüter, und wieder ging es um Sein oder Nichtsein. Der neue Reichswehrminister Groener ließ die Marineleitung ohne Umschweife wissen, daß ihre eigenmächtigen Aktivitäten nun ein Ende hätten.

Unterdessen stellte sie eingehende Überlegungen zu den Ersatzbauten an und kam zu einem spektakulären Ergebnis, das sowohl ins Zentrum innenpolitischer Auseinandersetzungen rückte als auch Gegenstand der Außenpolitik wurde. Im Washingtoner Abkommen von 1922 waren die maximalen Schiffsgrößen zwischen den USA, Großbritannien, Japan, Frankreich und Italien definiert und damit die internationalen Seerüstungen festgeschrieben. Die langen Bauphasen für Großkampfschiffe und die Verdrängungsgrenze von 10.000 Tonnen für Kreuzer ließen einen völlig neuen Schiffstyp entstehen: den Schweren Kreuzer. »Deutschland als außerhalb Washingtons stehend, baue ein Schiff, welches den Washington-Typen stets in einer Richtung überlegen sei, nämlich den Linienschiffen an Geschwindigkeit, also bei 28 sm, den Kreuzern an schwerem Kaliber, also 6 x 28 cm.« Auf eine kurze Formel gebracht: schneller als die starken und stärker als die schnellen Schiffe des Gegners. Zwar gab dieser Kreuzertyp kein vollwertiges Schlachtschiff ab, aber immerhin war er mit seiner Armierung der nächsten Kategorie, den Washington-Kreuzern, um einiges voraus. Damit begann – völkerrechtlich in aller Ordnung – international erneut der Schiffbau in der Kategorie »Schlachtschiffe«.

Die Marineleitung machte aus ihren politischen Absichten keinen Hehl, denn ein solcher Kreuzer schien geeignet, das Washingtoner Abkommen zu irritieren und die Vertragspartner vielleicht zu bewegen, Deutschland wieder in den Kreis der Seemächte gleichberechtigt aufzunehmen. Der anvisierte Bau Schwerer Kreuzer stand für den Willen der Marine, sich nicht mit Küstenschutz zu begnügen, sondern eine politische Machtposition einzunehmen. Panzerkreuzer werden schließlich nicht für Küstenschutzaufgaben gebaut, sondern für einen eventuellen Handelskrieg auf den Weltmeeren; in diesem Falle gegen den mutmaßlichen Gegner Frankreich und dies im Atlantik. Freilich bemühte sich die Marine darum, der aufgeregten Öffentlichkeit den wahren Zweck zu verschleiern. Aber eine neue Flotte mußte in den Kampf, auch im Atlantik, gehen können, damit nicht wie weiland 1916 irgendwann wieder Zweifel am Einsatzwert deutscher Seestreitkräfte wach werden. Keine »fleet in being«, sondern eine Flotte für Kampf und Einsatz!

Nach den Querelen der vergangenen Monate war indes nicht damit zur rechnen, daß der Reichstag zur Annahme einer Panzerkreuzer-Vorlage bereit ist. Die SPD führte einen beherzten Wahlkampf unter dem Motto »Panzerschiff oder Kinderspeisung« und ging aus den Reichstagswahlen 1928 als stärkste Fraktion hervor. Der Sozialdemokrat Hermann Müller war mit der Regierungsumbildung betraut, und um sich förderhin einer Mehrheit bürgerlich-konservativer Parteien sicher zu sein, stimmten auch SPD-Männer im August 1928 für das PANZERSCHIFF A. Die Kinderspeisung wich schnell politischem Machtkalkül.

Admiral Zenker wurde wegen der zermürbenden Schiffbaudebatten und seiner zwielichtigen Rolle in der »Lohmann-Affäre« zum 1. Oktober 1928 von Groener entlassen. Raeder rückte nach.

»Die Lage, in der ich die Marineleitung in Berlin bei meinem Dienstantritt am 1. Oktober 1928 vorfand, war gekennzeichnet durch ein unbegrenztes Mißtrauen bei der gesamten Regierung und dem Reichstag gegenüber der Marine, das sich auch in der Presse stark widerspiegelte (Erich Raeder).« Keiner der Vorgänger hatte sein Amt leicht versehen, aber die Person Raeder stieß fast einhellig auf Ablehnung. Im Kapp-Lüttwitz-Putsch an der Seite von Trothas, konnte ihm zwar keine faktische Beteiligung an Planung und Durchführung des Staatsstreichs nachgewiesen werden, aber daß er sich damals im Kreis der Aufrührer bewegt hatte, stimmte mißtrauisch und belastete den neuen Amtsinhaber enorm. Raeder an der Spitze der Marineleitung galt mehr als vorübergehende Erscheinung, und seine Ernennung ist wesentlich auf Groeners Engagement zurückzuführen, der nach den Entgleisungen der Marine Raeders Willen zur einheitlichen und straffen Führung begrüßte.

Als ältester von drei Söhnen des Neuphilologen Hans Raeder und der Tochter des Königlichen Kammermusikers Albert Hartmann, Gertraudt Raeder, am 24. April 1876 in Hamburg-Wandsbek geboren, wuchs Erich Raeder im Sog des jungen und überschäumenden Kaiserreichs auf. Von der allgemeinen Flottenbegeisterung erfaßt und von seemännischer Lebensweise zutiefst beeindruckt, gab er seinem Vater kurz vor dem Abitur im März 1894 während einer Schulpause zu verstehen, daß er dem Medizinstudium den Eintritt in die Kaiserliche Marine vorziehe.

Das tat er noch im gleichen Jahr. Seine Ausbildung führte ihn umher: Ostasien, Hochseeflotte, Dienst auf der Kaiserlichen Yacht HOHENZOLLERN, zwischenzeitlich in der Nachrichtenabteilung des Reichsmarineamtes, im Stab des Befehlsha-

Stapellauf des Panzerschiffes DEUTSCHLAND am 19. Mai 1931 in Kiel. Nach heftigen innenpolitischen Debatten und angesichts knapper Haushaltsmittel konnte erst 1931 mit dem Bau moderner Panzerkreuzer begonnen werden. Das offiziell nur 10.000 ts verdrängende Schiff erreichte gegen Kriegsende eine Wasserverdrängung von 15.900 ts. Archiv MOV/DMI

bers der Aufklärungskräfte und dort unter Admiral von Hipper 1917 Stabschef. Auch war er Kreuzerkommandant. Bei Kriegsende leitete der Fregattenkapitän die Zentralabteilung im Reichsmarineamt und wurde nach den dramatischen Ereignissen um den Kapp-Lüttwitz-Putsch ins Marinearchiv versetzt, wo Raeder seine schriftstellerischen und kriegstheoretischen Fähigkeiten mit der Niederschrift zweier Bände über den Kreuzerkrieg bewies. »Die mir angetragene Aufgabe habe ich sehr gern übernommen. Ich hatte den größten Teil meiner Bordzeit auf Kreuzern verbracht und fühlte mich mit der Eigenart des Kreuzerdienstes wohl vertraut.« Seine Arbeit trug ihm hernach die Würde eines Ehrendoktors der Philosophischen Fakultät der Christian-Albrechts-Universität zu Kiel ein – am 31. Mai 1926, nicht von ungefähr am zehnten Jahrestag von Skagerrak. In seiner Studie glaubt er zu erkennen, daß der Kreuzerkrieg nach den Lehren der jeune école nichts einbringt, obgleich er den Wert von Auslandsgeschwadern im gesamtstrategischen Konzept ausdrücklich anerkennt. Mit anderen Worten: Einsatz in verschiedenen geographischen Räumen statt einseitiger Kreuzerkriegskonzepte.

Mit der Ernennung zum Inspekteur des Bildungswesens übernahm der Konteradmiral von 1922 bis 1924 als Verantwortlicher für die Ausbildung des Seeoffiziers- und Ingenieuroffiziersnachwuchses eine herausragende Funktion im Prozeß der personellen Konsolidierung. Ende 1924 Befehlshaber der leichten Seestreitkräfte der Nordsee, erhielt der zum Vizeadmiral beförderte Raeder bereits 1925 das Kommando über die Marinestation Ostsee.

Hier taktierte er bedacht, warb in der Öffentlichkeit um Vertrauen für die Marine, überzeugte die politische Leitung vom Wert deutscher Seestreitkräfte, mied aber politische Stellungnahmen und maritimes Lautgeschrei. Raeder trat ebenso für die Revision der Rüstungsbeschränkungen wie für die Panzerschiffe ein, um der Marine wieder internationale Geltung zu verschaffen, als deren Grundlage er dem Ordnungs- und Autoritätsprinzip höchste Bedeutung einräumte. Der Admiral legte großen Wert auf formale Korrektheit, militärische Disziplin und persönlichen Abstand, gab sich starr, fast unnahbar und war gewiß ein unbequemer Vorgesetzter, mit dem sich nicht leicht auskommen ließ. So klagte ein unterstellter Offizier: »Freie Aussprachen mit ihm unterstellten Befehlshabern über Dinge, über die man verschiedener Meinung sein könnte, liebte Admiral Raeder nicht, da er zu befehlen geneigt war, was er für richtig hielt ... Gegen Offiziere, die zu stark ihre eigenen, seinen Anschauungen zuwiderlaufenden Meinungen vertraten, konnte er sehr rücksichtslos ein: sie wurden kurzerhand aus ihren Stellungen entfernt.«

Gewiß war sein autoritärer Führungsstil der inneren Ordnung zuträglich, aber die Starrheit, mit der er zu befehlen, zu verfügen pflegte und die ihm verbot, weitergehende Innovationen und unkonventionelle Gedanken zuzulassen, erwies sich später als verhängnisvoll. Seine Persönlichkeit erklärt letztlich sein Scheitern. Als er Anfang 1943 dem längst obsoleten Schlachtschiffgedanken noch immer das Wort redete und hier mit Hitler scharf aneinandergerät, ist offensichtlich, daß ihn die Zeit überholt hatte. Zu wenig flexibel hing er überkommenen Strategien an und mußte dem sehr viel wendigeren U-Boot-Mann Karl Dönitz den Platz räumen. Raeder zeichnete über seine gesamte Amtszeit als Chef der Marineleitung bis 1935 und danach als Oberbefehlshaber der Kriegsmarine ungebrochene Kontinuität und Tirpitzsche Tradition aus. Darin liegen seine Leistung und zugleich der Grund seines Scheiterns.

Dem neuen Chef lag bei aller persönlichen Distanz, die er zu seinen Untergebenen hielt, die enge Kameradschaft innerhalb und außerhalb der Reichsmarine am Herzen. Kontakte zwischen Aktiven und alten Kameraden und die Fühlungnahme zu zivilen Kreisen verhinderten eine Isolierung, trugen den Seegedanken weiter und förderten die Akzeptanz der Marine wie auch gegenseitiges Verständnis. Anläßlich von Stapelläufen wurden Persönlichkeiten um die Taufrede gebeten oder Parlamentariern Gelegenheiten zu Flottenbesuchen gegeben; auf diese Weise entstand allmählich ein angenehmes, vertrauensvolles Verhältnis zwischen Marine und Gesellschaft.

Der Auftakt zum Panzerschiffbau und die im gleichen Jahr erfolgte Ernennung Admiral Raeders zum Chef der Marineleitung gelten als Zäsur in der Geschichte der Reichsmarine. Raeder führte anders, straffer als seine Vorgänger, und die Panzerschiffe wiesen in eine neue operative und politische Zukunft, deren Rahmenbedingungen die Marineleitung noch unter Zenker formulierte: Die wahrscheinlichsten Gegner sind Polen und Frankreich. Unter anderem hieß es in der auf den 30. April 1928 datierten Denkschrift:

»Zur Lahmlegung polnischer Flottentätigkeit ist die Zerstörung polnischer Stützpunkte (Gdingen/Danzig) von wesentlicher Bedeutung ... Wird die polnische Flotte durch französische Seestreitkräfte verstärkt, so sind die Seeverbindungen der Nordsee nicht gefährdet. Die Verbindungen in der Ostsee sind um so mehr gefährdet, je zahlreicher und moderner die Verstärkungsstreitkräfte sind ... Ist Frankreich durch Bundesgenossen Deutschlands oder politische Rücksichten nicht gebunden und kann daher seine gesamte Seemacht gegen Deutschland einsetzen, ist Frankreichs Flotte stark genug, eine Blockade der Deutschen Bucht und der Zugänge zum Kattegat eintreten zu lassen ... Um einer Gefährdung durch feindliche Vorstöße vorzubeugen, muß die Flotte in der Nordsee zusammengezogen werden und durch Vorstöße ihrerseits den Gegner vertreiben.« Und nun kam der entscheidende Passus: »Diese Aufgabe ist nur sehr beschränkt durchführbar, solange Deutschland nicht im Besitz moderner Panzerschiffe des Neubautyps ist. Die alten Linienschiffe, die Kreuzern und Zerstörern als Rückhalt dienen sollen, sind für diese Aufgaben nicht sinksicher genug ... Ist Deutschland im Besitz mehrerer Panzerschiffsneubauten, wird es Frankreich nicht mehr möglich sein, durch leichte Streitkräfte allein eine wirkungsvolle Dauergefährdung unserer Seezufuhr eintreten zu lassen.«

Um sich wehren zu können, brauchte es also mehrere Panzerschiffe, aber die innen- und außenpolitische Lage schien im Moment nicht für weitergehende Forderungen angetan. Die Auswirkungen der Wirtschaftskrise und die zunehmende Aushöhlung des parlamentarisch-demokratischen Systems ließen 1929 und 1930 den Auftrag zum Bau des PANZERKREUZERS B (später ADMIRAL SCHEER) nicht zu, erst 1931 nahm der Reichstag die Vorlage sowie einen Schiffbauersatzplan mit einem jährlichen Aufwand von 50 Millionen Mark an. Das war sicherlich zu einem guten Teil allein der Hartnäckigkeit Raeders zu verdanken, der den unsicheren neuen Kanzler Heinrich Brüning (seit dem 28. März 1930) vom militärischen und politischen Wert der Panzerschiffe zu überzeugen suchte, die schließlich »kein Selbstzweck und keine Marotte von uns« seien. »Unsere Bündnisfähigkeit«, so äußerte sich Raeder gegenüber Brüning, »wird durch bescheidene Flottenerneuerung erheblich gesteigert.«

Die Panzerschiffdebatte wirkte sich mit Englands Neigung, Deutschland auf die Londoner Flottenkonferenz Anfang 1930 einzuladen, auch außenpolitisch aus. Erst der strikte Widerstand Frankreichs, das übersteigerte maritime Ambitionen Deutschlands wahrzunehmen vermeinte, ließ die Teilnahme platzen. Der PANZERKREUZER B als Ersatz für das Linienschiff LOTHRINGEN zu bauen (in den Listen tauchte das Schiff nun durchgängig mit der Bezeichnung ERSATZ LOTHRINGEN auf und wurde in Frankreich fälschlicherweise als Revancheforderung hinsichtlich der Provinz Lothringen verstanden), forderten das brüskierte Frankreich heraus. Umgehend wurde dort der 26.000 Tonnen verdrängende Schlachtkreuzer DUNKERQUE auf Stapel gelegt, der den Wert der leichter bewaffneten deutschen »pocket battleships« erheblich minderte.

Am 19. Mai 1931 lief der PANZERKREUZER A als DEUTSCHLAND bei den Deutschen Werken Kiel vom Stapel. Für die Marine war es ein besonderer Augenblick, denn das Staatsoberhaupt, der greise Reichspräsident von Hindenburg, taufte das Schiff, und der Reichskanzler hielt die dazugehörige Rede: »Durch diese Feier zeigt das deutsche Volk in aller Offenheit vor der Welt, daß es auch unter den ihm aufgelegten Beschränkungen und in allergrößter wirtschaftlicher Not die Kraft findet, den Frieden zu sichern und seine Ehre zu wahren ... Wir warten darauf, daß, wenn aus den Verträgen überhaupt eine Hoffnung entstehen soll, unsere gewissenhaft vollzogene Abrüstung Nachahmung findet ... Nicht dadurch dient man dem Frieden, daß man Völker mit

Der auf dem Leichten Kreuzer KÖLN eingeschiffte Reichspräsident von Hindenburg nimmt am 20. Mai 1931 die Parade von Einheiten der Reichsmarine ab. Vor der KÖLN, deren Besatzung an Oberdeck Spalier bildet, dampfen soeben die Linienschiffe SCHLESIEN und SCHLESWIG-HOLSTEIN vorbei. Archiv MOV/DMI

zweierlei Recht und zweierlei Sicherheit schafft ... Viel Leid kann vergessen werden, wenn uns die anderen gleiche Vaterlandsliebe und gleichen nationalen Stolz zubilligen, wie sie für sich und ihr eigenes Land in Anspruch nehmen.«

Die Marineleitung setzte große Hoffnungen in die am 2. Februar 1932 – nach 1930 – wieder beginnenden Genfer Abrüstungsverhandlungen, da sie allen Ernstes glaubte, eine gewisse Lockerung der restriktiven Bestimmungen des Versailler Vertrages in Aussicht zu haben, worin sie sich bitter täuschte. Auch ihr taktischer Vorschlag, sozusagen als Interimslösung zwischen Parität mit Frankreich und Versailler Tonnagebestimmungen, die festgesetzte Zahl der Schiffe zwar einzuhalten, aber ihre qualitative Begrenzung offen zu gestalten, scheiterte. Der neue Reichswehrminister, General Kurt von Schleicher, ließ in einer Rundfunkrede am 26. Juli 1932 die Öffentlichkeit wissen, daß sich Deutschland nun nicht mehr an die Bestimmungen des Versailler Vertrages gebunden fühlt. De facto blieb Deutschland nach wie vor gebunden, aber allein die Ankündigung, durch einen wenn nötig einseitigen Akt die »Fesseln von Versailles« zu sprengen, spiegelt die radikale Haltung und wachsende Militarisierung der Öffentlichkeit unter den Präsidialkabinetten wider. Die Notverordnungen im Krisenjahr 1932, dem letzten demokratischen, brachten nun ohne weiteres auch ein drittes Panzerschiff (PANZERSCHIFF C, später ADMIRAL GRAF SPEE) im Haushalt unter.

Am 15. November genehmigte von Schleicher den umfangreichen »Umbauplan«, der in drei Abschnitten, 1933, 1934–1937, 1938 und folgende Jahre zum Ziel hat:

»1. Indiensthaltung von sechs Linien- bzw. Panzerschiffen, einem Flugzeugträger, sechs Kreuzern, sechs Zerstörer- bzw. Torpedoboot-Halbflottillen, drei Minensuch-Halbflottillen, drei Schnellboot-Halbflottillen, drei U-Boot-Halbflottillen (16 U-Boote), einem Segelschulschiff, einem Sperrverband ...
2. Schaffung einer Marineluftwaffe ...
3. Schaffung einer U-Bootwaffe ...
4. Umarmierung bzw. Armierung von Schiffen und Fahrzeugen über das bisher zugestandene Maß...«

Mit der Absegnung des Plans schlug die Marine Ende 1932 einen Weg ein, von dem sie sich den Ausbau und die Modernisierung ihrer Streitkräfte erhoffte, um eine wirksame Verteidigung zur See aufzubauen, aber auch, um mit stärkeren Einheiten – den Panzerkreuzern – ausgreifendes Engagement zu ermöglichen. Die Marine war im Aufwind, zahlreiche Freiwillige strömten ihr zu (von 618 Aufnahmegesuchen für die Seeoffizierslaufbahn konnten nur 45 berücksichtigt werden), und die Öffentlichkeit schien die Ärgernisse und bösen Geschichten, die sich in der Vergangenheit um die Marine rankten, verdrängt zu haben. Das ist zweifellos das Verdienst Erich Raeders.

Groß war die öffentliche Anteilnahme, als am 26. Juli 1932 eine Sturmbö nahe der Insel Fehmarn das Segelschulschiff NIOBE erfaßte und zum Kentern brachte. Mit der NIOBE wurde fast ein gesamter Jahrgang von Marineoffiziersanwärtern in die Tiefe gerissen. »Der Verlust dieser jungen Menschen ist mir sehr nahegegangen, wenngleich der Seemann in seinem Beruf stets mit Opfern rechnen muß, die der nie aufhörende Kampf mit den Naturgewalten immer wieder fordert. Es ist damals nichts unterlassen worden, um das tragische Ereignis bis in die letzten Einzelheiten aufzuklären und daraus die entsprechenden Lehren zu ziehen.« Die Toten wurden feierlich beigesetzt, im gleichen Jahr auch die Admirale Hipper und Zenker. Bei zahlreichen Auslandsbesuchen – die EMDEN in Ostasien und Afrika, die KARLSRUHE auf einer 38.000 Seemeilen weiten Fahrt über die Weltmeere, Übungsfahrten an norwegische Plätze oder zu den Kanaren – wurde den disziplinierten und kameradschaftlichen Besatzungen ausgesuchte Freundlichkeit und Sympathie entgegengebracht; man mühte sich redlich um Ansehen und Prestigegewinn.

Die Marine zeigte in der politisch bewegten, chaotischen Übergangsphase von der gelähmten Demokratie Weimars in die Diktatur Hitlers bereits ein solches Maß an Konsolidierung, daß die innenpolitischen Auseinandersetzungen des Jahres 1932 ihr Gefüge nicht zerrissen.

Die NSDAP Hitlers schwoll beständig an und lieferte sich mit den »Linken« blutige Straßenschlachten im Kampf um die Macht, als die bürgerliche Mitte bereits in endgültige politische Agonie verfallen war. Reichspräsident und Reichwehrminister hoben sicher mit den besten Absichten den eitel-intriganten, politisch aber nicht unbegabten Franz von Papen in den Kanzlersattel. »Für den Verfall des öffentlichen Lebens konnte nichts bezeichnender sein, als die Ernennung dieses wohlerzogenen Hansquasts, Herrenreiters und Schönredners ...« (Golo Mann). Der ging überraschend kraftvoll ans Werk, bildete ein konservatives Kabinett ohne parlamentarische Mehrheit, erreichte immerhin die Lösung der Reparationsfrage in der Konferenz von Lausanne und setzte zunächst alles daran, Hitler mundtot zu machen.

Ohne Unterlaß und wohl nicht zu Unrecht prangerte der NS-Parteiführer unterdessen das Versagen von Regierung und Parteien an, propagierte landauf, landab, wetterte gegen den Kommunismus und Versailles, forderte Arbeit und Brot. Kurzum, Hitler traf den Nerv der Zeit und gewann alle bürgerlichen Kräfte, denen das Gebaren der braunen Straßenhorden zwar zuwider war, aber die Argumente Hitlers in dieser kritischen Situation höchst vernünftig erschienen. »Daß der Nationalsozialismus im Sumpf des auf sechs Millionen Arbeitslose gestiegenen Elends besonders gut gedieh – wie ja im übrigen auch der Kommunismus –, versteht sich von selbst, dennoch siegte am Ende nicht der linke, sondern der rechte Radikalismus, denn dieser war tiefer und breiter in Geschichte und Gesellschaft Deutschlands verwurzelt als der von links« (Michael Salewski).

Hitler und die Marine 1933–1939

Militärisches Instrument zweiten Ranges

Hitlers »Machtergreifung« am 30. Januar 1933 – er wurde von Hindenburg als Führer der stärksten Partei mit dem Amt des Reichskanzlers und der Neubildung des Kabinetts betraut – führte weder zu außerordentlichen Erschütterungen noch übermäßigen Reibungen in der Marine. Wichtig für sie und ihren Chef war die Festigung des Staates und seine politische Stabilisierung. In einem Neujahrsgruß an Konteradmiral von Levetzow schrieb Raeder: »Möchte das neue Jahr endlich eine Konsolidierung der inneren Verhältnisse bringen! Ich verstehe die Politik nicht mehr; ich sehe nur immer, daß das Wohl des Vaterlandes fast keine Rolle in ihr spielt, sondern nur immer der Ehrgeiz einzelner Personen oder womöglich das Geld ...«

Mit Hitler hatte Raeder wenig im Sinn, ihm und seiner bellenden Rhetorik brachte der Admiral keinerlei Sympathie entgegen. Im Gegenteil nannte er die innen- und außenpolitischen Sprachkanonaden Hitlers »verbrecherisch«, und wütend ließ er den eben genannten von Levetzow wissen, was er von Hitler und seiner Politik hielt: »Ich habe aus seinem Munde in den letzten Monaten keinen politischen, wertvollen Gedanken, geschweige denn ein Programm gehört, nur Negatives ...«. Daß Hitler jedoch »alle Sympathien« verliere und »die jungen Offiziere in Armee und Marine ... völlig geheilt von ihm« seien, wie Raeder meinte, stimmte keineswegs.

Gerade die jungen Offiziere schlossen sich wie ihre Kameraden in Heer und Luftwaffe im Angesicht der zurückliegenden schweren Jahre dem Neuen auf, und viele mögen gehofft haben, daß Hitler dem militärischen Element im Staate vielleicht wieder jene Geltung verschafft, wie sie einst im Kaiserlichen Deutschland sinnbildend war. Die Marine, die wie keine andere Streitkraft von der engen Bindung an den Kaiser gelebt hatte, irrte nach Scapa Flow ohne jeden greifbaren Bezugspunkt ziemlich verloren in den unruhigen Gewässern von Weimar umher. Es war daher nur zu verständlich, wenn nach der Zeit relativer Bedeutungslosigkeit und der Suche nach Sinngebung nun eine grundsätzliche, staatliche Änderung begrüßt wurde, die der Marine, so ihr sehnlichster Wunsch, wieder zu Identität und Selbstbehauptung verhalf. Man erhoffte sich einiges, wovon auch die Stellungnahme eines Marineoffiziers zur neuen Flagge zeugt:

»Das Unglücksjahr 1919«, schreibt er ein Jahr nach Hitlers Regierungsantritt, »brachte in der Weimarschen Verfassung ohne jedes politische oder historische Verständnis an Stelle der Farben Schwarz-Weiß-Rot wieder die wenig rühmlichen Farben Schwarz-Rot-Gold. Zwar behielten die Schiffe der Kriegs- und Handelsmarine als Grundfarben Schwarz-Weiß-Rot, doch wurden in der Flagge im Gösch-Obereck die schwarz-rot-goldenen Farben angeordnet. 1933 wurden durch den Führer Adolf Hitler glücklicherweise die schwarz-rot-goldenen Farben völlig beseitigt. Man kehrte zu den schwarz-weiß-roten Farben zurück. Diese Farben sind auch in der Hakenkreuzflagge enthalten. In den deutschen Farben Schwarz-Weiß-Rot steckt alte Überlieferung – Sie sind ›historisch gewachsen‹; diese Farben sollen uns heilig sein und bleiben!«

Nicht übermäßig euphorisch, aber erwartungsvoll war die Stimmung im Seeoffizierskorps bei der Bildung des neuen Kabinetts 1933, und in der Tat: Die Reise des Kreuzers KÖLN zeugt von der vorzüglichen Haltung der Marine, die ohne jeden nationalen Überschwang oder sonstiges tadeliges Imponiergehabe den Regierungswechsel auf See erlebte und die man in allen Häfen, selbst in denen der ehemaligen Kriegsgegner, mit wohlwollendem Anstand aufnahm.

Nach der Machtübernahme Hitlers orientierte sich die Marine strategisch und rüstungspolitisch zunächst an den Vorgaben der Republik. Mit dem »Umbauplan« vom November 1932 wichen zwar so manche für 1933 vorgesehenen Maßnahmen von den Versailler Vorschriften ab, doch sie bewegten sich in einem moderaten Rahmen, den die Öffentlichkeit weder im In- noch im Ausland so recht wahrnahm; wo 50 zusätzliche Offiziersanwärter zugelassen werden sollten, da konnte der einstige Feind keinen Vertragsbruch wittern.

Der Ausbau einer marineeigenen Luftwaffe, einer schlagkräftigen U-Boot-Flotte und auch der Bau eines Flugzeugträgers waren zwar anvisiert, aber bis zur Umsetzung der Planungen in einsatzfähiges Potential dauerte es Monate, wenn nicht Jahre. Marineplanung ist immer von Langfristigkeit geprägt, denn ein Schlachtschiff läßt sich eben nicht wie ein Flugzeug oder Panzer am laufenden Band (auch hier geht stets eine mehrjährige Entwicklungszeit voraus) herstellen. Daran änderte sich übrigens erst etwas, als in der zweiten Hälfte des Krieges die Konzentration der Marinerüstung von den »Dickschiffen« vollends auf U-Boote, leichte Seefahrzeuge und Kleinkampfmittel verlagert wurde und so auch auf dem Marinesektor eine Art Massenproduktion Einzug hielt.

Diese notwendige Langfristigkeit bei allen Marineplanungen war mithin Gesprächsgegenstand zwischen Hitler und Raeder bei dessen erstem Vortrag im Frühjahr 1933. In Gegenwart des Reichswehrministers General von Blomberg referierte der Admiral über die allgemeine Lage der Marine, ihre strategische Orientierung und den Stand der Rüstung. Wie sah die Flotte 1933 aus? Das Flaggschiff der Reichsmarine ist das Panzerschiff DEUTSCHLAND, die spätere LÜTZOW, zum damaligen Zeitpunkt eines der modernsten Schiffe überhaupt. Vier alte Linienschiffe der »Vor-Dreadnought-Zeit«, SCHLESIEN, SCHLESWIG-HOLSTEIN und HANNOVER, hatten die Werften noch vor dem Ersten Weltkrieg verlassen, ferner gibt es die fünf Leichten Kreuzer EMDEN, KÖNIGSBERG, KARLSRUHE, KÖLN und LEIPZIG, zwölf Torpedoboote und eine ganze Zahl kleinerer Einheiten.

Vor seinem Vortrag wußte Raeder aus Hitlers Programmschrift »Mein Kampf«, daß der neue Kanzler keine allzu große Meinung von »Marine« schlechthin und der Kaiserlichen insbesondere hat, was indes nicht hieß, daß er kein Verständnis für ihre Belange aufbrachte. Bewertungsmaßstab waren Hitler die Flotte und ihre Politik vor dem Ersten Weltkrieg. Damals sei die Marine nur »romantische Spielerei, ein Paradestück« gewesen und der Grundsatz Wilhelms II., die Zukunft Deutschlands liege auf dem Wasser, »verkehrt und unheilvoll«. Die Überzeugung, Seekrieg habe nur im Kampf Schiff gegen Schiff einen Sinn, also in einer Entscheidungsschlacht zweier Flotten, behielt Hitler bis weit in den Zweiten Weltkrieg bei, und seine Bewunderung für die Tapferkeit und die Einsatzbereitschaft der U-Boote, die einzig mit dem wahren Angriffsgeist ausgestattet seien, galt ihm im Ersten wie auch im Zweiten Weltkrieg.

Waren die operativen Überlegungen bisher in Abhängigkeit vom Versailler Vertrag stets auf Polen und Frankreich ausgerichtet, würde mit dem monomanisch auf Osten fixierten Hitler bald ein weiterer potentieller Gegner hinzukommen: Die Sowjetunion. Freilich verloren die beiden Männer in dieser ersten Unterredung kein Wort über Möglichkeit oder gar Vorbereitung einer Kriegsrüstung gegen Rußland oder einen anderen Staat, wer aber Hitlers schriftliche Äußerungen, vor allem sein Buch »Mein Kampf« kannte, der wußte um die Grobraster seiner Kriegszielpolitik: Aufrüstung der Streitkräfte, Erringung deutscher kontinentaler Großmacht und nach Ausbau und Festigung des »Lebensraums« Kampf um die Weltherrschaft – unweigerlich zugleich Kampf gegen die Seemächte –, wobei Großbritannien die Rolle des kontinentalen Juniorpartners an der Seite Deutschlands zugedacht war. Fest stand, daß Hitler mit Großbritannien, Japan und Italien zu diesem Zeitpunkt keinen Krieg wollte.

Der »Führer« bewegte sich mit seinen Zielvorstellungen seltsam nahe am »dominierenden Strang des Marinedenkens« (Jost Dülffer). So hieß es bereits

1925: »Wir haben heute und für Jahre hinaus keinen Gegensatz zu England mehr. Wir sind von der See zurückgeworfen, ohne Seemacht ganz von der Gnade Englands abhängig. Wenn wir wieder einmal als Volk und Staat in Form sind, dann taucht das Verlangen nach See und Seegeltung und mit ihm die Angelsachsen als Gegner auf.« Das war allemal Gemeingut in der Marine.

Eine Forcierung der Flottenbaupolitik kam für Hitler jetzt nicht in Frage, da ein rasanter Flottenbau dem Deutschen Reich in jedem Falle die Gegnerschaft der Briten eintrug. Daher war es die Hauptsorge Raeders, der von Hitler angestrebte Kontakt zu Großbritannien ginge zwangsläufig auf Kosten der eigenen Marinerüstung. Hitlers Grundsatz, das Inselreich nicht zu brüskieren und die Marine innerhalb der europäischen Kontinentalpolitik auszubauen, widersprach entschieden Raeders Auffassung, nach der nur eine starke, langfristig geplante Flotte England zum Bündnis bewegen könne. Da tauchte sie wieder auf, die »Bündnisfähigkeit« – das maritime Denken der Tirpitz-Schule war also keineswegs überwunden, sondern erhielt ganz im Gegenteil durch Raeder neue Nahrung. Schon einmal hatte jene »Bündnisfähigkeit« einer deutschen Flotte nichts eingebracht, was Raeder schließlich hautnah miterlebt hatte, und so ist die letztlich belanglose Bündnisformel einzig auf seinen Willen zurückzuführen, die Traditionen der Marine nicht zu verleugnen, diese vielmehr wieder zu einem nationalen und internationalen Machtfaktor zu erheben. Und wenn Hitler mit »Kontinentaler Ausrichtung« kam, bedeutete dies nichts anderes als die Begrenzung aller Marineaufgaben auf den unliebsamen Küstenschutz in der Ostsee. Raeder drängte in bester Tirpitzscher Manier auf eine Ausweitung in den Atlantik und die Nordsee und gab sich mit dem von Hitler in Aussicht gestellten Minimalengagement der Marine im Küstenvorfeld nicht zufrieden. Von den Panzerkreuzern hielt Hitler ohnehin nichts: »Das sind Schiffchen, mit denen wir die Meere nicht beherrschen können … Keine Verstärkung unserer Wehrmacht.«

Der Admiral wuchs unter Tirpitz und mit den Lehren Mahans auf, und seine erlernte Überzeugung, der Weg zur Weltspitze führe allein über See, war von Raeder nicht einfach fortzudenken (»Die Skala der Weltgeltung der Nationen ist identisch mit der Skala ihrer Seemacht«). Hitlers moderate Britannien-

Panzerschiff DEUTSCHLAND. Das 1931 vom Stapel gelaufene Panzerschiff war nach dem Prinzip konzipiert worden, schneller zu sein als die damals stärker armierten Schiffe und stärker zu sein als die schnelleren Einheiten. Bewaffnung: 6 Geschütze 28 cm, 8 Geschütze 15 cm, 3 Flak 8,8 cm und 8 Torpedorohre. Geschwindigkeit 28 kn. Im November 1939 wurde das Schiff in LÜTZOW umbenannt, da man im möglichen Untergang einer DEUTSCHLAND ein böses Omen sah. Archiv MOV/DMI

Haltung mochte ihm da wie Verrat an den Traditionen der Marine vorgekommen sein. Hitler machte der Marineleitung zu Beginn seiner Amtszeit deutlich, daß er nichts von übersteigerten Seemachtambitionen à la Tirpitz hielt und, vorerst, schon gar nichts von einer maritimen Ausrichtung seines Staates. So prallten bereits in den ersten Zusammenkünften unterschiedliche Tendenzen in der Zielsetzung aufeinander, aber wenigstens gelang es Raeder, Hitler für Marinebelange generaliter zu sensibilisieren. Und warum sollte der Flottenbau auch nicht Gegenstand der außenpolitischen Aktualität sein? Die Flotte schien als Instrument durchaus dazu angetan, Großbritannien abzutasten, und noch im laufenden Jahr 1933 bezog Hitler den rein politischen Wert der Reichsmarine in sein Machtkalkül mit ein, was ihn allerdings nicht im mindesten dazu bewog, Großbritannien den Anspruch auf seine artikulierten Seeinteressen streitig zu machen.

Demgemäß versicherte Raeder in Absprache mit dem Reichskanzler den Briten am 29. November 1933, Deutschland werde künftig den Seemächten quantitativ nicht zu nahe treten – und dies zu einem Zeitpunkt, da in Deutschland rüstungsmäßig alle Schranken fielen: Der britische MacDonald-Plan kalkulierte mit einer allgemeinen Beschränkung der Heeresstärken nach fünf Jahren, Deutschland aber wollte sich sofort gleichberechtigt an die Seite der ehemaligen Kriegsgegner stellen und nahm die ablehnende Haltung von Briten und Franzosen zum willkommenen Anlaß, die Abrüstungskonferenz zu verlassen und aus dem Völkerbund auszutreten. Deutschland war isoliert, Finanzen, Arbeiter und Rohstoffe wurden nun unter den Primat der Aufrüstung gestellt, und im März 1934 brachte die Reichsführung eine künftige Flotte von acht Panzerschiffen, drei Flugzeugträgern, 18 Kreuzern, 48 Zerstörern, 24 großen und 48 kleinen U-Booten zum Vorschlag.

Der Diktator zeigte sich in Marineangelegenheiten sehr zur Überraschung Raeders ausgesprochen bewandert. Natürlich kannte er Mahans Thesen, und natürlich waren ihm Tirpitz' Flottenpläne geläufig. Und Hitler wußte auch, daß Admiral Tirpitz seinem Kaiser 1912 einen Vorschlag unterbreitet hatte: Man solle die Engländer von dem Vorteil überzeugen, der ihnen aus einem Stärkeverhältnis von 16 gegenüber 10 deutschen Schiffen erwüchse. Hitler dachte jetzt, 1934, an ein Stärkeverhältnis von etwa drei zu eins zu englischen Gunsten, um durch ein solchermaßen demonstratives Eingeständnis britischer Seestärke und eigener Schwäche herauszuheben, daß ein Kampf beider Flotten gegeneinander für ihn außerhalb jeder Vorstellung lag. Ein Flottenabkommen zwischen Deutschland und England, in dem die britische Seemacht unangetastet blieb, mußte Unverständnis und gar blankes Entsetzen beim Marinechef hervorrufen. Anders ist eine Marginalie in seinen Aufzeichnungen nicht zu verstehen. Er merkt dort an: »Entwicklung Fl. Später ev. gegen E.« Und weiter: »Tradition hochhalten. Ich: von 1936 an gr. Schiffe mit 35 cm. Wenn Geld ja. Bündnis 1899. Lage 1914?« Die Passage ist aufschlußreich, zeigt sie doch, wie sehr Raeder den Denkmustern der Vergangenheit anhaftete. Mit »Bündnis 1899. Lage 1914« meinte er wohl, daß auch eine Verständigung zwischen Deutschland und England in Marinefragen noch vor der Jahrhundertwende einen Krieg nicht hätte verhindern können, und er mag geschlußfolgert haben: Auch wenn wir jetzt zu einem bilateralen Abkommen mit dem Inselreich gelangen, ist dennoch Vorsorge zu treffen. Als unmittelbare Reaktion ließ er, freilich mit Absegnung Hitlers, Umbauten an den Panzerschiffen und späteren Schlachtschiffen »D« und »E« vornehmen, erteilte den Konstruktionsauftrag für »F« und entschied über den Bau zweier Schwerer Kreuzer.

Was Raeder vor allem anstrebte, war die Aufrechterhaltung deutscher Seetradition, die mit seinem maritimen Ziehvater Tirpitz einen so beispiellosen Auftakt genommen hatte, während Hitler Gesprächen mit England höchsten Wert beimaß, um das Inselreich nicht zu verprellen. Das Jahr 1934 begann mit dem deutsch-polnischen Nichtangriffspakt außenpolitisch erfreulich, und ein deutsch-britischer Flottenvertrag war auch in Planung, doch er geriet durch plumpes und skrupelloses Gebaren der Reichsführung im Laufe der nächsten Monate in größte Gefahr, als der nationalsozialistische Putschversuch im sommerlichen Österreich die Verhandlungsbasis schwer erschütterte.

Die nach außen hin konziliante Mimik des deutschen Kanzlers erschien nun höchst fragwürdig, und angst und bange wurde den Reichsdiplomaten, deren französische und britische Kollegen »unsere jetzige Aufrüstung mit unserem Schlachtschiffbau vor dem Kriege« verglichen. Die Marinerüstung und vor allem der unbekümmerte Aufbau der Luftwaffe, von wahrer Fliegerbegeisterung im Volk begleitet, die an die Flotteneuphorie vor 1914 nahe heranreicht, verursachten Irritationen und unerträgliche Spannungen. »Die Stimmung gegenüber Deutschland hat einen Tiefpunkt erreicht, wie er nach dem Abklingen der Kriegsstimmung nicht mehr zu verzeichnen war. Er wird als offene Feindseligkeit bezeichnet.« Es brauchte eine ganze Anzahl von Sondergesprächen mit den Briten, um die Wogen wieder zu glätten und zu beruhigen, indem man gegenüber der britischen Regierung immer wieder betonte, daß Deutschland »in keiner Weise Rüstungen betreiben wolle, die sich gegen England richteten«. Allerdings: Was da noch 1934 und in der ersten Hälfte des Jahres 1935 an Deplacement-Veränderungen, Verstärkungen und Umarmierungen geplant und teilweise auch vorgenommen wurde, läßt vermuten, daß in Hitler bereits Vorstellungen von einer eventuellen Gegnerschaft Englands wach wurden – von Raeder unbemerkt und vom Ausland sowieso.

Hitler steuerte das Staatsschiff mit Kurs auf Krieg, darauf deutete nicht zuletzt das »Gesetz für den Aufbau der Wehrmacht« vom 16. März 1935 hin, mit dem er die Fesseln von Versailles sprengte. Von diesem Tage an galt die allgemeine Wehrpflicht in Deutschland, hieß die Reichswehr Wehrmacht, und Raeder führte den Titel Oberbefehlshaber der Marine, kurz Ob.d.M. Daß sich die Reichsmarine ab 1. Juni 1935 Kriegsmarine nannte und von da an auf allen Kriegsschiffen die Hakenkreuzflagge mit Eisernem Kreuz im linken Obereck wehte, unterstreicht zudem den aggressiven Charakter des Deutschen Reiches.

Am 18. Juni 1935 – auf den Tag genau 120 Jahre zuvor hatten in der Schlacht bei Waterloo englische und preußische Truppen Napoleon vernichtend geschlagen – kam es zum deutsch-britischen Flottenabkommen, das die Stärke der deutschen Flotte auf 35 Prozent der englischen Überwassertonnage festlegte. Seit 18 Tagen schon hieß die Reichsmarine Kriegsmarine, und die neue Bezeichnung löste gewiß einige Irritationen beim Vertragspartner aus, der sich gleichwohl in bester Atmosphäre in der Kategorie U-Boote mit einer 45-Prozent-Regelung einverstanden erklärte; sollten hier, und das ist bemerkenswert, künftig Veränderungen notwendig sein, wird man zum gegebenen Zeitpunkt in freundschaftlichen Gesprächen übereinkommen, hieß es. Und in der Tat galten hier nach späteren Absprachen gleiche Tonnagezahlen für die Vertragspartner.

Die Briten waren der deutschen Führung gar zu Dank verpflichtet, wie der Führer ihrer Schlachtflotte, Sir Beatty, befand: »Ich bin der Meinung, daß wir den Deutschen Dank schuldig sind. Sie kamen zu uns mit ausgestreckten Händen und erklärten, daß sie mit dem Stärkeverhältnis von 35:100 einverstanden seien. Wenn sie andere Vorschläge gemacht hätten, hätten wir sie auch nicht hindern können. Daß wir nun wenigstens von einem Lande der Welt kein Wettrüsten zu befürchten haben, ist wahrlich eine Sache, für die man dankbar sein muß.«

Erkannte Beatty nicht die Tragweite der deutsch-britischen Übereinkunft? Schließlich sanktionierte eine Signatarmacht die deutsche Lösung von den Bestimmungen des Versailler Vertrages. Das war zweifellos ein großartiger politischer Achtungserfolg der deutschen Regierung, und Hitler war außer sich: »Heute ist der glücklichste Tag meines Lebens. Erst die Nachricht von meinem Arzt, daß die Verletzung meiner Stimmbänder nicht bösartiger Natur ist, und soeben die Meldung vom Abschluß des Flottenabkommens.« Dieses kam vordergründig einer freiwilligen Selbstbeschränkung der deutschen Marine (woran übrigens keine andere Marine auch nur ansatzweise dachte) gleich, schien sie sprichwörtlich an der kurzen Leine zu halten und allenfalls qualitative Veränderungen, etwa in Panzerung oder Armierung, und dann auch nur unter der Hand, zuzulassen. Geht es nach den nackten Zahlen, schien auch quantitativ vorerst nichts machbar: War 1934 noch eine Flotte von 72 U-Booten geplant, konnten im Jahr des Vertragsabschlusses nur 36 Boote in Auftrag gegeben werden. Daß dieser Status auf die Dauer für das aufstrebende Deutsche Reich inakzeptabel war und nicht nur den Vorstellungen Raeders von der Zukunft und der Rolle einer deutschen Marine widersprach, versteht sich fast von selbst.

Es war nur eine Frage der Zeit, wann Abstriche am Flottenabkommen vorgenommen würden, und es gehört wohl zur Ironie der Geschichte, daß erste Lockerungen nicht auf deutsches Engagement zurückgingen, sondern die Briten zu Konzessionen bereit waren, oder besser: bereit sein mußten. Sie mühten sich um die Jahreswende 1935/36 in einer dreimonatigen Tagung in London um die Zusage der großen Seemächte, die vertraglichen Bestimmungen zu den qualitativen und quantitativen Bindungen der Seerüstung – es ging um die Übereinkünfte aus den Jahren 1921, 1922 und 1930 – zwar beizubehalten, aber ein wenig zu modifizieren. Als die Tagung ohne das erhoffte Resultat zu Ende ging, beschloß die britische Regierung kurzerhand die Forcierung ihres Flottenbaus und legte damit den Grundstein zum maritimen Wettrüsten der kommenden Jahre, denn nunmehr galt in den einzelnen Schiffsklassen die tatsächlich vorhandene britische Tonnage und nicht mehr die Washingtoner Vertragstonnage in den bislang limitierten Klassen.

An die 35-Prozent-Klausel mit Deutschland gebunden, bedeutete dies automatisch die Erweiterung deutscher Rüstung zur See, die Ribbentrop – der Sonderbotschafter in Marinefragen und nachmalige deutsche Außenminister hatte die Demarche von der

Stapellauf des Schlachtschiffes GNEISENAU am 8. Dezember 1936 in Kiel. Zusammen mit der am 3. Oktober 1936 in Wilhelmshaven vom Stapel gelaufenen SCHARNHORST waren dies die beiden ersten Schlachtschiffneubauten nach 1918. GNEISENAU konnte nach dem Ablaufen von der Helling nicht rechtzeitig aufgestoppt werden und kam erst durch Auflaufen in das der Werft gegenüberliegende Hindenburgufer zum Stillstand. Archiv MOV/DMI

Mit ihren langen, leicht geschwungenen Linien galten SCHARNHORST und GNEISENAU als ausgesprochen schöne Schiffe. Offiziell nur 26.000 ts Wasserverdrängung, erreichte SCHARNHORST zuletzt 38.100 ts. Bewaffnung: 9 Geschütze 28 cm, 12 Geschütze 15 cm, 14 Flak 10,5 cm, 16 Flak 3,7 cm, 10 bis 38 Flak 2 cm, 6 Torpedorohre, 4 Bordflugzeuge, 31 kn. Archiv MOV/DMI

britischen Delegation entgegengenommen – mit Genugtuung und offen gezeigter Freude quittierte.

Wenn die Briten glaubten, das Reich sei nun auf Gedeih und Verderb an ihre Rüstung gebunden und würde somit Verzicht auf eine unabhängige Politik leisten, dann sollten sie sich täuschen. Das Abkommen galt Hitler solange etwas, wie als Vehikel für ein Bündnis mit England dienlich. Erweist sich der Vertrag aber für das Bündnisvorhaben im Sinne der britischen kontinentalen und deutschen maritimen »Juniorpartnerschaft« als untauglich, dann kann man sich jederzeit aus den Verpflichtungen herausstehlen. Nichts war endgültig, alles nur vorläufig.

Dreierlei erreichte die deutsche Führung mit ihrem diplomatischen Coup: Erstens durfte sich Raeder sicher sein, daß der Ausbau der Seestreitkräfte eine feste Größe und der Marine eine anspruchsvolle Rolle für die Zukunft des Reiches zugedacht war. Zweitens entsprach das Abkommen dem außenpolitischen Programm des »Führers«, und drittens hielt der Vertrag sowohl die Möglichkeit zum Bündnis mit als auch zur Wendung und Rüstung gegen England bereit – je nach dem, wie sich die politische Lage entwickelt. England zirkulierte wie in alten Tagen wieder in den Köpfen der Admirale, obgleich Frankreich, das empört auf die britischen Zugeständnisse an das Deutsche Reich reagierte, als potentieller Kriegsgegner keineswegs ausgeklammert war.

Noch im Jahr des Vertragsabschlusses wurde zum Aufbau der Kriegsmarine der neue Bauplan erstellt. Danach sollten bis 1941 zu den vorhandenen drei Panzerschiffen fünf zusätzliche (davon drei Schlachtschiffe), fünf Kreuzer, zwei Flugzeugträger, 22 Zerstörer und 22 U-Boote gebaut werden, die alle Werftkapazitäten im Reich zu sprengen drohten: »Eine Baubeschleunigung der Panzerschiffe, Kreuzer, Zerstörer, Flottenbegleiter, S- und R-Boote ist nicht möglich, da bereits jetzt die kürzesten Termine eingesetzt, die Werften bis an die Grenze des Möglichen beschäftigt und alle verfügbaren Facharbeiter voll ausgenutzt sind ... Zusätzliche Neubauten können von den deutschen Werften bis auf weiteres nicht übernommen werden«, hieß es in einer Stellungnahme der Marineleitung. Heer und Luftwaffe ging es nicht anders: Die lang ersehnte freie Hand hatte man wohl, aber nicht die Räume für den Bau des Kriegsgeräts. Das blieb das Kardinalproblem im Frieden wie nachher im Krieg, den Hitler bereits im August 1935 mit den beiden Forderungen unverhohlen ankündigte, Armee und Wirtschaft müßten in vier Jahren einsatz- bzw. kriegsfähig sein.

Für die Kriegsmarine entwickelte sich über den rüstungspolitischen Aufbruch eine Erwartungshaltung, die man aufgeschlossen und zugleich gespannt nennen kann. Was bringt die Zukunft, welcher wird der »Standort« der Marine im Reich sein? Sicher kein schlechter, darüber war man sich einig. Erfreulich locker die Zeit, das neue Selbstbewußtsein spornte die Gemüter an. Offiziere und Soldaten waren hochmotiviert, ihre Beförderungsaussichten und die soziale Lage nicht schlecht, denn das Ansehen der Militärs in der Gesellschaft strebte mit der propagandistischen Herausstellung der Wehrmacht durch das NS-Regime geradewegs einem Höhepunkt zu.

Gegenseitige ungezwungene Besuche und herzliche Achtungsbezeugungen waren beinahe an der Tagesordnung. König Gustav V. von Schweden war am 21. Juni 1936 an Bord des Panzerschiffes ADMIRAL SCHEER, Zar Boris von Bulgarien weilte im Oktober auf dem Kreuzer EMDEN, amerikanische, französische und japanische Schiffe liefen in Kiel unter großer Anteilnahme der Bevölkerung ein, der britische Kreuzer NEPTUNE und die italienische GORIZIA zeigten in der Deutschen Bucht Flagge, und Raeder persönlich nahm die von den Engländern geborgene Schiffsglocke des Schlachtkreuzers HINDENBURG, der sich im Mahnmal der deutschen Marine, in Scapa Flow, versenkt hatte, als Geschenk entgegen. Raeder nutzte in seiner Ansprache die Gelegenheit, seinem Wunsch nach gutem Einvernehmen beider Marinen Ausdruck zu verleihen, und war hocherfreut, als gleichsam im Gegenzug das Panzerschiff GRAF SPEE an einer Parade anläßlich der Krönung Georg V. teilnehmen durfte.

Der Austausch von Nettigkeiten und das sichtbare Bemühen um Ansehen in der Welt sind die glänzende Seite der Medaille; deren andere ist weitaus matter, denn wo es um Organisation, Verwaltung, strikte Befehle und Routinearbeit für den Aufbau geht, ist im allgemeinen keine Herrlichkeit zu erwarten. Die Umstrukturierung der Marine war mitnichten ein Kontinuitätsbruch innerhalb der Kommandostruktur, und die Neuorientierung fiel auch sicherlich keinem sonderlich schwer. Die Marineleitung hieß Oberkommando der Kriegsmarine (OKM), der Chef des Marinekommandoamtes ab 1937 zugleich Chef des Stabes der Seekriegsleitung, und die Operationsabteilung – das Herzstück aller Planung – nun 1. Abteilung der Seekriegsleitung. Das Flottenkommando in Kiel war die Befehlszentrale der Flotte. Ihr unterstanden der Befehlshaber der Panzerschiffe (B.d.P.) in Wilhelmshaven, der Befehlshaber der Aufklärungsstreitkräfte (B.d.A.) in Kiel und der Führer der Unterseeboote (F.d.U.) ebenfalls in der Fördestadt.

Die Erweiterung der Marine konzentrierte die Arbeit der Seekriegsleitung auf den Aufbau moderner Seekampfmittel. Mit dem Einsatz von Minen waren zugleich Minensucher und -Räumer nötig, zusammengefaßt unter dem Kommando des F.d.M. (Führer der Minensuchboote). Auslegen, Suchen und Räumen, überhaupt die Vorstellung von Minenkrieg und Minenabwehr müssen einem Staat viel gelten, dem seine flachen und engen Küstengewässer geradezu eine Einladung für feindliche Minenverwendung sind. Das so entwickelte Interesse für die Sperrwaffe erklärt auch den Erfindungsreichtum, denn neben die magnetische und akustische trat die sogenannte Druckdosenmine, deren Zündung durch den Unterdruck des über die Mine fahrenden Schiffes vermöge seiner Bugwelle aktiviert wurde. Die Vielfalt an Abwehr- und die Fülle an Kombinationsmöglichkeiten machten die deutsche Minenwaffe im Zweiten Weltkrieg dem Gegner haushoch überlegen, und daß nach dem Krieg deutsche Minenschiffe und ihr Personal von den Alliierten eingesetzt wurden, ging zu einem guten Teil auf die Qualität von Waffe und Ausbildung zurück.

Mit ebensolcher Energie schritt die Entwicklung des Nachrichtenwesens voran, das für die Führung eines Seekrieges, insbesondere des U-Boot-Krieges, von herausragender Wichtigkeit war. Die Schlüsselmaschinen zum Kodieren militärischer Funksprüche sind technische Meisterleistungen gewesen, und die Kunst der Verschleierung sowie Entzifferung und Auswertung ausländischen Funkverkehrs erforderten hochqualifiziertes Fachpersonal, das sich ebenso wie die Minenwaffe im Zweiten Weltkrieg uneingeschränkt bewährte.

Der Fortentwicklung von U-Booten aber, dem modernsten und aktivsten aller neuen Seekampfmittel, galt die besondere Aufmerksamkeit. Hatte der Erste Weltkrieg nicht die fürchterliche Wirkung von U-Booten auf den Nachschubverkehr gezeigt? Die Grand Fleet vernichtete man damals zwar nicht, aber der Krieg gegen die Handelsflotte mit ihren wertvollen Gütern verlief allemal erfolgreich. Und es war ja auch viel geschickter, auf ein Kräftemessen mit den ohnehin vielfach überlegenen feindlichen Überwasserschiffen zu verzichten und statt dessen die Lebensadern des Gegners abzuklemmen – heimlich, still und leise und ohne das Geheul von 35-Zentimeter-Granaten. Sind genug Dampfer versenkt, gehen dem Feind unweigerlich die Lebensmittel aus, er muß über kurz oder lang kapitulieren, und seine schönen großen Schlachtschiffe sind nur noch ein riesenhafter, wertloser Schrotthaufen. Allerdings: Eine Flotte, die aus U-Booten bestand, konnte für sich niemals Weltgeltung beanspruchen. Das wußte auch Raeder, und deswegen wurde er mit den Unterseebooten nie recht warm.

Kapitän zur See Karl Dönitz als Chef der U-Boot-Flottille »Weddigen«, seit 1936 Führer und ab 1939 Befehlshaber der U-Boote, ging es in seinen Planungen noch nicht so sehr um die Versenkung von Handelsschiffen, sondern vielmehr um Einsatz der Boote gegen die französische Flotte und Truppentransporte besonders im Mittelmeer. Vor den feindlichen Häfen, an den Brennpunkten des Feindverkehrs also, mußten die U-Boote massiert auftreten – das war der einzig mögliche Hebel gegen den Feind. Und man begann beim Bau von U-Booten 1935 keineswegs bei Null.

Dönitz klagt zwar in seinen Erinnerungen (»Zehn Jahre und zwanzig Tage«) darüber, daß »die U-Bootfragen nach der langen 17jährigen Unterbrechung ein in vieler Beziehung unbekanntes Sachgebiet für die deutsche Marine im allgemeinen waren«. Aber er mogelt ein bißchen, denn Dönitz konnte auf die umtriebigen und noch in die Weimarer Zeit reichenden Arbeiten des bereits erwähnten »Privatbüros« in Den Haag zurückgreifen, das nicht wenig zustande brachte. Anders ist wohl kaum zu erklären, warum schon 1934 Teilstücke gebaut wurden, die in Kiels Marineschuppen verstaut nur auf das Zusammenschweißen warteten. Und, siehe, zwei Tage vor der Unterzeichnung des deutsch-britischen Flottenabkommens lief U 1 vom Stapel und wurde am 29. Juni 1935 in Dienst gestellt.

Das U-Boot ist ein guter Torpedoträger, eignet sich auch vortrefflich zum Minenlegen, ist zwar wegen seiner geringen Augenhöhe nur ein mäßiger Aufklärer, und seine geringe Geschwindigkeit taugt auch nicht zur Zusammenarbeit mit Überwasserschiffen, aber es steht dafür selten in Gefahr, gegen seinesgleichen kämpfen zu müssen. Und im Gegensatz zu den Überwasserschiffen ist das U-Boot frei von allen Sorgen um seine Größe, denn die Kampfkraft nimmt keineswegs parallel zur Tonnage zu. Dönitz erklärt: »Im Gegenteil, viele der Eigenschaften, die seine besondere Kampfkraft ausmachen, werden beim Überschreiten einer gewissen Größe schlechter. Die Tauchzeit, die das Boot braucht, um aus der Überwasserfahrt die schützende Tiefe unter Wasser zu erreichen, wird länger; das Tauchmanöver wird schwieriger, zu große Neigungen des Bootes nach vorn werden gefährlicher, weil dabei das größere Boot in stärkerem Maße als Scherfläche wirkt mit der Tendenz der weiteren Vergrößerung der Vorlastigkeit. Dasselbe gilt für die Unterwasserfahrt; die ganze tauchtechnische Handhabung des Bootes ist komplizierter und für den tauchtechnischen Führer, den Leitenden Ingenieur des Bootes, unübersichtlicher; das größere Boot ist auf Sehrohrtiefe schwieriger zu steuern als ein kleines, weil die gleichen Vor- und Achterlastigkeitsgrade infolge seiner größeren Länge leichter dazu führen, daß es die Wasseroberfläche durchbricht …«

Das Votum gegen einen großen U-Boot-Typ schränkt Dönitz allerdings mit der Bemerkung ein, daß dieser an Brennstoff, Munition und Proviant viel laden, überhaupt auch für die Besatzungen günstige Lebensbedingungen schaffen kann, insgesamt also einen größeren Aktionsradius verspricht.

Es brauchte folglich den »Golden Schnitt«, die Synthese aus beidem. Ein 700-Tonnen-Boot, hervorragend unter Wasser, mit 16 Seemeilen recht schnell über Wasser, erwuchs diesen Überlegungen: Der legendäre, ideale Typ VII war geboren, von dem im Sommer 1935 bereits zehn Boote im Bau oder fertiggestellt sind und der sich für die sogenannte Rudeltaktik – den Einsatz von U-Booten in größeren Gruppen gegen Geleitzüge – bestens eignete. Damit war zwar ein im technischen Sinn durchaus moderner U-Boottyp entwickelt worden. Das VIIer Boot war allerdings nichts anderes als verbesserte Weltkriegstechnologie, ein Tauchboot mit sehr geringer Unterwassergeschwindigkeit und relativ begrenzter Verweildauer unter Wasser. Wie sich später mit fatalen Folgen erweisen sollte, hatte man eine Weiterentwicklung der Parameter der gegnerischen Bedrohung nicht einkalkuliert und damit einen, modern ausgedrückt, »nicht bedrohungsgerechten« U-Boottyp konzipiert.

Dönitz stieß zwar mit seiner Methode im Oberkommando auf Skepsis, da dort andere Auffassungen von Kampfart und Operieren der U-Boote herrschten, konnte aber die U-Boot-Ausbildung auf seine Taktik ausrichten.

Während die Marine mit der Entwicklung von Minen, U-Booten und Funktechnik weitgehend für sich und unberührt von den beiden anderen Wehrmachtteilen arbeitete, traten mit den Überlegungen zur Schaffung einer schlagkräftigen Marineluftwaffe erhebliche Schwierigkeiten zutage. Hier meldete die Luftwaffe alleinige Ansprüche an, die es offensichtlich nicht gern sah, wenn ihre Lufthoheit geteilt wurde. »Alles, was fliegt, gehört zu uns«, soll Hermann Göring, Oberbefehlshaber der Luftwaffe, nicht nur einmal gesagt haben, und so, wie die Dinge lagen, mußte die Marine die Aufstellung von Seefliegerverbänden bei Göring beantragen. Marineflugzeuge hatten schon im Ersten Weltkrieg gezeigt, was sie konnten und zu der Anschauung beigetragen, daß Flugzeuge neben den Überwasserstreitkräften und U-Booten selbstverständlich ein Element der modernen Seekriegführung sind. Doch die offene Antipathie des pittoresken ordens- und rauschmittelsüchtigen Luftwaffenchefs gegen die Marine versperrte sich einer fruchtbaren Zusammenarbeit, was sich später im Krieg rächen sollte, als systematische Luftwaffeneinsätze über See, in erster Linie zur Aufklärung und Vernichtung gegnerischer Kampf- und Seetransportmittel, fehlten. Hier blieb alles halbherziges Stückwerk, obwohl sich die Marine redlich mühte. Görings Furcht, an Einfluß zu verlieren oder gar Kompetenzen an die Kriegsmarine abtreten zu müssen, war zwar nicht ganz unbegründet, denn mit dem Aufbau der Marine erwuchs der Luftwaffe allemal ein Konkurrent. Aber was die Seefliegerei anbetraf, waren die Staffeln nur auf taktischem Gebiet dem Flottenchef unterstellt. Göring konnte eigentlich beruhigt sein.

Zu einer wirklichen Einigung in puncto Marineflieger kam es nie, die Auseinandersetzungen zogen sich bis in den Krieg hinein, und das Ärgerlichste für die Kriegsmarine war wohl, daß sich die Luftwaffe die See als Kampfraum sicherte. »Luftminenführung, Kampf gegen Schiffe im freien Seeraum, gegen Flottenstützpunkte und Häfen wurden jetzt Aufgabe der Luftwaffe. Die der Marine zugeteilten wenigen Seeluftstreitkräfte waren lediglich für Aufklärung und Kampftätigkeit im Rahmen taktischer Berührung von Flottenverbänden bestimmt. Die bisherige Organisation der Marinefliegerverbände wurde zerschlagen (Erich Raeder).« Abgesehen von den ständigen Animositäten zwischen beiden Wehrmachtteilen, die ein produktives Miteinander nicht zuließen, ist Hitlers Unfähigkeit, vielleicht auch Unwille beachtlich, weder mit ord-

Der Reichsverweser des Königreiches Ungarn, Vizeadmiral a.D. Nikolaus Horthy de Nagybánya, Großadmiral Erich Raeder und Hitler begeben sich am 22. Oktober 1938 zur Zeremonie des Stapellaufes des Schweren Kreuzers PRINZ EUGEN zur Germaniawerft in Kiel. Archiv MOV/DMI

nender Hand in das Ämterchaos einzugreifen noch die gegenseitigen Nadelstiche zu verhindern.

Die rüstungspolitische und organisatorische Erweiterung der Marine, die technischen Besonderheiten und die modernen Kriegsmittel erforderten die Anpassung der Ausbildung, vor allem der Offiziere. Ihr Bedarf war im Zuge der allgemeinen Aufrüstung enorm, so daß zur Ergänzung der Jahrgänge Unteroffiziere in die Offizierslaufbahn übernommen, barackenähnliche neue Unterkünfte auf dem Gelände der Marineschule Mürwik aus dem Boden gestampft wurden und die Ausbildungszeit auf das Allernötigste zusammenschrumpfte: Mußte der Offiziersanwärter 1930 ganze 54 Monate auf seine Beförderung zum Leutnant zur See warten, waren es 1933 noch 42 und 1937 gar nur 28 Monate. Nicht ganz neu war die seit 1934 eingerichtete Laufbahn der Marinewaffenoffiziere, deren Ausbildungsgang dem der Ingenieuroffiziere ähnelte. Der ausgeprägte militärisch-praktische Dienst ging dabei auf Kosten theoretischer Fächer, wie Elektrotechnik oder Mathematik, während die Ziele in der allgemeinen Fachausbildung weitgehend die hergebrachten waren. Einzug hielt der sogenannte nationalpolitische Unterricht, von Reichskriegsminister von Blomberg angeordnet, der im NS-Staat freilich nicht fehlen durfte und den Offiziernachwuchs politisch im »Sinne des Führers« erziehen sollte. In mindestens zwei Unterrichtsstunden im Monat wurde den künftigen Offizieren eingetrichtert, daß Demokratie, Liberalismus, Parlamentarismus oder Föderalismus staatsschädigende Prinzipien seien, die zu Zersetzung und unheilvollem Chaos führten. Nach und nach drang über die Unterrichte nationalsozialistisches Gedankengut in die Marine ein, ohne daß sich die Offiziersschüler dieses Vorgangs immer voll bewußt waren. Das galt auch für alle anderen Angehörigen der Kriegsmarine, die sich der gezielten ideologischen Schulung nicht zu entziehen vermochten, den Prozeß als solchen aber vielfach gar nicht wahrnahmen.

Das Offizierkorps der Kriegsmarine 1935-1938

Seeoffiziere	**1.11.1935**	**1.11.1936**	**1.11.1937**	**1.11.1938**
Großadmirale	–	–	–	–
Generaladmirale	–	1	1	1
Admirale	1	3	4	6
Vizeadmirale	5	4	8	10
Konteradmirale	16	17	17	20
Kapitäne z.S.	48	57	71	82
Fregattenkapitäne	30	42	65	70
Korvettenkapitäne	142	159	159	150
Kapitänleutnante	237	281	260	258
Oberleutnante z.S.	171	101	203	294
Leutnante z.S.	99	254	298	762
insgesamt	749	919	1.086	1.653

Übrige Offiziere	**1.11.1935**	**1.11.1936**	**1.11.1937**	**1.11.1938**
Ergänzungsoffiziere	334	414	560	625
Ingenieuroffiziere	282	372	522	648
Marinesanitätsoffiziere	145	188	220	227
Waffenoffiziere	118	166	201	264
Verwaltungsoffiziere	117	189	215	261
insgesamt	996	1.329	1.718	2.025

Bemerkenswert ist der Personalanstieg in der Marine von 15.000 im November 1932 über 16.450 im Jahre 1933 auf insgesamt 78.305 bei Kriegsbeginn. Das Offizierkorps zählte 1932 1.100, am 1. November 1935 1.604 und am 1. Oktober 1939 4.405 Offiziere aller Fachrichtungen.

Der wachsende Personalbestand gibt ebenso wie der Etat ein eindrucksvolles Bild vom Aufbau der Kriegsmarine:

Marineetat 1932-1939 (in Millionen Reichsmark)

Jahr	Schiffbau	Prozent	Gesamthaushalt
1932	49,6	26,4	187,4
1933	76,1	24,5	311,8
1934	172,3	34,7	496,5
1935	287,0	41,3	695,1
1936	561,3	48,4	1.160,7
1937	603,1	40,8	1.478,5
1938	458,8	26,1	1.756,3
1939	545,1	22,8	2.389,9

Der Weg in den Krieg

1936. Hitler ging bereits seit einem Jahr offen und für jedermann sichtbar auf den Krieg zu, ohne daß von den Entente-Mächten Widerstand zu verspüren war. Ihnen mochte die letzte Entschlußkraft für entschiedenes Eingreifen gefehlt haben, zumal es der »Führer« meisterhaft verstand, mit seinen massenpsychologisch wirksamen, betörenden »Friedensreden« Europa hören zu lassen, daß er und sein friedensbedürftiges Volk nur Gleichberechtigung und die verlorene Ehre wiedergewinnen wollten. Das klang alles vernünftig und auch weise, wenn der Diktator den Krieg schlechthin als Wahnsinn brandmarkte, der nur zur Vernichtung aller Zivilisation führte, und das friedliche Zusammenleben der Völker als höchstes Gut pries. Wer wollte dagegen schon angehen? Im Gegenteil: Bis 1938 gab es in der Welt 1.133 Straßen und Plätze, die mit seiner Genehmigung Hitlers Namen trugen, und einmal kürte ihn das US-Magazin »Time« sogar zum »Mann des Jahres«. Daß er den Völkerbund verließ, Versailles aufkündigte, die Aufrüstung befahl, die Wehrpflicht einführte, längst schon alle Opposition gewaltsam im Keim erstickt hatte und seinen »Welteroberungsplan« Schritt für Schritt anging, erklärt seine »Friedensreden« zum gigantischen Betrug, an dem Hitler wohl eine geradezu diabolische Freude hatte.

Das Ausland ließ sich plump täuschen, doch das Glatteis, auf das es Hitler führte, schmolz mit jedem seiner wohlüberlegten Einzelschritte und wurde zusehends dünner. Aber noch hielt es, selbst als deutsche Truppen am 7. März 1936 in das entmilitarisierte Rheinland einmarschierten und Hitler mit diesem bislang gewagtesten seiner Überraschungsschläge den Vertrag von Locarno zerriß. Dabei wäre es für Frankreich ein leichtes gewesen, die Wehrmacht zurückzuwerfen. Hitler atmete auf.

In diese Zeit fällt der Spanische Bürgerkrieg, in den Deutschland und das faschistische Italien auf seiten der Aufständischen unter General Franco eingreifen. Hinter der Volksfront-Regierung steht die Sowjetunion, und ein bißchen mischt auch Frankreich mit. Spanien wurde fortan mit den Gegensätzen Kommunismus und Faschismus, Deutschland und Rußland identifiziert; der Krieg der Ideologien hatte begonnen und sollte wenige Jahre später seine direkte Fortsetzung erfahren. Der Spanische Bürgerkrieg, oder besser das deutsche Engagement für den siegenden Franco, trug an die Kriegsmarine im Sommer 1936 die Aufgabe heran, die dort lebenden deutschen Staatsangehörigen unter ihre schützenden Fittiche zu nehmen. Die Panzerschiffe DEUTSCHLAND und ADMIRAL SCHEER, der Kreuzer KÖLN und vier Torpedoboote liefen daraufhin zeitlich versetzt spanische Häfen an. Evakuierungen von »Rot«- nach »Weiß«-Spanien verliefen in der Regel reibungslos, nur wenige deutsche Opfer waren zu beklagen, und die Kriegsmarine meisterte ihren ersten offiziellen Einsatz mit Bravour. Gerade die Franzosen waren höflich und entgegenkommend: Man tauschte sich aus, lud einander ein und schien die politischen Gegensätze darüber vergessen zu machen. So erfreulich sich das Miteinander der einzelnen Marineoffizierskorps und die Tatkraft der Kriegsmarine ausnahmen, so unerfreulich war ein Zwischenfall, der sich am 29. Mai 1937 ereignete, als die DEUTSCHLAND, vor der Insel Ibiza von Bomben eines »roten« Flugzeuges getroffen, 31 Besatzungsmitglieder verlor. ADMIRAL SCHEER beschoß zur Vergeltung den Hafen von Almeria und löste mit seinen 28-cm-Granaten eine Welle der Entrüstung gegen die deutsche Regierung aus, weil die Hafenstadt als »offen« galt. Das mag sie wohl gewesen sein, doch das erwidernde Feuer der Batterien machte den Einspruch hinfällig.

Der Aufenthalt deutscher Schiffe in spanischen Gewässern, der noch bis 1938 andauerte, hinterließ insgesamt einen positiven Eindruck: Bei den Spaniern, bei der französischen und englischen Marine, die sich mit der deutschen prächtig verstanden – die Engländer zeigten während der Bestattung der

Schwerer Kreuzer PRINZ EUGEN unmittelbar nach dem Stapellauf in Kiel. PRINZ EUGEN gehörte zu einer Serie von fünf Schweren Kreuzern, von denen jedoch insgesamt nur drei Einheiten fertiggestellt wurden. Offiziell nur 10.000 ts Wasserverdrängung, erreichten diese Schiffe dann bis zu 18.750 ts. Bewaffnung: 8 Geschütze 20,3 cm, 12 Flak 10,5 cm, wechselnde Ausstattung mit Maschinenkanonen geringerer Kaliber, 12 Torpedorohre, 3 Bordflugzeuge, 32 kn. Archiv MOV/DMI

DEUTSCHLAND-Toten achtungsvolle Teilnahme und hatten bei der Versorgung der Verwundeten in britischen Lazaretten alles Menschenmögliche geleistet. Kommandanten und Besatzungen gewannen während ihres Spanien-Einsatzes, der einer dem Ernstfall entsprechenden weiträumigen Ausbildung gleichkam, vielseitige politische und praktische Erfahrungen. Er schweißte zusammen: Den Jungen an Bord war er Bewährung und den Alten Bestätigung ihrer fachlichen Kompetenz.

Den außenpolitischen Turbulenzen 1936 folgte ein verhältnismäßig ruhiges Jahr, das Zeit und Platz für strategische Überlegungen und die planmäßige Vorbereitung der nächsten Etappe in Hitlers »Welteroberungsplan« bereithielt. Nach einer Studie vom Herbst 1936 wurde im Sommer 1937 in der Operationsabteilung der Seekriegsleitung erstmals die Möglichkeit eines Seekrieges gegen England diskutiert. Wenn auch keine zwingenden Ergebnisse herauskamen, so verdeutlicht doch die Tatsache allein die historisch gewachsene, latent vorhandene antibritische Komponente im Denken der deutschen Marine, die nun allem weiteren als Grundlage diente. Japan begann um diese Zeit herum mit dem Bau von großen Schlachtschiffen, den England mit einem gewaltigen Rüstungsprogramm beantwortete. Angesichts der rücksichtslosen Bauentwicklung stellte sich für die Seekriegsleitung die Frage, ob die 35 Prozent des Flottenvertrages, der am 17. Juli um einiges ergänzt wurde, eigentlich hinreichen, wenn Frankreich und Rußland dem japanischen Beispiel folgen und selbst »dicke Dampfer« auf Stapel legen.

Die Kriegsspiele der Seekriegsleitung hatten nach wie vor den Zweifrontenkrieg zum Gegenstand, doch in den Stäben dämmerte langsam die Erkenntnis, daß jede militärische Verwicklung, die sich jederzeit aus der Aufrüstung und den Aktivitäten des Deutschen Reiches ergeben konnte, zwangsläufig England auf den Plan rufen würde. Gewißheit war dies freilich nicht, und Hitler beteuerte Raeder gegenüber stets, daß es nicht zum Krieg gegen die Engländer käme. Der Oberbefehlshaber war damit in blinder Zuversicht und naivem Vertrauen auf die Staatskunst des »Führers« zufrieden und gab sich auch nicht sonderlich überrascht, als Hitler im Mai 1938 - würde Krieg sein - mit der Gegnerschaft Frankreichs und Englands rechnete. Die Schlachtschiffe BISMARCK und TIRPITZ sollten nun schon im Frühjahr 1940 fertiggestellt, SCHARNHORST und GNEISENAU umarmiert, weitere Hellinge für stärkste Schiffe bereitgehalten und der U-Boot-Typ VII in größerer Anzahl gebaut werden. Einen Monat später schlossen die Schiffbauüberlegungen mit einem anspruchsvollen Programm, nach dem die Flotte 1945 so aussieht: zehn Schlachtschiffe, drei Panzerschiffe, fünf schwere Kreuzer, zehn neue und sechs alte Kreuzer, vier Flugzeugträger, ein Minenräumschiff, sechs Minenschiffe, 37 Zerstörer, eine Donauflottille, 48 neue Torpedoboote und 129 U-Boote.

Während den Sommer hindurch die strategischen Überlegungen der Seekriegsleitung um den Einsatz der Kriegsmarine gegen England kreisen und vor allem in der Denkschrift über die Möglichkeiten der »Seekriegsführung gegen England und die sich daraus ergebenden Forderungen für die strategische Zielsetzung und den Aufbau der Kriegsmarine« vielzeiligen Niederschlag finden, vollzog sich Österreichs »Anschluß« an das Reich bereits und traf Hitler die Entscheidung, »die Tschechoslowakei in absehbarer Zeit durch eine militärische Aktion zu zerschlagen«.

Die deutschen Forderungen nach Abtretung der sudetendeutschen Gebiete lehnten die Tschechen – wie nicht anders zu erwarten – ab. Hitler rasselte mit dem Säbel und kündigte Gewalt an. Was überraschend ist: Ließen sie ihn in Österreich noch gewähren, so griffen die Westmächte nun zum erstenmal ein, aber nicht etwa, um ihn am bösen Spiel zu hindern, sondern um den Gebietsgewinn für Deutschland auf friedvolle Weise zu sichern. Man wendete auf der Münchner Konferenz am 29. September gerade noch ab, woran der Diktator mit jeder Stunde wollüstiger dachte: an Krieg. Dieses Szenario vor Augen, drängten England und Frankreich die Tschechen zur Herausgabe der deutsch besiedelten Gebiete, und Hitler willigte in den Handel ein, obwohl er ihm viel zu wenig einbrachte. Es wühlte in dem Diktator, der doch die gesamte Tschechoslowakei verschlingen wollte und nun nicht durfte. Paradoxerweise feierte die Öffentlichkeit ihren »Führer« als Bewahrer des europäischen Friedens, als »Wundermann des Jahrhunderts«, der das Unmögliche möglich gemacht hatte, während er sich eingestand, die größte diplomatische Schlappe erlitten zu haben, denn der erhoffte Krieg fand nicht statt. Was mußte er noch alles tun, damit es endlich losging? Der Friedensengel, als der er mit falscher Maske jahrelang die Welt zum Narren hielt, nahm jetzt endgültig jede Illusion über seinen und des Regimes verderbten Charakter, ließ alle Vermummungen fallen: Als in einer Nacht im November Synagogen brannten, Juden zu Tausenden verfolgt, mißhandelt und verschleppt wurden, zeigte der Besessene, wie er und seine Handlager beschaffen sind; allmählich begriff auch das Ausland, nur: es begriff zu spät.

Einige Tage vor der »Reichskristallnacht«, am 1. November 1938, hielt Raeder seinem »Führer« Vortrag über das künftige Schiffbauprogramm, und weil sich die Marineführung nach der Lösung etlicher Detailfragen für eine ozeanische Kreuzerkriegführung mit Schlacht- und Panzerschiffen gegen England entschieden hatte, lag nun auch das strategische Grundkonzept vor. Nach den turbulenten Wochen und Monaten mit ihren richtungweisenden politischen Entwicklungen, die das europäische Tableau verschoben und die Fronten nunmehr absteckten, kam sich die Marine rechtschaffen verloren vor und fürchtete nicht ganz zu Unrecht, der Entwicklung hilflos nachzuhinken, mithin ihre Faszinationskraft für den »Führer« einzubüßen.

Hitler billigte das Programm und hielt es für angemessen, weitere Panzerschiffe in die Planung aufzunehmen, was Raeder dazu bewog, für die Marine höchste Priorität vor den Rüstungsprogrammen der beiden anderen Wehrmachtteile einzufordern. Der Kampf um Rohstoffe, Kapazitäten und Facharbeiter – das entscheidend hinderliche Problem für einen reibungslosen Schiffbau – trieb zuweilen groteske Blüten: Jeder schnitt sich, mehr oder minder auf eigenem Wege und so gut er eben konnte, ein Stück aus dem Rüstungskuchen heraus, um sein Bauprogramm zu beschleunigen.

Angesichts der knapp bemessenen Mittel schien es der Marineführung ratsam, hauptsächlich U-Boote und Panzerschiffe zu bauen und von den Schlachtschiffen vorerst abzusehen, denn eine schlagkräftige

Flotte brauchte lange Zeit zum Ausbau. Raeder brachte seine grundvernünftigen Ansichten Hitler im Winter zu Gehör, doch der Diktator gab, Zeit seines Lebens nur das Stärkere, Überlegene im Blick, den Schlachtschiffen den Vorzug. Ihn blendeten allein Deplacement, Armierung, Panzerung und Geschwindigkeit der Schiffe; Taktisches aber, die Lage von Stützpunkten, die Wichtigkeit von Seezufuhr oder überseeischen Bundesgenossen, kurz all das, was »nebenbei« in Erscheinung trat und doch enorm wichtig für die Gesamtbedeutung einer Flotte ist, ließ er allzu gern links liegen.

Raeder geriet mit seinem »Führer« in der Diskussion um die Schlachtschiffe heftig aneinander, ging es doch letztlich um die strategische Grundentscheidung, ob Schlachtflotte oder Kreuzerkrieg. Raeder hatte mitnichten etwas gegen eine Schlachtflotte einzuwenden, im Gegenteil, aber er sah es aus rüstungstechnischen Gegebenheiten als zweckmäßiger an, die kleineren und schneller zu bauenden Panzerschiffe vorzuziehen. Hitler warf ihm Unfähigkeit vor, lehnte jedoch sein Rücktrittsgesuch ab. Er wollte keinen Kreuzerkrieg mit taktischer Raffinesse, sondern Schlachtschiffe, die klotzten, nicht kleckerten – wenn sie denn überhaupt gebraucht werden, denn England als Kriegsgegner hoffte Hitler noch immer zu meiden. Er beharrte auf dem beschleunigten Bau von Schlachtschiffen und führte damit schon deutlich die USA als Kriegsgegner im Visier, wäre die Macht über Europa nur schon in seinen Händen.

Atlantische Operationen gegen die britische Handelsschiffahrt sind Kernstück der Seestrategie, die aber auf Dauer nicht viel ist, weil Stützpunkte außerhalb der Deutschen Bucht fehlen. Die Funktion der geplanten Flotte lag daher wieder einmal, wie einst unter Tirpitz, im fehlerhaften »Risikogedanken«. Fregattenkapitän Heye verwies in seiner Denkschrift, die dem Flottenplan Grundlage war, auf das hohe Risiko für England: »Je bedrohlicher dem Engländer die Möglichkeit einer solchen deutschen Seekriegführung durch Bereitstellung der hierfür geeigneten deutschen Schiffstypen erscheinen muß, um so größer wird er das Risiko eines Krieges mit Deutschland einschätzen, um so eher wird er zu einer friedlichen Verständigung bereit sein«. Vizeadmiral Guse brachte es noch besser auf den Punkt: »Diese Flotte muß eine ›Risikoflotte‹ im Tirpitzschen Sinne sein.« Offensichtlich hatte man aus den fatalen Fehleinschätzungen vor dem Ersten Weltkrieg nicht das mindeste gelernt.

Es gab Plan X, es gab Plan Y und endlich den Z-Plan, der die Schiffbauten bis 1947 festlegte, wobei Z, man darf es annehmen, für die Endgültigkeit des Schiffprogramms steht. Den legte Raeder seinem »Führer« am 17. Januar 1939 vor, der sich aber erst zufrieden gab, als sechs statt vier Schlachtschiffe in das Programm aufgenommen wurden.

Der Z-Plan

Typ	bis Ende 1943	Ende 1947
Schlachtschiffe	6	10
Panzerschiffe	3	3
Kreuzer	3	10
Flugzeugträger	2	4
Schwere Kreuzer	5	5
Leichte Kreuzer	3	12
Spähkreuzer	2	20
Zerstörer	44	58
Torpedoboote	44	78
U-Boote	161	249
Schnellboote	48	75
Minensuchboote	64	112
Minenräumboote	49	50
U-Boot-Jäger	4	12

Es war nichts zu machen: Hitler blieb unter allen Umständen bei den Schlachtschiffen H-N und räumte den Kriegsmarinelieferungen eine Vorrangstellung »vor allen anderen Reichs- und Exportaufträgen bei der mittelbar oder unmittelbar mit dem Schiffbauprogramm zusammenhängenden Industrie« ein. Doch der Arbeitskräftemangel machte die Realisierung des Programms zu keinem Zeitpunkt möglich, obgleich Hitler dem Flottenprogramm am 27. Januar 1939 Priorität in der wichtigen Rohstoffversorgung vor den anderen Wehrmachtteilen zubilligte.

Der Z-Plan war und blieb ein Torso, der sich zahlenmäßig an die 35-Prozent-Klausel hielt, legt man den verstärkten Ausbau der britischen Flotte in Hinblick auf die Seerüstung Japans zugrunde. Die Marineführung aber drängte auf die Kündigung des Flottenvertrages, um in puncto Rüstung ein für allemal freie Hand zu bekommen. Hitler reagierte zunächst zurückhaltend, da er den Verlust der »Option England« fürchtete, ernst wurde es in seiner Rede am 1. April 1939. Nun drohte der Diktator mit der Kündigung des Flottenabkommens, beschwichtigte Raeder jedoch – seit diesem Tag Großadmiral –, und gab strikte Order, von Kriegsvorbereitungen gegen England abzusehen. Er tat gut daran, denn rechnete man tatsächlich damit, sich demnächst im Kriegszustand mit England zu befinden, dann war der Z-Plan ein totaler Fehlschlag. Die Flotte, die ihm entspringen sollte, würde viel zu spät kommen und ihre Bauzeit die Produktion von U-Booten, der einzig gefährlichen Waffe gegen England, auf Dauer blockieren.

In seiner Reichstagsrede am 28. April kündigte Hitler den Flottenvertrag. Es war unweigerlich ein weiterer Schritt zum Krieg gegen England. Der »Fall Weiß«, Hitlers Entschluß zum Überfall auf Polen, machte ihn definitiv. Am 25. April erließ die Marineführung »Kampfanweisungen« gegen Polen, und noch immer nimmt der gutgläubige Raeder die wohlbekannten Versicherungen des »Führers« ab und macht sie sich in einer Ansprache am 22. Juli in Swinemünde zu eigen. Einen Monat später schloß Hitler mit dem Sowjetführer Stalin einen Nichtangriffspakt, in dem Polen säuberlich in Interessenphären zerlegt wird, zwei Tage danach, am 25. August, tauschten Engländer und Polen ein Papier über gegenseitige Beistandsleistungen. Der Diktator zuckte noch einmal zurück, als er vom Abschluß des Vertrages hört, und widerrief den für den 26. August ausgegebenen Vormarschbefehl. Die Bellona ist ein letztes Mal gezähmt.

Noch in diesem Monat erreichten den Oberbefehlshaber der Kriegsmarine die größten Bedenken von Dönitz: »Ausgehend von der derzeitigen Spannungslage zwischen England und Deutschland und der Möglichkeit eines Krieges zwischen beiden Ländern stelle ich fest, daß die Marine und im besonderen die U-Bootwaffe z.Zt. nicht in der Lage sind, die ihnen im Krieg zufallenden Aufgaben zu erfüllen. Obwohl zu hoffen ist, daß es jetzt nicht zu einem Krieg kommt, ist nicht anzunehmen, daß sich die politische Lage zwischen England und Deutschland in den nächsten Jahren grundsätzlich ändern wird, auch wenn es Zeiten gegenseitiger Annäherung und Beruhigung geben sollte. Das geeignetste Kampfmittel, das schnell – im Vergleich zu einer Flotte – aufgebaut werden kann, ist das U-Boot. Deshalb müßte es das Streben der Marine sein, durch schnellen Aufbau der U-Bootwaffe in kommenden Konflikten mit England in einem besseren Zustand zu sein.«

Doch zu spät. Hitler, von dämonischer Kraft getrieben, kann nicht mehr warten, will nicht mehr warten.

Die Marine hat das zweifelhafte Privileg, den Krieg zu eröffnen. Das alte Linienschiff SCHLES-

Die U-Bootflottille »Weddigen« am Begleitschiff. Seit 1935 war auch der Bau von U-Booten offiziell in Deutschland wieder aufgenommen worden. Die Aufnahme von 1937 zeigt Boote vom Typ II B, die als kleine Küsten-U-Boote getaucht 328 ts verdrängten, sie waren mit drei Torpedorohren bewaffnet. Archiv MOV/DMI

WIG-HOLSTEIN beschoß am 1. September 1939 um 4.45 Uhr die Westerplatte, während zwei Heeresgruppen mit starken Panzerkräften, von der Luftwaffe massiv unterstützt, zangenartig vorstießen. Nach verstrichenem Ultimatum erklärten Frankreich und England am 3. September dem Deutschen Reich den Krieg.

»Am heutigen Tage ist der Krieg gegen England-Frankreich ausgebrochen, mit dem wir nach den bisherigen Äußerungen des Führers nicht vor etwa 1944 zu rechnen brauchten, und den der Führer bis zum letzten Augenblick glaubte vermeiden zu sollen ... Was die Kriegsmarine anbetrifft, so ist sie selbstverständlich im Herbst 1939 noch keineswegs für den großen Kampf mit England hinreichend gerüstet. Sie hat zwar in der kurzen Zeit seit 1935 (Flottenvertrag) eine gut ausgebildete, zweckmäßig aufgebaute U-Bootwaffe geschaffen, von der zur Zeit ca. 26 Boote atlantikfähig sind, die aber trotzdem noch viel zu schwach ist, um ihrerseits kriegsentscheidend zu wirken. Die Überwasserstreitkräfte aber sind noch so gering an Zahl und Stärke gegenüber der englischen Flotte, daß sie – vollen Einsatz vorausgesetzt – nur zeigen können, daß sie mit Anstand zu sterben verstehen und damit die Grundlage für einen späteren Wiederaufbau zu schaffen gewillt sind ...« (Erich Raeder).

Die Flotten der Seemächte 1939

Schiffe	England	USA	Japan	Frankreich	Italien	Deutschland
Schlachtschiffe	15	15	9	7	4	2
Panzerschiffe	–	–	–	–	–	3
Flugzeugträger	7	6	6	1	–	–
Schwere Kreuzer	15	18	12	7	7	1
Leichte Kreuzer	49	19	25	11	14	6
Zerstörer	192	236	112	61	61	21
Torpedoboote	–	–	12	12	70	12
U-Boote	62	96	60	79	106	57

Die einsatzbereiten großen deutschen Überwasserschiffe am 1. September 1939

Name	Stapellauf	Werft
Schlachtschiffe		
SCHARNHORST	3.10.1936	Wilhelmshaven
GNEISENAU	8.12.1936	Kiel
Panzerschiffe		
ADMIRAL GRAF SPEE	30.6.1934	Wilhelmshaven
ADMIRAL SCHEER	1.4.1933	Wilhelmshaven
DEUTSCHLAND	19.5.1931	Wilhelmshaven
Schwere Kreuzer		
ADMIRAL HIPPER	6.2.1937	Hamburg
Leichte Kreuzer		
EMDEN	7.1.1925	Wilhelmshaven
KARLSRUHE	20.8.1927	Kiel, Wilhelmshaven
KÖLN	23.5.1928	Wilhelmshaven
KÖNIGSBERG	26.3.1927	Wilhelmshaven
LEIPZIG	18.10.1929	Wilhelmshaven
NÜRNBERG	8.12.1934	Kiel

Die Kriegsmarine und der Zweite Weltkrieg

Überforderung und Improvisationen

»Träumte, daß ich zum Tod verurteilt sei. Die völlig hoffnungslose Lage in solchen Träumen übertrifft bei weitem die Wirklichkeit des Lebens – die Urfigur, die ihnen zugrunde liegt, ist die des Menschen, der sein Heil verloren hat.«

Viel schreibt Ernst Jünger in seinen »Strahlungen« nicht über den neuen Krieg, obwohl man gerade von dem kühnen und unerschrockenen Stoßtruppführer des Ersten Weltkrieges anderes erwarten möchte. Die Metapher vom Heillosen, dem die Realität dennoch einige Hoffnung bereithält, träumt ihm im September, und sie steht gleichsam für ein ungutes Gefühl und die allgemeine Niedergeschlagenheit, die Deutschland und Europa in den ersten Tagen des Krieges beschleichen. 1914 zogen die Soldaten durch blumenverzierte Straßen mit freudigem Tatendrang zur Front, die ihren Charakter die ganzen vier Jahre über kaum geändert hatte: Am Anfang kämpfte man mit ähnlichen Waffen wie am Ende. Nun aber, zu Beginn der »zweiten Urkatastrophe«, ist die Menschheit von stumpfer, trauriger Gleichgültigkeit beseelt, fernab von todeslüsternem Massentaumel und ungewiß, in welche Abgründe das Risikospiel eines Mannes die Zivilisation treibt.

Nervosität und Beklommenheit vermochte der Kriegsherr selbst nur schlecht zu verbergen, denn er flüchtete sich schon am ersten Tag, am 1. September 1939, in die Zukunft: »Ich möchte daher jetzt der Umwelt gleich versichern: Ein November 1918 wird sich nie mehr in der deutschen Geschichte wiederholen.« Wenn der Tyrann nur gewußt hätte, wie recht er damit behielt. Der November 1918 wiederholte sich gewiß nicht, denn er ließ sich nie und nimmer vergleichen mit der Trümmerwüste und den 55 Millionen Toten am Ausgang des Jahrhundertschlachtens, 1945, das mit den Atombomben in ein neues Zeitalter wies. Mit technizistischer Unmoral bastelten fixe Köpfe das nukleare Inferno von Hiroshima und Nagasaki zusammen – das letzte, vielleicht notwendige Stadium einer Kettenreaktion, und in jedem Fall erreichte die moderne Kriegsstrategie der Massenvernichtung nun ihren vorläufigen Höhepunkt.

Nicht nur die beiden todbringenden Atombomben »Fat Man« und »Little Boy« veränderten die Welt und gaben dem Krieg an sich ein qualitativ neues Gesicht, sondern auch Auschwitz, auch Dresden, diese Schauplätze barbarischer Entmenschlichung, die nicht die Signatur der Völker tragen, in deren Namen unvorstellbare Grausamkeiten geschahen, sondern letztlich und allesamt die Hitlers und seiner Spießgesellen.

Die weitaus überwiegende Mehrheit der Zeitgenossen sah im Krieg eine nationale Bedrohung, in der es galt, loyal dem Vaterlande gegenüber seine Pflicht zu erfüllen. Nicht wenige waren sich durchaus der Tatsache bewußt, daß dieser Krieg von Hitler und seinen Helfershelfern in verbrecherischer Weise angezettelt worden war. Aber auch sie sahen keine Alternative zur Pflichterfüllung gegenüber dem bedrohten Vaterland, wenngleich sie zur Kenntnis nehmen mußten, daß diese ihre Pflichterfüllung durch die nationalsozialistischen Machthaber mißbraucht wurde. Aus dieser Haltung, die also zwischen den eigenen patriotischen Motiven und denjenigen der Nationalsozialisten sehr wohl unterschied, entwickelte sich so manche Artikulation eines Widerstandes gegen das NS-Regime.

Die Führungsspitze der Wehrmacht war sich um die Jahre 1938/39 durchaus der Aussichtslosigkeit eines Krieges bewußt und hat dies Hitler gegenüber auch deutlich zu verstehen gegeben, wie es am oben genannten Beispiel Raeders deutlich wurde. Der Diktator allerdings ignorierte alle warnenden Stimmen. Nur der Chef des Generalstabes des Heeres, Generaloberst Ludwig Beck, zog Konsequenzen, indem er Ende 1938 seinen Abschied nahm und fortan einer der Hauptprotagonisten des militärischen Widerstandes war. Die übrigen Spitzenmilitärs willfahrten der Maßlosigkeit Hitlers in einer Mischung aus Resignation und Opportunismus. Damit stellten sie dem Diktator das wichtigste Machtinstrument des Reiches ungehindert zur Verfügung. Dabei beriefen sie sich auf die Bindungen des Eides, mit dem sie als Soldaten »dem Führer Adolf Hitler unbedingten Gehorsam« geschworen hatten. Dies jedoch stand in absolutem Gegensatz zu den preußischen Traditionen eines zum Wohle des Staates mitdenkenden Gehorsams, aus welchem sich im übrigen das Prinzip der Auftragstaktik herleitet. Wenn der Oberbefehlshaber der Marine damals angesichts der offensichtlichen Aussichtslosigkeit eines Seekrieges gegen England resignierend feststellte, daß die Marine jetzt nur noch »in Schönheit sterben« könne, so ist das weit mehr als nur ein makabres Bonmot. Und wenn die Kriegsmarine heute für die Marine der Bundesrepublik Deutschland kein Traditionsträger sein kann, so ist dies in der Tatsache begründet, daß sich die Wehrmacht als Exekutivorgan für Hitlers Macht- und Eroberungsgelüste mißbrauchen ließ und daß die Kriegsmarine als selbständiger Wehrmachtteil hiervon nicht ausgenommen werden kann.

Der stets va banque spielende Diktator ging sogar so weit und löste den Krieg gerade auch zu dem Zweck aus, um für ihn auf längere Sicht überhaupt erst die Voraussetzungen zu schaffen. Eroberung bedeutete Ressourcen, über die das knapp bemessene Reich nicht verfügte, und von denen die reichsten Quellen im Osten lagen. Beschlossen war die Osterweiterung schon lange, nachweislich in jenen Kapiteln von »Mein Kampf«, in denen langatmig, in immer wiederkehrenden stereotypen Floskeln entwickelt wird, daß angemessener Lebensraum für die Deutschen nur dort zu haben sei. Vernichtung als Programm. »Nur ein genügend großer Raum auf dieser Erde sichert einem Volke die Freiheit des Daseins ... Die nationalsozialistische Bewegung muß versuchen, das Mißverhältnis zwischen unserer Volkszahl und unserer Bodenfläche – diese als Nährquelle sowohl wie auch als machtpolitischer Stützpunkt angesehen –, zwischen unserer historischen Vergangenheit und der Aussichtslosigkeit unserer Ohnmacht in der Gegenwart, zu beseitigen.«

Der »Germanenzug« gegen den Bolschewismus war und blieb ihm kontinentales Leitmotiv. Dieser Topos der NS-Propaganda wurde allerdings auch als Kreuzzug gegen den Kommunismus von der Mehrheit der Zeitgenossen als legitimer Kriegsgrund mitgetragen und sollte noch bis in die Zeit des Kalten Krieges nach 1945 wirksam bleiben. Wie es in Hitlers Vorstellungen nach einem Sieg über die riesenhafte, Raum und Rohstoffe bringende Sowjetunion weiterginge, das umschrieb er in maßloser Selbstüberschätzung vage mit »Weltmacht«, die in einzelnen Etappen und aufeinanderfolgenden Stufen das Endziel dieses Krieges darstellen sollte. Hitler hatte dafür keinen definitiven, Stärken und Schwächen abwägenden Kriegsplan, sondern alles lag zwischen risikoreicher Improvisation und vermeintlichem Geniestreich, war Produkt des Zufalls und blind-dynamische Aggression, schließlich Schicksal und »Vorsehung«, in die sich im Zweifel gut flüchten ließ. Wichtig war fürs erste, sich die nötige Luft in Europa zu verschaffen, den Westen zu »erledigen« – dies eine seiner vielgeliebten Diktionen –, um dann unter Vermeidung eines Mehrfrontenkrieges mit allen Kräften nach Osten zu marschieren.

Als »Blitzkrieg« wurde später die Strategie der ersten Zeit bezeichnet, die sich erfolgreich anließ: Polen wurde nach 19 Tagen zu Boden geworfen, Dänemark und Norwegen in knapp zwei Monaten, Holland, Belgien und Frankreich folgten, Jugoslawien, Griechenland und Kreta fielen in ein paar Wochen, die vom schwächelnden italienischen Verbündeten preisgegebene Cyrenaika in nur neun Tagen.

Das Konzept des »Blitzkrieges« war die moderne Variante der vom Älteren Moltke zur Doktrin erhobenen »operativen Bewegung«. Durch schnelle Bewegung sollten punktuelle Überlegenheiten geschaffen und die gegnerischen Verbände eingekesselt und vernichtet werden. Motorisierung und massive Luftunterstützung waren die technischen Mittel, welche diese strategischen Optionen möglich machten. Die Eroberung des Kontinents als erste Etappe in Hitlers »Welteroberungsplan« oblag Heer und Luftwaffe, die nicht von der materiellen Überlegenheit lebten, denn die gab es vielfach nicht, sondern vielmehr von blitzartigen Überfällen, die in Feindesreihen Verwirrung stifteten und schließlich zur Kapitulation zwangen.

Während Hitler bereits zu Beginn des Krieges von seinem Ende spricht und immerzu den Sieg im Munde führt, fühlt der Oberbefehlshaber der Marine Weltuntergangsstimmung heraufsteigen. Die geringe Anzahl der einsatzbereiten Einheiten taugte nicht für einen wirkungsvollen Seekrieg gegen England; für Raeders Marine brach er »fünf Jahre zu früh« aus. Es sei allein darum getan, so sagte er, »in Ehren unterzugehen«. Der Z-Plan ließ sich unter Kriegsbedingungen nicht mehr erfüllen, das Unterwasserortungsgerät ASDIC (Allied Submarine Detection In-

Der 1936 zum Großadmiral beförderte Oberbefehlshaber der Marine Dr. h.c. Erich Raeder (1876–1960) hatte diese Dienststellung schon seit 1928 inne. Das Bild zeigt ihn am 1. April 1941 bei der Besichtigung der Besatzung des Schweren Kreuzers ADMIRAL SCHEER, der nach einer 161 Tage dauernden Fernunternehmung bis in den Indischen Ozean glücklich nach Kiel zurückgekehrt war. Hinter dem Großadmiral der damalige Kapitän zur See Theodor Krancke, ein erfolgreicher Kommandant. Archiv MOV/DMI

»Untersuchung und Leibesvisitation der Besatzung des britischen Tankers BRITISH ADVOCAT, welcher in die Heimat gebracht wird.« (Originalbildunterschrift) Eine Szene auf dem Achterschiff des Schweren Kreuzers ADMIRAL SCHEER bei der Fernunternehmung von 1941. Bis Mitte 1941 vermochten schwere deutsche Überwasserstreitkräfte noch Handelskriegsoperationen im Atlantik durchzuführen. Archiv MOV/DMI

vestigation Committee), das in England schon lange zum Glauben führte, die deutschen U-Boote würden nicht zur ernsthaften Bedrohung werden, arbeitete vortrefflich, wie die ersten Monate des Einsatzes zeigten. Darüber hinaus war der Kraftstoffvorrat im Reich so knapp bemessen, daß die Kriegsmarine auf Dauer nur bedingt auslauffähig war. Trübe Aussichten also.

Die atemlose Hektik, mit der Hitler seinem Programm zur endlichen Beherrschung der Erde folgte, stand in diametralem Gegensatz zu den von Langfristigkeit und sorgfältigem Abwägen geprägten maritimen Gegebenheiten. »Blitzkrieg« und Improvisation sind keine maritimen Kategorien. Die sprunghafte und unsolide anmutende Hast des Diktators widersprach den traditionellen Denkmustern der Admiralität, die nun um so überholter schienen, je häufiger Hitlers Konzept aufging. Seine Sache waren überrumpelndes, »blitzschnelles« Handeln und das rücksichtslose Zupacken zur rechten Gelegenheit, nicht das allmähliche Gedeihen, das sachte Zuwarten. Er hatte nicht lange zu leben, das jedenfalls flüsterte ihm die »Vorsehung« ein ums andere Mal ein, und daher mußte alles schnell vonstatten gehen.

Gerade die jungen Seeoffiziere mit ihrem Überschuß an Energie, Spontaneität und Opferbereitschaft begrüßten die unkomplizierte Weise der Hitlerschen Kriegführung, denn die versprach raschen Sieg und hohe Ehre. So taten sich innerhalb der Kriegsmarine Gegensätze zwischen Alten und Jungen auf – die einen als Vertreter der Hochseeflotte, die anderen als Befürworter des Tonnagekrieges mit U-Booten, deren Kommandanten das Ritterkreuz sozusagen vorprogrammiert war und denen der Ruf vorauseilte, tolle Burschen und verrückte Hunde zu sein. Nicht von den behäbigen Schlachtschiffen, sondern von eleganten Zerstörern und rassigen U-Booten waren Anekdoten in Umlauf, etwa die von jenem Kommandanten, der mit Braßfahrt in den Hafen rauschte, seinen Dampfer nicht mehr zum Halten bekam und die Pier spaltete, worauf er seine Mütze aufsetzte und bemerkte, nun habe er es ja nicht mehr so weit zum Landgang. Dummes Zeug vermutlich, aber bezeichnend. Auch die Schnellboote erfreuten sich ausgesprochener Beliebtheit, denn sie galten als schneidige Waffe, fuhren Angriffe, waren von starker Kampfkraft und so flink, daß sie sogar Fliegerbomben entwischen konnten.

»Die Kriegsmarine führt Handelskrieg mit Schwerpunkt gegen England.« Dies die »Weisung Nr. 1. für die Kriegführung« vom 31. August 1939, aber mit welcher strategischen Zielsetzung, war zunächst unklar. Dem englischen Gegner zehnfach unterlegen, konnte die Seekriegsleitung mit nur zwei einsatzbereiten Panzerschiffen und 26 U-Booten aufwarten; viel zu wenig, um Druck auszuüben, geschweige denn große Erfolge zu erzielen. Dönitz drängte angesichts dieser ernüchternden Zahlen zu Recht auf den verstärkten Ausbau der U-Boote unter Zurückstellung aller anderen Seestreitkräfte: 300 Boote müßten es sein, von denen 90 ständig am Feind stünden. Gelingt es, so Dönitz, auf die Dauer mehr Schiffe zu versenken, als der Gegner imstande ist durch Neubauten zu ersetzen, wird die Verteidigungs- und Wirtschaftskraft der Insel alsbald erlahmen und der deutsche Sieg mithin sicher sein. Kurze Operationen unter geringen Verlusten mit größtmöglichem Versenkungserfolg – das war seine Devise, die er selbst »ökonomischen U-Boot-Einsatz« nannte. Raeder begann sich zwar langsam diesem Gedanken anzunähern, hat aber dem weiträumigen Einsatz vor allem der schweren Einheiten zur Zersplitterung der gegnerischen Kräfte und Unterbrechung von Zufuhren den Vorzug vor dem ausschließlichen Handelskrieg mit U-Booten gegeben. Diese Grundüberzeugung behielt Raeder, obgleich sein Bemühen aufrichtig war, den Zwiespalt zwischen kurzfristiger NS-Konzeption und klassischer, traditioneller Marinekonzeption zu überwinden.

Ähnlich wie im Ersten Weltkrieg lagen die Ausgangsbasen der deutschen Seekriegführung am Südende der Nordsee, doch das weitgespannte Netz britischer Stützpunkte und die Überwachung sämtlicher Seeverbindungen machten jeden Durchbruchsversuch deutscher Handelsstörer zu einem heiklen Unternehmen.

»Beginn der Feindseligkeiten gegen England sofort«, hieß es, und die beiden Panzerschiffe DEUTSCHLAND und ADMIRAL GRAF SPEE operierten als Handelsstörer im Atlantik und teils auch im Indischen Ozean, wobei das Gefecht mit gegnerischen Kampfeinheiten tunlichst zu vermeiden war. Was sich die Seekriegsleitung von ihrem Einsatz erhoffte, klingt vermessen, denn Wunderwerke sind von zwei Schiffen kaum zu erwarten:

»Hineinstoßen in die gegnerischen Handelsverbindungen … durch Aufbringung und Versenkung zahlreicher Handelsschiffe und Vernichtung feindlicher Geleitzüge … durch die Lahmlegung des feindlichen und neutralen Handelsverkehrs auf länger Zeit … die Erzielung einer größtmöglichen Wirkung … auf den Gegner.«

Anfangs ging es ritterlich zu, etwa als sich der Kommandant der SPEE beim Kapitän des Dampfers CLEMENT für die Versenkung seines Schiffes mit den Worten entschuldigte: »Tut mir leid, Captain, ich muß Ihr Schiff versenken. Es ist Krieg.« Der Verlust der CLEMENT wirkte wie ein Bombeneinschlag auf die britische Admiralität, die mit der sofortigen Bildung von Aufklärungsgeschwadern reagierte: Jeder Verband, aus mindestens zwei Schiffen bestehend, sollte künftig den deutschen »pocketbattleships« nachspüren und sie, wenn irgend möglich, zum Kampf stellen. Es wurde gefährlich für DEUTSCHLAND und GRAF SPEE.

Auch die U-Boote kamen dem Aufruf zum »Beginn der Feindseligkeiten gegen England« nach und leiteten die erste Phase der »Schlacht im Atlantik« ein. Am 3. September torpedierte und versenkte U 30 im Glauben, einen Hilfskreuzer vor den Rohren zu haben, den abgeblendet und ohne Positionslichter fahrenden britischen Passagierdampfer ATHENIA mit über 1.400 Menschen an Bord, darunter zwei Drittel Frauen und Kinder; 69 Frauen, 16 Kinder und zwölf Mann der Besatzung verloren ihr Leben. Die Nachricht von der Versenkung erschütterte schon nach wenigen Stunden die Welt, und die englische, auch die amerikanische Presse liefen Sturm, erinnerte man sich doch an den denkwürdigen Untergang der LUSITANIA 1915 – eine als ruchlose Tat dargestellte Aktion, die mit dem ATHENIA-Vorfall aber nur schlecht zu vergleichen ist. Die U-Boote führten Handelskrieg nach Prisenordnung, die auch das Londoner U-Boot-Abkommen von 1930 berücksichtigte, und man fühlt sich nach dem irrtümlich verursachten Untergang der

ATHENIA den Vorkommnissen aus dem Ersten Weltkrieg nahe, als Versenkungen von zivilen Handelsschiffen schwere Zerwürfnisse hervorgerufen hatten. Konflikte mit den USA blieben jedoch aus, da die europäischen Gewässer zu Kampfzonen erklärt worden waren, die amerikanische Schiffe nicht befahren durften.

Am 17. September torpedierte U 39 den britischen Flugzeugträger ARK ROYAL, die drei abgefeuerten Torpedos aber detonierten schon vor dem Unterlaufen des Schiffes und brachten die Kriegsmarine um gute Beute. Zwei Tage später versenkte U 29 die COURAGEOUS, ebenfalls ein Flugzeugträger.

Im Herbst begannen U-Boote, Zerstörer und Flugzeuge an Großbritannien Ost- und Westküste sowie am Kanal Minen zu werfen; ein regelrechter Minenkrieg setzte ein, in dessen Verlauf die U-Boote mit erstaunlichen Erfolgen Englands Häfen verriegelten und den englischen Lebensnerv sogar – ginge es so weiter – durchzutrennen drohten. Im September und Oktober wurde beinahe ein Dutzend Handelsschiffe an den Hafenzugängen versenkt, obwohl die dort gelegten Minen geräumt waren. Die magnetischen Grundminen aber blieben unentdeckt. Churchill brauste auf und beschuldigte die deutsche Führung des Frevels am akzeptierten Völkerrecht: »Getrieben von der Kanone zum Torpedo und vom Torpedo zur Mine haben die U-Boote nun den Gipfel der Niedertracht erreicht.« Die Briten arbeiteten fieberhaft an Gegenmaßnahmen, doch es dauerte Monate, bis diese Effektivität zeigten und der Insel Linderung verschafften, die unter den Auswirkungen des U-Boot-Krieges sowie den systematischen Minenverseuchungen mehr und mehr zu leiden begann, auch wenn von existentieller Bedrohung sicher noch nicht die Rede sein konnte.

Die Fortsetzung des so verheißungsvollen Minenkrieges, der in der Seekriegsleitung euphorische Stimmung erzeugte, geriet in ernste Gefahr, da sich Göring gegen den großangelegten Einsatz seiner Flugzeuge als Minentransportmittel sträubte und den Engländern die magnetische Grundmine in die Hände fiel: Am 22. November war bei Dunkelheit ein deutsches Flugzeug beobachtet worden, das ein solches Ding an einem Fallschirm in die See hinabließ. Die Untersuchung der den Briten keineswegs unbekannten Minenart brachte ihnen wertvolle Erkenntnisse und bot eine einfache wie praktikable Lösung des Problems an, nämlich die Schiffe zu entmagnetisieren, indem man sie mit Stromkabeln umwand; zwar kein Allheilmittel, wie sich herausstelle, denn die Verluste blieben nach wie vor schwer, aber immerhin ein Anfang von Gegenmaßnahmen.

Die U-Boote leisteten allerhand, ihre Minen brachten über hundert Schiffe bis zum Frühjahr des kommenden Jahres auf Grund, aber ein besonderes Husarenstück gelang im Oktober 1939 einem einzigen: Kapitänleutnant Günther Prien. Seit Kriegsbeginn trug sich Dönitz mit dem Gedanken an eine Operation gegen das Grab der deutschen Flotte, gegen Scapa Flow, wo die Home Fleet beheimatet war. Die Vorstellung vom Durchbruch eines seiner U-Boote in den von außergewöhnlichen Strömungsverhältnissen bestimmten Raum um Scapa – streng kontrolliert – faszinierte Dönitz. Er forderte Luftaufnahmen über vermutete Sperren an, ließ sich Berichte über die dortige Bewachung vorlegen und kam zu dem Ergebnis, daß ein Eindringen – nach dem Zuraten eines ihm Nahestehenden – im Bereich des Machbaren liege. Alles sehr vage, aber der Befehlshaber der U-Boote faßte den Entschluß, und seine Wahl fiel auf den Kommandanten von U 47:

»Ich folge mit den Augen seiner Hand. Er weist auf die Orkney-Inseln. In der Mitte des Kartenbildes aber steht groß: Bucht von Scapa Flow. Kapitänleutnant Wellner erklärt noch weiter, aber im Augenblick kann ich ihm nicht folgen. Alle meine Gedanken kreisen um den Namen: Scapa Flow! Dann spricht Kommodore Dönitz, der Führer der U-Boote: ›Im Weltkrieg lagen die englischen Sperren hier‹, er neigt sich zur Karte und zeigt mit der Zirkelspitze die Stellen, ›wahrscheinlich werden sie wieder dort liegen. Hier ist damals Emsmann vernichtet worden‹, die Zirkelspitze deutet auf Hora-Sound, ›und hier‹, ein Stich mit dem Zirkel, ›sind die üblichen Unterplätze der englischen Flotte. Alle sieben Einfahrten in die Bucht werden gesperrt und gut bewacht sein. Trotzdem könnte ich mir vorstellen, daß ein entschlossener

Panzerschiff ADMIRAL GRAF SPEE unmittelbar nach der Sprengung in der Mündung des Rio de la Plata am 17. Dezember 1939. Archiv MOV/DMI

Kommandant hier‹ – die Zirkelspitze wandert auf der Karte – ›hereinkann. Es wird nicht einfach sein, denn die Strömung läuft sehr stark zwischen den Inseln. Aber trotzdem glaube ich, es müßte gehen!‹ Er hebt den Kopf. Ein scharfer, forschender Blick unter gesenkter Stirn. ›Was halten Sie davon, Prien?‹

Ich starre auf die Karte. Aber ehe ich antworten kann, fährt der Kommodore fort: ›Ich will jetzt keine Antwort. Überlegen Sie sich die Sache in Ruhe. Nehmen Sie alle Unterlagen mit und rechnen Sie alles gründlich durch. Bis Dienstag mittag erwarte ich Ihre Entscheidung.‹ Er richtet sich auf und sieht mir gerade in die Augen. ›Ich hoffe, daß Sie mich recht verstehen, Prien. Sie sind in Ihrem Entschluß völlig frei. Wenn Sie zu der Überzeugung kommen, daß sich die Unternehmung nicht durchführen läßt, melden Sie es mir.‹ Und mit starker Betonung: ›Es fällt dann absolut kein Makel auf Sie, Prien. Sie bleiben für uns immer der alte.‹ Ein Händedruck. Ich nehme Karte und Berechnungen an mich. Der Deutsche Gruß, und draußen bin ich. Ich fahre hinüber zum Beischiff HAMBURG. Ich schließe Karten und Berechnungen in den kleinen stählernen Safe ein. Dann gehe ich nach Hause. Unterwegs grüßen mich Soldaten, ich danke ihnen mechanisch. In mir ist eine ungeheure Spannung. Wird sich's machen lassen? Der Verstand rechnet und fragt, aber der Wille sagt jetzt, es muß gehen.«

Prien schlägt das Angebot nicht aus. Am 14. Oktober brach er mit seinem Boot, Gezeiten und Strömungen trotzend, in das durch eine Vielzahl von Minen-, Netz- und Blockschiff-Sperren gesicherte Allerheiligste der Royal Navy ein und versenkte das Schlachtschiff ROYAL OAK. Die britische Abwehr hatte vollständig versagt, der verwegene Prien und seine seemännisch trefflich ausgebildete Besatzung waren nun völkische Helden, die vom »Führer« persönlich höchste Ehre empfingen. Die Weltöffentlichkeit geriet in Erregung, weil U 47 die Verwundbarkeit der Home Fleet schonungslos aufgedeckt hatte.

Im März 1941 wurde der »Stier von Scapa Flow« mit seiner Besatzung beim Angriff auf den Geleitzug OB 293 von dem britischen Zerstörer WOLVERINE südlich von Island durch Wasserbomben versenkt. Alle starben.

Priens Triumph vom Herbst 1939 ermutigte Raeder, auf die Intensivierung des U-Boot-Krieges zu drängen: »Der Hauptgegner Deutschlands in diesem Kriege ist England«, hieß es in einer Denkschrift der Seekriegsleitung vom 15. Oktober 1939. »Seine verwundbarste Stelle ist der Seehandel ... Das Hauptobjekt der Seekriegsführung ist das Handelsschiff, und zwar nicht nur das feindliche, sondern überhaupt jedes Handelsschiff, das zur Versorgung der feindlichen Kriegswirtschaft ... die See befährt.« Die U-Boote, das war nicht unerheblich, hatten nun freie Hand beim Angriff auch auf Passagierdampfer, und Dönitz zögerte keinen Augenblick, die neuen Möglichkeiten auszuschöpfen. Bis zum März 1940 versenkten die wenigen im Atlantik stehenden U-Boote 148 Schiffe mit 678.130 Bruttoregistertonnen, eine Zahl, die sich zwar gewaltig anhört, gemessen an dem gesamten Schiffsraum der englischen Handelsflotte von 17.984.000 Bruttoregistertonnen im Jahre 1939 aber nicht lebensbedrohlich ausnimmt.

Die Strategie des »doppelpoligen« Handelskrieges gegen England brachte enttäuschende Ergebnisse, woran auch die geschickt geführten Operationen der »Dickschiffe« nichts änderten. Insgesamt hatten GRAF SPEE und DEUTSCHLAND bis Ende Oktober nur ganze sieben Dampfer aufgebracht oder versenkt, und die Seekriegsleitung wurde wegen der bescheidenen Resultate und der massiveren gegnerischen Maßnahmen kleinlaut, räumte sogar ein, daß Angriffe »bei dem befohlenen zurückhaltenden Einsatz naturgemäß nur in geringem Umfange« möglich seien.

Am 22. Oktober versenkte GRAF SPEE vor Südwestafrika die TREVARION und entkam daraufhin ihren Verfolgern in den Indischen Ozean. Ähnlich auch die DEUTSCHLAND, die von den britischen Jagdgruppen nicht aufzufinden war und am 15. November nach gelungenem Durchbruch, aber ohne Schaden angerichtet zu haben, in Gotenhafen nach dem Willen des »Führers« anlegte. Schließlich durfte ein den Namen DEUTSCHLAND führendes Schiff nicht zur schnöden Beute werden, und um eine solche »höchst unerwünschte psychologische Belastung der Kriegsmarine und des ganzen deutschen Volkes« nicht heraufzubeschwören, erhielt das Panzerschiff nach seiner Rückkehr den Namen LÜTZOW.

Ihr Durchbruch durch das englische Blockadesystem ermunterte Raeder zum Auslaufbefehl an die soeben einsatzklaren Schlachtschiffe SCHARNHORST und GNEISENAU, die einen Atlantikdurchbruch vortäuschen sollten, um die englische Aufmerksamkeit von GRAF SPEE abzulenken. Am 23. November trafen die beiden Schlachtschiffe in der Island-Färöer-Passage den zum Hilfskreuzer umgebauten Passagierdampfer RAWALPINDI an. Die SCHARNHORST eröffnete den ungleichen Kampf: »Unsere dritte Salve faßte den Dampfer mittschiffs. Gleichzeitig begann auch unsere Mittelartillerie zu feuern.« Die RAWALPINDI versuchte zwar schwer getroffen zu entkommen, der »Kräfteunterschied zwischen uns und diesem nur leicht armierten Dampfer war aber doch zu groß. Er konnte auch nicht durch den unerhörten Schneid der britischen Seeleute ausgeglichen werden. Zu allem Überfluß griff nun auch noch unser mittlerweile herankommendes Schwesterschiff in das ungleiche Gefecht ein. Grell leuchteten seine langen Mündungsflammen aus der Dunkelheit zu uns herüber, gefolgt vom Grollen der Salven. Als der Flottenchef nach wenigen Minuten – etwa um 17.10 – den Befehl zum Feuereinstellen gab, war die letzte Gegenwehr des tapferen Gegners erloschen. Brennend und qualmend trieb er vor dem Wind in der groben See.«

Die deutschen Kommandanten, dem todesverachtenden Ringen der RAWALPINDI höchste Achtung zollend, entschlossen sich zur Rückkehr, ehe sie entdeckt und dann möglicherweise von der feindlichen Übermacht überrascht würden. In der Tat erfüllte die Aussicht, die beiden einzigen deutschen Schlachtschiffe zu stellen, die Engländer mit lebhafter Hoffnung, und tagelang mühten sich Einheiten

Schlachtschiff BISMARCK beim Marsch durch die Ostsee. Am 18. April 1941 war BISMARCK zusammen mit dem Schweren Kreuzer PRINZ EUGEN zur Handelskriegführung im Atlantik aus Gotenhafen ausgelaufen. Am 27. Mai 1941 sank das Schlachtschiff, durch einen Torpedotreffer in die Ruderanlage steuerunfähig geworden, im Feuer weit überlegener britischer Seestreitkräfte durch Selbstversenkung. Bewaffnung: 8 Geschütze 38 cm, 12 Geschütze 15 cm, 16 Flak 10,5 cm, 16 Flak 3,7 cm, 12 Flak 2 cm, 6 Bordflugzeuge, 50.900 ts, 29 kn.
Archiv MOV/DMI

der Home Fleet vergebens um Fühlungnahme. Der Zweck schien mit der Entlastung der GRAF SPEE erreicht, tatsächlich aber hatten die Engländer keine Kräfte von der Hetzjagd auf das Panzerschiff im Südatlantik abgezogen. Die deutschen Mittel reichten nur zum Aufwirbeln der englischen Abwehr, nicht aber zur strategischen Wechselwirkung, bei der ein Kriegsschauplatz den anderen entlastete, indem er starke Kräfte des Gegners band.

Dennoch war die Seekriegsleitung guter Dinge und konstatierte in einer Beurteilung kurz nach Ende der Operation erleichtert: »Die Schiffe haben sich in vollem Umfange für weiterreichende offensive Unternehmungen geeignet erwiesen. Vielfältige Verwendungsmöglichkeiten zeichnen sich ab ... Das Vertrauen in die militärischen Eigenschaften der Schlachtschiffe wurde durch diese erste Unternehmung bei Führung und Besatzungen erheblich gesteigert, die Furcht vor einem ›tatenlos auf Reede liegen‹ beseitigt.« Das war für das Selbstverständnis der Marine nicht unwichtig, die nun deutlich machte, daß es für sie eine nervenzerrende, selbstzerstörerische Rolle als »fleet in being« nicht ein zweites Mal gibt, und es schien auch, als seien die Engländer nicht in der Lage, Seeherrschaft in den eigenen, heimatlichen Gewässern auszuüben. Aber bei Lichte betrachtet war die Begeisterung der Seekriegsleitung einigermaßen übertrieben, wo man offenbar verdrängte, daß die eigentliche Leistung der beiden Schlachtschiffe im Zusammenschießen eines vergleichsweise schwach armierten Hilfskreuzers bestand.

Die Royal Navy hingegen konnte bislang überhaupt keine Erfolge aufweisen. Nicht nur deutsche U-Boote und Minen schlugen unentwegt zu, sondern auch die wenigen schweren Einheiten zeigten Präsenz, und so sah sich die englische Admiralität bohrendem Nachsetzen der Öffentlichkeit ausgesetzt, das nicht zuletzt auf die entscheidende Frage hinauslief: »Was macht eigentlich die Flotte?« Churchill geriet in Zugzwang.

Daß es nicht gelang, die auf GRAF SPEE angesetzten Feindkräfte in den Nordatlantik wegzulocken, wurde dem listenreichen und unternehmungslustigen Panzerschiff wenig später zum Verhängnis. Seine Taktik, hie und da einen Handelsdampfer zur Strecke zu bringen, alsdann in die ozeanischen Weiten zu verschwinden, eine Weile abzuwarten, um dann erneut überraschend zuzuschlagen, stiftete beim Gegner Verwirrung. So auch im November und Anfang Dezember, als Kapitän zur See Hans Langsdorff im Kanal von Mozambique einen britischen Tanker vernichtete, die Weiterfahrt in den Indischen Ozean vortäuschte und in den Atlantik ablief. Die Briten setzten nach, verloren aber die schnelle GRAF SPEE, die am 2. Dezember die mit Butter, Wolle, Käse und Fleisch beladene DORIC STAR und wenige Tage später zwei weitere Schiffe versenkte. Getreidefrachter vor Rio de la Plata waren jetzt ihr Ziel, das der britische Commodore Harwood jedoch früh ahnte und daher seine Kreuzer EXETER, AJAX und ACHILLES zur Patrouille vor die La-Plata-Mündung befahl. Harwoods Berechnungen stimmten exakt: Am 13. Dezember, um 6.14 Uhr, zeigte sich den Kreuzern die Rauchfahne des deutschen Panzerschiffes.

Von Langsdorff hielt die gesichteten Schiffe für einen Leichten Kreuzer und zwei Zerstörer und glaubte daher an leichtes Spiel seiner überlegenen 28-cm-Geschütze. Als der Kommandant erkannte, mit wem er es zu tun hatte, war es zur Umkehr bereits zu spät: Schnell kamen die Feinde – die Briten scherten aus der Kiellinie aus, um das Panzerschiff in den Flanken zu fassen – aufeinander zu. EXETER und GRAF SPEE eröffneten gleichzeitig ihr Feuer, beide trafen. Das deutsche Schiff traf besser, aber weil es sich Salven aus drei Richtungen und zudem Torpedos ausgesetzt sah, drehte die GRAF SPEE unter einem schützendem Nebelschirm nach dem Rio de la Plata ab. Die EXETER war lahmgeschossen und hatte starke Schlagseite, die AJAX büßte zwei Geschütztürme ein, die zusammen mit der am wenigsten beschädigten ACHILLES die Verfolgung des deutschen Schiffes aufnahm, das zwanzig Treffer hinnehmen mußte. Beide Seiten führten das Gefecht fort. Harwood beschloß dann den Abbruch, zum einen, weil die Munition dem Ende zuging, und zum anderen, weil sich die leichtere Bestückung seiner Einheiten als klarer Nachteil erwies.

ADMIRAL GRAF SPEE, deren Aufbauten unter anderem in Mitleidenschaft gezogen waren, lief auf Montevideo zu, um ihre Schäden in einem neutralen Hafen zu beseitigen, die Verwundeten zu versorgen und das Schiff neu zu beladen. Diplomatische Geschäftigkeiten bestimmten den Wettlauf gegen die Zeit, denn nach geltendem Völkerrecht blieben Langsdorff für die umfangreichen Vorhaben nur 24 Stunden Zeit. Den Briten lag an einer Verlängerung der Reparaturfrist, um den Flugzeugträger ARK ROYAL und den Schlachtkreuzer RENOWN aus Rio de Janeiro heranzuführen. AJAX und ACHILLES lagen bereits auf der Lauer, die CUMBERLAND stieß hinzu. Lief das deutsche Schiff aus, dann war sein Untergang sicher.

Um die Aussichtslosigkeit der Situation wußte auch der Kommandant, der am 16. Dezember der Seekriegsleitung drahtete: »Erbitte Bescheid, ob ich das Schiff trotz geringer Wassertiefe in der La-Plata-Mündung versenken soll oder ob Internierung vorgezogen wird«, und der Kapitän erhielt zur Antwort: »Versuchen Sie mit allen Mitteln, Aufenthalt in neutralen Gewässern zu verlängern ... Wenn möglich nach Buenos Aires durchkämpfen. Keine Internierung in Uruguay. Im Falle einer Versenkung versuchen Sie, das Schiff nachhaltig zu zerstören.« Am 17. Dezember lief GRAF SPEE unter gehißter Kriegsflagge in den schlammigen Rio de la Plata aus, um sich nach dem sympathisierenden Buenos Aires zu retten. In Erwartung eines gewaltigen Schauspiels sammelten sich Hunderte von Schaulustigen am Flußufer und gafften sensationsgierig der verlorenen GRAF SPEE hinterher. Was die lüsterne Menge nicht wußte: Kapitän zur See Hans Langsdorff ging mit nur einem Teil der Besatzung und ohne die Verwundeten ankerauf und verließ noch in der Mündung mit den restlichen Männern sein Schiff. Um 20.54 meldete der Aufklärer von AJAX, die GRAF SPEE habe sich durch Sprengung selbst versenkt.

36 Besatzungsmitglieder verloren während der Gefechte ihre Leben und wurden unter großer Anteilnahme auf einem Friedhof in Montevideo beigesetzt. Zwei Tage nach dem Verlust seines Schiffes bedeckte sich Langsdorff mit der kaiserlichen Flagge, unter welcher er als junger Seeoffizier an der Skagerrak-Schlacht teilgenommen hatte, und erschoß sich.

Die Engländer feierten die Selbstvernichtung der ADMIRAL GRAF SPEE als ihren ersten, lang ersehnten Sieg des Krieges, und in Berlin wechselte die Stimmung zwischen Stolz und Trauer. Reichspropagandaminister Goebbels notierte am 19. Dezember in sein Tagebuch: »Ein heldenhaftes Ende dieses stolzen Schiffes, das von der ganzen Welt bewundert wird. Nur die Engländer schmähen uns. Aber wir werden es ihnen schon heimzahlen. Die Lage des ›Spee‹ war hoffnungslos geworden. Und außerdem wäre wohl Uruguay, wenn sich das Schiff hätte internieren lassen, gegen uns in Krieg getreten, um sich des Schiffes zu bemächtigen. Aber trotzdem schneidet das doch ins Herz hinein. Dieses stolze Schiff! In Paris und London starker Defaitismus. Aber ich lasse diese Stimmen bei uns nicht zum Tragen kommen. Das deutsche Volk soll sich auf Kampf einstellen ... Keine getanzte Weltanschauung. Mittags beim Führer. Er ist in großartiger Verfassung. Nur das Schicksal des ›Spee‹ kränkt ihn tief ... Aber ein Schiff ist zum Kampf und Einsatz da.«

Hitler, der einen Kampf bis zum Untergang erwartet hatte, war nicht nur gekränkt, wie Goebbels schrieb, sondern außer sich vor Wut, und Raeder, der grundsätzlich den Entschluß von Langsdorff billigte, übernahm Hitlers Sprachregelung, indem er fortan den Einsatz deutscher Kriegsschiffe »bis zur letzten Granate, bis es siegt oder mit wehenden Flaggen untergeht«, forderte.

Der Verlust des Schiffes offenbarte die ungünstige seestrategische Lage Deutschlands, welche den im Ausland operierenden Überwassereinheiten nicht erlaubte, eigene Stützpunkte zwecks Versorgung oder Reparatur anzulaufen, sie vielmehr zwang, rastlos auf den Weltmeeren zu kreuzen und den Streitkräften einer überlegenen Seemacht die Stirn zu bieten. Trotzdem erbrachten die nachfolgenden Lagebesprechungen eine insgesamt positive Einschätzung der Kriegführung mit Panzerschiffen. Wichtig war der Seekriegsleitung die Feststellung, die sparsamen Kräfte auf beiden Kriegsschauplätzen so zur Geltung

U 226 bei Probefahrten. Das 1942 gebaute und in Dienst gestellte Boot wurde im November 1943 im Atlantik durch britische U-Jagdfahrzeuge mit der gesamten Besatzung versenkt. Es gehörte zu Typ VII C, von dem mehr als 650 Einheiten gebaut wurden. Verdrängung getaucht bis zu 1.070 ts. Bewaffnung: 5 Torpedorohre, die Artilleriebewaffnung wurde im Kriegsverlauf immer wieder geändert. Archiv MOV/DMI

kommen zu lassen, um ein Höchstmaß an strategischer Wechselwirkung zu erreichen. Tiefgreifende, gar kriegsentscheidende Auswirkungen konnten indes nicht erwartet werden – weder von den Schlacht- oder Panzerschiffen, noch von den Magnetminen und zum gegenwärtigen Zeitpunkt auch nicht von den U-Booten: Ihre Zahlen waren allesamt zu gering.

Während die deutschen U-Boote und Überwasserstreitkräfte im Handelskrieg passable, wenn auch nicht überragende Resultate erfochten, wollte der Landkrieg im Westen nach der Niederlage Polens nicht recht in Gang kommen. Man sprach von der »drôle de guerre«, vom Sitz- oder auch »drolligen« Krieg, in dem man sich zwar zum Kampf gerüstet gegenüberstand, aber in Ruhe ließ. Hitler drängte auf die Auseinandersetzung mit Frankreich, bevor es zu stark und aus dem geplanten Angriff, der später als »Blitzkrieg« bezeichnet wurde, ein endloser Sitzkrieg würde. Ein zweites Verdun, dieses Menschen und Material verschlingende Ringen über Monate, vielleicht Jahre, durfte es keinesfalls noch einmal geben. Der Angriff – ursprünglich auf den 12. November angesetzt, dann aber nicht weniger als 29mal verschoben – wich einem anderen, aus der Situation heraus geborenen Projekt und durchkreuzte Hitlers Terminplan.

Er hoffte noch immer auf einen Ausgleich zwischen britischen maritimen, beziehungsweise imperialen und deutschen kontinentalen Interessen, übersah dabei aber die althergebrachten Prinzipien britischer Politik, die seit jeher allen überzogenen Hegmonialbestrebungen irgendeiner Macht auf dem europäischen Festland energisch begegnet war. London schielte mißtrauisch nach Moskau, das mit dem Hitlerreich im Bunde stand, aber auch Hitler wurde unruhig, als er sah, daß sein Widersacher Stalin am 30. November auf breiter Front vom Eismeer bis zur Karelischen Landenge gegen Finnland vorrückte. Damit geriet unversehens der skandinavische Raum ins Zentrum europäischer Kriegsstrategien. Die Engländer und auch die Franzosen waren Finnland freundschaftlich gesonnen, und wollten sie ihre Sympathien durch militärische Hilfe untermauern, blieb ihnen nur der Weg über Norwegen und Schweden.

Die Gefahr einer britischen Invasion erkannte das deutsche Hauptquartier rasch, in dem die Alarmglocken schrillten, denn setzten sich die Westalliierten dort oben fest, führten sie jede Kontrolle über die schwedischen Erze. Die deutsche Kriegsindustrie stand in unmittelbarer Abhängigkeit vom Erz, das sommers aus dem schwedischen Hafen Lulea am Bottnischen Meerbusen und im Winter, wenn der vereiste Meerbusen den Transport nicht zuließ, von Narvik an der Westküste Norwegens hinuntergebracht wurde. Es galt daher, unter allen Umständen einer britischen Invasion zuvorzukommen.

Die Marine begrüßte derartige Überlegungen, denn nach der Inbesitznahme der norwegischen Küste würde sich ihre Operationsbasis wesentlich erweitern und die taktische und strategische Stellung zu ihren Gunsten ausdehnen. Die Idee, sich in Norwegen Stützpunkte bereitzuhalten, um unter Umgehung der britischen Flottenbasis Scapa Flow und der blockierten Shetland-Norwegen-Enge aus dem nassen Dreieck der Deutschen Bucht in den Atlantik durchzustoßen, war nicht neu. Hitler lag schon im Oktober 1939 eine ganze Anzahl von Exposés vor, in denen Raeder die Nachteile einer Besetzung Norwegens durch die Engländer für die deutsche strategische Lage aufreihte. Die Beherrschung der Zufahrten zur Ostsee und die Störung deutscher Flottenoperationen traten darin besonders hervor. Die Vorteile einer deutschen Besetzung indes lagen auf der Hand: »Wir hätten damit ein Ausfalltor nach dem nördlichen Atlantik gewonnen und würden es der britischen Flotte unmöglich machen, eine Minensperre zu legen wie in den Jahren 1917/18.«

Auch in der britischen Führung gab es vor Ausbruch des finnisch-sowjetischen Krieges Stimmen – namentlich die Churchills – die auf eine Aktion drängten, aber vor der notgedrungenen Verletzung norwegischer Neutralität doch zurückschreckten. Erst im April 1940 wurde dazu der Entschluß gefaßt, der aus zwei Gründen zu spät kam: Erstens beendete am 12. März der Friedensschluß in Moskau den sowjetisch-finnischen Winterkrieg und nahm alle Vorwände für eine Annexion, und zweitens beschloß die deutsche Führung den Angriff auf Norwegen am 9. April 1940. Sie kam der britischen Regierung, die schon in aller Frühe des 8. April von vier Zerstörern ein Minenfeld am Hafen von Narvik legen ließ, nur um Stunden zuvor.

Nach dem Befehl vom Januar war ein Sonderstab im Oberkommando der Wehrmacht beauftragt, die Entwürfe der einzelnen Wehrmachtteile aufeinander abzustimmen, um die kombinierte Land-, Luft- und Seeoperation mit dem Decknamen »Weserübung« reibungslos durchzuführen. Die Weisung für »Weserübung« lag im März vor: »Die Entwicklung der Lage in Skandinavien erfordert es, alle Vorbereitungen zu treffen, um mit Teilkräften der Wehrmacht Dänemark und Norwegen zu besetzen. (›Fall Weserübung‹). Hierdurch sollen englischen Übergriffen nach Skandinavien und der Ostsee vorgebeugt, unsere Erzbasis in Schweden gesichert und für Kriegsmarine und Luftwaffe die Ausgangsstellung gegen England erweitert werden.« Man nahm in bester Manier eines rohen, gleichwohl präzisen Angriffskrieges auf die Neutralität Norwegens keinerlei Rücksichten.

Die Kriegsmarine stellte für diese gewaltige, kombinierte Operation ihre gesamten Überwasserstreitkräfte und den größten Teil ihrer aus dem Atlantik und der Nordsee abgezogenen U-Boote zur Verfügung.

Überwasserstreitkräfte für »Weserübung«

Operationsraum, Befehlshaber, Schiffe

- Narvik: Kapitän zur See und Kommodore Bonte, SCHARNHORST und GNEISENAU als Deckungsgruppe, 10 Zerstörer: 2.000 Mann
- Drontheim: Kapitän zur See Heye Schwerer Kreuzer ADMIRAL HIPPER, 4 Zerstörer: 1.700 Mann
- Bergen: Konteradmiral Schmundt, Leichte Kreuzer KÖNIGSBERG und KÖLN, 1 Artillerieschiff, 2 Torpedoboote, 1. Schnellbootflottille (5 Boote) mit Begleitschiff und 2 U-Bootfallen: 900 Mann
- Kristiansand/Arendal: Kapitän zur See Rieve, Leichter Kreuzer KARLSRUHE, 3 Torpedoboote, 2. Schnellbootflottille (7 Boote) mit Begleitschiff: 1.400 Mann
- Oslo: Konteradmiral Kummetz, Schwere Kreuzer BLÜCHER und LÜTZOW, Leichter Kreuzer EMDEN, 3 Torpedoboote, 1. Räumbootflottille (8 Boote), 2 Walfangboote
- Egersund: Korvettenkapitän Thoma, 2. Minensuchflottille (4 Boote)
- Nyborg/Korsör: Kapitän zur See Kleikamp, Linienschiff SCHLESWIG-HOLSTEIN, 3 Versuchsboote, 2 Schlepper, 2 Transporter
- Kopenhagen: Korvettenkapitän Schröder, 1 Minenschiff, 1 Eisbrecher
- Middelfart/Beltbrücke: Kapitän zur See Leissner, 1 Dampfer, 3 Minensuchboote, 2 Vorpostenboote, 2 Räumboote, 1 U-Jäger, 2 Schlepper
- Esbjerg/Nordby: Kapitän zur See und Kommodore Ruge, 1 Geleitboot, 12. Minensuchflottille (5 Boote), 8 umgebaute Fischdampfer, 2. Räumbootflottille (2 Boote)
- Tyborön: Korvettenkapitän Berger, 4. Minensuchflottille (6 Boote), 4. Räumbootflottille (2 Boote)

Befehlshaber war General Nikolaus von Falkenhorst und Flottenchef, in Vertretung, Vizeadmiral Günther Lütjens.

Einige Schiffe, die Truppen, Gerät, Material und Nachschub transportierten, bekamen bereits Anfang April Auslaufbefehl. Vizeadmiral Lütjens verließ am 7. April mit der Narvik- und Drontheim-Gruppe die Jademündung, ging auf Nordkurs, wurde zwar von feindlicher Aufklärung erfaßt und von Maschinen des Bomber Command beschossen, erhielt aber keine Treffer. Die britische Führung war sich über die Stärke und Zusammensetzung der deutschen Invasionsflotte nicht im klaren, und ihre Einheiten gingen erst am Abend in See.

Tags darauf kam es zur ersten Gefechtsberührung zwischen den Zerstörern BERND VON ARNIM und der GLOWWORM, die auf der Suche nach einem über Bord gegangenen Seemann den Anschluß an ihre Gruppe verlor und zufällig auf den deutschen Zerstörer zulief. ADMIRAL HIPPER griff ein, rammte – nach Torpedobeschuß, der den Schweren Kreuzer steuerbords vorn traf – die GLOWWORM, die daraufhin sank. Am 9. April, in Deutschland herrliches Frühlingswetter, dort oben im Norden zuweilen Schneetreiben, stieß Lütjens mit SCHARNHORST und GNEISENAU auf den Schlachtkreuzer RENOWN, die den Artillerieleitstand im Vormars der GNEISENAU funktionsuntüchtig schoß. Die vorderen Türme A beider Schlachtschiffe fielen aus, und da Lütjens nun meinte, starke feindliche Kräfte gegen sich zu haben, brach er das Gefecht sicherheitshalber ab. Davor hatte der polnische Zerstörer ORZEL vor Kristiansand den deutschen Transporter RIO DE JANEIRO versenkt.

Die Besetzung Dänemarks erfolgte ohne nennenswerte Schwierigkeiten, die Landung von Truppen gelang. Die SCHLESWIG-HOLSTEIN lief im Großen Belt auf Grund. Der dänische König befahl die Einstellung allen Widerstandes.

Kapitän zur See Bonte landete mit Zerstörern an der norwegischen Küste ebenfalls Truppen, mit drei weiteren lief er auf Narvik zu. Die Widerstand leistenden norwegischen Küstenpanzerschiffe EIDSVOLD und NORGE wurden versenkt; deutsche Gebirgsjäger unter Generalmajor Dietl nahmen Narvik und Elvegaardsmoen. Die HIPPER-Gruppe nahm Kurs auf Drontheim, das sich mit seinen Küstenbatterien zur Wehr setzte und den Schweren Kreuzer ADMIRAL HIPPER zur Feuereröffnung aus seinen achteren Geschütztürmen veranlaßte und die Verteidiger schließlich zur Aufgabe zwang. Der Bergen-Verband unter Konteradmiral Schmundt lief programmgemäß in den Korsfjord ein; Truppen landeten vor dem Byfjord und unter Beschuß in Bergen. Der Kristiansand-Gruppe gelang dagegen erst im dritten Anlauf die Fahrt in den Fjord, da sie auf eine organisierte Abwehr traf, die nur mit massiver Luftunterstützung niedergekämpft werden konnte.

Im Oslofjord war die Lage am kompliziertesten, der Verlust des Schweren Kreuzers BLÜCHER – für die Operation ursprünglich nicht vorgesehen, weil er sich zehn Tage zuvor noch im Erprobungsstadium befand – schmerzlich. Der auf Oslo angesetzte Verband verließ am 8. April Kiel und erreichte kurz nach Mitternacht den dortigen Fjord, wo unter anderem 28-cm-Granaten der Festung Oskarsborg die BLÜCHER schwer beschädigten. Zwei von Land in fünfhundert Meter Entfernung abgefeuerte Torpedos versetzten dem Schiff den entscheidenden Schlag: Es sank am Morgen des 9. April um 7.23 Uhr. Erst als Landungstruppen Oslo von Land aus angriffen und Fallschirmjäger mit Unterstützung der Luftwaffe den Flugplatz eroberten, konnte Kummetz mit seinen Einheiten in Oslo einlaufen.

Das Ziel ist erreicht, »Weserübung« mit der Annexion Dänemarks und Norwegens ein voller strategischer Erfolg. »Der Führer ist ganz glücklich. Er bezeichnet die gelungene Aktion als einen der größten Erfolge unserer ganzen Politik und Kriegführung«, vermerkt Goebbels am 10. April. London sei perplex und stammele »lauter wirres Zeug«, frohlockte der Propagandaminister, und nun muß nur noch ein Bündnis geschlossen werden, dann ist der »Bart ab«. Goebbels höhnte: »Mir grauet vor der Götter Neid«, aber ihm hätte besser vor der Götter Rache grauen sollen, denn was auf die geglückte »Weserübung« folgte, war für die deutsche Führung niederschmetternd und beschwor zahlreiche Krisen und Konflikte herauf. Abgesehen davon, daß die U-Boote samt und sonders wirkungslos blieben, denn ihre Torpedos mit magnetischer Zündpistole hatten durchweg versagt und nötigten den selbstbewußten Prien zu dem forschen Statement, man könne ihm nicht zumuten, mit einem »Holzgewehr zu kämpfen«, abgesehen davon also stellte die abgemachte Rückführung der deutschen Seestreitkräfte ein ernsthaftes Problem dar, das schließlich zu fatalen Verlusten führte.

In dieser Frage war es bereits im Vorfeld der Operation zu Meinungsverschiedenheiten zwischen Raeder und Hitler gekommen, denn während der Diktator die Seestreitkräfte für einige Zeit nach der Landung in den Ausschiffungshäfen verblieben wissen wollte, um dem Heer Rückhalt und das Gefühl von Sicherheit zu geben, plädierte der Oberbefehlshaber der Kriegsmarine für den Rückmarsch aller Seestreitkräfte. Er wollte sie nicht bei einer als Nebenaufgabe empfundenen Aktion aufs Spiel setzen, sondern mit neuen, gewinnträchtigen Aufgaben betrauen. Nach zähem Ringen unter vier Augen überzeugte Raeder seinen »Führer« von der Notwendigkeit einer raschen Rückführung.

Am Abend des 9. April rüstete die Marine befehlsgemäß zum Auslaufen ihrer Einheiten, die am Skagerrak und Kattegat auf feindliche U-Boote trafen: KARLSRUHE wurde torpediert, und die Männer versenkten in hoffnungsloser Lage selbst ihr Schiff; ein anderes U-Boot fügte der LÜTZOW schwere Schäden zu. Die KÖNIGSBERG ging verloren.

Zur kompletten Katastrophe aber wurde »Weserübung« für die deutschen Zerstörer, deren Abmarsch sich verzögerte, weil nur einer der beiden Öldampfer zur Brennstoffversorgung bereitstand. Fünf an der Zahl lagen in Seitenfjorden Narviks, zwei der übrigen fünf wurden im dortigen Hafen betankt und dann von einem englischen Zerstörerverband völlig überrascht. Vom herannahenden Schlachtschiff

Großadmiral Karl Dönitz (1891–1980), als Kapitän zur See seit 1935 mit dem Aufbau der U-Bootwaffe beauftragt, war er von 1939 bis 1943 Befehlshaber der U-Boote und löste 1943 Großadmiral Raeder als Oberbefehlshaber der Marine ab. Der 1943 zum Großadmiral beförderte Dönitz hat sein Bild dem Oberleutnant zur See Dietrich Schönebohm anläßlich der Verleihung des Ritterkreuzes verehrt. Archiv MOV/DMI

Oberleutnant zur See Schönboom
in dankbarer Anerkennung und
in getreuer Kameradschaft.
30. 12. 43
Dönitz
Großadmiral u. Oberbefehlshaber
der Kriegsmarine

WARSPITE, dem Flugzeugträger WARIOUS und neun Zerstörern unterstützt, war es den Engländern nun ein leichtes Unterfangen: Alle zehn deutschen Zerstörer wurden vernichtet, einige versenkten sich nach Aufbrauch ihrer Munition selbst. Nur die Drontheim-Gruppe mit HIPPER und ihren vier Zerstörern war bis zum 10. Juni glücklich in heimatlichen Gefilden eingetroffen.

Mit dem verheerenden Ausgang waren alle Pläne zur Wiederaufnahme der so verheißungsvollen Minen-Operationen durch Zerstörer, des Handelskrieges mit Zerstörern und der kombinierten Kriegführung mit Schlachtschiffen mit einem Schlag dahin. Narvik war zur Falle geworden, mit Auswirkungen, die sich noch gar nicht absehen ließen.

In der Folge, genauer bis zum 15. Juni 1940, transportierten 270 Handelsschiffe über hunderttausend Mann, etwa 16.000 Pferde, 20.000 Fahrzeuge und 100.000 Tonnen Nachschub nach Norwegen. 21 Schiffe mit insgesamt 2.000 Seeleuten sanken. Angetrieben von Winston Churchill reagierten die Engländer und landeten, von Frankreich unterstützt, in Narvik, Drontheim und an anderen Orten, richteten allerdings infolge der deutschen Luftüberlegenheit nicht allzu viel aus. Die Deutschen verstünden es meisterhaft, schreibt der englische Premier, »sich alle Möglichkeiten zunutze zu machen, die der Einsatz großer Luftstreitkräfte bieten konnte. Zudem war ihre individuelle Überlegenheit, namentlich bei Unternehmungen kleiner Verbände, augenfällig. In Narvik hielt eine bunt zusammengewürfelte, improvisierte deutsche Streitmacht von knapp 6.000 Mann sechs Wochen hindurch mehr als 20.000 Mann alliierter Truppen in Schach.« Nun, bunt gewürfelt waren die Truppen zwar, aber dafür trefflich durchorganisiert und bestens eingestimmt und jagten Briten und Franzosen aus Andalsnes und Namsos, wo die Lage zwischenzeitlich durchaus kritisch war, zum Maibeginn hinaus.

Die britisch-französischen Landungen in Norwegen versetzten Berlin in helle Aufregung, aber die Krisen, Versager und Verluste drückten die allgemeine Hochstimmung nicht: Die Erzzufuhr war gesichert, die nach England unterbrochen, neue Stützpunkte kamen nun bedeutend näher an viele englische Häfen heran, und der deutsche Auslaufweg in den Atlantik ließ sich besser passieren. Entscheidend für die deutsche Führung war, daß England an der Etablierung in Norwegen gehindert wurde und damit die akute Gefahr einer skandinavischen Front gegen das Reich gebannt war. Überdies konnte die Marine später, nachdem Deutschland die Sowjetunion überfallen hatte, Angriffe gegen die im Norden laufenden, für Rußland bestimmten alliierten Geleitzüge mit Kriegsmaterial und Versorgung fahren und diese nachhaltig stören, einige zerstören.

Ehe die Kämpfe in Norwegen endeten, kam es für die Kriegsmarine noch zu einem Einsatz mit Folgen: Am 18. Mai wies Großadmiral Raeder die beiden Schlachtschiffe SCHARNHORST und GNEISENAU zu »häufiger, lebhafter und vielseitiger« Tätigkeit im Raum Westfjord-Harstad, den Shetlands, Färöer und Narvik an. Es sei dabei weniger ihre Sache, gegen Einzelobjekte zu operieren, als vielmehr so häufig zur Stelle zu sein, daß sich mittelbare oder unmittelbare Erfolge allein schon aus dieser ständigen Präsenz ergeben. Raeder wollte den Kampf seiner Schlachtschiffe, und wenn sie dabei verlorengingen, wäre das für den Ausgang des Krieges nicht tragisch, sondern willkommener Anlaß für eine neue Marine. Etwas verschroben waren Raeders Gedanken schon, die Schlachtschiffe ohne militärisch sinnvolles Operationsziel nur um irgendeines Kampfes willen aufs Spiel zu setzen. Es stieß dem Großadmiral übel auf, daß weder SCHARNHORST noch GNEISENAU bisher wesentlich zur Seekriegführung beitrugen, und er fürchtete ganz offensichtlich den Groll des »Führers«, dem er nun unbedingt die Existenzberechtigung der teuren Schiffe unter Beweis zu stellen vermeinte.

Unter der Tarnbezeichnung »Juno« lief der Verband samt ADMIRAL HIPPER und vier Zerstörern am 4. Juni 1940 aus Kiel aus, um irgendwelche alliierten Flottenkräfte, die ihre Truppen aus Norwegen sicherten, aufzuspüren und zugleich die Überführung von eigenen Einheiten nach Drontheim zu decken.

Einige Tage später trafen die Schlachtschiffe auf den Flugzeugträger GLORIOUS, von zwei Zerstörern geleitet, die von den deutschen Einheiten überrascht und versenkt wurden. Ein Seemann der ACASTA, einem der beiden Zerstörer, erinnert sich:

»An Bord unseres Schiffes herrscht tödliche Stille, kaum ein Wort wird gesprochen. Das Schiff läuft mit Volldampf vom Feinde ab. Plötzlich ergeht eine Flut von Befehlen: alle Nebelabblasvorrichtungen klar; Feuerlöschschläuche anschlagen. Eine Reihe weiterer Vorbereitungen wird getroffen. Wir laufen noch immer, unter starker Rauchentwicklung, vom Feind ab, alle unsere Nebelanlagen sind in Betrieb. Der Kommandant läßt nun alle Gefechtsstationen übermitteln: ›Ihr glaubt wohl, daß wir vor dem Feind weglaufen? Ihr irrt euch: unser Schwesterschiff ist gesunken, die GLORIOUS sinkt, uns bleibt nichts anderes übrig, als der Welt zu zeigen, was wir wert sind – euch allen viel Glück!‹ ... Wir sind ganz nah, ich feure meine zwei Torpedos aus den Heckrohren, die Bugrohre feuern die ihrigen, und wir alle warten auf das Resultat. Ich werde nie den Jubel vergessen, der sich nun erhob: am Bug des einen Schiffes schoß ein gelber Blitz hoch, dann eine hohe Rauch- und Wassersäule. Wir wußten, daß wir getroffen hatten ... Der Gegner erzielte dann mehrere Treffer, und achtern erfolgten schwere Explosionen ... Schließlich gab der Kommandant den Befehl: ›Alle Mann von Bord!‹ ... Und als ich im Wasser schwamm, sah ich den Kommandanten über die Brückennock gelehnt, wie er sich eine Zigarette aus seinem Etui nahm und anzündete. Wir riefen ihm zu, auf unser Rettungsfloß zu kommen, er aber winkte uns nur einen Abschiedsgruß zu – das Ende eines tapferen Seemannes.«

Führungsfehler verursachten letztlich die Schäden auf der SCHARNHORST, die Flottenchef Wilhelm Marschall – Mißverständnisse kamen hinzu – herbe Kritik der Seekriegsleitung eintrugen; Vizeadmiral Lütjens trat an seine Stelle. Auch der neue Flottenchef, der mit der SCHARNHORST- und GNEISENAU-Gruppe bald darauf gleichzeitig auslief, wurde mit Vorwürfen aus der Seekriegsleitung überhäuft. Beschädigt – GNEISENAU hatte Torpedo-Treffer erhalten –, waren sie erst im Dezember wieder einsatzbereit.

Es mochten individuelle Fehler gewesen sein, aber die Ansicht von Seekriegsleitung und Oberbefehlshaber waren merkwürdig, mit aller Gewalt dort Risiko zu spielen, wo gemächliches Vorgehen allemal mehr Sinn machte. Denn was hatte man nach dem Abschluß der Operation an Kampfschiffen? Einen Schweren, zwei Leichte Kreuzer und vier Zerstörer – das war der ganze Kern der deutschen Überwasserflotte! Die Invasion in Dänemark und Norwegen war ein deutscher Sieg, letzthin aber ein Pyrrhus-Sieg, besieht man die gewaltigen Verluste. Zu den »Nachwehen« zählte auch das allgemeine Rätselraten um das Versagen der Torpedos, das zu Vertrauensverlusten, selbst kriegsgerichtlichen Verfahren führte.

In der Torpedoversuchsanstalt (TVA) in Eckernförde schlug das Herz von Entwicklung, Konstruktion und Testläufen der Torpedos, und hier blieb nichts unversucht, um die Gründe für ihre Untauglichkeit zu erforschen. Die meisten von ihnen liefen während des Norwegen-Unternehmens ohne Detonation unter ihren Zielen durch, und erst 1942 waren in enger Zusammenarbeit von Front, Versuchsanstalt, Waffenamt, Industrie und Universitätsinstitu-

Verluste in Dänemark und Norwegen (bis Kriegsende)

Deutsche

1.317 Tote, 1.604 Verwundete,
2.375 Vermißte, 242 Flugzeuge,
ein Schwerer Kreuzer,
zwei Leichte Kreuzer,
zehn Zerstörer,
ein Torpedoboot,
vier U-Boote,
ein Artillerieschulschiff,
ein Räumboot,
zahlreiche Hilfsfahrzeuge
und Dampfer

Alliierte

zu Lande: 3.761 Tote
(Engländer, Franzosen, Norweger, Polen);
zur See: 2.500 Tote,
112 Flugzeuge,
ein Flugzeugträger,
zwei Leichte Kreuzer,
neun Zerstörer,
sechs U-Boote,
zahlreiche Hilfsfahrzeuge

ten die Fehlerquellen beseitigt, die Torpedos nun zur sicheren Waffe fortentwickelt. Ungeklärt ist übrigens, warum im gesamten Krieg alliierte Angriffe gegen die Torpedoversuchsanstalt ausblieben.

Unterdessen begann am 10. Mai die große Offensive im Westen, die für alle überraschend schon im Juni zu Ende ging und wohl zum Verblüffendsten gehört, was die Kriegsgeschichte kennt. Man weiß, daß Hitler über gewisse militärische Qualifikationen verfügte und sich Detailkenntnisse zulegte, mit denen er seine Umwelt zu beeindrucken pflegte. Die als »Sichelschnitt« bezeichnete Taktik war der Durchmarsch gepanzerter Verbände durch die unwegsamen Ardennen. Diese mehr als riskante Operation gelang nur, weil die alliierten Luftstreitkräfte nicht eingriffen. Holland und Belgien kapitulierten binnen weniger Tage, und Hitler genoß die Siege als ein Erlebnis der besonderen Art: Er vereinte Inspiration und Genie, höchste Feldherrnkunst und schier unendliche Überlegenheit, die er gegenüber der Generalität mit ungezügelter Arroganz ausspielte. Das 300.000 Mann starke britische Expeditionskorps ließ er aus Dünkirchen gönnerhaft flüchten, um London mit dieser wohlwollenden Geste zu ermuntern, vielleicht doch noch die Hand über den Kanal zu reichen.

Die Kapitulation Frankreichs inszenierte der »Führer« als einmaliges Schauspiel, als er im Wald von Compiègne, an nämlichem Ort und in nämlichem Salonwagen, in dem 1918 die deutsche Niederlage besiegelt wurde, den Waffenstillstand wollüstig zelebrierte. Fortan war er der »Größte Feldherr aller Zeiten«, dem Goebbels in Berlin einen Empfang mit viel Pomp und Glorie bereitete. Ein Dutzend Generale wurden zu Feldmarschällen befördert, und Raeder und die Kriegsmarine waren für die Vorteile, die ihnen der siegreiche Feldzug der Wehrmacht eingebracht hatte, allenthalben dankbar: Neue Stützpunkte schufen für den Zufuhrkrieg gegen England gute Aussichten, die U-Boote hatten kürzere Auslauf- und Anlaufwege, die selbst größere Schlachtschiffunternehmungen im Atlantik ohne weiteres ermöglichten. Im Besitz norwegischer und französischer Stützpunkte beurteilte die Seekriegsleitung nun die Chancen für einen erfolgreichen Seekrieg günstiger als je zuvor. Ansporn war dem Oberbefehlshaber auch die Versicherung seines »Führers«, daß er nicht lange auf zusätzliche Rohrstoffe und Facharbeiter zum Ausbau seiner Marine warten müsse – ein Trugschluß.

In dem Monat, in dem sich Frankreich geschlagen gab, endete die erste von insgesamt fünf auszumachenden Phasen der U-Boot-Schlacht im Atlantik. Diese ließ sich mäßig an, weil nur wenige Boote durchgehend in See standen und geschützte Konvois von Einzelnen kaum zu »knacken« waren; hinzu kamen Torpedoversager, die sicher geglaubte Beute vereitelten. Ein üblicher Transatlantikkonvoi fuhr mit bis zu 40 Schiffen, in Kolonnen zu meist vier Handelsschiffen eingeteilt. Die Erfolgsrate der aus Konvois herausgeschossenen Dampfer blieb auch in den ersten Monaten des Jahres 1940 mager, doch die neuen Basen nach den Siegen im Norden und Westen legten den Grundstein zu Dönitz' anhebendem Triumph in der »Schlacht im Atlantik«. Es kamen zahlreichere Boote zum Einsatz, und die von französischen Häfen aus erstmalig und erfolgreich in Rudeltaktik operierenden Boote, Juni 1940, waren Präludium zu einem wahrhaft goldenen Zeitalter der deutschen U-Boot-Waffe. Die englischen Verluste nahmen zu, da der Bedarf an Geleitfahrzeugen für die im Schnitt täglich 2.000 Dampfer die Kapazitäten um etliches überstieg.

Nicht nur die »atlantischen« U-Boote leisteten in den Sommermonaten ganze Arbeit, die Hilfskreuzer im Mittel- und Südatlantik, Indischen Ozean und Pazifik bewiesen schon längst, was sie der Seekriegsleitung wert sind. Zumeist als alliierte oder neutrale Handelsschiffe geschickt getarnt, näherten sie sich den feindlichen, rissen im letzten Augenblick ihre Verschleierung herunter, setzten die Hakenkreuzflagge und stoppten die Transporter per Bugschuß. Drehten diese bei, und das war ratsam, ging ein Prisenkommando an Bord, untersuchte die Ladung, und führte man dort Konterbande, wurde die Besatzung übernommen und das Schiff anschließend versenkt.

Seekrieg in der Offensive: Juni 1940 bis März 1943

Hitler stand im Zenit seines Ruhmes und rechnete auf ein baldiges Einlenken der Engländer. Obwohl diese den Frieden gleich hätten schließen können, blieben sie hart und gaben mitnichten klein bei. Churchill schwor, nicht eher zu rasten, als bis »dieser böse Mann, diese Höhle und Verkörperung so vielen seelenzerstörenden Hasses, diese monströse Ausgeburt alten Unrechts und alter Schande« von der Erde getilgt ist.

Hitler bot den Angelsachsen Frieden an und reagierte verärgert und schulterzuckend auf ihre brüske Ablehnung, denn er wußte nicht recht, wie weiter mit dem Krieg fortzufahren sei. Um England zu »erledigen«, kam nur eine Invasion in Frage, die Churchill fürchtete, wie er überhaupt nach dem deutschen Schlag gegen Norwegen und dem fast unwirklich perfekten Sieg über Frankreich alle verderbliche Kraft deutscher Initiative gegen sich wähnte. Wer wußte dort schon, was die deutsche Rüstungsschmiede an modernem Teufelszeug bereithielt, um mit einem Mal aus dem Blauen heraus mit neuen Waffen, frischen Truppen, vollendeten Plänen an einem der vielen ungeschützten oder nur mangelhaft gerüsteten Plätzen Englands zu landen?

Wenn die englische Führung nur geahnt hätte, daß Hitler ohne jedwedes Konzept, ohne »Generalkriegsplan« lebte und daß alles, was erfochten wurde, auf Improvisation und kurzzeitige Entschlüsse zurückging, wäre ihr viel Aufregung erspart geblieben. Die Kriegsmarine hatte zu Beginn des Krieges zwar Überlegungen für eine Landung auf den britischen Inseln angestellt, doch wegen der langen und gefährlichen Anmarschwege über die Nordsee traten die Invasionspläne alsbald in den Hintergrund. Erst als die Annexionsfrage nach der Besetzung Dänemarks und Norwegens und dem Sieg über Frankreich wieder akut wurde, begann der Wehrmachtführungsstab erneut mit ihrer Bearbeitung.

»Zweck dieser Operation ist es, das englische Mutterland als Basis für die Fortführung des Krieges gegen Deutschland auszuschalten, und wenn es erforderlich werden sollte, in vollem Umfang zu besetzten.« 41 Divisionen sollten in drei Staffeln den Kanal durchqueren, zum Angriff übergehen und Brückenköpfe bilden. Die Marine, für die es sich um eine Transportbewegung größten Ausmaßes handelte, sah sich mit ihren seit Norwegen stark dezimierten Streitkräften außerstande, den Schutz der Invasionsmacht zu garantieren und Schiffsraum sowie

Einer der wohl populärsten U-Bootkommandanten der Kriegsmarine war Günther Prien (1909–1941), hier als Kapitänleutnant und Kommandant von U 47. Mit diesem Boot war er am 13./14. Oktober 1939 in den britischen Kriegshafen Scapa Flow eingebrochen und versenkte das Schlachtschiff ROYAL OAK. Für diesen spektakulären Anfangserfolg der U-Bootwaffe wurde er als erster U-Bootkommandant mit dem Ritterkreuz des Eisernen Kreuzes ausgezeichnet. 1941 wurde U 47 mit der gesamten Besatzung im Atlantik versenkt.
Archiv MOV/DMI

Landungsboote in gebotener Anzahl für das Unternehmen »Seelöwe« zur Verfügung zu stellen. 3.000 Fahrzeuge – darunter 155 Transportschiffe, 471 Schlepper und 1.200 Fährprähme und Flußschiffe sowie 1.100 Motorboote und speziell für »Seelöwe« entwickelte neue Typen – waren zu wenig. Deshalb schrumpften Landeabschnitt und Landungstruppen unter dem Zwang der Verhältnisse zusammen, und der Operationsbeginn wurde verschoben, da die Luftwaffe nicht die notwendigen Voraussetzungen schuf. Sie verlor nach anfänglichen Erfolgen die berühmte »Luftschlacht um England«, so daß Hitler seine Pläne am 17. September 1940 einstweilen beiseite legte. Ohnehin war er hierbei immer nur mit halbem Herzen gewesen, denn sein Blick ging längst nach Osten, den zu erobern nun vordringlichste Aufgabe war; sei die Sowjetunion besiegt, wie es der Diktator wollte, dann wäre auch England hoffnungslos verloren, sein potentieller »Festlandsdegen« aus der Hand geschlagen. Es mußte dann um Frieden betteln.

Mitte Oktober sah man märchenhafte Zahlen auf den Wimpeln, welche die Sehrohre der einlaufenden U-Boote schmückten, deren Kommandanten sich in den Stützpunkten und daheim in Presse und Rundfunk als Helden feiern ließen: jung, dynamisch, erfolgreich. Mit U-Boot-Siegen kann man Eindruck machen. Daß ein Pimpf die U-Boot-Asse Kretschmer, Topp, Schepke, Endraß nicht kennt, das gibt es nicht, und wer nicht weiß, daß Günther Prien der »Stier von Scapa Flow« ist, der ist eine hoffnungslose Tranfunzel. In ihrer Unerschrockenheit und Todesverachtung waren diese Seehelden der Jugend echte Leitfiguren, wirkliche Idole. Die Propaganda nahm sich dieser schneidigen Burschen geistesgegenwärtig an und verpaßte ihnen auf Postkarten und Bildchen, die gesammelt, getauscht und eingeheftet wurden und sich auch sonst als Währung vortrefflich eigneten, ein makelloses germanisches Antlitz und das rechte Image. Dönitz nutzte die Gunst der Stunde und griff zu einem ausgefallenen Mittel, um dem Nachwuchs den U-Boot-Dienst noch schmackhafter zu machen: In dem 1941 gedrehten Propagandastreifen »U-Boote – westwärts« spielte er sich selbst.

Acht zeitgleich am Feind stehende Boote versenkten 63 Schiffe mit über 350.000 Bruttoregistertonnen; sind es erst 100 U-Boote, wie Dönitz immerzu fordert, dann werden über kurz oder lang alle englischen Hauptschlagadern durchtrennt. Das war eine Gefahr, die auch Churchill erkannte. Sein Ausspruch: »Das einzige, was mich während des Krieges wirklich beängstigte, war die Bedrohung durch die U-Boote«, stammte allerdings aus den Jahren nach 1945 und darf nicht unbedingt wörtlich genommen werden. Der Würgetod durch die »Wolfsrudel« rückte scheinbar unaufhaltsam näher und ließ Churchill mangels geeigneter Gegenmaßnahmen nur die Möglichkeit, mit der Proklamierung der »Schlacht im Atlantik« das englische Volk aufzurütteln und auf eine entbehrungsreiche, gefahrvolle Zeit vorzubereiten. Linderung versprach amerikanisches Entgegenkommen, das der US-Präsident den geprüften Briten allerdings nicht nur aus reiner Menschenfreundlichkeit signalisierte, denn das ahnte Roosevelt: »Wenn England untergehen sollte, würden wir alle in Amerika vor einer Kanonenmündung leben ... Wir müssen mit aller Energie und allen Mitteln ... Waffen und Schiffe herstellen. Wir müssen das große Arsenal der Demokratie sein.« Die bald darauf einsetzenden amerikanischen Lieferungen, im sogenannten Leih- und Pachtgesetz manifestiert, drohten sich jedoch in einem Faß ohne Boden zu verlieren, denn die Schiffsverluste steigen von Januar bis April 1941 um mehr als die Hälfte auf 688.000 Bruttoregistertonnen.

Was die Kriegführung anbetraf, einigte man sich auf die Losung »Germany first« – erst ist der gefährlichste Gegner zu bezwingen, dann sieht man weiter. Das bedeutete zwar noch nicht unweigerlich den Kriegseintritt der USA, wies aber schon deutlich in diese Richtung. Die Amerikaner verhielten sich mit ihren massiven Unterstützungen alles andere als neutral, und Raeder drängte seinen »Führer«, den Provokationen doch endlich zu begegnen. Die Seekriegsleitung erreichte zwar eine Ausdehnung der Kriegszone bis vor die Küsten Grönlands, mehr aber nicht.

Hitler ging es nur darum, einen Konflikt mit den kraftvollen Vereinigten Staaten unbedingt zu vermeiden, und zwar solange, bis die Ostfrage gelöst, das heißt, die Sowjetunion besiegt ist. Er erwog sogar die Einstellung des U-Boot-Krieges, um Zwischenfälle, und seien sie noch so ungewollt, nicht heraufzubeschwören. Es mag sein, daß Hitler die verheerenden Folgen des uneingeschränkten U-Boot-Einsatzes im Ersten Weltkrieg vor Augen hatte, wahrscheinlicher aber ist, daß ihn die USA jetzt überhaupt nicht interessierten; seine Gedanken umkreisten Tag und Nacht den Kampf gegen den verhaßten Bolschewismus, die Eroberung von Raum und Vernichtung der slawischen Rasse und schließlich die Tilgung der niedrigsten Form allen menschlichen Lebens, die er en masse im russischen Riesenreich zu fassen und wie Ungeziefer auszumerzen hoffte: die Juden. Der Herr über den direkt oder indirekt kontrollierten Kontinent, mit Ausnahme Schwedens und Spaniens, war auf den Osten fixiert, und nichts konnte ihn daran hindern, seine »historische« Mission zu erfüllen. Hitler geht es um Rußland, der Marine um England.

Hier von ungeheurer Effizienz, dort ohne jeden Einfluß: Die Marine hatte an den Planungen zum Ostfeldzug kaum einen Anteil, ja Raeder wurde erst informiert, als diese sich im vorgerückten Stadium befanden. Am 18. Dezember 1940 lag die »Weisung Nr. 21« vor, die Hitler von »Fall Fritz« in »Fall Barbarossa« umtaufte, um in Anlehnung an Kaiser Friedrich I., Barbarossa, der kommenden Auseinandersetzung den Charakter eines Kreuzzuges zu geben. »Die deutsche Wehrmacht muß darauf vorbereitet sein, auch vor Beendigung des Krieges gegen England Sowjetrußland in einem schnellen Feldzug niederzuwerfen.« Die für Mai angesetzte Offensive kam jedoch nicht zustande, weil Italien im Kampf gegen die Engländer in Ägypten und gegen Griechenland derart ungeschickt zu Werke ging, daß deutschen Hilfe herbei mußte. Hitler stellte wohl oder übel wertvolle Teile seines Barbarossa-Kontingents zur Verfügung: In Afrika und Griechenland landeten deutsche Truppen, die auch gegen Jugoslawien, Rumänien und Bulgarien vorrückten, um das zu tun, was der italienische Verbündete nicht vermochte.

Großbritannien setzte sich im gesamten Mittelmeerraum fest, band ungeheure deutsche Kräfte, und eine wirkliche deutsche Mittelmeerstrategie – Malta hätte unbedingt erobert werden müssen – kam nicht zum Zuge. Der Gegner übernahm an sämtlichen Stellen im östlichen Mittelmeer die Initiative, und die italienischen Positionen erfuhren wesentliche Verschlechterungen im Frühjahr 1941, so daß die Vertreibung der englischen Flotte aus dem Mittelmeer kaum mehr erreichbar war. Italiens Schwäche und das labile Kräfteverhältnis im Mittelmeerraum ließen die Seekriegsleitung zur Schlußfolgerung gelangen, daß die Konzentration auf England das Gebot der Stunde sei und nicht etwa der viel zu riskante Krieg gegen die Sowjetunion. In Raeders Vortrag vor Hitler am 27. Dezember steht unter anderem zu lesen: »Schwere Bedenken gegen ›Barbarossa‹ vor Niederringung Englands. Kampf gegen England getragen von Luftwaffe und Kriegsmarine. Daher weitestgehende Förderung der Kampfmittel dieser beiden Wehrmachtteile und Konzentration ihrer Waffen gegen die britische Zufuhr, die im Hinblick auf allmähliche Umstellung gesamter englischer Rüstungs- insbesondere Flugrüstungsindustrie und des Handelsschiffbaus auf Amerika stark steigende Bedeutung gewinnt, so daß Abhängigkeit Englands von Aufrechterhaltung Zufuhr absolut kriegsentscheidend. Erneuter Hinweis auf Bedeutung höchstmöglicher Steigerung Wirksamkeit U-Bootkrieges. Feste Überzeugung Skl., daß deutsche Kriegführung in U-Bootwaffe ähnlich wie im Weltkriege – jedoch mit erhöhter Auswirkungsmöglichkeit infolge Ergänzung durch Luftwaffe – kriegsentscheidendes Kampfmittel gegen England besitzt. Stellung, die U-Bootbau heute im Rahmen Gesamtausrüstungsproduktion einnimmt, entspricht dieser großen Bedeutung noch nicht.«

Die Kriegsmarine, deren Leitung den Gefahrenkern erfaßte und die richtigen Schlüsse zog, blieb unbeachtet – mit fatalen Folgen.

Inzwischen feilte die Seekriegsleitung an der Konzeption ihrer Atlantikkriegführung mit schweren Einheiten. Die »Dickschiffe« waren soweit hergestellt, um in den Handelskrieg einzugreifen; die neuen

Stützpunkte eröffneten den Schlachtschiffen, Kreuzern und auch Zerstörern gegen den feindlichen Verkehr nun beste Möglichkeiten. ADMIRAL HIPPER und ADMIRAL SCHEER brachten bis ins Frühjahr 1941 hinein unterschiedlich erfolgreich die englische Zufuhr in Bedrängnis. Höhepunkt der Handelskriegführung mit Überwasserstreitkräften im Atlantik war die Operation »Berlin« mit den beiden Schlachtschiffen SCHARNHORST und GNEISENAU, deren starke Schäden man endlich behoben hatte. Der Verband lief am 22. Januar 1942 aus, operierte gegen die Geleitwege Halifax-England und Sierra Leone-England; exakt zwei Monate später erreichten Lütjens Einheiten, die 22 Dampfer mit über 115.000 Bruttoregistertonnen versenkt oder aufgebracht hatten, sicher den Hafen von Brest. Insgesamt waren von Juli 1940 bis März 1941 47 Schiffe mit 256.496 Bruttoregistertonnen durch schwere Überwasserstreitkräfte vernichtet oder aufgebracht worden; nicht eben viel, aber immerhin zwang das Auftreten deutscher Schlachtschiffe, Panzerschiffe und Schwerer Kreuzer die Engländer zur Kräftekonzentration und zum Einsatz aller verfügbaren Großkampfschiffe für den Geleitschutz.

Zu diesem Zeitpunkt ist das größte deutsche Schlachtschiff, die BISMARCK, mit ihren vier 38-cm-Zwillingsgeschützen zwar in Dienst gestellt, aber noch nicht operationsfähig, und es wäre für sie wohl besser gewesen, auf ihr Schwesterschiff TIRPITZ zu warten. Beide zusammen würden die Home Fleet schon allein durch ihr Dasein in Angst und Schrekken versetzen und nötigen, buchstäblich jedes Schiff in Scapa Flow oder zumindest in unmittelbarer Umgebung bereitzuhalten; der Nutzeffekt, dem Gegner das Gesetz des Handelns aufzuzwingen, wäre ein ungeheurer. Doch die Seekriegsleitung plante schon für April 1941 die Operation des neuen und ersten vollwertigen Schlachtschiffes, und dies, obwohl der Eindruck entstand, daß sich die Umstände für den Überwasserkrieg im Nordatlantik ruckartig verschlechterten: Die Royal Air Force zeigte im Frühjahr verstärkte Präsenz, wachsende Sorge bereiteten der deutschen Führung auch die englischen Flugzeugträger und die Ausrüstung mit Radargeräten. Glücklich war die Seekriegsleitung nicht, zumal SCHARNHORST, GNEISENAU, HIPPER und SCHEER, die selbst bei Minimalschäden zu lange Zeit in der Werft lagen, Störungen beinahe schon garantierten. Angesichts dieser gravierenden Mängel ist es um so erstaunlicher, mit welchem Geschick die Einsätze, ob Schlachtschiff oder U-Boot, geführt und koordiniert wurden und wie präzis auch die schwimmende Versorgung mit Öl und Nachschub funktionierte. SCHARNHORST und GNEISENAU hatten für ihre Operation allein sieben Tanker gebraucht, und ginge es nach der Seekriegsleitung, dann konnte ständig ein halbes Dutzend schwerer Einheiten im Atlantik stehen. Das aber wäre schon aus Gründen der Brennstoffversorgung kaum durchführbar gewesen, denn für einen solch massierten Einsatz war ohne überseeische Stützpunkte nicht allzuviel auszurichten.

Die Bedenken gegen einen BISMARCK-Einsatz wichen einem starken Argument, das etwa so klang: Der Kriegseintritt der USA war nach Raeders Überzeugung nicht mehr fern, durch den er eine wesentliche Verschlechterung der Seekriegslage erwartete. Um nicht wertvolle Zeit zu verlieren, handelte der Ob.d.M. sofort und faßte den Entschluß zur Entsendung von Schlachtschiff BISMARCK und dem Schweren Kreuzer PRINZ EUGEN auf die Geleitzugrouten im Atlantik. Ursprünglich plante die Gruppe mit den Schlachtschiffen SCHARNHORST und GNEISENAU – alle zusammen waren kaum zu schlagen –, aber die laufenden Reparaturen an den »Geschwistern« würden die Operation um Monate hinauszögern. Für eine solche Unternehmung sah Hitler einen Großverband sehr viel lieber, und so äußerte er Bedenken, vor allem im Hinblick auf feindliche Flugzeugträger. Es blieb bei der oberflächlichen Skepsis des »Führers«, der ohnehin »keine besonderen Erfolge« erwartete und überhaupt den Eindruck erweckte, nicht ganz bei der Sache zu sein.

Schepke und Prien, die an der erfolgreichsten Phase in der Atlantik-Schlacht großen Anteil hatten, waren im März 1941 nicht mehr, die Versenkungen gingen zurück, während sich die eigenen U-Boot-Verluste häuften. Wetterleuchten? Ein unbehagliches

U 2518, ein U-Boot des Typs XXI. Das im November 1944 in Dienst gestellte Boot wurde im Mai 1945 britische Kriegsbeute und fuhr dann bis 1967 als ROLAND MORILLOT in der französischen Marine. Die großen U-Boote des Typs XXI (Wasserverdrängung getaucht maximal 2.114 ts) waren als ausgesprochene Unterwasserfahrzeuge konzipiert (Geschwindigkeit über Wasser 15,6 kn, unter Wasser 17,2 kn). Die Boote wurden Ende 1944 fertiggestellt, kamen aber nicht mehr zum Einsatz. Archiv MOV/DMI

Gefühl verbreitete sich allenthalben in der Seekriegsleitung, die, in Erwartung der Schlachtschiff-Unternehmung zum Zerreißen gespannt, von der Euphorie vergangener Monate nichts mehr verspüren ließ.

Am 19. Mai 1941 lief der Verband zum Unternehmen »Rheinübung«, so der Deckname, unter der Führung von Admiral Lütjens aus Gotenhafen aus. Bereits einen Tag später war London von der Operation in Kenntnis gesetzt, weil der schwedische Nachrichtendienst seine Informationen weitergab. Zwar erreichte die Gruppe, die Dänemark-Straße und die Island-Färöer-Enge passierend, unbeschadet den Atlantik, die Briten aber waren alarmiert und entsandten zwei Schlachtkreuzer, zwei Schlachtschiffe, einen Flugzeugträger, zehn Kreuzer und zwölf Zerstörer, darunter den englischen Stolz, die HOOD, um es mit BISMARCK (Kapitän zur See Lindemann) und PRINZ EUGEN (Kapitän zur See Brinkmann) aufzunehmen.

Die Schweren Kreuzer NORFOLK und SUFFOLK blieben hartnäckig an den deutschen Einheiten, denen weder ein Gefecht noch das Entkommen in hoher Fahrt gelang. Mit HOOD und PRINCE OF WALES riskierte der britische Flottenchef, Vizeadmiral Lancelot E. Holland, am Morgen des 24. Mai den Zusammenstoß vor Island. Nach kurzer Zeit sanken HOOD und ihre über 1.400 Männer vor allem im Feuer der BISMARCK: »Mittschiffs schien alles in die Luft geschleudert zu werden, das Schiff war umgeben von gelbem Rauch ... Das Oberdeck schien Blasen zu werfen, als ob es kochte. Es brodelte wie ein Ei in der Pfanne ... Als nächstes sah ich, wie das Achterdeck in die Luft flog und erkannte die Schrauben. Dann verschwand das Achterdeck, und ich konnte nur noch Luft sehen«, schreibt ein Gefreiter der angeschlagenen PRINCE OF WALES, auf deren Verfolgung Lütjens verzichtete. Das Symbol britischer Seemacht war gesunken. Blankes Entsetzen hie, Freudentaumel dort, Raeder spricht von großer Befriedigung, und die Vernichtung der HOOD »verfehlte auch ihren Eindruck auf Hitler nicht, der mir sehr erfreut noch persönlich zu dem Erfolg gratulierte«.

Die BISMARCK durfte nicht triumphierend entkommen, und um die verlorene HOOD zu rächen, würden die Engländer alles mobilisieren, was schwamm. Sollte Raeder die Gruppe nach ihrem Sieg in die Heimat zurückbefehlen oder weiter operieren lassen? Der Oberbefehlshaber überließ die Entscheidung dem Flottenchef, und das war auch richtig so, denn dieser überblickte am Ort des Geschehens und als unmittelbar Verantwortlicher allein Zustand der Schiffe und Lage, die sich so darstellte: Die BISMARCK verlor infolge einiger Treffer Brennstoff und zog eine verräterische Ölspur hinter sich her, deren Ursache sie ohne Verzug in einem Reparaturhafen beseitigen mußte. Hierzu wählte der für seine Klugheit und Kühnheit gleichermaßen gerühmte Lütjens die übergroßen Dockanlagen in St. Nazaire, obwohl der Durchmarsch durch die Engen von Island weitaus sicherer war. Der Entschluß, der zum Ende der BISMARCK führte, fiel in der guten Absicht, nach den bestellten Ausbesserungen sofort

Indienststellung von U 1406 vom Typ XVII B am 8. Februar 1945 in Hamburg durch Oberleutnant zur See Werner Klug. Das Boot war ein Versuchsboot mit dem außenluftunabhängigen Walter-Antrieb. Es kam nicht mehr zum Einsatz. Seit dem 20. Juli 1944 wurde auch bei der Kriegsmarine anstelle des militärischen Grußes durch Handanlegen an die Mütze der sogenannte »Deutsche Gruß« eingeführt. Archiv MOV/DMI

wieder auf Raubzug in den Atlantik zu gehen. Die Möglichkeit des schnellen Auslaufens hat Lütjens nicht, läuft er durch das isländische Nadelöhr hindurch einen norwegischen Stützpunkt an.

In der Nacht zum 25. Mai – inzwischen setzte die britische Admiralität nicht weniger als fünf Schlachtschiffe, zwei Schlachtkreuzer, zwei Flugzeugträger, 13 Kreuzer, 33 Zerstörer, acht U-Boote und reichlich Aufklärungsflugzeuge gegen ein einziges Schiff ein – entließ die BISMARCK ihre Gefährtin PRINZ EUGEN unbemerkt in den Handelskrieg. Ein zweites Schnippchen schlug der Admiral am Morgen des 25., an seinem Geburtstag: Er ließ sein Schiff steuerbord einen Drehkreis um die von ihm aus backbord stehenden Verfolger ziehen und lief in deren Kielwasser südostwärts ab. Auf dieses brillante Manöver, das ihm Handlungsfreiheit versprach, folgte ein schwerwiegender Lapsus, der den Vorsprung mit einem Male zunichte machte. Lütjens war ein erfahrener Mann, kannte den Seekrieg, seine Taktik und die modernen Mittel genau. Allerdings hatte er sich die technischen Grundlagen der gerade einsatzreif gewordenen Radartechnik auf deutscher Seite, Funkmeßtechnik genannt, wohl nicht voll zu eigen gemacht. Aufgefangene gegnerische Radarstrahlung interpretierte er irrtümlich als Indiz, daß der Gegner BISMARCK auch schon geortet habe und ließ daher lange Funksprüche absetzen. Erst jetzt konnte das Schlachtschiff vom Gegner eingepeilt werden.

Die BISMARCK hatte ihre Position verraten. Als Torpedoflugzeuge des Trägers ARK ROYAL Treffer in ihrer Ruderanlage erzielten und sie manövrierunfähig schossen, war das Schicksal des größten deutschen Schlachtschiffes 400 Seemeilen vor dem rettenden Hafen von Brest besiegelt, noch ehe der Kampf eigentlich begann. Lütjens wußte, daß es angesichts der erdrückenden feindlichen Übermacht keine Rettung gab, und Berlin mühte sich, ihm die Untergangsstimmung zu nehmen. Großadmiral Raeder: »Alle unsere Gedanken sind bei Ihnen und Ihrem Schiff. Wir wünschen Ihnen Erfolg in Ihrem schweren Kampf«, und Hitler ließ drahten: »Ganz Deutschland ist bei Euch. Was noch geschehen kann, wird getan. Eure Pflichterfüllung wird unser Volk im Kampf um sein Dasein stärken. Adolf Hitler.« Nach einem schweren Gefecht mit den britischen Schlachtschiffen KING GEORGE V und RODNEY sowie Torpedotreffern der Schweren Kreuzer NORFOLK und DORSETSHIRE sank die BISMARCK in den Vormittagsstunden des 27. Mai 1941. Trotzig, als wolle sich der Riese nicht ergeben, sackte das stolze Schiff nach der Zündung von Sprengladungen ebenen Kiels in die Tiefe. Von 2.200 Mann überlebten nur 110. Hunderte ertranken, weil DORSETSHIRE in Erwartung deutscher U-Boote die Rettungsaktionen abbrach.

Ein Heldenstück war es sicherlich nicht, das die Briten aufgeführt hatten, denn um die manövrierunfähig gewordene BISMARCK mit dieser gewaltigen Übermacht zu fällen, brauchte es wirklich nicht viel an kriegerischem Geschick. Im siegreichen englischen Lager versuchte man es mit Achtungsbezeugungen, etwa mit jener des Commander in Chief Home Fleet, Admiral Sir John C. Tovey, der sie bestimmt aufrichtig und gut meinte: »The BISMARCK had put up a most gallant fight against impossible odds, worthy of the old days of the Imperial German Navy, and she went down with her colours still flying.«

Lütjens geriet nach dem Krieg, posthum, ins Kreuzfeuer schäbiger Publizistik, die ihn als unterwürfigen Nazi übelster Sorte beschimpfte, nur weil er tat, was ihm als Befehlshaber und was auch jedem Kommandanten selbstverständlich ist: ein manövrierunfähiges, ansonsten aber weitgehend intaktes Schiff nicht auszuliefern. Daß er in seinen letzten Funksprüchen den »Führer« hochleben ließ, genügte, um ihn unreflektiert zum »Durchhalteadmiral« zu erklären. Ein journalistischer Fehltritt, wie sich bei näherem Zusehen erweist, denn Lütjens wahrte durchaus Distanz zum Nationalsozialismus und war keiner von denen mit ungezügeltem »Heil« auf den Lippen.

Nach dem Verlust des deutschen Flaggschiffes änderte sich das Verhältnis zwischen Raeder und Hitler schlagartig, denn dieser ließ den Oberbefehlshaber nun bei weitem nicht mehr so eigenständig handeln und befehlen wie bisher. Der Diktator griff des öfteren ein und setzte seine Ansichten durch, indem er zunächst das Entsenden weiterer teurer Überwasserstreitkräfte in den Atlantik untersagte. In dem Moment, als die Briten das deutsche Versorgungssystem zerschlugen – und das war im Anschluß an die Versenkung der BISMARCK – kamen längere Atlantikaufenthalte ohnedies nicht mehr in Frage. Zu einer kurzen Operation ging im Juni 1941 die LÜTZOW in See, wurde torpediert und fiel für mehrere Monate aus. Um die schweren Einheiten, die sich fortan aus dem Handelskrieg im Atlantik heraushielten, wurde es für mehrere Monate still.

Als die BISMARCK verschwand, hatten sich die U-Boote bereits von der britischen Westküste (zweite Phase der »Schlacht im Atlantik«) weg in die Weite des nordatlantischen Ozeans orientiert, weil man die feindlichen U-Jäger und Flugzeuge der Royal Air Force schmerzlich spürte. Anfangs standen 20 Boote und später fast die doppelte Anzahl durchgehend in See, zwar weniger als die verbündeten italienischen, aber um einiges effektiver. Dönitz lobte seine Männer und tadelte die anderen: »Sie sehen nichts, melden nichts oder zu spät, ihr taktisches Können ist gleich Null.« Diese dritte Phase (April bis Dezember), in der zu Beginn noch respektable Ergebnisse erfochten wurden, erhielt ihre Prägung durch die Entsendung von Booten zur Stabilisierung ins Mittelmeer, wo im Winter U 81 den Flugzeugträger ARK ROYAL und U 331 das Schlachtschiff BARHAM versenkten. Mittelmeerengagement und verschiedene Spezialaufgaben der U-Boote drängten ihre eigentliche Bestimmung sehr zum Mißfallen ihres Befehlshabers mehr und mehr in den Hintergrund, und Dönitz kündigte angesichts der dünnen Besetzung für den Tonnagekrieg an, »daß wir endgültig in der Atlantik-Schlacht zu spät kommen«. Die Versenkungszahlen gingen drastisch zurück, weil zu wenige Boote an einem Feind standen, der die Funksprüche entzifferte und daraufhin vorausschauend seine Konvois sicherte.

Dönitz setzte sich vehement für die alleinige Konzentration des Seekrieges auf die U-Boote ein: »Wir sitzen in einer Klemme, die aber wieder eindeutig zeigt, daß man alles, aber auch restlos alles in die U-Bootswaffe hineinstecken sollte, daß die Fiktion, daß wir immer noch eine Seemacht mit Überwasserstreitkräften sind, zusammenbricht, sowie an irgendeiner Stelle irgendeine Forderung des Seekrieges an uns herantritt.«

Mitten in der dritten Phase der Atlantikschlacht versuchte sich Hitler an der Realisierung seines Lebenstraumes, der ihn am 22. Juni über drei Millionen Soldaten die Grenze zu Rußland überschreiten ließ. »Wenn Barbarossa steigt, hält die Welt den Atem an«, und ihr blieb vor Erstaunen und Entsetzen ob des schier unaufhaltsamen Vormarsches der Wehrmacht in der Tat die Luft weg. Im deutschen Hauptquartier rechnete man bestenfalls mit einigen Wochen, dann sei der »Koloß auf tönernen Füßen« eingebrochen. Die Marine trug zum rasch erwarteten Sieg nicht viel bei, konnte nicht viel beitragen, und das lag in der Natur der Sache; sie hatte lediglich unter Sicherung der eigenen Küste ein Ausbrechen feindlicher Streitkräfte in die Ostsee zu verhindern, aber das mußte nicht so bleiben, denn mit dem Rußlandfeldzug kamen zwei neue Kriegsschauplätze hinzu: Schwarzes Meer und Eismeer.

Ohne selbst steuernd auf die Geschehnisse in Rußland einzuwirken, knüpfte sich dennoch das Schicksal der Marine unmittelbar an den Ausgang der Ostkämpfe: Gelingt hier der schnelle Sieg, dann bekommt sie bald all jene Menschen und Rohstoffe, die das Reich nicht herzugeben vermag, die sie aber für ihren Ausbau so dringend benötigt. Raeder lebt in diesen Sommermonaten 1941 vom Prinzip Hoffnung, doch je länger sich der Feldzug hinzieht, desto weiter entfernt sich auch die Chance auf das ersehnte Material für die deutschen Werften.

Raeders Hoffnungen platzten mit den Ereignissen am 5. und 6. Dezember, als mit der sowjetischen Großoffensive vor Moskau das Hitlersche Blitzkriegskonzept zusammenbrach. Damit war der »improvisierte Kriegsplan« gescheitert, die Vision vom »Großdeutschen Reich« als blockadefestem, kontinentaleuropäischen Imperium im Nichts verschwunden, und die Führung wußte durchaus, daß nun der Krieg einen anderen, vielleicht einen fatalen Lauf nimmt. Japans Flugzeuge bombardierten am 7. Dezember den amerikanischen Flottenstützpunkt Pearl Harbor, und jetzt weitete sich der Krieg zum Weltkrieg aus – kurz darauf brach Hitler mit den USA, dem »Feind Nr. 4 von Weltrang«. Alles oder nichts?

Die Forschung rätselte lange und tut es wohl noch immer, warum er sich zu diesem folgenreichen Schritt entschied. Einige Indizien weisen auf einen sonderbaren, für Hitler aber typischen Gedankengang hin: Wollte er nun, da sein »Blitzkrieg« gestoppt war, in Erwartung sicherer Dämmerung die deutsche Niederlage so vollständig und katastrophal wie möglich machen? Oft genug bekannte der »Führer« ja, er würde dem deutschen Volk keine Träne nachweinen, wenn es nicht mehr stark genug und hinreichend opferbereit sei. Weil Hitler jede Alternative zu seinen überfallartigen kurzen Feldzügen fehlte, denen streng genommen nie ein Konzept zugrundelag, kann er die Kriegserklärung an die USA nicht sorgsam und unter Bedacht aller Vor- und Nachteile erwogen haben. Vielmehr drängt sich der Schluß auf, daß der »Größte Feldherr aller Zeiten«, nach dem sowjetischen Gegenangriff allen rationalen Erwägungen unzugänglich, nicht mehr Herr der Lage war und Entschlüsse mit einer beispiellosen, zutiefst menschenverachtenden Flucht nach vorn traf.

Die sich überschlagenden Ereignisse im Dezember überforderten Hitler und zogen unmittelbare Konsequenzen nach sich, denn für das Feldherrnamt selbst disqualifiziert, kanzelte er nun seine Generale ab, verbat sich jede Form von Kritik. Der Vertrauensverlust zwischen ihm und der militärischen Führungsriege war so eklatant, daß er gar nüchterne Lagebeurteilungen als persönliche Beleidigung auffaßte. Die Selbstsucht des »völlig unerträglichen Kritikasters, Besserwissers und Nörglers«, wie ihn ein Vorgesetzter aus dem Ersten Weltkrieg bezeichnet hatte, trug immer schon krankhafte Züge, aber in der Krise schien sein diabolischer Charakter durch, zog er doch allein andere für sein eigenes Versagen zur Verantwortung. Alle Armeeführer seien krank, »und zwar an Magenleiden«, und die »frömmsten Generäle« waren sowieso »die erfolglosesten«. Einige Heerführer wurden abgesetzt, und am 19. Dezember übernahm Hitler selbst den Oberbefehl über das Heer, eine nach seinem Befinden läppische Beschäftigung: »Das bißchen Operationsführung kann jeder machen.«

Häufig hat man den Untergang der 6. Armee in Stalingrad Anfang 1943 als Wendepunkt in der Geschichte des Zweiten Weltkrieges bezeichnet, und es stimmt daran soviel, daß der Sieg der Roten Armee symbolträchtiger Auftakt zum Sturm auf die »Festung Europa« war und das Kriegsglück endgültig auf die Seite der Alliierten wechselte. Der Dezember 1942 ist dennoch die entscheidende Zäsur, weil die deutsche Führung auf die Ausweitung zum Weltkrieg mangels adäquater strategischer Alternativen allein mit Improvisation reagierte und Hitler dem russischen Gegenschlag nur mit sinnentleerter »Halte-Taktik« um jeden Preis begegnete. Die Prognose im

Oberkommando der Wehrmacht fiel demnach ernüchternd aus: »Während Deutschland in der Hauptsache mit der Weiterführung des Ostfeldzuges belastet ist, erlaubt den Feindmächten der Rüstungsstand der USA ... vorbereitende Schritte.« Der Krieg geht verloren, würde »Barbarossa« im kommenden Jahr nicht zum glücklichen Ende gebracht.

»Der erste Träger des Kampfes ist das Heer.« Als Hitler dies sagte, war Raeder und Göring augenblicklich klar, daß ihnen solange die zusätzlichen Mittel für den Ausbau ihrer Streitkräfte verwehrt blieben, wie der Krieg gegen Rußland anhielt. Um so ärgerlicher, denn für Raeder eröffnete gerade der Kriegseintritt Japans mit der Bindung amerikanischer Einheiten im Pazifik neue Wirkungsmöglichkeiten, und auch die Entlastung im Mittelmeer und Atlantik zeichnet sich ab, sobald die Alliierten ihre Kräfte zu teilen gezwungen sind. Über kurz oder lang müssen sie das, und vorausgesetzt, Deutschland kann zur See ungehindert aufrüsten und alle Kraft in den Zufuhrkrieg investieren, öffnen sich dem Sieg Tür und Tor. Ein gigantischer Triumphzug würde dann anheben, wäre, ja wäre Rußland nur geschlagen. Diese trügerische Hoffnung erfüllte die Marineführung noch bis weit in das Jahr 1942.

»So stellten sich in den Sommermonaten 1941 und 1942 einige führende Offiziere, Beamte, Funktionäre und Politiker die Zukunft vor: Die vorläufige Schlachtflotte des Reiches besteht aus 25 Großkampfschiffen, 8 Flugzeugträgern, 50 Kreuzern, 400 U-Booten. Die Handelsschutzflotte umfaßt 50 Kreuzer, in der Heimatflotte tun 150 Zerstörer, 50 T-Boote, 250 M- und R-Boote, 100 S-Boote, 20 Minenschiffe, 20 Flakkreuzer und 100 U-Jäger Dienst. Haupthafen ist Drontheim, das über eine Autobahn vom Zentrum des Imperiums bequem und rasch erreicht werden kann. Gewaltige Brückenkonstruktionen überspannen Sund und Belte. Das Reich dehnt sich von Brest und Cherbourg im Westen bis an den Ural im Osten. Überall an der Militärgrenze nach Sibirien entstehen genormte Wehrbauerndörfer, siedeln blonde, blauäugige Germanen. Vollmotorisierte und leicht gepanzerte schnelle SS-Einheiten stoßen immer wieder in kühnen Raids bis tief hinein in die asiatischen Steppen.

Ein riesiges Kolonialreich erstreckt sich in Mittelafrika vom Atlantischen bis zum Indischen Ozean. Die großgermanischen Flottenverbände beherrschen Nordsee und Nordatlantik, gestützt auf Norwegen, Island und die Atlantischen Inseln. Das Mittelmeer ist zur bloßen Binnensee geworden; in Gibraltar, Malta, Suez weht die Hakenkreuzflagge. Zehn Jahre lang hatte das Reich gerüstet, nachdem die Sowjetunion 1941 binnen weniger Wochen zerschlagen und der Schwerpunkt der Rüstung, wie schon einmal im Sommer 1940, erneut auf Marine und Luftwaffe zurückverlagert worden war. Noch vor dem Ende der vierziger Jahre des 20. Jahrhunderts, spätestens aber 1956 wird es zum finalen Show-down zwischen den Flotten Großgermaniens und denen der Amerikaner und Japaner kommen. Vielleicht wird es ein Super-Skagerrak sein, am Ausgang ist noch weniger zu zweifeln als 1916.«

Michael Salewski entwirft in einem der faszinierendsten Beiträge zur Marinegeschichte ein Szenario,

Ein deutsches Schnellboot im Tarnanstrich, wie er für Boote im Finnischen Meerbusen 1941 üblich war. Die etwa 115 ts großen S-Boote liefen bis zu 35 und mehr Knoten und trugen als Hauptwaffe zwei Torpedorohre. Zusätzlich waren sie mit Maschinenwaffen unterschiedlicher Kaliber und in wechselnder Ausstattung bewaffnet.
Archiv MOV/DMI

Eine Flottille von Hochseeminensuchbooten auf dem Marsch in norwegischen Gewässern um 1941. Im Vordergrund rechts ein Boot vom Typ »Minensuchboot 1939 mob«. Diese bis zu 900 ts großen und bis zu 18 kn schnellen Schiffe nahmen seit 1940 die verschiedenartigsten Aufgaben war, so daß sie eher als Kampfboote zu bezeichnen waren. In verschiedenen Ausrüstungsstufen kamen mehrere Hundert dieser Einheiten zum Einsatz. Archiv MOV/DMI

das gut in einen Science-Fiction-Roman hineinpaßt, dessen Grundlagen sich aber allesamt – man will es erst nicht recht glauben – in verschiedenen Aufzeichnungen und Lagebetrachtungen der Seekriegsleitung finden. Unter diesen Akten ist auch eine Karte, und diese Karte beweist die fabelhaften Vorstellungen der Seekriegsleitung vom »maritimen Dritten Reich« (Michael Salewski), von der marinebeherrschten Welt: Sie zeigt von der US-Westküste geradewegs nach Japan laufende rote Verbindungslinien, und das sind Angriffsrouten gegen den japanischen Verbündeten von eroberten Operationsbasen Amerikas aus. Erarbeitet in der Operationsabteilung der Seekriegsleitung, merkte Großadmiral Raeder mit grünem Stift am oberen Kartenrand an: »194…«.

Rußland ist geschlagen, Amerika auch, und nun ist Japan dran, und vorzüglich noch im laufenden Jahrzehnt wird Nippon von der deutschen Riesenflotte zerschmettert. Die Welt ist unter Kontrolle von Görings mächtiger Luftwaffe, aber der deutsche

Dreizack beherrscht sie. Man kann den Seeoffizieren gar nicht einmal übelnehmen, wenn sie sich in derartigen Hypertrophien ergingen, denn daß ihre Marine niemals nur kontinentale Küstenflotte sein dürfe, war ihnen nicht erst seit Raeder geläufig. Jetzt ist die Weltmacht, die Wilhelm II., Tirpitz und der jetzige Großadmiral immerzu im Munde führten, greifbar nahe und doch schon so unerreichbar fern, denn die Schlachtfelder Rußlands wurden zur Mausefalle ganzer deutscher Armeen. Das war der Anfang vom Ende.

Derweil tolle Planungen für die Zeit nach »Barbarossa« im Gange sind, führt Dönitz seit dem 12. Januar 1942 seine U-Boote mit überragendem Erfolg gegen die amerikanische Ostküste. »Paukenschlag« nennt er das Truthahnschießen, dem bis Juni nicht weniger als 500 Schiffe zum Opfer fallen. Der stolze Chef bedachte seine Männer reichlich mit Urlaub und Präsenten, unter anderem auch mit Taschenuhren, Hunderten und Aberhunderten, deren Herkunft, das ahnte man wohl, etwas mit Rechtlosigkeit und Gewalt zu tun hatte. Dönitz will nach dem Krieg nie etwas von Judenvernichtungen gewußt haben, obwohl er es war, der die Uhren, die man KZ-Häftlingen abgenommen hatte, angefordert, die jüdischen Zwangsarbeiter für die U-Boot-Schmiede beordert und Judentransporte mit »friedensmäßig vielleicht nicht üblichen Mitteln unterbinden«, das heißt, torpedieren lassen wollte. Wissen wird durch Siege verdrängt.

Hitler, der schon Ende 1941 massive britische Hilfslieferungen für die Sowjetunion durch das Mittelmeer, vor allem aber über den hohen Norden fürchtete, erwartete jederzeit eine britische Invasion im angeblich akut bedrohten Norwegen und dachte daher an die Verlegung der schweren Einheiten aus dem Atlantik in den Nordraum. Die Seekriegsleitung sträubte sich zwar, weil zum einen der Marsch durch den Kanal ein gefährliches Unterfangen war, und zum anderen, weil die schweren Überwassereinheiten für den Handelskrieg im Atlantik bis auf weiteres ausfielen, aber ihr blieb schließlich nichts anderes übrig, als sich der kategorischen Forderung des Diktators zu beugen: »Marine muß Bestreben des Führers, die Flotte im Nordraum zu haben, angesichts der in diesem Gebiet möglichen Feindinitiative größeren Ausmaßes verstehen.« Hitler machte unmißverständlich klar, daß der Schutz Norwegens die einzige sinnvolle Einsatzmöglichkeit der »Dickschiffe« sei, und wenn der Kanaldurchbruch nicht gelinge, würden die Einheiten außer Dienst gestellt und ausgeschaltet. Das komplexe System Schlachtschiff, das viele Menschen und viel Material band, Werften blockierte und zur Kriegführung bislang kaum beitrug, verglich Hitler mit einem Krebskranken, der »ohne Operation bestimmt kaputt geht, während eine Operation, die zwar eine ›Roß-Kur‹ ist, gewisse Aussichten auf Rettung des Patienten hat. Daher muß die Operation des Kanalmarsches durchgeführt werden.«

Am 16. Januar war die Überführung der TIRPITZ nach Drontheim erfolgreich zu Ende gebracht, es folgten die Panzerschiffe ADMIRAL SCHEER und LÜTZOW sowie die Kreuzer ADMIRAL HIPPER und KÖLN nebst einer Zerstörerflottille. SCHARNHORST, GNEISENAU und PRINZ EUGEN liefen knapp einen Monat später aus. Ihnen stellte die Seekriegsleitung sechs Zerstörer, 14 Torpedoboote und drei Schnellbootflottillen an die Seite; über ihnen schirmte die Luftwaffe den Raum mit 250 Jägern ab. Unter der Führung von Vizeadmiral Otto Ciliax verließ der Verband am 11. Februar 1942 Brest und passierte, von den Briten unbemerkt, die Enge Dover-Calais, und weil die Radarbeobachtung der Seerouten vollständig versagten, griffen die Briten erst zwölf Stunden nach dem Auslaufen der deutschen Einheiten erfolglos an. Am 13. erreichten sämtliche deutsche Schiffe die Heimat, aber nicht ganz ungeschoren: SCHARNHORST und GNEISENAU hatten Grundminentreffer erhalten, und sechs Monate sollte es dauern, bis die SCHARNHORST wieder einsatzbereit war, die GNEISENAU hingegen, die zwei Wochen nach dem Kanaldurchbruch in Kiel durch Bomben schwer beschädigt wurde, erschien nie wieder auf der Bildfläche.

»Cerberus«, ein reines Glücksspiel, ist ohne jeden Zweifel ein deutscher Triumph gewesen, und in England tobte der Volkszorn; man hätte sich von den

»Krauts« vorführen lassen, hieß es, und die »Times« notierte – halb wütend, halb betroffen –, es sei in den Heimatgewässern seit dem 17. Jahrhundert nichts geschehen, was den Stolz der Seemacht mehr demütigte. Glücklich war Raeder dennoch nicht, weil mit der Überführung nicht nur jene Periode der Atlantikschlacht endete, in der auch die »Dickschiffe« offensive Verwendung fanden, sondern es vollzog sich zugleich auch der strategische Rückzug. Im Nordraum übernahmen Raeders Überwasserschiffe mit der Abwehr einer möglichen Invasion und der Bekämpfung alliierter Hilfslieferungen für die Sowjetunion zwei sicher nicht anspruchslose Aufgaben, aber anstatt England im Atlantik zu erdrosseln, durfte man jetzt der Ostfront helfen, was Verdruß schuf. Die Marine beschlich die böse Ahnung, zum Assistenten des Heeres zu degenerieren.

Für die allgemeine Unlust, mit der die Marine ihre »Handlangerdienste« versah, brachte der »Führer« keinerlei Verständnis auf, aber daß die Vorstöße der schweren Schiffe obendrein noch enttäuschend verliefen, forderte Hitler geradezu heraus, die Daseinsberechtigung von Kampfschiffen generell zur Disposition zu stellen. Die TIRPITZ lief im März 1942 ohne Luftunterstützung und nur unzureichend vorbereitet gegen ein Geleit aus und kehrte bar jeder direkten Wirkung zurück. Freilich veranlaßte die Anwesenheit des Schlachtschiffes den Gegner zur Verstärkung seiner Geleitzüge, somit also zum Abzug schwerer Einheiten aus anderen Einsatzräumen, Hitler aber wollte Siege.

Daher galt es jetzt, mit einem durchschlagenden Erfolg den Diktator von der Notwendigkeit der »Großen« zu überzeugen, nicht zuletzt, um die Existenz der schweren Schiffe zu sichern. Die verfügbaren Einheiten (TIRPITZ, drei Kreuzer und zwölf Zerstörer) liefen unter dem Decknamen »Rösselsprung« im Juli gegen den alliierten Geleitzug »PQ 17« aus, und »Rösselsprung« wurde zum Fanal der Alliierten: Von 34 Schiffen erreichten nur elf den Zielhafen Archangelsk, mehr als 65 Prozent der Ladung mit 3.350 Fahrzeugen, 430 Panzern und 210 Flugzeugen waren versenkt und Anlaß, die Geleite bis auf weiteres einzustellen. Der Erfolg ging ausschließlich auf das Konto von U-Booten und Flugzeugen – die Überwasserschiffe hatten, wenn überhaupt, nur Unterstützungsfunktion und brachen ihrerseits das Unternehmen ab, weil sie eigene Verluste durch eine fernsichernde Flugzeugträgergruppe fürchteten.

Die Enttäuschung über den mißlungenen Versuch einer Rehabilitierung konnte man den Seeoffizieren von den Gesichtern ablesen, war ihnen allen doch klar, daß Hitler endgültig den Stab über die Schlachtschiffe, Panzerschiffe und Kreuzer brechen würde. Im Osten wütete der Kampf, und Hitler gab der Marine zu verstehen, daß demgegenüber die Belange einer Überwasserflotte zurückzutreten haben und das beleidigte Prestigedenken des Seeoffizierskorps nichts, rein gar nichts zählt.

Die Außerdienststellung hätte die Kriegsmarine schwer getroffen, weil sie sich durch den Verlust der Schiffe in die maritime Steinzeit, in die Rolle einer zweitrangigen Küstenflotte zurückkatapultiert glaubte. Dabei sah die Seekriegsleitung nicht oder wollte nicht sehen, daß Hitler eine feine Trennlinie zwischen momentan Nötigem und künftig Möglichem zog, denn wenn er jetzt, 1942, aus aktuellem Anlaß Großkampfschiffe ablehnte, dann galt das nicht für alle Ewigkeit, im Gegenteil: Schlachtschiffe und Flugzeugträger werden Kernstück einer deutschen Flotte, vielleicht der deutschen Wehrmacht überhaupt – nach dem Ostfeldzug. Beflügelt von der deutschen Sommeroffensive im Süden der Ostfront bastelte die Seekriegsleitung Mitte 1942 an aufgeblähten deutsch-japanischen Konstruktionen für eine Mittelmeer-, Nahost- und Indienseekriegführung gegen die englische Orientstellung und an einem Zukunfts-Bauprogramm, das Ausdruck phantastischer Wunschvorstellungen von maritimen »Dickschiffenthusiasten« war, die der Realität mählich entrückten.

Das Jahr 1942 brachte im Mittelmeer den entscheidenden Umschwung. Malta, der britische Hauptstützpunkt zur Bekämpfung gen Nordafrika laufender Transporte für General Rommels Armeen, mußte nach dem Vorstellen der Seekriegsleitung unter allen Umständen genommen werden, und gute Aussichten waren nicht zu leugnen. Hitler jedoch interessierte das Mittelmeer zur Zeit wenig, wollte die

Italiener dort »machen lassen«; im übrigen kam Rommel dem gesteckten Ziel – Suez – überraschend schnell näher, womit der ursprüngliche Plan aufgegeben war, erst Malta zu nehmen und dann gegen Suez vorzustoßen. Ende Oktober zeichnete sich die Katastrophe mit der britischen Großoffensive unter Fieldmarshall Montgomery, »Monty«, ab, der Rommels Armee bis nach Tunis zurückwarf. Am 8. November landeten alliierte Truppen in Marokko und Algerien, von deutschen U-Booten und Flugzeugen zwar gestört, aber nicht zum Scheitern gebracht. Nordafrika war verloren, das Versäumnis früherer Tage rächte sich jetzt.

Zurück in den Norden. Dort wirkten die großen Schiffe zwar als »fleet in being« – von einigen Verlegenheitsoperationen einmal abgesehen –, aber die Defensive nagte am Selbstbewußtsein der Marine. Ein tatenloses Herumliegen der Schiffe war tödliches Gift, zu wach und schlecht sind die Erinnerungen an den Ersten Weltkrieg, an sein revolutionäres Ende, auf nutzlosen Großkampfschiffen ausgebrütet. Alles, nur das nicht. Aber sagte Hitler nicht, daß der Einsatz nur gewagt werden darf, »wenn nach menschlichem Ermessen mit dem Verlust eigener größerer Schiffseinheiten nicht zu rechnen« ist? Kampf ja, Risiko nein, wie ging das zusammen? Die Kriegsmarine wollte zeigen, daß sie mit ihren schweren Schiffen kämpfen und siegen konnte.

Mit Beginn der winterlichen Dunkelheit rang sich die britische Admiralität zur Wiederaufnahme der Geleitzugfahrten nach dem russischen Murmansk durch. Der Konvoi »JW 51« ging in See. Der Befehlshaber der im Altafjord liegenden Schweren Kreuzer ADMIRAL HIPPER und LÜTZOW, Vizeadmiral Kummetz, erhielt Order aus Berlin, samt sechs Zerstörern anzugreifen. Das Unternehmen »Regenbogen« lief an, es kam zu Gefechten am 30. und 31. Dezember 1942, die einen deutschen Zerstörer und auf der Gegenseite auch einen kosteten. HIPPER wurde schwer getroffen Was jedoch schlimmer war: Der Konvoi erreichte ohne einen einzigen Verlust den Bestimmungshafen.

Hitler tobte, hieß die Marine eine »miserable Kopie« der englischen, bezeichnete die Schiffe als »totes Eisen«, »völlig wertlos«, die durch untätiges Herumliegen und Mangel an Einsatzfreudigkeit nur ein Hort der Revolution seien. Das bedeutete den Tod der Hochseeflotte, und es war nun sein unabänderlicher Entschluß, »diese nutzlosen Schiffe endlich zu beseitigen, das gute Personal, die guten Waffen, das Panzermaterial zweckbringender einzusetzen«. Raeder wurde buchstäblich zum Rapport bestellt, bei dessen Gelegenheit es sich Hitler herausnahm, noch einmal zu einem derben Schlag gegen die mißratene Überwasserflotte auszuholen, an der er nicht ein einziges gutes Haar ließ.

Raeder traf das Hitlersche Verdikt hart. Der »Führer« hatte spektakuläre Einsätze, Siege im Kampf Schiff gegen Schiff sehen wollen und verdrängte offenbar seine eigene Weisung von der Risikobindung, die ihn im Rausch der Anklage nun nicht mehr interessierte. Es ist eben der »falsche Dreh«, so sagte er, »daß die Erhaltung der Schiffe aus strategischen Gründen es nie zum Durchschlagen eines Kampfes und damit Erringen eines Erfolges gegen die gegnerische Kampfkraft kommen« ließ. »Durchschlagen« müsse man, und das sei jedem Soldaten selbstverständlich, aber das hätten die großen Schiffe nie gezeigt. Daß sich der Diktator in gleichem Atemzug wohlwollend und anerkennend über die U-Boote verbreitete, war dem Großadmiral nur ein schwacher Trost, der nur zu genau wußte, daß die Erfolge im U-Boot-Krieg nicht die seinen, sondern die des ehrgeizigen, ihm nicht eben sympathischen Dönitz waren.

Erich Raeder wollte, konnte nicht mehr. »Ich fühlte, daß der Augenblick gekommen war, in dem ich mich von Hitler trennen mußte.« Mit dem Abgang des Großadmirals am 30. Januar 1943, nicht von ungefähr zehn Jahre, nachdem er im guten Glauben »die Marine geschlossen und reibungslos dem Führer in das Dritte Reich« zugeführt hatte, waren die Würfel gegen die großen Schiffe gefallen. Daß die »Pötte« fürderhin dennoch zum Einsatz kamen, ging auf das hartnäckige Engagement des neuen Oberbefehlshabers zurück, was aber nichts an Hitlers Entschluß änderte, im Kriege weder Schlachtschiffe noch Flugzeugträger zu bauen – »Graf Zeppelin«, der einzige deutsche Flugzeugträger, ging nie in See.

Karl Dönitz wurde Oberbefehlshaber der Kriegsmarine. Der aus bürgerlich-mittelständischen Verhältnissen stammende, stromlinienförmige Emporkömmling hatte seine Chance stets gewittert und bekam sie jetzt, weil er dem Reiz der sachlichen Leistung erlegen nur das Kriegsnotwendige im Blick führte – die U-Boote. Den Diener aller staatlichen Obrigkeit mit dem spontanen Verlangen nach kämpferischer Bewährung und der unreflektierten Sucht nach Aufstieg und Anerkennung unterschied in seinem blinden Fanatismus nichts von den zahllosen unterwürfigen Figuren dieser Zeit, aber viel von den traditionsbewußten, und wenn man so will, »klassischen« Herren der Marine, denen Großadmiral Raeder auch ideell vorstand. Dönitz dagegen war eindimensionaler Modernist, ein kalter, aber begabter Technokrat des Krieges, dessen Gedanken Tag und Nacht nur um eine möglichst tödliche Wirkung seiner U-Boote kreisten und dessen Fachverstand Hitler schätzte. Dönitz hielt nichts von solchen Marineplänen, wie sie die Traditionalisten um Großadmiral Raeder geschmiedet hatten. Die Beschwörung der weltbedeutenden Großartigkeit einer deutschen Marine, einmal als »barocke Schnörkel« abgetan, galt ihm nicht das mindeste; Schlachtschiffe, Schwere Kreuzer, Flugzeugträger, hypothetische Operationskonstrukte brauchte er nicht. Der U-Boot-Mann brauchte nur die U-Boote, um glücklich zu sein, und einen »Führer« als Leitstern, dem er bedingungslos gehorchte.

Zu seinem charmanten Vorgänger, stets Grandseigneur, stand der »Neue« in krassem Gegensatz: »Schon äußerlich war Dönitz der Antipode Raeders: groß, hager, etwas schlaksig, kleine blaue Augen in einem merkwürdig flachen Gesicht, abrupt in seiner Redeweise, die nie den militärisch-knappen Ton zu unterdrücken vermochte. Er sprach selten, dann aber voller Leidenschaft, ohne Gefühl für äußeren Stil oder sprachliche Form, in derben, ›volkstümlichen‹ Ausdrücken, die alle verstanden, von vielen begrüßt, von wenigen, denen ästhetische Gesichtspunkte nicht gleichgültig waren, abgelehnt wurden (Michael Salewski).«

Fanatisch schwor Dönitz fortan die jungen Offiziere auf den Ungeist eines mörderischen Regimes ein, in dessen und des »Führers« Namen er die Kriegsmarine neu prägte. »Wenn wir also vor die Wahl gestellt werden, unsere Mittel für Kampfkräfte zu verwenden, die an Hand der nun einmal gegebenen Lage im großen und ganzen nur bedrohen, oder für solche, die totschlagen können, so ist es richtig, unsere Kräfte in die Totschläger hineinzustecken, denn durch Drohungen allein ist noch niemand gestorben.«

»Totschlagen«, »rücksichtslose Brutalität«, »gnadenloser Angriffsgeist«. Seine Worte sind die Hitlers, den er auch in Mimik und Gestik zu imitieren versucht, dabei aber einer schlecht geführten Marionette gleicht, deren Fäden in ein wirres Durcheinander geraten. Am 5. Februar 1943 sagte Dönitz, worum es ihm in diesem Krieg ging: »Der Führer hat mich an die Spitze der Kriegsmarine gestellt. Ich werde die Kriegsmarine nach den Befehlen des Führers mit rücksichtsloser Entschlossenheit führen. Zu dieser Führung habe ich folgendes zu sagen: Es handelt sich allein darum, diesen Krieg zu gewinnen. Überlegungen und Gründe, wie etwa die Kriegsmarine nach diesem Krieg aussehen soll, dürfen daher keine Geltung haben.« Unmißverständlich benannte er die Aufgaben der Marine mit Küstenschutz, Geleitsicherung und Kampf gegen die feindliche Tonnage: »Nur mit dem U-Bootkrieg kann die Kriegsmarine einen entscheidenden Beitrag zur Gesamtkriegführung leisten.« Der überzeugte Nationalsozialist Dönitz enthob die Marine ihrer Sonderstellung und sprengte die Fesseln ihres autistischen Denkens, denn fortan war sie Teil in Hitlers Streitmacht, williges Werkzeug des Krieges – nicht mehr und nicht weniger.

Hitler hieß den neuen Mann an der Marinespitze einen seltenen Glücksfall, gerade weil dieser in den kritischen Tagen um den 30. Januar 1943, als die 6. Armee in Stalingrad unterging und sich die Katastrophe in Nordafrika abzeichnete, klare Worte zur Seekriegskonzeption der Zukunft fand und nicht im längst Vergangenen, in den obsoleten Denkkategorien der Tirpitz-Zeit schwelgte. Dönitz paßte in den »Totalen Krieg«, den Goebbels am 18. Februar im Berliner Sportpalast proklamierte.

Minenräumboote auf dem Marsch im Finnischen Meerbusen 1941. Neben den Hochseeminensuchbooten stellte die Kriegsmarine ebenfalls mehrere hundert hölzerne Minenräumboote, sogenannte R-Boote in Dienst. Die bis zu 150 ts großen Boote liefen bis zu 23 kn und wurden an allen Küsten, selbst im Schwarzen Meer, eingesetzt. Archiv MOV/DMI

Die Schlachtschiffe SCHARNHORST und TIRPITZ wurden nicht desarmiert, sondern Kern einer Kampfgruppe im Nordraum. Diesen Coup landete Dönitz, nie gut Freund der »Dickschiffe«, in seiner Anfangszeit als Oberbefehlshaber, weil er Hitler einleuchtende Argumente für ihren Einsatz vortrug. Keinem war so sehr an der Entlastung der Ostfront durch Bekämpfung von Geleitzügen gelegen wie Hitler selbst: Wenn die Schiffe hierzu einen Beitrag leisten, um so besser, scheitern sie, werden sie zu U-Booten und Küstenartillerie verarbeitet, und kehren die Schlachtschiffe nicht wieder zurück, sind sie halt verloren. Punkt.

Wichtig war für Karl Dönitz vor allem das Vertrauen, das Hitler ihm schenkte, und der erbrachte Beweis, daß aus dem Befehlshaber der U-Boote der Oberbefehlshaber der Kriegsmarine geworden war. Immerhin hatte er als überzeugter U-Boot-Mann für die Schlachtschiffe gefochten und sich in der Marineführung durch sein beherztes Vorgehen Respekt verschafft. Der strategische Erfolg war dennoch nur gering. Zwar behielten die Schiffe im Nordmeer ihren Funktion als »fleet in being«, aber weil die alliierten Geleitzüge die weit ungefährlicheren Südrouten über den Iran bevorzugten und der Verkehr auf den Nordwegen bis November 1943 aussetzte, büßte die Seekriegführung im Nordraum an Bedeutung beträchtlich ein. Seit Frühsommer 1943 fuhr kaum mehr ein Transport im Norden, und das hatte seinen Grund.

Die letzte große U-Boot-Offensive gegen Atlantikgeleite setzte im August 1942 ein und führte auch zu hohen Versenkungsziffern, während die feindliche See- und Luftabwehr sich erstaunlich schnell in Zahl und Qualität steigerte. Mit der ab Dezember 1942 fortschreitenden Entschlüsselungstechnik gegen den deutschen Funkverkehr blieb den Alliierten kaum noch eine U-Boot-Operation verborgen: Konvois wurden umgeleitet und die U-Boote gnadenlos verfolgt, aber verlorene Boote konnten durch Neubauten einigermaßen wettgemacht werden, und vor allem hinderte die Verbesserung der deutschen Verschlüsselungsmaschinen durch Einbau einer zusätzlichen Walze die englische Abwehr daran, in den deutschen Funkkreis einzudringen.

Die Zeit arbeitete für Dönitz, der Anfang 1943 über beachtliche 212 Front-U-Boote verfügte, von denen 164 im Nordatlantik standen. In zwanzig Tagen im März versenkten die U-Boote 85 Schiffe aus feindlichen Geleitzügen, »der bisher größte Erfolg in einer Geleitzugschlacht«, wie das Kriegstagebuch vermerkte; die Niederlage vor Augen, zweifelten die Alliierten am Sinn des Geleitzugsystems. Man muß die deutschen U-Boote vor allem aus der Luft so frühzeitig bekämpfen, daß sie erst gar nicht an die Konvois herankommen, was nach den Vorstellungen der britischen Admiralität nur durch die massiven Bombardierungen der U-Boot-Bunker an der Atlantikküste erreichbar war. Wer je die monströsen Bunkeranlagen meterdicken Stahlbetons in Lorient, La Pallice, Brest und St. Nazaire gesehen hat, der wird verstehen, warum die Royal Air Force schier verzweifelte, und vielleicht auch, weshalb die britische Führung hernach kundtat, daß die »Deutschen niemals so nahe daran waren, die Verbindung zwischen der Neuen und der Alten Welt zu zerreißen, wie in den ersten 20 Tagen des März 1943«. Ganz so apokalyptisch stellte sich die Situation allerdings nicht dar, denn längst übertrafen die alliierten Schiffbauten die Verluste.

Der Oberbefehlshaber der Kriegsmarine stand im Zenit seines Erfolgs. Doch dem Höhepunkt folgte der jähe Absturz innerhalb weniger Tage, ein Absturz, den die deutsche Führung zu diesem Zeitpunkt nicht wahrnahm, denn später erst kam ans Licht, daß vom 10. bis zum 20. März, also just während der deutschen Hochphase, die englischen Abwehrexperten fieberhaft an der Entschlüsselung der Funksprüche arbeiteten. Unter Einsatz aller damals 46 verfügbaren Holorith-Maschinen (elektro-mechanische Computer) gelang das Unmögliche: Ab 20. März lagen die Klartexte der deutschen Codes vor und erlaubten der See- und Luftabwehr den beinahe uneingeschränkten operativen Einsatz gegen die deutschen U-Boote. Enigma, die deutsche Maschine, war nichts mehr wert.

Der Einbau weiterer Walzen, zunächst von Erfolg gekrönt, war ein Pyrrhussieg, und jetzt schlug die materielle und technische Überlegenheit der Alliierten massiv durch. Bereits vier Wochen später wollte die britische Admiralität erkannt haben, »daß die ängstliche Sorge um die Verwundbarkeit der U-Boote durch Luftangriffe auf jeden Fall bei einigen U-Bootbesatzungen ein Nachlassen der Kampfmoral bewirkt«.

Im Zeichen der Niederlage: Mai 1943 bis 1945

Der Monat Mai steht für den Zusammenbruch des U-Boot-Krieges im Atlantik, obwohl die Zahl der eingesetzten U-Boote auf 120 kletterte. Am 31. Mai 1943 zog Dönitz in jener Klarheit, die ihn auszeichnete, Bilanz vor seinem »Führer«:

»Der Grund der augenblicklichen Krisis des U-Boote-Krieges ist die erhebliche Zunahme der Luftwaffe des Gegners. In der Enge Island-Färöer ist durch Horchdienst jetzt an einem Tage die gleiche Zahl von Flugzeugen festgestellt, die noch vor Wochen dort nur innerhalb einer Woche auftraten. Ferner Einsatz von Flugzeugträgern an den Geleitzügen im Nordatlantik, so daß die gesamten Straßen des Nordatlantik jetzt von der feindlichen Luftwaffe überwacht sind. Die U-Boot-Krisis würde jedoch durch die Zunahme der Flugzeuge allein nicht erfolgt sein. Das Ausschlaggebende ist, daß die Flugzeuge durch ein neues Ortungsgerät, das auch anscheinend von Überwasserfahrzeugen angewandt wird, in der Lage sind, die U-Boote zu orten und bei tiefer Wolkendecke, Unsichtigkeit oder bei Nacht dann überraschend anzugreifen. Hätten die Flugzeuge das Ortungsmittel nicht, so würden sie z.B. bei grober See oder bei Nacht keinesfalls das U-Boot erkennen können. Entsprechend verteilen sich auch die Verluste. Der weitaus größte Teil der U-Boots-Verluste ist durch Flugzeuge erfolgt. Der Anteil an Seestreitkräften ist nur gering, obwohl infolge einer besonders unglücklichen Wetterlage (plötzlich eintretender Nebel) bei der Geleitzugoperation am 8. Mai verhältnismäßig viel U-Boote (5) durch Zerstörer überrascht werden konnten. Diese Überraschung ist auch wieder nur durch Ortungsgeräte möglich gewesen.

Dieser Lage entsprechend sind auch 65% der Verluste auf dem Marsch bzw. in Wartestellung erfolgt und nur 35% am Geleitzug selbst. Das ist natürlich, denn den größten Teil der Unternehmung von 6–8 Wochen befindet sich das U-Boot wartend oder auf dem Marsch; hier ist die Gefahr groß, bei Unsichtigkeit oder Dunkelheit plötzlich von einem vorher nicht feststellbaren Gegner aus der Luft angegriffen zu werden. Die Verluste sind im letzten Monat von bisher etwa 14 U-Booten, d.h. etwa 13% der in See befindlichen U-Boote auf 36 wenn nicht 37, d.h.

Oberleutnant zur See Oskar Kusch (1918–1944). Der Kommandant von U 154 hatte 1943 auf zwei Feindfahrten seine Offiziere vor der Verlogenheit des NS-Regimes gewarnt und war von seinem IWO. denunziert worden. Ein Kriegsgericht verurteilte ihn wegen Wehrkraftzersetzung zum Tode, u.a. »weil er den Glauben an den Endsieg verloren« hatte. Am 12. Mai 1944 wurde er in Kiel/Holtenau erschossen. Die Straße zu seiner Hinrichtungsstätte wurde 1998 nach seinem Namen benannt. Archiv MOV/DMI

rund 40% der in See befindlichen U-Boote angestiegen. Die Verluste sind zu hoch. Es kommt darauf an, jetzt Kräfte zu sparen, andernfalls würde nur das Geschäft des Gegners betrieben werden.«

Im Bereich der Ortung lagen die Ursachen: Seit dem Sommer 1942 gelangten neuartige Sichtungspeiler zum Einsatz, sogenannte HF/DF-Geräte (High-Frequency-Direkction-Finding), mit denen die U-Boote auch bei Abgabe von sogenannten Kurzsignalen auf der Kurzwelle auf größere Entfernungen eingepeilt werden konnten. Zum gleichen Zeitpunkt wurden Radar-Geräte eingeführt, die im Zentimeterbereich arbeiteten und das erfaßte U-Boot im Nahbereich orteten. Außer der bereits genannten Auswirkung des Einbruches der Alliierten in den deutschen Funkschlüssel, der erst 1974 bekannt geworden ist, sind als Errungenschaften zu erwähnen: Die Einführung neuer Waffen, z.B. Raketen bei U-Jagdflugzeugen, U-Jagdtorpedos oder die Verbesserung der Wasserbomben, denen die U-Boote auch durch Aufsuchen immer größerer Tauchtiefe, bis zu 300 m, nicht mehr ausweichen konnten und in erster Linie die zahlenmäßige Verstärkung und Modernisierung der Sicherungsfahrzeuge sowie die Anwendung wissenschaftlicher Analysen durch die Operations Research Sections zur Optimierung der Konvoisicherung und der U-Jagd. Die alliierte Luftüberwachung war seit Ende 1942 so weitreichend geworden, daß die U-Boote ohne entdeckt zu werden, sich bei Tage kaum noch über Wasser fortbewegen konnten. Jetzt begann sich auch die nicht den Parametern der Bedrohung entsprechende Konzeption der deutschen U-Boote auszuwirken: Über Wasser operierend und infolge ihres geringen Unterwasserfahrbereiches bei geringer Unterwassergeschwindigkeit waren sie nahezu stationäre Tauchboote. Einmal von der gegnerischen Ortung erfaßt und von einer U-Jagdgruppe gestellt, gab es nunmehr kaum noch ein Entkommen.

Eine naheliegende technische Lösung, durch wesentliche Erhöhung der Batteriekapazität, Luftzufuhr für die Dieselmotoren durch einen Schnorchel und den Übergang zu einer stromlinienförmigen Bootsform ein reines Unterwasserfahrzeug mit hoher Unterwassergeschwindigkeit zu konstruieren, wurde damals weder von der U-Boot-Führung noch von den Technikern und Schiffbauern im Oberkommando der Marine gesehen. Dieser konstruktive Weg wurde erst nach 1943 beschritten und kam nicht mehr zum Tragen.

Korvettenkapitän Alfred Kranzfelder (1908–1944). Durch den Bruder des Attentäters vom 20. Juli 1944, Marineoberstabsrichter Berthold Schenk Graf von Stauffenberg, zur Teilnahme am Staatsstreichversuch vom 20.7.1944 gewonnen, wurde er zusammen mit diesem am 24. Juli verhaftet. Nach der Verurteilung durch den Volksgerichtshof am 10. August 1944 wurden beide auch am gleichen Tage hingerichtet. Der Marinehafen in Eckernförde trägt seit 1964 seinen Namen. *Archiv MOV/DMI*

Jetzt, 1943, kam es Dönitz auf etwas anderes an: Er wollte jeden Monat 40 neue U-Boote bauen lassen; um diese Forderung an Hitler heranzutragen, verbreitete er allenthalben Pessimismus und schlug ihm sogar vor, den Atlantik zu räumen. Der aber entgegnete, es käme »gar nicht in Frage, daß im U-Boot-Krieg etwa nachzulassen« sei. »Der Atlantik ist mein westliches Vorfeld, und wenn ich dort auch in der Defensive kämpfen muß, so ist es besser, als wenn ich mich erst an den Küsten Europas verteidige.« Darauf hatte Dönitz gewartet, besser konnte es der Großadmiral nicht treffen: Handlungsfreiheit in »seinem Krieg« mit U-Booten, was vorerst hieß, in der Defensive zu kämpfen, wenn es nicht anders geht, und in der Offensive, wenn die Mittel hierfür wieder zur Verfügung stehen. Man führe sich vor Augen: Noch vor Jahresfrist gingen Überlegungen zum Bau von Schlachtschiffen und Flugzeugträgern in der Seekriegsleitung um, denen sich damals auch Hitler nicht grundsätzlich verschloß. Was davon Ende 1943 blieb, war die schale Perspektive, das einzige Offensivmittel der Kriegsmarine in der Defensive einzusetzen.

Dönitz freilich dachte niemals an eine defensive Ausrichtung der U-Boote, weswegen er Hitler sein »Flottenbauprogramm 43« vorlegte. Im Schulterschluß mit Rüstungsminister Albert Speer konzipiert, sollte der Bauplan Basis für den verschärften U-Boot-Krieg sein, doch das auf U-Booten und leichten Seestreitkräften ruhende Programm – größtes in der Geschichte der deutschen Marine – war wegen der eklatanten Mängel auf dem Rüstungssektor von Anbeginn zum Scheitern verurteilt. Der Wettlauf mit der Zeit war verloren, noch ehe er eigentlich begonnen hatte.

Das wußte der Großadmiral im Grunde, denn er saß in der Machtzentrale, die nichts vor ihm verborgen hielt. Daß er an seinem mörderischen Konzept festhielt und seine Männer weiterhin kalt in den Tod schickte, erklärt ihn zum starrsinnigen, zur Einsicht der unausweichlichen Katastrophe unfähigen Überzeugungstäter: »Derjenige, der nun glaubt, daß die Geleitzugbekämpfung nicht mehr möglich ist, ist ein Schwächling und kein echter U-Boot-Kommandant. Die Schlacht im Atlantik wird härter, sie ist aber die entscheidende Kriegsführung. Seid Euch Eurer hohen Verantwortung bewußt und Euch darüber klar, daß Ihr Euer Handeln verantworten müßt. Tut Euer Bestes an diesem Geleitzug. Wir müssen ihn zerschlagen. Wenn die Verhältnisse günstig dazu sind, vor Flugzeugen nicht tauchen, schießen und abwehren. Vor Zerstörern möglichst über Wasser ablaufen. Hart sein, nach vorne kommen und angreifen. Ich glaube an Euch. Oberbefehlshaber.« Diesen Funkspruch übermittelte er am 21. Mai 1943 den Kommandanten der U-Bootgruppe »Mosel«.

Große Versenkungserfolge seiner U-Boote sind nicht mehr möglich, und allein das bloße Davonkommen und Erreichen der Heimathäfen verlangte den Besatzungen größtes Geschick, Können und vor allem Glück ab.

»Flottenbauprogramm 43«
(Fertigung pro Jahr, Planungszeitraum: 5 Jahre)

U-Boote	480
Zerstörer	8
Torpedoboote	12
Schnellboote	108
Minensuchboote	100
Minenräumboote	96
Sperrbrecher	35
Mehrzweckboote	400
Marinefährprähme	900
Marineartillerieleichter	96
Torpedofangboote	15

Der U-Boot-Bau erhielt erst jetzt jene Priorität, die er längst hätte haben müssen. Trotzdem die Atlantikschlacht eigentlich verloren ist, geht sie unbeirrt unter hohen Verlusten weiter, und Dönitz hofft auf die von Hellmuth Walter konstruierten neuen Unterseeboote vom Typ XXI und XXIII sowie auf die Sektionsbauweise, mit der die einzelnen Teilstücke nach dezentraler Fertigung im küstennahen Bereich zusammengesetzt werden. Die Marinefertigung kletterte unter schonungsloser Ausbeutung aller Rüstungsmöglichkeiten in erstaunliche Höhe, Qualität und Quantität der Feindesmittel aber auch – mit einem er-

Marinekleinkampfmittel: Einmanntorpedo NEGER. Als improvisierte Seekriegsmittel wurden sogenannte Marinekleinkampfmittel entwickelt und ab Mitte 1944 zum Einsatz gebracht. Es wurden ca. 200 NEGER fertiggestellt und gegen die Landeköpfe bei Anzio und in der Normandie eingesetzt. Einem Obermaat gelang sogar die Versenkung eines britischen Kreuzers. Wegen zu hoher Verluste wurde der NEGER ab Ende 1944 nicht mehr eingesetzt. Archiv MOV/DMI

heblichen Unterschied: Während die Alliierten ungehindert rüsten, wird die deutsche Industrie nicht mehr lange durchhalten, denn zu schwer sind die Schäden, aus der Luft beigebracht, zu gering die Zufuhr von Rohstoffen und die Zahl der Männer, die sie verarbeiten.

Atlantik, Mittelmeer und Nordmeer waren die Brennpunkte deutscher Seekriegsgeschichte 1943. Im Atlantik ist die Wende vollzogen, die Kapitulation Italiens im September 1943 führte zum Verlust der deutschen Mittelmeerstellung, und im Nordmeer besiegelte der Untergang der SCHARNHORST den wechselvollen Kampf gegen die Murmanskgeleitzüge. Zuvor, vom 6. bis 9. September, kämpften SCHARNHORST, TIRPITZ und neun Zerstörer in der Operation »Zitronella« alliierte Küstenbefestigungen in Spitzbergen nieder.

An der Ostfront scheiterte im Sommer die letzte große Offensive. Von nun an übernahm der Gegner die Initiative auf allen Kriegsschauplätzen, die von Räumungen, Preisgabe von Eroberungen, Zurücknahme der Frontlinien und dem hastigen Aufbau provisorischer Verteidigungsanlagen geprägt sind. Darauf war die Truppe nicht eingestellt, die tapfer abwehrte und versuchte, die Fronten in heroischem Kampf – die Umschreibung paßt – zu »begradigen«, um zu retten, was längst nicht mehr zu retten war.

Der »Führer« verlor in diesen Wochen und Monaten, in denen krampfhaftes Reagieren und Defensive ohne Strategie den Kriegsalltag bestimmten, häufig seine Fassung, berief je nach Laune Feldmarschälle und entließ hochdekorierte, aus früheren Zeiten bewährte Militärs, welche im Führen von Schlachten geschult waren und diese dennoch nicht führen durften, weil es einen gab, der alles vermeintlich besser wußte. Niemand könnte das so wie er, Hitler, dessen Terrorregime Widerspruch nicht duldete und dessen Volk seit Geraumem zwischen zwei Schrecken leben muß: zwischen alliierten Bombenangriffen tags wie nachts und dem Volksgerichtshof, der mit seinen tausend Tentakeln gnadenlos in jeden Winkel des Reiches hineingreift.

Das Schlachtschiff SCHARNHORST, wir sagten es, ging unter. Mit »irgendwelcher Feindaktivität im Nordmeer« rechnete die Seekriegsleitung jederzeit, der englisch-amerikanische Überfall auf Norwegen am 4. Oktober gehörte dazu und schürte die Furcht vor größeren Unternehmungen, die mangels Luftaufklärung im Gange sein konnten, ohne daß die deutsche Seite davon erführe. Zur Abwehr einer möglichen Invasion war Dönitz entschlossen, die SCHARNHORST einzusetzen. Nur wann?

»Skl. steht auf dem Standpunkt, daß Einsatz »Scharnhorst« während dunkler Monate, so wie die Dinge jetzt liegen – abweichend von den am 31.12.1942 gemachten Erfahrungen – erfolgversprechend und zweckmäßig sein kann. Zerstörereinsatz gegen Sicherungskräfte feindlichen Geleitzuges würde wenig aussichtsreich sein und Zerstörer in hohem Maße gefährden. Selbstverständlich ist Einsatz des

Schlachtschiffes von ausreichender Luftaufklärung abhängig. Bei bedrohlicher Lage an Ostfront und im Hinblick auf Gesamtsituation ist es nicht zu verantworten, wertvollste Kampfkraft zurückzuhalten«, hieß es am 2. Dezember.

Die fehlende Luftaufklärung wurde SCHARNHORST – ihr eilte der Ruf voraus, ein glückhaftes Schiff zu sein – zum Verhängnis. Am 26. Dezember kenterte das Schlachtschiff, der feindlichen Ortungstechnik total unterlegen, im Gefecht gegen britische Seestreitkräfte am Nordkap und sank über den Bug. SCHARNHORST war der durch Radar geleiteten Artillerie der britischen Seestreitkräfte zum Opfer gefallen. Das Schlachtschiff DUKE OF YORK erzielte 13 Treffer mit seinen 35,6-cm-Geschützen. Die Operation »Ostfront« kostete 1.803 Besatzungsmitgliedern das Leben. War der Verlust von GRAF SPEE damals von Raeder nur schwer verwunden worden und schwor der Untergang der BISMARCK zahlreiche Krisen und Konflikte hervor, so trug nun Dönitz, dessen Unbedachtsamkeit zur Versenkung der SCHARNHORST führte, alle Verantwortung.

1944. Für gewöhnlich bleiben im kollektiven historischen Bewußtsein die Invasion der Alliierten in der Normandie und das Attentat auf Hitler verankert, letzteres gewiß erst im nachhinein von größerer Bedeutung als zum Zeitpunkt des Geschehens, denn der 20. Juli änderte am Fortgang des Krieges nichts. Widerstand gab es den gesamten Krieg über, die offene oder versteckte Weigerung, sich dem Regime zu beugen, äußerstenfalls auch den Kampf gegen die Politik und ihre Träger aufzunehmen, macht man in erstaunlich vielen, nicht nur den sogenannten intellektuellen Kreisen aus.

Erst als die Kriegslage nach der alliierten Invasion am 6. Juni in der Normandie hoffnungslos wird, fassen mit System auch hohe Militärs den Entschluß zur Tat. Zivilisten planten, knüpften Kontakte und wirkten im Untergrund, so gut es eben ging, Studenten verteilten im Verborgenen gedruckte Flugblätter, aber schießen mußten die Soldaten. Von ihnen kennt man vor allem Oberst Graf von Stauffenberg, der das Attentat versuchte, von den Zivilisten Karl Goerdeler oder Dietrich Bonhoeffer. Nicht ganz vorn, aber in der zweiten Reihe sind auch Marineoffiziere zu finden: Admiral Wilhelm Canaris, seit 1938 Chef der Auslandsabwehr und so immer mit den neuesten Nachrichten gespeist, Bertold Graf von Stauffenberg, Oberstabsrichter im Oberkommando der Kriegsmarine und Bruder des Attentäters, und Korvettenkapitän Alfred Kranzfelder, seit 1940 in der Operationsabteilung der Seekriegsleitung, ein »hochbegabter und besonders fähiger Offizier…, ein sympathischer und ansprechender Untergebener, der auch offen und furchtlos für seinen Meinung eintrat«. Canaris wurde wegen seiner Mitarbeit am Widerstand, schließlich am Attentat, verhaftet und hingerichtet. Über Bertold Stauffenberg und Kranzfelder, der am 20. Juli im Hauptquartier »Koralle« bei Berlin Dönitz' Reaktion auf den Umsturz beobachten sollte und dessen Mitwisserschaft die Gestapo schnell aufspürte, brach am 10. August das Mordgericht herein. Es gibt übrigens einen Kranzfelder-Hafen.

Am aktiven Widerstand und am Attentat beteiligten sich, relativ zur ihrer Masse betrachtet, wenige Offiziere, sogar nur ganz wenige von der Marine. Das lag in der Natur der Sache, denn wer den Umsturz wagen wollte, der mußte sich in Hitlers Nähe bewegen. Daß sich die Kriegsmarine im ganzen loyal gegenüber dem NS-Regime verhielt, hatte einen weiteren, tiefgehenden Grund: Die traumatische Erfahrung von 1918, die das Selbstverständnis wie nichts anderes prägte, verbot ihr, erneut gegen eine Staatsführung anzugehen. Seit Dönitz stand die Marine für jenen absoluten Gehorsam, der als Schlüssel für ihre politische Haltung zum nationalsozialistischen Staat gelten kann und Hitler zu Beifall anregte: »Führer erwähnte, … daß heute im Gegensatz zu 1918 überall dort, wo die Marine kämpft, vorbildliches Halten und einzigartige Einsatzbereitschaft festzustellen« ist.

An der Basis ist die Zahl derer, die sich kritisch zum NS-Regime äußerten und ihre Ansichten dem Umfeld offen zu Gehör brachten, nicht zu unterschätzen. Einer von ihnen ist Oberleutnant zur See Oskar Kusch, als Kommandant von »U 154« ganz erfolgreich, der das Vaterland nicht mit Nationalsozialismus gleichsetzte und sterben mußte, weil er sein Herz auf der Zunge trug. Am 12. Januar 1944 ging der 3. Unterseebootslehrdivision eine Meldung von Kuschs Erstem Wachoffizier zu: »Nach gründlicher Überlegung der möglichen Folgen meines Entschlusses bitte ich gehorsamst, über meinen früheren Kommandanten auf ›U 154‹, den Oblt.z.S. Oskar Kusch, folgende Meldung erstatten zu dürfen: Auf 2 Unternehmungen von insgesamt 189 Tagen Feindfahrt im Laufe des Jahres 1943 habe ich bei Kusch fortdauernd untrügliche Beweise einer stark gegen die deutsche politische und militärische Führung eingestellten Gesinnung erlebt. Ich halte ihn deshalb für unfähig, U-Bootskommandant zu sein.« Kusch wurde am 12. Mai 1944 in Kiel-Holtenau erschossen. Er steht stellvertretend für viele Soldaten der Wehrmacht, die zwischen der Pflicht, für das Vaterland zu kämpfen und dem gleichzeitigen Mißbrauch durch die verbrecherische Staatsführung eine Trennlinie zu ziehen versuchten und übelstem Denunziantentum zum Opfer fielen.

Da die Fronten aller Himmelsrichtungen zusammenbrachen, gab die TIRPITZ ihren Liegeplatz im Altafjord auf und machte weiter südlich in der Nähe von Tromsö fest, um die Räumung Nordnorwegens mit ihrer schweren Artillerie zu decken. Das letzte deutsche Schlachtschiff erkannten Aufklärer des Flugzeugträgers IMPLACABLE rasch, woraufhin LANCASTER-Bomber in Nordschottland aufstiegen, die TIRPITZ zu vernichten; der erste Versuch schlug infolge widriger Wetterverhältnisse und künstlicher Vernebelung fehl, dem zweiten Angriff aber erlag die TIRPITZ am 12. November 1944:

»Noch immer fallen Bomben. Weitere Treffer kann der zur Untätigkeit verurteilte Oberleutnant in diesem chaotischen Durcheinander nicht mehr erkennen. Schießen sie drüben überhaupt noch? Er glaubt im Augenblick nur noch das selbstgefällige, tiefe, nach dem Lärm fast beruhigende Brummen der Flugzeuge zu hören, dazwischen hört er dann wieder das peinigende Pfeifen der Bomben und dann den Knallriß der Detonationen. Eine Pause tritt ein. Neue Ketten fliegen an. Der Rauch verzieht sich ein bißchen. Die TIRPITZ tritt schemenhaft daraus hervor. Sie hat jetzt 70 Grad Schlagseite. Sie scheint zu kentern. Aber sie kann ja nicht kentern, fällt es Brünner ein. Wie gut, daß der Alte neben dem Schiff Sand, Geröll und Dreck aufschütten ließ. TIRPITZ dreht immer weiter. Noch ein paar Bomben ... Das Schiff legt sich weiter über. Jetzt mögen es schon 90 Grad sein. Jetzt 100. Sie kentert. Mein Gott, und die vielen Menschen da drin, die vielen Kameraden ... Das Schlachtschiff kentert wirklich. Der 52.600 Tonnen schwere Gigant bleibt nach einer Kehre von 135 Grad auf seinen Aufbauten, die den Grund des hier ja nicht tiefen Wassers berühren müssen, liegen. Ein schmales Stück der Unterwasserteile ragt noch aus dem Wasser heraus. Rot, wie frisches Blut, leuchtet die Farbe des Schiffsbodens herüber (Jochen Brennecke).«

Flucht über die Ostsee 1945. Von Januar bis zum Zeitpunkt des Inkrafttretens der bedingungslosen Kapitulation am 9. Mai 1945 um 00.01 Uhr hatte die Kriegsmarine mit allen verfügbaren Kräften im Ostseebereich die Evakuierung der deutschen Zivilbevölkerung und deutscher Soldaten durchgeführt. Dabei wurden ca. 2 Millionen Menschen in Sicherheit gebracht. Die Verluste durch gegnerische Angriffe lagen bei weniger als einem Prozent. WGAZ/Marineschule Mürwik

Der Untergang der »Königin des Nordens« schaltete die Bedrohung durch deutsche schwere Schiffe ein für allemal aus, und die Briten entsandten nun beruhigt ihre Schlachtschiffe und Flugzeugträger in den Indischen Ozean, um die Pazifik-Flotte zu verstärken. Deutsche Schlachtschiffe gab es nicht mehr, eine Kriegsmarine eigentlich auch nicht, und was mit den sogenannten Kleinkampfmitteln – Meereswinzlinge von robuster Bauart und von ein oder zwei Mann gesteuert – versucht wurde, war ein verzweifelter Notbehelf ohne jede Wirkung.

Von Osten her rollte die Rote Armee heran, von Westen kamen die Alliierten unaufhaltsam dem Reich näher, in dessen Innern längst schon die schönsten Städte im Bombenhagel versanken. Die Terrorisierung der deutschen Zivilbevölkerung war militärisch sinnlos, denn den Willen der Menschen brach sie nicht. Das Konzept des britischen Luftmarschalls Harris ging nicht auf, im Gegenteil herrschte die Überzeugung, der »Führer« werde es den ruchlosen und feigen Luftmördern schon heimzahlen, aber die Wirkung der vielgepriesenen Wunderwaffen V1 und V2 blieb bekanntlich aus.

Nach der mißlungenen Ardennen-Offensive war es nur noch eine Frage der Zeit, wann die Westalliierten die deutschen Grenzen überschritten und die Sowjets zum Sturm auf das Reichsgebiet ansetzten. Am 12. Januar 1945 schlug Stalin mit einer Großoffensive los: Auf einer Breite von über 1.200 Kilometern vernichtete die Sowjetarmee das Gros des deutschen Ostheeres zwischen Memel und den Karpaten und marschierte innerhalb der nächsten drei Wochen zur Oder vor. Die entsetzliche Angst vor dem sowjetischen Zugriff löste massenhafte Flüchtlingsströme aus, die Einheiten der Kriegsmarine systematisch über die Ostsee in den Westen transportierten. Die Räumungen und Evakuierungen sind die bedeutendste Seetransportleistung des Zweiten Weltkrieges; im letzten Akt ihres Einsatzes retteten die Kriegs- und Handelsmarine über zwei Millionen Menschen das Leben. Eine gewaltige Leistung, die mit dem Verlust von 98 Handelsschiffen teuer bezahlt wurde und deren Schicksale immer mit dem Tod unzähliger Flüchtlinge verbunden sind. Die Katastrophe der WILHELM GUSTLOFF bleibt ein Mahnmal für den Irrsinn des Krieges: Das mit 6.600 zumeist Frauen und Kindern voll besetzte Schiff trafen am 30. Januar 1945 drei Torpedos eines sowjetischen U-Bootes.

Insgesamt betrachtet mutet es fast paradox an, daß die letzten Überwassereinheiten der Kriegsmarine ihre größte Leistung nicht in Kampfhandlungen, sondern bei humanitären Aktionen vollbrachten. Eine recht bemerkenswerte Erscheinung! Allerdings war die Feuerkraft der zumeist kleinen Einheiten viel zu schwach, um den im Geleit fahrenden Dampfern wirkungsvoll Schutz – vor allem gegen Angriffe aus der Luft – bieten zu können. Die Besatzungen mußten oft hilflos zusehen, wie die ihnen anvertrauten Flüchtlingsdampfer versenkt wurden oder ausbrannten, wobei unzählige Menschen umkamen.

Versenkte Flüchtlingsschiffe

30.1.:	WILHELM GUSTLOFF, bei Stolperbank, über 5.000 Tote
9.2.:	HEDWIGSHÜTTE, bei Fehmarn, 43 Tote
10.2.:	GENERAL VON STEUBEN, bei Stolperbank, 2.700 Tote
19.2.:	CONSUL CORDS, bei Warnemünde, 103 Tote
12.3.:	ANDROS, bei Swinemünde, 200 Tote
10.4.:	NEUWERK, in der Danziger Bucht, 710 Tote
11.4.:	POSEN und MOLTKEFELS, bei Hela, zusammen 1.000 Tote
13.4.:	KARLSRUHE, vor Pommern, 850 Tote
16.4.:	GOYA, bei Rixhöft, 6.500 Tote
25.4.:	EMILY SAUTER, bei Hela, 50 Tote
3.5.:	MUSKETIER, in der westlichen Ostsee, 800 Tote.

Unbekannt ist die Anzahl der Toten auf den Schiffen DEUTSCHLAND (bei Neustadt), CAP ARCONA (Lübecker Bucht), VEGA und BOLKOBERG (bei Fehmarn), die durch britische Luftangriffe am 3. Mai versenkt wurden.

Während die Rote Armee im Osten nicht zu halten ist, die Westalliierten Kilometer um Kilometer deutschen Bodens erobern und sich der Ring um das Hitlerreich zu schließen droht, hockt der Diktator verdrossen im Labyrinth seiner Bunkersysteme und mag nicht fassen, daß ihn die Vorsehung schmählich im Stich gelassen hat. Außer Lagebesprechungen unterbrach nichts die erdrückende Eintönigkeit des Tagesablaufs, die Goebbels mit »tragisch« umschrieb. Hitler hatte sich schon lange in den Hades zurückgezogen und die Öffentlichkeit peinlich genau gemieden, während sein Propagandaminister unentwegt versuchte, des »Führers« Entrücktheit zu mythologisieren und die Bevölkerung glauben zu machen, daß dort unten und nur dort neue Kraft für den Endsieg zu schöpfen sei. Das Reden verlernte Hitler dabei nicht, er langweilte vielmehr seine Bunkergesellen mit stundenlangen Monologen, verlor sich in seiner engsten und ergebensten Umgebung in Phantasmagorien und verstieg sich in hybride Gedankenexperimente.

Am 25. April war Berlin eingeschlossen, am gleichen Tag reichten sich in Torgau an der Elbe Soldaten der legendären Sixty-Nines, der 69. US-Infanteriedivision, und der 58. sowjetischen Gardedivision die Hände. An jenem Ort, an dem Friedrich der Große 1760 mit einem grandiosen Sieg über die österreichischen Truppen eine der Hürden auf dem Weg zur Etablierung Preußens als europäische Großmacht nahm, besiegelte 185 Jahre später das Aufeinandertreffen die Zersplitterung des Deutschen Reiches.

Testamentarisch hatte Hitler, der rings um sich schwarzen Verrat und Mißgünstlinge witterte, die ihm in schwerster Stunde die Treue versagten, Hermann Göring und Heinrich Himmler aus seinem Umkreis gestrichen, wichtiger war jedoch, daß er das neue »Kabinett« vorstellte: Großadmiral Dönitz als Reichspräsidenten an der Spitze, Goebbels als Reichskanzler und einige getreue Paladine, die den Mechanismus der Illusionsbereitschaft noch immer nicht ausschalteten. Dönitz, allergläubigster Jünger des »Führers«, war nach Hitlers grundfester Überzeugung der einzige, der den Weg der NS-Gewaltherrschaft konsequent weitergeht, das heißt, bis zur endgültigen Vernichtung des deutschen Volkes. Außerdem war er im Gegensatz zu Hitlers Paladinen aus den Reihen der NSDAP nicht korrupt.

Am 30. April gegen 19.30 wurde dem Oberbefehlshaber ein Funkspruch dieses Inhalts übermittelt: »Anstelle des bisherigen Reichsmarschalls setzte der Führer Sie, Herr Großadmiral, als sein Nachfolger ein. Schriftliche Vollmacht unterwegs. Ab sofort sollen Sie sämtliche Maßnahmen verfügen, die sich aus der gegenwärtigen Lage ergeben. Bormann.«

Als die Ernennung Dönitz erreichte, lebte sein Vorgänger nicht mehr. Genau vier Stunden zuvor, um 15.30, hatte Hitler seinem Dasein ein Ende gesetzt. Die Leiche und die seiner Frau Eva Braun, die er in einem Anflug von Pedanterie noch kurz vor Toresschluß geheiratet hatte, wurden vor der Reichskanzlei unter dem Feuer sowjetischer Artillerie verbrannt. Die Reste des Ehepaars Hitler und der Familie Goebbels sind nach langjährigem Aufenthalt in Magdeburg von KGB-Offizieren in den siebziger Jahren endgültig vernichtet worden, heißt es.

Dönitz führte fortan das Kommando, er war des Deutschen Reiches letztes Staatsoberhaupt, das eine Funktion als Oberbefehlshaber der Kriegsmarine an den Generaladmiral Hans-Georg von Friedeburg abgab. Man mag Dönitz allzu ergebene Führertreue und fanatischen Glauben an das NS-Regime nachsagen. Das stimmt. Doch er brach in den letzten Tagen des »Dritten Reiches« den Eid zum »Führer« und löste sich vom Konzept der Vernichtung am deutschen Volk, das Hitlers krankem Hirn in Form seiner »Nerobefehle« noch im April entsprungen war. Zwiespalt und die »beiden Moralen«, wie Dönitz einmal sagte, verloren sich auch nicht in den letzten Stunden des untergehenden Reiches. Auf der einen Seite apostrophierte der Großadmiral mit hymnischer Vergötterung den Verbrecher Hitler als größten Helden der deutschen Geschichte, und auf der anderen Seite schmiedete er daran, möglichst vielen Menschen – Soldaten wie Zivilisten – den Weg aus der Reichweite der Roten Armee zu bahnen und die Kriegsmaschine zu stoppen.

Seine Hauptaufgabe ist, »den Krieg so schnell wie möglich zu beenden und dabei möglichst viel deutsches Blut in dieser letzten Phase des Krieges zu sparen« sowie die »Rettung möglichst vieler deutscher Menschen vor dem Zugriff der Sowjets und Aufnahme von Verhandlungen mit den westlichen Alliierten«. Er setzt auf die Zukunft, das ist sein Ver-

Mitglieder der letzten Reichsregierung nach ihrer Verhaftung am 23. Mai 1945 in Flensburg. V.l.n.r.: Rüstungsminister Albert Speer, Großadmiral Karl Dönitz, den Hitler zu seinem Nachfolger als Staatsoberhaupt bestimmt hatte, und Generaloberst Alfred Jodl. WGAZ/Marineschule Mürwik

dienst. Im Mai will er durch Teilkapitulationen im Westen gegenüber Amerikanern und Briten Zeit wettmachen, um unzählige Menschen im Osten vor dem sowjetischen Würgegriff zu bewahren.

Die »Regierung Dönitz« mit Sitz in der Sportschule der Marineschule Flensburg-Mürwik verstand sich keineswegs als Verwalter einer amorphen Reichsmasse, sondern durchaus als ernstzunehmender Verhandlungspartner der Westalliierten. Doch diese dachten gar nicht an Zusammenarbeit, wie sie Dönitz so gern gesehen hätte, sondern nur an die bedingungslose Gesamtkapitulation. Die Reichsregierung ließ nichts unversucht, die Teilkapitulation zu erbetteln, aber Eisenhower blieb unerbittlich. Er teilte mit, wenn nicht unverzüglich kapituliert werde, würden die Verhandlungen abgebrochen, der Durchgang deutscher Flüchtlingstrecks durch die amerikanisch-britischen Linien verhindert und der Bombenkrieg fortgesetzt. Doch immerhin: Als Generaloberst Jodl am 7. Mai, um 2.41, die bedingungslose Kapitulation aller deutschen Streitkräfte vor dem Obersten Befehlshaber der Alliierten und zugleich gegenüber dem sowjetischen Oberkommando unterzeichnete, ist wertvolle Zeit gewonnen, um noch Menschen aus dem Osten ins Reichsinnere zu schleusen.

Bemerkenswert ist, daß Montgomery dem Wunsch der Kapitulierenden nachkam, weiterhin die Schiffstransporte aus dem Osten zu dulden. Es herrschte offensichtlich ein stilles Übereinkommen zwischen zwei Soldaten – Montgomery und Dönitz –, das letzterem gewisse Handlungsfreiheit für seine zutiefst humane Mission zubilligte. Es gibt Momente in der Geschichte, für die der quellenmäßige Beweis nicht erbracht werden kann; die Großmut Montgomerys beruhte vielleicht auf einer Laune oder seiner guten Gemütsverfassung, als er mit diesem Schritt noch Zehntausenden das Leben rettete. Vielleicht aber war es auch nur politisches Kalkül, mit einer Geste die Menschen der kommenden Besatzungsmacht anzunähern, vielleicht auch ein Funke Anstand oder Ritterlichkeit?

Dönitz war nach eigenem Vorstellen nicht etwa Besiegter, sondern er glaubte sich in Überschätzung seiner Wichtigkeit den alliierten Militärs ebenbürtig, als er persönliche Ehre, Ehre des Reiches und einen Abgang in Würde verlangte. So war man sich in der betroffenen und zutiefst verletzten deutschen Restregierung über die scheußliche Unwürdigkeit des Vorgangs einig, als die Alliierten dem Flensburger Spuk am 23. Mai 1945 ein Ende setzten. Dönitz war empört und führte bei Montgomery darüber Klage, daß ihm als Großadmiral und Staatsoberhaupt bei der Gefangennahme nicht die gebührende Distanz gewahrt worden sei; auch sein Marschallstab, den der Feind zu achten und zu würdigen habe, sei verlustig gegangen. Wohl ging die Gefangennahme von Offizieren und Regierungsangehörigen unter demütigenden Umständen vonstatten – worüber sich Generaladmiral von Friedeburg das Leben nahm –, und man hätte ihnen gewiß nicht gar so demonstrativ vor Augen führen müssen, daß sie die besiegten Verlierer des Krieges waren.

Deutsche Marinen nach 1945

Im Bündnis für Frieden und Freiheit: Die Bundesmarine

Zwischen dem Ende der Kriegsmarine und der Gründung der Bundesmarine liegen zehn Jahre, die die Welt verändern, zehn Jahre, in denen sich eine neue Epoche der Geschichte etabliert, die sich schon vor der Zerschlagung des Deutschen Reiches abzeichnet und mit der Vereinigung der beiden deutschen Staaten 1990 abschließt: Der »Kalte Krieg« – der Ost-West-Gegensatz zwischen den USA und der Sowjetunion mit ihren Satellitenstaaten, unter ihnen der westliche und größere Teil Deutschlands mit den Amerikanern im Bunde und auf der anderen Seite sein kleinerer, mittel-östlicher und kommunistischer Teil, von der UdSSR zum Zwangsverbündeten erklärt.

Den »preußisch-deutschen Militarismus« als letzte Ursache des Weltenbrandes mit Stumpf und Stil zu tilgen (»totale Entmilitarisierung«) und das westliche Deutschland zu demokratisieren, waren zuallererst die Leitlinien alliierter Politik, der die deutsche Katastrophe gleichsam als Voraussetzung diente. Am 3. Juni 1945 besiegelten die Siegermächte den faktischen Untergang des 1871 gegründeten Deutschen Reiches, aber Deutschland trat nach dem Ende der Regierung Dönitz' weder in den Zustand eines politischen Vakuums, noch gab es eigentlich eine »Stunde Null«. Das Leben, stark reduziert zwar und von existentieller Not bestimmt, ging weiter, und die vier Sektoren unter der Machtgewalt des Alliierten Kontrollrats ebneten den Weg zur politischen Neuorientierung eines Landes, dessen Bevölkerung indes aller Politik, hoher Staatskunst und schon gar des Kriegshandwerkes überdrüssig war. Man wollte eigentlich nur leben, so gut es eben ging, sehnte sich nach der Normalität des Daseins, indem man aufzubauen begann, was die letzten zwölf Jahre zerstört hatten. Von Entwurzelung und Verlust aller Werte, wie 1918, konnte nicht die Rede sein, eher von innerer Leere und lähmender Ungewißheit, die eigene, persönliche Zukunft betreffend.

1918 wurde Deutschland hie und da amputiert und in das Korsett boshaft zu nennender Regelungen hineingezwängt, 1945 aber beschlossen die Sieger die Teilung des Landes, den politischen, militärischen und geographischen »Knockout«. Tabula rasa. Die Gebiete östlich von Oder und Neiße wurden polnisch, Millionen Deutsche aus ihrer Heimat unmenschlich und ungeregelt vertrieben. Selbst eine

Der erste Inspekteur der Marine, Vizeadmiral Friedrich Ruge (1894–1985), seit 1956 im Amt (Bildmitte) übergibt am 30. September 1961 dem damaligen Konteradmiral Karl Adolf Zenker (1907–1998) die Amtsgeschäfte. 1962 zum Vizeadmiral befördert, war er bis 1967 im Amt (links im Bild). Hinter Admiral Ruge Flottillenadmiral Alfred Schumann (1902–1985), bis 1962 Stellvertreter des Inspekteurs der Marine. Admiral Schumann war danach lange Jahre Vorsitzender der Marineoffiziersvereinigung und Gründer des Deutschen Marine Instituts. Archiv MOV/DMI

»Abpullen des ersten Inspekteurs der Marine.« Auf traditionelle Weise wurde Admiral Ruge anläßlich seiner Verabschiedung mit einem Kutter, der von Stabsoffizieren besetzt war, vorbei an den paradierenden Einheiten der Flotte vom Flaggschiff an Land gebracht.
Archiv MOV/DMI

deutsche Flagge durfte es nicht mehr geben. Die wenigen noch fahrbereiten Handelsschiffe mußten anstelle einer Nationalflagge die Flagge »C« des Internationalen Signalbuchs als »Erkennungsflagge der Alliierten Kontrollbehörde« setzen.

Das Internationale Militärtribunal in Nürnberg sah in Raeder, dem die Sowjets während seiner Moskauer Gefangenschaft nicht von ungefähr ausgesprochen höfliche und freundliche Behandlung zuteil werden ließen, und in Dönitz »Hauptkriegsverbrecher«. Die schwerwiegendsten Vorwürfe erhob das Gericht gegen Raeder, das ihm in erster Linie langfristige Kriegsplanung vorhielt. Das erschien den Betroffenen und manchen Zeitgenossen als ungerechtfertigter Vorwurf, den sie damit zu widerlegen suchten, daß es die legitime Aufgabe eines Oberbefehlshabers gewesen sei, Schlachten zu planen. Dönitz und sein Anwalt setzten sich, wie erwartet, mit der Rechtfertigung des U-Boot-Krieges und dem Anklagepunkt inhumaner Handlungen auseinander, und beide Großadmirale versuchten in ihrer Verteidigung den Nachweis zu führen, daß die Seekriegführung durchaus legal gewesen, man darüber hinaus als Soldat unpolitisch sei und zu gehorchen habe.

Aus der Berichterstattung über die Nürnberger Prozesse erfuhr die deutsche Öffentlichkeit erstmals Einzelheiten von den Verbrechen und Grausamkeiten, die in deutschem Namen und von Deutschen begangen wurden. Das löste einerseits Erschütterung und tiefe Betroffenheit aus, andererseits wurden die Bemühungen der Alliierten zur Bestrafung dieser Verbrechen von vielen mit Gleichgültigkeit aufgenommen. Für viele waren diese Verfahren nichts anderes als Vergeltungsmaßnahmen, die im Rahmen einer Siegerjustiz erfolgten, eine Auffassung, die nicht zuletzt dadurch gestützt wurde, daß die Nürnberger Prozesse nach den Verfahrensformen angelsächsischer Rechtsprechung geführt wurden, die sich von den in der deutschen Gerichtsbarkeit üblichen Formen unterschieden und von den Angeklagten als Beeinträchtigung ihrer Verteidigung gesehen wurden. Diese Argumentation wurde zusätzlich noch durch den Umstand gestützt, daß in der Tat in einigen militärgerichtlichen Verfahren auf recht anfechtbare Weise Schuldgeständnisse erwirkt worden waren. So konnten die Großadmirale alles in allem froh sein, mit jeweils zehn Jahren Haft davongekommen zu sein; mit anderen verfuhr das Tribunal weitaus ungnädiger. Erstaunlich scharf antwortete Dönitz' Verteidiger, der Flottenrichter Otto Kranzbühler:

»Wenn bei Dutzenden von Angriffen auf die Wohnviertel deutscher Städte nach dem Angriff Tausende und Zehntausende von Zivilpersonen zu den Opfern zählten und nur einige Dutzend oder einige hundert Soldaten, dann wird niemand die Behauptung vertreten können, daß hier nicht die Zivilbevölkerung mit ein Ziel des Angriffs gewesen sei. Der Flächenabwurf von Spreng- und Brandbomben läßt daran keinen Zweifel zu, und auch hier hat die Verwendung der Atombombe die letzte Klarheit gebracht. Bei den Hunderttausenden von Frauen und

Einheiten des Schulgeschwaders (rechts von der Pier) und des 2. Minensuchgeschwaders um 1960 (links von der Pier) im Kieler Scheerhafen beim Dampfaufmachen. Die Schiffe des Schulgeschwaders sind M-Boote des Typs 35 der Kriegsmarine mit Ölfeuerung, die des 2. Minensuchgeschwaders M-Boote des Typs 43 der ehemaligen Kriegsmarine mit Kohlefeuerung. Im Vordergrund U-HAI, ein Boot des Typs XXIII der ehemaligen Kriegsmarine. Archiv MOV/DMI

Kindern, die auf diese Weise in ihren Häusern jämmerlich ums Leben gekommen, verschüttet, erstickt oder verbrannt sind, muß ich mich über die Entrüstung wundern, die die Anklage bekundet über den Verlust von etwa 30.000 Männern, die im Kriegsgebiet den Tod fanden auf Schiffen, die bewaffnet waren und die Kriegsmaterial fuhren und oft genug Bomben, die für den Angriff auf deutsche Städte bestimmt waren. Von diesen Männern fielen überdies die meisten durch Kampfhandlungen, die auch nach britischer Auffassung rechtmäßig waren, nämlich durch Minen, Flugzeuge und besonders bei Angriffen auf Geleitzüge.«

Die beiden Großadmirale gingen als Märtyrer nach Spandau, und nicht nur Angehörige der Marine entrüsteten sich über die, wie man meinte, überzogenen und willkürlich verhängten Urteile der Sieger: Zahlreiche Petitionen bewirkten bei Dönitz nichts, Raeder, dessen Gesuch um Begnadigung zum Tode durch Erschießen ablehnt wurde, entließen die Alliierten als Achtzigjährigen bereits 1955. Erich Raeder vermied in den ihm verbleibenden Lebensjahren – er starb 1960 in Kiel – über seine zweibändigen Erinnerungen »Mein Leben« hinausgehende Stellungnahmen zur Vergangenheit, während Dönitz seit seiner Entlassung in Büchern und Interviews an einem seltsam verzerrten Image von sich als unpolitischem Soldaten werkelte, dessen »beide Moralen« ihm nicht immer Beifall eintrugen. Der SPD-Politiker Carlo Schmidt brachte es auf den Punkt: »Ich wende mich gegen die Methode der politischen Schizophrenie, die glaubt, einen Menschen in zwei Hälften zerlegen und sagen zu können: Er war ein hervorragender Soldat und darum ist er ein großes

Vorbild!, und vergessen zu können, daß er daneben auch ein Helfer Hitlers war.« Karl Dönitz starb 1980 in Aumühle bei Hamburg.

Zurück ins Jahr 1945: Erstaunlich intakt geblieben war vielseits das wirtschaftliche und industrielle Gefüge, auch die Verwaltungsstruktur. Stäbe und Dienststellen der Wehrmacht blieben zunächst bestehen, konnten sie doch bei allerlei Hilfsarbeiten gute Dienste leisten. So bestand auch das Oberkommando der Kriegsmarine noch einige Wochen auf Weisung des Allied Naval Commander in Chief, Admiral Faulkner, bis zum 21. Juli fort. Die Reste wurden Kern des deutschen Stabes »German Mine Sweeping Administration« (GMSA), denn deutschen Minensuchbooten mit ihren gut ausgebildeten Besatzungen überließen die Alliierten das mühselige Aufspüren und Räumen von über 600.000 Minen und Sperrmitteln in den Gewässern Nord-, West- und Osteuropas. Zu diesem Zweck hielten es Amerikaner und Briten für sinnvoll, »daß allen deutschen Marineverbänden der Vorteil einer zentralen Verwaltung gegeben wird, mit welcher sie zu arbeiten gewohnt sind«. Die Einheiten wie auch sämtliche Organisationsstrukturen sollten nach geleisteter Arbeit im allgemeinen Prozeß der Entmilitarisierung aufgelöst werden.

Generaladmiral Walter Warzecha definierte die Aufgaben der unter alliierter Kontrolle stehenden »Marineverwaltung«:

1. Reparaturen, Erhaltung und Ausrüstung von Minensucheinheiten.
2. Weiterversorgung mit Minensuchgerät.
3. Weiterversorgung mit technischen Nachrichtenmitteln.
4. Weiterversorgung und Verteilung von Brennstoffen aus deutschen Quellen.
5. Hafen- und Wasserwegebau, Hafenbetonnung und -befeuerung.
6. Verwaltung deutscher Marinestützpunkte.
7. Besoldung, Bekleidung, Verpflegung .

Konteradmiral Fritz Krauss betrauten die Engländer als »Administrator = Chef der D.M./R.L.« mit der Führung dieser Organisation – dem britischen Marinebefehlshaber unterstellt und zum sogenannten »Navy House« in Hamburg verlegt –, die etwa 40 Prozent des Minensuchpersonals der Kriegsmarine beschäftigte. 300 Einheiten kamen unter der Flagge »C« zum Einsatz, und insgesamt 27.000 Mann taten Ende 1945 »Minendienst«, im Frühjahr 1946 immerhin noch 1.100 Offiziere und Beamte und 14.900 Mann, denen ihre Uniformen, Rangabzeichen und Auszeichnungen vorerst blieben, die neuen Korpsgeist entwickelten oder den alten pflegten. Für den Anfang bot sich ihnen zunächst noch ein Unterkommen, wie aber weiter, wenn sie ihre Aufgabe erfüllt hatten? Sorgen um die Zukunft und wachsender Unmut über einen Dienst, dem so mancher den Sinn absprach und der dazu geeignet war, das eigene Leben in Gefahr zu bringen, führten zu sichtbaren Nachlässigkeiten und gar Desertionen.

Auf diese unerfreulichen Umstände innerhalb der GMSA und die Gefahr einer gewissen militärischen Verselbständigung reagierten die Briten mit Verbot der traditionellen Marineuniform und gewohnten

Schulboot TRAVE beim Anlegen an der Blücherbrücke in Kiel, rechts im Bild Schulboot EIDER, nach der Rückkehr von der dritten Auslandsausbildungsreise am 10. August 1957. Die beiden Schiffe waren 1942 als Korvetten zur Bekämpfung deutscher U-Boote in Canada gebaut und 1953 vom Bundesgrenzschutz übernommen worden. Archiv MOV/DMI

Dienstgrade, um unerwünschtem deutschen Marineerbe entgegenzuwirken. Konteradmiral Krauss wollte den Männern den Abschied von der alten Uniform in einer kleinen Ansprache erleichtern, die ihm allerdings aus politischen Gründen verwehrt blieb:

»Lange Jahrzehnte hindurch hat die deutsche Marine ihre Uniform in Krieg und Frieden in Ehren getragen und sich beim deutschen Volke und bei zahlreichen Fahrten auch im Auslande Liebe, Achtung und Anerkennung erworben. In der Zeit der tiefsten Not unseres Volkes legen wir nunmehr die uns lieb gewordene alte Uniform ab. Ich weiß, daß Euch dies schwerfällt. Auch in der Zukunft darf sich jedoch an Eurer inneren Einstellung und Haltung nichts ändern. Das Bekenntnis zur soldatischen Pflichterfüllung, zur soldatischen Disziplin und Ordnung, zu Kameradschaft, Anstand und innerer Sauberkeit bleibt auch weiterhin die Grundlage unseres Denkens und Handelns.«

Selbstverständnis und Selbstwertgefühl der Marine, beziehungsweise dessen, was von ihr übrig war, scheinen durch den verlorenen Krieg nicht sonderlich in Mitleidenschaft gezogen worden zu sein, wovon diese selbstbewußten Zeilen zeugen, und sie mögen gewiß mit der Grundhaltung der Marineoffiziere und -soldaten übereinstimmen, die sie hören sollten, aber nicht durften.

Die Alliierten lösten Ende 1947 die »German Mine Sweeping Administration« auf, deren bleibend militärischen Charakter sie offensichtlich unterschätzt hatten, und setzten an ihre Stelle eine neue, mit zwölf Minensuchbooten, 54 »zivilen« Offizieren und 550 Unteroffizieren und Mannschaften eine sehr viel kleinere Organisation mit Sitz in Cuxhaven, deren Arbeit 1951 eingestellt wurde. Teile der GMSA gingen in die amerikanisch kontrollierte »Labour Service Unit« (LSU/B) über, die eine deutsche Einheit in Bremerhaven unterhielt und nicht nur Minenräumarbeiten versah. Die LSU/B ist erst 1957 aufgelöst worden, und Einheiten und ein guter Prozentsatz des Personals, das zunächst im Bundesgrenzschutz See (BGS See) seinen Dienst tat, wechselten 1956 in die Bundesmarine. So ist zu erklären, daß sich die beiden Minensuchflottillen der Bundesmarine aus den Räumbooten der »Labour Service Unit/B« rekrutierten. »Eine sehr wirksame Hilfe entstand der Marine durch die Übernahme von Fahrzeugen aus den Zeiten der Kriegsmarine. Zunächst waren es die Minensuch- und -räumfahrzeuge des Labour Service ..., die von dem amerikanischen Admiral in Deutschland in weiser Voraussicht mit deutschen Besatzungen solange in Dienst gehalten wurden, bis sie mit einem Teil ihrer Besatzungen von uns übernommen werden konnten« (Friedrich Ruge).

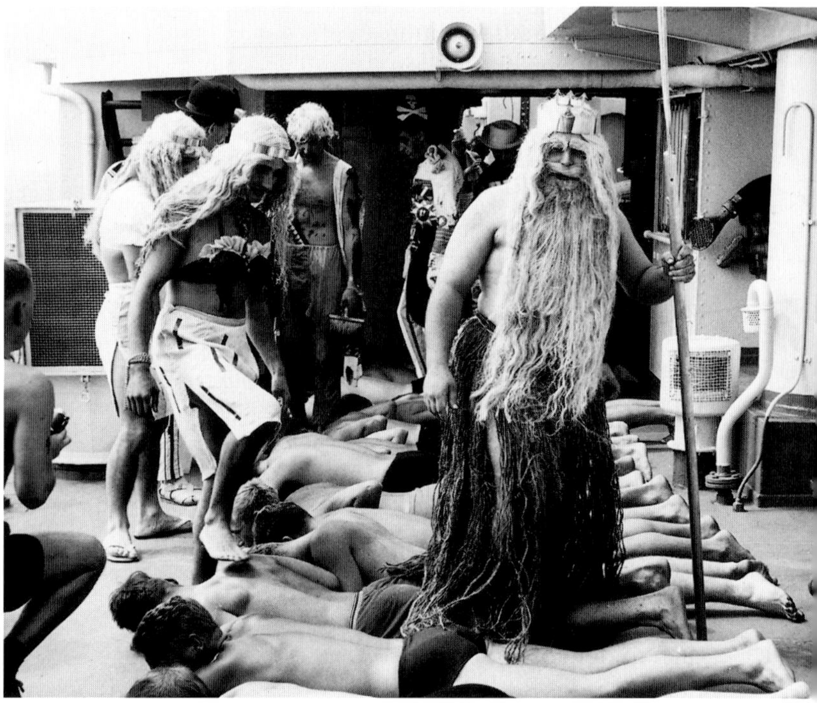

Äquatortaufe auf der Schulfregatte HIPPER während der Auslandsausbildungsreise nach Thailand im Sommer 1963. Neptun und sein Gefolge »mustern« die Täuflinge. Auch bei der Bundesmarine wurde das traditionelle Brauchtum der Linientaufe übernommen.
Archiv MOV/DMI

Seemannshochzeit in Wilhelmshaven um 1962. Das Brautpaar passiert ein Spalier von gekreuzten Riemen, anschließend muß der Bräutigam ein Tau durchschneiden, um seine Braut in die Flitterwochen zu führen. Archiv MOV/DMI

Der Einsatz von Fahrzeugen 1945–1956, die Konservierung von Spezialwissen, die Erhaltung und Tradierung von Verwaltungs- und Organisationsstrukturen und nicht zuletzt auch die Aufrechterhaltung des militärischen Gedankens sowie in gewisser Hinsicht, soweit zugelassen, die Pflege maritimen Brauchtums wurden für den Aufbau der Bundesmarine von kaum abschätzbarem Wert. GMSA und LSU/B transportierten deutsche Marinetraditionen über die Teilung in zwei deutsche Staaten 1949 und die weltweiten Wirren der ersten fünfziger Jahre hinweg.

Von wesentlicher Bedeutung für die ungebrochene Kontinuität der deutschen Marine war jedoch eine dritte Institution: Das Naval Historical Team unter vornehmlicher Mitwirkung deutscher Flaggoffiziere in Bremerhaven, von den Amerikanern mit der Sammlung und systematischen Auswertung von Kriegserfahrungen beauftragt. Unter Federführung des ehemaligen Generaladmirals Otto Schniewind – zu Kriegszeiten Chef des Stabes der Seekriegsleitung und Flottenchef – arbeiteten sein damaliger Untergebener, Konteradmiral a.D. Gerhard Wagner, beide sozusagen als Vertreter der »klassischen Führung«, und die Vizeadmirale a.D. Friedrich Ruge und Hellmuth Heye als Verfechter der modernen Dönitzschen Flotte. Ferner gehörten dem Team Kontoradmiral a.D. Godt, Kapitän zur See a.D. Rösing (für U-Bootfragen) und Oberst a.D. Gaul (für Marinefliegerfragen) an. Man machte sich Gedanken, und diese nicht nur über die erklärten unmittelbaren militärischen Interessen der Alliierten, sondern auch über Chancen einer neuen deutschen Marine, namentlich in der sogenannten »Wagner-Denkschrift«, von der noch die Rede sein wird.

1947 verschärfte sich der Ost-West-Gegensatz, denn Stalin betrachtete den Plan des amerikanischen Außenministers George C. Marshall zum wirtschaftlichen Wiederaufbau Westeuropas als politische Kriegserklärung, die von den Sowjets mit der These von den beiden einander in unerbittlicher Feindschaft gegenüberstehenden Lagern beantwortet wurde. Doktrin stand gegen Doktrin. Die Ost-West-Konfrontation führte zu ersten Überlegungen, vom eisernen Prinzip der Entmilitarisierung Deutschlands abzurücken, die Stalin für den östlichen Teil bereits erwogen hatte. Die provozierende Blockade Berlins 1948/49, mit der Stalin den Westen vor die Wahl zu stellen beabsichtigte, entweder auf einen westdeutschen Staat zu verzichten oder Berlin aufzugeben, brachte einen entscheidenden politisch-psychologischen Schub: Die Luftbrücke zur Versorgung Berlins mit lebenswichtigen Gütern durch die Westmächte (»Rosinenbomber«) ließ diese und Deutsche näher zusammenrücken. Stalin, inzwischen im Besitz der Atombombe, entschärfte die Lage zwar mit der Aufhebung der Blockade, aber die entscheidende Frage blieb, ob Deutschland auf die Dauer eine Art militärisches Vakuum in Europa bleiben könne. Konrad Adenauer, am 15. September 1949 zum Bundeskanzler der Bundesrepublik Deutschland gewählt, erhob das Sicherheitsbedürfnis zum Kernpunkt seiner Politik und brachte bei den Westalliierten, die sich am 4. April zur »North Atlantic Treaty Organization« (NATO) zusammenschlossen, das massive deutsche Interesse an einer Wiederbewaffnung ins Gespräch, die in der am 7. Oktober gegründeten Deutschen Demokratischen Republik bereits kontinuierlich verlief.

Am 23. Februar 1951 trat das Gesetz über das Flaggenrecht der Seeschiffe und die Flaggenführung der Binnenschiffe in Kraft. Handelsschiffe der Bundesrepublik Deutschland führten jetzt wieder eine Nationalflagge, die Bundesflagge in den Farben Schwarz Rot Gold.

Das Gefühl akuter militärischer Bedrohung durch die Sowjetunion verbreitete sich in den westlichen Ländern während des Korea-Krieges (1950–1953), in den die USA und UN-Kontingente eingriffen. Die Furcht vor dem Übergreifen der Kriegsflammen auf Europa, namentlich auf die schutzlose Bundesrepublik Deutschland, ließ Amerikaner und Engländer zur Entscheidung für einen westdeutschen Militärbeitrag gelangen, der sich Frankreich aus historischen Gründen widersetzte.

Kurz nach der amerikanisch-englischen Übereinkunft kamen im Auftrag Konrad Adenauers 15 ehemalige Offiziere der Wehrmacht im Kloster Himmerod in der Eifel zusammen und durchdachten einen möglichen westdeutschen Verteidigungsbeitrag. Unter ihnen Admiral a.D. Gladisch, Flottenchef vor dem Zweiten Weltkrieg, Vizeadmiral a.D. Ruge und Konteradmiral a.D. Wagner. Das »Naval Historical Team« hatte zuvor die Position der Marine in einem möglichen deutschen Verteidigungsbeitrag definiert. Die »Bündnismarine« sollte drei wesentliche Aufgaben erfüllen, die auf dem Prinzip gemäßigter taktischer Offensive bei allgemeiner strategischer Defensive beruhten:

1. Verteidigung der Ostseezugänge im Zusammenwirken mit Heer, Luftwaffe und den Verbündeten.
2. Hineinwirken in die Ostsee, insbesondere gegen die für den gegnerischen Nachschub wichtigen Seelinien.
3. Schutz der eigenen Seewege für den Nachschub in der Nordsee gegen Flugzeuge, U-Boote und Minen.

Die Stärke dieser deutschen Bündnismarine war mit 290 Fahrzeugen und etwa 15.000–19.000 Mann ganz beachtlich, aber da nur kleinere und kleinste Fahrzeuge zur Verwendung kommen sollten, im ganzen ohne politische Brisanz.

Die deutsche Marine nach Himmerod (Auszug)

- Zur Sicherung der Seeflanke des Heeres gegen Landungen: Kleinkampfmittel, 12 Landungsfahrzeuge.
- Zur Wirkung hinter den Flanken des russischen Heeres: Kleinkampfmittel, 12 Infanterie-Landungsfahrzeuge, 12 Panzer-Landungsfahrzeuge, Kommandotrupps.
- Zur Wirkung gegen den russischen Nachschubverkehr: 12 Torpedoboote, 36 Schnellboote, 24 Klein-U-Boote, 30 Aufklärungsflugzeuge, 30 Kampfflugzeuge.
- Zum Verhindern des Durchbruchs von U-Booten: 12 U-Jäger (30 Kampfflugzeuge wie oben).
- Zum Schutz der Ost- und Nordseewege gegen Minen, U-Boote und Luftangriffe: 24 Minensuchboote, 36 Minenräumboote, 12 Geleitboote, 36 Kriegsfischkutter, 84 Jagdflugzeuge.

Die ersten konzeptionellen Überlegungen zum Aufbau von deutschen »Bündnisseestreitkräften« waren für den Entstehungsprozeß der Bundesmarine von herausragender Bedeutung, und es ist verblüffend, daß die veranschlagten Zahlen nachher tatsächlich den Umfang der deutschen Flotte ausmachten und zum Teil noch heute gelten.

Die Gedanken in Himmerod, zusammengefaßt in der »Denkschrift über die Aufstellung eines deutschen Kontingents im Rahmen einer übernationalen Streitkraft zur Verteidigung Westeuropas«, wurden von Konteradmiral a.D. Wagner aufgegriffen und weitergeführt. Am 14. März 1951 legte er seine Denkschrift über den »Aufbau eines deutschen Marinekontingents im Rahmen deutscher Mitwirkung an der Verteidigung Europas« vor, besser bekannt als »Wagner-Denkschrift«. Die USA und Großbritannien sind ohne Wenn und Aber die maritimen Kraftzentren, aber die deutsche Marine, heißt es darin, »besitzt als einzige Marine der Welt umfassende

Seekriegserfahrungen gegen Rußland. Sie ist mit den Gewässern der Ostsee und ihrer Eigenart aufs Engste vertraut. Ihre Heimatverbundenheit zu den deutschen Küsten bis Memel hinauf ist eine weitere Stärke, die sich bei vielen Aufgaben zu einem entscheidenden Vorteil auswirken kann.« In elf Punkten wird entwickelt, worauf es ankommt.

DEFENSIV:

1. Sicherung der westlichen Ostsee gegen Angriffsunternehmungen von Überwasserstreitkräften und U-Booten.
2. Abwehr von Landungen hinter der eigenen Front und auf den Dänischen Inseln. Da ein Teil der örtlichen Küstenverteidigung wie Torpedobatterien, Küstenminen und Kleinkampfmittel zwangsläufig zur Marine gehört, wird es im Gegensatz zur Himmeroder Denkschrift für zweckmäßig gehalten, auch die Küstenartillerie, die mit diesen Kampfmitteln gemeinsam gegen Seeziele wirken soll, der Marine zu unterstellen.
3. Verhindern des Ausbruchs von russischen U-Booten aus den Ostsee-Eingängen.
4. Minenfreihalten von eigenen Nachschubwegen und Verkehrswegen in der westlichen Ostsee, in der Nordsee und im Skagerrak/Kattegat.
5. Sichern der Schiffahrt in diesen Gewässern gegen Luftangriffe, U-Boote und Minen.
6. Sicherung und Unterstützung des eigenen an das Meer angelehnten Heeresflügels gegen Beschießungen und überflügelnde Landungen.

OFFENSIV:

7. Bedrohung des an das Meer angelehnten Flügels des russischen Heeres durch Beschießung und Landungen, wobei die russische Flankenempfindlichkeit besonders auszunutzen ist.
8. Angriff auf den russischen Nachschubverkehr in der Ostsee, der voraussichtlich der leistungsfähigste der russischen Nachschubwege sein wird
9. Kommandounternehmungen und Landungen. weit im Rücken der russischen Front, um Kräfte zu binden und Unsicherheit zu erzeugen.
10. Unterstützung der Widerstandsbewegungen in der Sowjetzone Deutschlands, in Polen, den Baltischen Staaten und Finnland durch Absetzen von Agenten, Waffen und Propagandamaterial.
11. Fernziel: Durchführung einer Großlandung in der mittleren und östlichen Ostsee bei Übergang des Westens zur allgemeinen Offensive.

Darüber hinaus bezog Wagner zu Organisation, Ausbildung und Landanlagen der Marine Stellung. Damit war sozusagen die »Magna carta« einer zukünftigen deutschen Marine geschrieben und spielte bei den Gesprächen über ein deutsches Marinekontingent im Rahmen der Europäischen Verteidigungsgemeinschaft (EVG) eine gewichtige Rolle. An diesen Verhandlungen, die 1951 in Paris begannen, nahm der spätere Inspekteur der Marine, Fregattenkapitän a.D. Rudolf Zenker, als deutscher Vertreter in Marinefragen teil. Der »Hilfsreferent für den Küstenschutz« im »Amt Blank« - die im Oktober 1950 eingerichtete Dienststelle des »Beauftragten des Bundeskanzlers für die mit der Vermehrung der alliierten Truppen zusammenhängenden Fragen« - konnte sich glücklich schätzen, daß Generalleutnant a.D. Dr. Speidel als deutscher militärischer Chefdelegierter beste Verbindungen zu Wagner und Ruge unterhielt. In allen maritimen Fragen trat er daher

Streitkräfte der deutschen Marine nach der »Wagner-Denkschrift«

Personalstärke	20.000 Mann
Seestreitkräfte	12 T-Boote, 12 Geleitboote, 24 Minensuchboote, 36 Minenräumboote, 36 Kriegsfischkutter, 12 U-Bootjäger, 2 Minenleger, 1 Netzleger, 36 Schnellboote, 24 U-Boote, 36 Landungsfahrzeuge, 2 Kleinkampfmittelflottillen, Begleitschiffe
Marinelandverbände	1 Kommandoabteilung, 2 Küstenartillerieabteilungen, 1 Nachrichtenabteilung
Marineluftstreitkräfte	30 Aufklärungsflugzeuge, 60 Kampfflugzeuge, 84 Jagdflugzeuge, 30 Hubschrauber

Ein Zerstörer der FLETCHER-Klasse beim RAS um 1963. Replenishment At Sea, d.h. Ölübernahme, die mit dem sogenannten High-Line-Manöver durchgeführt wird. Von 1958 bis 1960 übernahm die Bundesmarine 6 US-Zerstörer dieser Schiffsklasse, die in den Jahren 1942/43 vom Stapel gelaufen waren. Diese Schiffe leisteten bis 1976 wertvolle Dienste in der Ausbildung. Archiv MOV/DMI

überzeugend, fest und konstruktiv auf und gab Zenker so die rechte Unterstützung bei den zähen Unterredungen. Als aber Meinungsverschiedenheiten in Fragen der europäischen Integration deutscher Seestreitkräfte ein Vorankommen der Gespräche blokkierten, baten die Teilnehmer das »Supreme Head Quarter Allied Powers Europe« (SHAPE) um eine Stellungnahme, in der die deutsche Position von Captain Georg Anderson nachhaltige Unterstützung erfuhr. SHAPE brachte den folgenden Umfang deutscher leichter Seestreitkräfte zum Vorschlag:

Deutsche Seestreitkräfte nach SHAPE (1951)

Personalstärke	18.000 Mann
Minensuchboote	38, davon 7 in Reserve
Kleine Geleitboote	12
Kleine U-Boot-Jäger	12
Torpedo-Schnellboote	60
Minenleger (für den Mobilmachungsfall)	3
Hafenschutzboote (Mobilmachung)	50
Landungsfahrzeuge	36
Aufklärungsfahrzeuge	24
Hubschrauber	30

Die deutsche Delegation war mit diesem Minimalangebot allerdings nicht einverstanden, gegen das sie einige Argumente ins Feld führte, etwa das Fehlen eigentlicher Kampfkraft oder das Mißverhältnis von aktiven Einheiten und Reserve. Wochen ergebnislosen Verhandelns verstrichen, ehe Gerhard Wagner gebeten wurde, die deutschen Positionen am 8. Februar 1952 nochmals in aller Klarheit darzulegen. In einem Zwiegespräch konzedierte einige Tage später der französische Delegationsleiter, Wagners Ausführungen gerade zur notwendigen Verteidigung der Ostsee seien zwar schlecht zu widerlegen, aber er, der Franzose, befinde sich in einem Zwiespalt, denn der Wunsch des französischen Volkes nach deutscher Beteiligung und zugleich seine historisch gewachsene Furcht vor dem östlichen Nachbarn stellten eine tragbare Lösung nicht in Aussicht. Es sei denn, Deutschland gebe sich mit der Untergrenze der Seestreitkräfte zufrieden.

Einen vertretbaren Kompromiß handelte schließlich Hans Speidel unter Verzicht auf große Torpedoboote, U-Boote, Kleinkampfmittel und Kampfflugzeuge aus; vertretbar deshalb, weil hier lediglich die erste Etappe des deutschen Marinekontingents festgeschrieben war. Im Pariser Vertrag wurde die EVG am 27. Mai 1952 von Belgien, der Bundesrepublik und den Niederlanden befürwortet, doch das Projekt mit seinem hehren Anspruch auf Europäisierung nationaler militärischer Hoheiten in einer Verteidigungsgemeinschaft scheiterte 1954 am Widerstand der französischen Nationalversammlung

»Ich sage ihnen ganz offen: was die Marine betrifft, waren wir nicht gerade unglücklich darüber. Denn innerhalb der EVG eine Ausweitung unserer Aufgaben und Kräfte zu erreichen, wäre trotz Zenkers Verhandlungserfolge und trotz des dann in Paris im Interimsausschuß Erreichten ein langwieriges, mühsames Geschäft geworden und hätte nie zu einer Marine geführt, wie sie in unserer Lage sicher erforderlich ist.« Das sagte Vizeadmiral Gerlach 1971 in einem Vortrag an der Führungsakademie der Bundeswehr.

Auf die Absage einer EVG folgten schwere Erschütterungen und Krisen der Europapolitik – schließlich als Lösung die Westeuropäische Union (WEU), ein der NATO angegliedertes Bündnis der Paktstaaten des zuvor unterzeichneten Brüsseler Vertrages mit der Bundesrepublik Deutschland und Italien mit dem Ziel kollektiver Selbstverteidigung und Förderung der europäischen Integration. Seltsam genug, daß Deutschland nun Mitglied eines Bundes wurde, dessen ursprüngliche Absicht die Kontrolle über die Deutschen war. Die WEU übernahm den überwiegenden Teil des EVG-Vertragstextes.

Aufbau und Entwicklung der Marine bis 1958

Der militärische Auftrag der »Marine der Bundesrepublik Deutschland«, so die offizielle Bezeichnung einer Marine, die fortan im allgemeinen Sprachgebrauch als »Bundesmarine« firmieren sollte, ergab sich so von Anfang an einmal aus der geographischen Lage der Bundesrepublik Deutschland wie auch aus der Einbindung in die westliche Allianz.

Bereits bei den ersten Überlegungen über die Aufstellung von Seestreitkräften im Rahmen neuer deutscher Streitkräfte, beginnend mit der Tagung vom Oktober 1950 im Kloster Himmerod, erkannte man die Notwendigkeit der Sicherung der offenen Nordflanken Zentraleuropas in der Ostsee und des Schutzes der militärischen und zivilen Zufuhren durch die Nordsee.

Ehemalige Seeoffiziere der Kriegsmarine, darunter Vizeadmiral a.D. Friedrich Ruge, der ab März 1956 erster Inspekteur der Marine war, und Fregattenkapitän a.D. Karl-Adolf Zenker, der 1961 Admiral Ruge als Inspekteur der Marine folgte, haben folgende Aufgabenstellung für die Marine formuliert:

1. Verteidigung der Ostseezugänge im Zusammenwirken mit Heer, Luftwaffe und verbündeten Streitkräften.
2. Hineinwirken in die Ostsee, vor allem gegen die für den gegnerischen Nachschub wichtigen Seewege.
3. Schutz der eigenen Seewege für den Nachschub in der Nordsee gegen Flugzeuge, U-Boote und Minen.

An diesem Auftrag der Marine, zusammen mit den Flotten der Bündnispartner die Ostseezugänge zu verteidigen und die Zufuhren in der Nordsee zu sichern, hat sich bis heute nichts Grundlegendes geändert.

Admiral Ruge hat in seiner 1955 erschienenen Schrift »Seemacht und Sicherheit« eindrucksvoll auf die Eindeutigkeit dieses Auftrages hingewiesen, der den geographischen Gegebenheiten und den wirtschaftlichen Möglichkeiten der Bundesrepublik Deutschland entspricht und international anerkannt ist. Diese Übereinstimmung von Auftrag und Erfüllbarkeit hat es bei deutschen Marinen in der Vergangenheit nicht gegeben.

Unser Junge ist wieder zuhause. Ein Matrose des Zerstörers Z 4 der FLETCHER-Klasse wird von seinen Angehörigen nach der Rückkehr von einer langen Ausbildungsreise in amerikanischen Gewässern liebevoll empfangen. Archiv MOV/DMI

Küstenminensuchboote der LINDAU-Klasse des 6. Minensuchgeschwaders um 1964 in der Nordsee. Im Vordergrund KM-Boot WEILHEIM. Die 18 hölzernen KM-Boote der LINDAU-Klasse wurden seit 1957 gebaut. Bis zu 380 ts Wasserverdrängung, liefen sie maximal 17 kn und waren mit einem 40-mm-Geschütz bewaffnet. Archiv MOV/DMI

Für die damals geforderte Erfüllung ihres Verteidigungsauftrages benötigte die Marine vornehmlich kleinere Kampfschiffe, deren größte Einheiten »große Torpedoboote« sein sollten. In dem am 5. Mai 1955 in Kraft getretenen WEU-Vertrag hatte die Bundesregierung nicht nur auf Atomwaffen und nukleare Antriebsanlagen verzichtet, sondern auch einer Begrenzung der Tonnage auf 3.000 ts für Überwasserkriegsschiffe und auf 350 ts für U-Boote zugestimmt. Am 14. Mai 1955 wurde als Gegenstück zur NATO der Warschauer Pakt gegründet, dem die DDR 1956 offiziell beitrat.

Aufgrund der damals noch nicht so stark empfundenen Bedrohung durch die Seestreitkräfte des Warschauer Paktes und vor dem Hintergrund der maritimen Überlegenheit der Bündnispartner wurden die Aufgaben der neuen deutschen Marine für den Verteidigungsfall vom »Obersten Alliierten Befehlshaber Europa SACEUR (Supreme Allied Commander Europe) am 6. Juli 1955 noch sehr küstennah festgelegt:

- Mitwirkung an der Abwehr eines Durchbruches feindlicher Seestreitkräfte in die Nordsee durch die Ostseezugänge oder den Nord-Ostseekanal.
- Höchstmögliche Unterbrechung der sowjetischen Seeverbindungen in der Ostsee.
- Mitwirkung an der gemeinsamen Verteidigung der deutschen Ostseeküste und der dänischen Inseln.
- Mitwirkung an der Gewährleistung der alliierten Seeverbindungen in den deutschen Küstengewässern und den angrenzenden Seegebieten.

Am 12. November 1955 wurden zusammen mit den Soldaten von Heer und Luftwaffe auch den ersten Marinesoldaten die Ernennungsurkunden in Bonn überreicht. Am 2. Januar 1956 rückten die er-

Rigo F. Schmitt: Der Fahrmast auf einem Tender um 1975. Flottillenadmiral a.D. Meyer-Höper

Rigo F. Schmitt: Schnellboote der JAGUAR-Klasse im Skagerrak bei schwerer See um 1975. Flottillenadmiral a.D. Meyer-Höpner

Theodor Zimmer: Fregatte KÖLN der Klasse 122 um 1981. *Sammlung: Peter Tamm, Hamburg*

Gerhard Geidel: Fregatte BRANDENBURG der Klasse 123 um 1995. *Sammlung: Peter Tamm, Hamburg*

Schnellboot DACHS der ZOBEL-Klasse (Klasse 142). Die 10 Boote der Klasse 142 waren eine Verbesserung der JAGUAR-Klasse (Klasse 140) und waren von 1961 bis 1963 zur Flotte gekommen. Die bis zu 190 ts großen Boote waren mit 4 Torpedorohren und 2 Geschützen 40 mm bewaffnet, Höchstgeschwindigkeit 43 kn. Archiv MOV/DMI

Kadetten beim Überholen der Fockgordings im Vortopp des Segelschulschiffes GORCH FOCK im Sommer 1963. Archiv MOV/DMI

Ein vor Anker liegender Zerstörer der FLETCHER-Klasse hat Flagge Romeo vorgeheißt und erwartet das Längsseitskommen eines Schiffes um 1969. Archiv MOV/DMI

Das 2. Schnellbootgeschwader auf dem Marsch, im Vordergrund S-Boot ALBATROS um 1970. Es sind Boote der JAGUAR-Klasse, von der 20 Einheiten der Klasse 140 und 10 Boote der Klasse 141 in den Jahren 1957 bis 1961 zur Flotte kamen. Technische Daten ähnlich wie ZOBEL-Klasse. Archiv MOV/DMI

Ein Schnellboot der JAGUAR-Klasse um 1970.
Archiv MOV/DMI

Torpedoübernahme bei den JAGUAR-Booten des 5. Schnellbootgeschwaders 1970. Archiv MOV/DMI

Flugkörperzerstörer MÖLDERS auf hoher See im Sommer 1984. MÖLDERS gehörte zu drei Einheiten der LÜTJENS-Klasse, Klasse 103, die 1969/70 aus den USA für die Bundesmarine beschafft worden waren. Bis zu 4.544 ts Wasserverdrängung, waren sie mit 2 Geschützen 127 mm, dem Flugkörpersystem TARTAR, 6 U-Jagdtorpedorohren und einem Achtfachstarter für ASROC bewaffnet. Geschwindigkeit bis zu 36 kn. Archiv MOV/DMI

Schnellboot S 75 ZOBEL der GEPARD-Klasse 143 A. Die 10 Flugkörperschnellboote der Klasse 143 A kamen zwischen 1982 bis 1984 zur Flotte. Die 390 ts verdrängenden Boote sind mit einem Geschütz 76 mm, EXOCET- und RAM-Flugkörpern bewaffnet, Höchstgeschwindigkeit bis 35 kn. Sie gehören zum 7. Schnellbootgeschwader in Warnemünde. Flottenkommando

Ein Mehrzweckkampfflugzeug Panavia TORNADO PA 200. Die Maschinen des Waffensystems TORNADO bilden das Rückgrat der Marinefliegerverbände. Mit ihrer Bewaffnung: 2 Bordkanonen 27 mm, KORMORAN, SIDEWINDER- und HARM-Flugkörper sowie Bomben sind sie ein vielseitig einsetzbares Seekriegsmittel.
Flottenkommando

Der IWO eines Schnellbootes im Gefechtsanzug bei der Arbeit am Kartentisch in der Operationszentrale. Flottenkommando

U 24 der Klasse 206A. Das 500 ts verdrängende Boot wurde 1974 in Dienst gestellt. Flottenkommando

F 215

Fregatte BRANDENBURG der Klasse 123 und Fregatte KARLSRUHE der Klasse 122 (im Hintergrund) bei einer gemeinsamen Übung. *Flottenkommando*

Junge Marinesoldaten beim Landgang 1998. Seit 1975 dienen auch Frauen im Sanitätsdienst und in der Militärmusikerlaufbahn in allen Teilstreitkräften der Bundeswehr. *Flottenkommando*

Männer der Waffentauchergruppe, die 1991 aufgestellt wurde, beim Verlassen eines U-Bootes durch die Torpedorohre. Flottenkommando

Kampfschwimmer beim Absetzmanöver von einem Schlauchboot. Die in der Kampfschwimmerkompanie zusammengefaßten Männer bilden eine für Sonderaufgaben ausgebildete und speziell ausgerüstete Einheit. Kampfschwimmer sind topfit, sportlich durchtrainiert, waffentechnisch hervorragend ausgerüstet und in der Lage, zu Wasser, zu Lande und aus der Luft zu operieren. Archiv MOV/DMI

Segelschulschiff GORCH FOCK bei Windstille in der Ostsee, im Hintergrund Meßboot OKER. Seit 1958 im Dienst, hat sich das Segelschulschiff nicht allein als hervorragendes Ausbildungsmittel für den seemännischen Nachwuchs aller Laufbahnen, sondern vor allem auch als Sympathieträger für das Ansehen der Bundesrepublik in aller Welt bewährt.
Flottenkommando

Zerstörer ROMMEL bei der morgendlichen Flaggenparade um 1980 im Scheer-Hafen in Kiel.
Archiv MOV/DMI

sten ungedienten Freiwilligen in die Ebkeriege-Kaserne in Wilhelmshaven zur Marine-Lehrkompanie ein. Damit begann der Aufbau der Marine.

Die ersten schwimmenden Einheiten konnten im Juni 1956 in Dienst gestellt werden. Es waren Schnellboote, die im Dienst der Royal Navy mit deutschen Besatzungen in der Ostsee Überwachungsaufgaben durchgeführt hatten, sowie die Minensuch- und Räumboote der bereits erwähnten amerikanischen Labour Service Unit (LSU). Am 1. Juli 1956 wurde der Bundesgrenzschutz (See) mit seinen Booten und dem größten Teil des Personals von der Marine übernommen.

Weitere Fahrzeuge, darunter fünf Hochseeminensuchboote der früheren Kriegsmarine aus französischer Kriegsbeute, wurden in der zweiten Jahreshälfte übernommen. Der Aufbau einer U-Bootwaffe begann mit der Hebung zweier bei Kriegsende versenkter Küsten-U-Boote vom Typ XXIII.

Gleichzeitig mit der Aufstellung und dem Einfahren der neuen Verbände begann eine gründliche Ausbildungstätigkeit. Schulen für die Ausbildung von Offizieranwärtern und Mannschaften aller Fachrichtungen nahmen ihren Lehrbetrieb auf.

Bereits im November 1956 wurde mit den vom Bundesgrenzschutz (See) übernommenen Begleitschiffen EIDER und TRAVE die erste Auslandsausbildungsreise deutscher Kriegsschiffe nach dem Zweiten Weltkrieg durchgeführt. Dabei lief man die Häfen Den Helder und Portsmouth an.

Der Aufbau wurde mit aller Energie vorangetrieben, so daß am 1. April 1957 zwei Minensuchgeschwader als die ersten einsatzbereiten Flotteneinheiten der NATO unterstellt werden konnten. Ein weiteres Minensuchgeschwader wurde am 1. Juli 1957 assigniert.

Die Spitzengliederung der Bundesmarine beruhte von 1956 bis Ende 1960 auf drei Säulen:

Dem Kommando der Seestreitkräfte (später Flottenkommando) mit den Seebefehlshabern Nord- und Ostsee (BSN, BSO) in Wilhelmshaven, dem Kommando der Flottenbasis anfangs mit den Marineabschnittskommandos Ost- und Nordsee in Wilhelmshaven und dem Kommando der Marineausbildung in Kiel.

Der Aufbau der Marine war nur durch Übernahme altgedienter Offiziere, Unteroffizier und Soldaten möglich, die in der Kriegsmarine gelernt und dort ihren Dienst versehen hatten, nach dem Krieg teils bei Polizei, teils beim Bundesgrenzschutz untergekommen waren oder sich in Zivilberufen etablierten. Für Ruge galt es, behutsam die politische Weisung von der »Distanzierung zur Kriegsmarine« umzusetzen, vor allem aber, ein völlig neues Prinzip zur Grundlage der Marine zu erheben: die »Innere

Stapellauf der Fregatte KÖLN am 6. Dezember 1958 in Hamburg. Die als Geleitboote bezeichneten Schiffe wurden später als Fregatte der Klasse 120 umklassifiziert und waren die ersten größeren Kriegsschiffbauten, die auf einer deutschen Werft nach 1945 gebaut wurden. Bis zu 2.996 ts Wasserverdrängung, waren die 6 Fregatten mit 2 vollautomatischen Geschützen von 100 mm, 6 Flak 40 mm, 4 U-Abwehrtorpedorohren und 8 U-Jagdraketenwerfern bewaffnet. Zusätzlich verfügten sie über Möglichkeiten zum Werfen von Wasserbomben und Minen. Mit einer neuartigen Gasturbinenanlage versehen, liefen sie bis zu 30 kn. Archiv MOV/DMI

Führung« – der im ganzen geglückte Versuch, die Maxime der freiheitlich demokratischen Grundordnung mit einer militärischen Organisation in Einklang zu bringen – und als deren hervorstechendstes Merkmal die »Menschenführung«.

»Das wichtigste sollte immer der richtige Umgang des Offiziers mit seinen Untergebenen sein.« Hierin sah Ruge eine der Hauptaufgaben, zumal die Marine gerade auf diesem Gebiet schlechte und nachhaltige Erfahrungen gemacht hatte, und entwickelte den Grundgedanken einer umfassenden fachlichen Allroundausbildung, dem »Studium Navale Generale«, das gleichsam fachtechnisches, allgemeines und humanistisches Wissen und Können miteinander verknüpfte. »Das Ziel mußte der gut ausgebildete und dazu der gebildete Offizier sein«, wobei historisch gewachsene Gegensätze wie die zwischen Offizieren und Ingenieuren nicht wieder aufkeimen durften, wollte man ein dauerhaft leistungsfähiges und in sich geschlossenes Offizierskorps. Herz der fachlichen Offiziersausbildung war nach wie vor die Marineschule in Flensburg, und die Offiziersanwärter erhielten nach dreimonatiger Grundausbildung, die sie unter anderem auf das 1958 in Dienst gestellte Segelschulschiff GORCH FOCK führte, die fachliche Qualifikation in Navigation, Technik, Waffenlehre, Dienstkenntnis und Seekriegsgeschichte an der Marineschule. Hernach ging es auf Auslandsreise auf dem Schulschiff DEUTSCHLAND, um die gewonnenen Kenntnisse zu vertiefen und auszubauen; auch hier galt dem Komplex Menschenführung die besondere Aufmerksamkeit.

Nach der Beförderung zum Leutnant zur See war die Ausbildung keineswegs beendet, vielmehr hatten die frisch gebackenen Offiziere laufend an Fachlehrgängen teilzunehmen, um zuförderst fachlich, dann aber auch politisch und zeitgeschichtlich auf der Höhe zu bleiben und ein Bildungsspektrum zu präsentieren, das dem von Hochschulabgängern wenn nicht gleich war, so doch nahekam. Ein Professor, der in Seminaren den jungen Marineoffizieren zu einem gerüttelt Maß an Weiterbildung verhalf, erklärte: »Die Kenntnis dieser Herren ist nicht immer besonders groß. Das holen sie erfahrungsgemäß aber schnell nach. Sie besitzen aber so viel Lebenserfahrung und Menschenkenntnis, daß sie sich durchaus in ihre neuen Pflichten hineinfinden und Gutes leisten.«

Daß seit Beginn der siebziger Jahre Offiziersanwärter über die Möglichkeit verfügen, an den Bundeswehrhochschulen in München und Hamburg im Rahmen des Ausbildungsplanes in Trimestern einen Studiengang zu absolvieren, wurde nicht einhellig als Fortschritt gewertet, weil das Hochschulstudium in erster Linie für die Ausübung eines Zivilberufes ausbildet und die Anforderungen an den Seeoffiziersberuf ins zweite Glied

Indienststellung des Zerstörers HESSEN am 8. Oktober 1968 in Hamburg. HESSEN war der letzte von vier Zerstörern, die von 1959 bis 1963 bei der ehemaligen Stülcken-Werft in Hamburg vom Stapel liefen. Die Schiffe hatten bis zu 4.330 ts Wasserverdrängung, Bewaffnung: 4 Geschütze 100 mm, 8 Flak 40 mm, 5 Torpedorohre, 2 U-Jagdtorpedorohre, 8 U-Jagd-Raketenwerfer, Einrichtungen zum Werfen von Wasserbomben und Minen. Später wurden die achteren 100-mm-Türme gegen zwei Doppelstarter des Flugkörpers MM 38 EXOCET ausgetauscht, wie auch die Torpedoarmierung verändert wurde. Geschwindigkeit bis zu 35 kn. Archiv MOV/DMI

U-HECHT vor dem Hindenburgufer in Kiel um 1963. Bis zur Verfügbarkeit über die neuen U-Boote leisteten die U-Boote des Typs XXIII der Kriegsmarine U-HAI und U-HECHT wertvolle Dienste für die Ausbildung der U-Bootsbesatzungen. Am 14. September 1966 ging das Schwesterboot U-HAI durch einen Tauchunfall in der Nordsee verloren. 19 Tote waren zu beklagen, nur ein Mann überlebte. Archiv MOV/DMI

abzudriften drohen. Man kann sich bei der Marine auf zwei, vier, acht und zwölf Jahre Zeitverpflichten oder »BS«, Berufssoldat, werden. Besonders fähigen Unteroffizieren mit Portepee eröffnet die Bundeswehr die Chance, sich seit 1969 zum Fachoffizier ausbilden zu lassen. In der Regel endet die Laufbahn mit der Ernennung zum Kapitänleutnant, doch seit kurzer Zeit gibt es als Spitzendienstgrad dieser Laufbahngruppe den neu eingeführten Stabskapitänleutnant, besser bekannt unter der Bezeichnung »Kaleu de luxe«. Der Ausbildungsbetrieb sowie Dienstzeiten und Urlaubsregelungen richten sich nach den Vorgaben des Öffentlichen Dienstes; die Bundeswehr als Wehrpflichtarmee ist ein Teil des öffentlichen Lebens, ihre Angehörigen sind »Staatsbürger in Uniform«.

Die rasante Technisierung des militärischen Gerätes stellt wachsende Ansprüche an die Offiziere und Unteroffiziere, denen in Sonderlehrgängen spezielle Kenntnisse vermittelt werden; der Soldat, der einst eindimensional das Kriegshandwerk zu erlernen und auszuüben hatte, entwickelte sich über Jahrhunderte hindurch zum Spezialisten; nun war er ein hochspezialisierter Fachmann und mit alle Rechten und Pflichten Teil des parlamentarisch-demokratischen Staates, der freiheitlichen Gesellschaft. Dabei steht außer Frage, daß die Marineoffiziere in der Anfangszeit eine Gratwanderung vollzogen, wie jene Militärs überhaupt, die als ehemalige Wehrmachtoffiziere den Grundstein für die Entwicklung der Bundeswehr legten und nun hohe Posten in Bonn und den NATO-Stäben bekleiden.

Bevor die politisch-militärischen Zeitläufte wieder ins Zentrum der Betrachtungen rücken: Was ist die Marine von 1956 eigentlich, welches ist ihr Selbstverständnis, ihr »Standort« in der Geschichte? Zwischen Kriegsende und Gründung der Bundesmarine leiteten GMSA, LSU/B und das Naval Historical Team auf militärischer und hoher Ebene zweifellos das maritime deutsche Erbe weiter – hie und da flackerten auch Sehnsüchte alter Zeiten auf –, das man andernorts in wiedergegründeten oder neu geschaffenen Marine-Vereinigungen pflegte. In der Marine-Offizier-Vereinigung (MOV) zum Beispiel, deren Mitglieder sich karitativ und sozial engagierten, aber auch in zahlreichen »Messen« und privat organisierten »Stammtischen«, wo der spezielle, tief verwurzelte, eben der ehrwürdige »Marinegeist« mit allen Leidenschaften, Enttäuschungen, Friktionen und bitteren Erfahrungen der Vergangenheit weiterlebte – und er lebte mit maritimen Zukunftshoffnungen.

Die deutsche maritime Tradition ward beibehalten und dies ohne navalistischen Übereifer und solche Ambitionen, wie sie im ersten Jahrzehnt des 20. Jahrhunderts so verhängnisvoll auf Politik und Gesellschaft eingewirkt haben. Den »Navalismus von unten«, wie ihn die Wilhelminische Ära kannte, gab es genauso wenig wie die hybriden Gedankenexperimente der Hitlerzeit, und von einem zerschmetterten Selbstverständnis wie in der Reichsmarine konnte auch nicht die Rede sein. Es ist eine neue Marine, welche die schwarz-rot-goldenen Farben der Bundesrepublik Deutschland mit dem Bundesadler in der Mitte als Flagge führt, fest auf den Prinzipien des parlamentarischen Rechtsstaates steht

Rudergänger und Tiefensteuerer in der Zentrale eines der neuen U-Boote um 1970. Archiv MOV/DMI

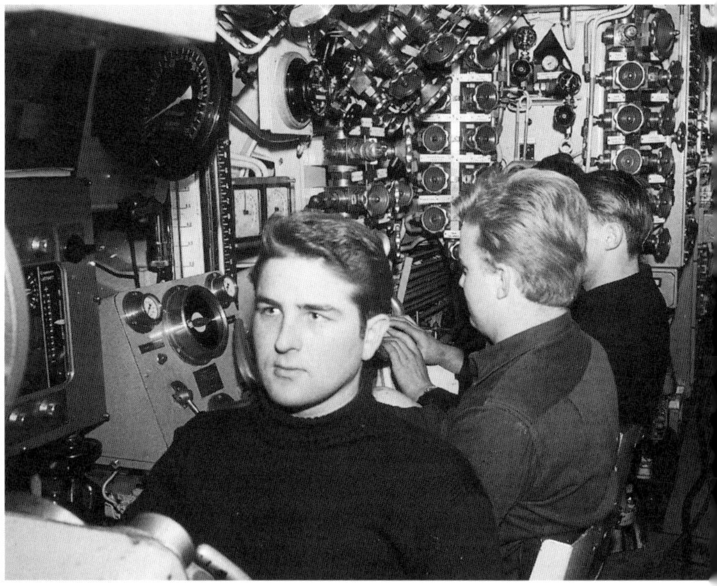

und den Primat der Politik nie anzweifelt. Eingebettet in das westliche Bündnis avanciert die Marine zum Partner einer Weltmacht; die Geschichte der Bundesmarine ist darum auch immer die Geschichte des »Kalten Krieges«.

Man muß sich klarmachen: Über den Zeitraum eines Jahrhunderts ficht die deutsche Marine unter verschiedenen politischen Vorzeichen um kontinentale, dann europäisch-atlantische Macht, schließlich um Weltseeherrschaft, und sie bekommt erst nach der gründlichsten Niederlage in friedlichem Zusammenwirken und ohne jede Konkurrenz Teilhabe an ihr. Freilich verstanden sich die Protagonisten von 1956 nicht als seemächtige Mitglieder der NATO, im Gegenteil traten sie bescheiden und artig auf und beließen es bei einer kleinen Flotte, die in ihrem Umfang an die von 1848 erinnert. Aber die Tatsache allein ist erstaunlich genug: Man ist Seemacht, ohne Seemacht zu besitzen.

Es gibt jemanden, der zum Anfang der neuen deutschen Marine Betrachtungen anstellt, den wir nicht kennen und nie kennenlernen werden. Er sagt der Marinezeitung »Leinen los!« im Juli 1957, was ihn anrührt: »Nicht von den vielzitierten alten Germanen soll hier die Rede sein, sondern von den Deutschen. Neuen Deutschen? Ich bitte um Entschuldigung, aber diese Bezeichnung ist nicht mein geistiges Eigentum. Sie stammt aus dem Munde einer einfachen Frau aus dem Volke. Dabei muß ich vorausschicken, daß ich zu den bundesrepublikanischen Streitkräften gehöre, und zwar bin ich dem blauen Tuch der Marine treu geblieben. Beim ersten Heimaturlaub in Westfalen hatte ich die Begegnung mit der oben erwähnten Bürgerin. ›Sind Sie‹, so fragte sie mich, der ich in Uniform durch die Stadt ging, ›einer der neuen Deutschen?‹ Zuerst war ich perlex, doch dann hatte ich mich gefaßt und bejahte die Frage. Erst viel später wurde mir bewußt, daß Frage und Antwort symptomatisch und programmatisch für die neuen Streitkräfte sein konnten und sollten. Bei aller Achtung vor der Tradition im guten Sinne soll es sich bei den Streitkräften wirklich um etwas Neues handeln, eben um ›die neuen Deutschen‹. Das ist der Vorteil des Aufbaus, der – wie Admiral Ruge einmal sagte – nicht nur bei Null, sondern sogar bei Minus begann.«

Was die oben erwähnte neue Teilhabe an der Seemacht des Westens anbelangt, ist sich die deutsche Öffentlichkeit dieser Tatsache eigentlich nie so richtig bewußt geworden, wie sie generell den maritimen Ereignissen und Herausforderungen nur einen relativ geringen Stellenwert beimißt. Dem offensichtlichen maritimen Desinteresse der Deutschen etwas entgegenzuwirken, hat sich das Deutsche Marine Institut (DMI) zur Aufgabe gemacht. Es wurde 1973 auf Initiative der MOV gegründet und umfaßt mittlerweile zahlreiche Mitglieder aus der maritimen Wirtschaft, aus den einschlägig befaßten Behörden und aus dem Kreis der aktiven und ehemaligen Marineoffiziere. Seine Missionierung der Öffentlichkeit, vor allem in den Bereich der Politik hinein, betreibt das DMI mit Hilfe von Vortragsveranstaltungen und nicht zuletzt durch die von ihm herausgegebene Monatszeitschrift »Marineforum«, welche sich aller Fragen auf dem Feld maritimer Politik, national wie international, annimmt.

Die Entwicklung der Militärstrategie der Nordatlantischen Allianz

Die militärische Aufgabenstellung der Bundesmarine leitet sich unmittelbar aus der Militärstrategie der NATO ab. Daher soll diese hier kurz skizziert werden.

Die NATO ist ein Verteidigungsbündnis. Ihre Politik und Streitkräftestruktur sind ausschließlich auf Verteidigung ausgerichtet. Zweck der militärstrategischen Konzeption war es bis zur Auflösung des Warschauer Paktes am 30. März 1991 und dem Zerfall der UdSSR Ende 1991, durch glaubhafte Abschreckung bei gleichzeitiger Abrüstungs- und Entspannungsbereitschaft den Frieden zu erhalten. Unverändert bleibt die Zielsetzung, die Sicherheit des NATO-Bereichs zu gewährleisten. Der Sinn der Abschreckung lag und liegt in der Kriegsverhinderung. Dabei beruht die Abschreckung auf

- der erkennbaren Entschlossenheit der NATO, gemeinsam und solidarisch zu handeln und den territorialen Bereich des NATO-Vertrages gegen alle Forderungen einer Aggression zu verteidigen (Verteidigungswille) und
- der erkennbaren Fähigkeit des Bündnisses, ungeachtet der Stufe der Aggression wirksam zu reagieren (Verteidigungsfähigkeit).

Die NATO-Strategie wurde weitgehend von der weltpolitischen Lage (Bedrohungsanalyse), den internationalen Erfahrungen der USA, der waffentechnischen Entwicklung und den zur Verfügung stehenden Ressourcen bestimmt.

Im Dezember 1952 – die USA besaßen damals das Nuklearwaffen-Monopol – beschloß die NATO, erstmals ein gemeinsames militärstrategisches Konzept, festgehalten im NATO-Dokument MC 14/1 als Doktrin der »Massiven Vergeltung«.

Neben der Androhung einer unverzüglichen strategisch-nuklearen Reaktion auf einen Angriff sah diese Strategie auch die Verzögerung durch eigene starke konventionelle Kräfte möglichst weit östlich des Rheins vor. Da aber die benötigten Kräfte, Mittel und Kosten zum Ausgleich der sowjetischen Überlegenheit im konventionellen Bereich auch mit der Bewaffnung Westdeutschlands nicht aufgebracht werden konnten und die USA ihr Nuklearmonopol verloren, mußten neue Wege gesucht werden.

Die Folge war eine noch stärkere Betonung der atomaren Komponenten im Rahmen des am 21. Dezember 1957 gebilligten »Overall Strategic Concept for the Nato Area« (MC 14/2), das den frühzeitigen Einsatz von taktischen Atomwaffen, unabhängig von der Form der gegnerischen Aggression, vorsah. Der Aufbau der Bundeswehr vollzog sich also in einer militärstrategisch außerordentlich unruhigen und ungünstigen Zeit.

Die konventionell gerüsteten »Schild-Streitkräfte« sollten lediglich »Stolperdrahtfunktion« haben und eine wirkungsvolle Zielbildung für die zum Gegenschlag bereitgehaltenen nuklear ausgerüsteten »Schwert-Streitkräfte« ermöglichen.

Die Untauglichkeit dieses Konzepts der »Massiven Vergeltung« als politisches Instrument zur Unterstützung der amerikanischen Außenpolitik war bereits während des Ungarn-Aufstandes (Oktober 1956), also noch vor seiner offiziellen Verkündung, deutlich geworden.

Das sich immer stärker abzeichnende atomare Patt zwischen den beiden Weltmächten, die beginnende unmittelbare Verwundbarkeit des Territoriums der USA sowie die Möglichkeit begrenzter Kampfhandlungen in Zentraleuropa, etwa zur Sicherung der Zufahrtswege nach Berlin und das damit verbundene Eskalationsrisiko, führten zu einer inneramerikanischen Revision der gültigen NATO-Doktrin (Kennedy 1960: abgestufte Abschreckung und »flexible response« (= flexible Erwiderung). Dieses Konzept wurde als Strategie der »Flexiblen Erwiderung« durch einen lückenlosen Eskalationsverbund im Dezember 1967 nach Maßgabe des NATO-Dokuments MC 14/3 für die »Atlantische Allianz« übernommen. Der an-

---

[Der Beitrag ist folgendem Buch entnommen: Die Entwicklung deutscher Sicherheitspolitik und die Geschichte der Bundeswehr. 2. überarbeitete und erweiterte Auflage. Im Auftrag des Bundesministerium der Verteidigung herausgegeben von Hans-Martin Ottmer und Karl Diefenbach, ergänzt von Heinrich Walle, Verlag E.S. Mittler & Sohn, Berlin, Bonn, Hamburg, 1995, S. 73–75.]

Ein U-Jagd-Flugzeug vom Typ GANNET wird startklar gemacht, um 1960. Zur Erstausstattung der Marineflieger gehörte das britische Trägerflugzeug FAIREY GANNET, das Ende der 50er Jahre gebaut wurde. Maschinen dieses Typs blieben bis 1963 im Dienst. Archiv MOV/DMI

haltende Widerstand in Europa gegen die Strategie der »flexible response«, der u.a. auch 1966 zum Rückzug Frankreichs aus der militärischen Integration des Bündnisses führte, verdeutlichte den Interessengegensatz zwischen Westeuropa und den USA. Während die USA daran interessiert waren, im Fall eines Versagens der Abschreckung in Europa nicht eskalieren zu müssen und den Konflikt unter Ausklammerung des eigenen Territoriums bewältigen zu können, lag es im Interesse der Westeuropäer, das Eskalationsrisiko für einen Angreifer zu erhöhen, um dem Konflikt qualitativ, quantitativ und geographisch eine neue Dimension zu geben.

Die NATO versuchte dieses Problem durch eine stärkere Betonung der Abschreckung im konventionellen Bereich, durch die Institutionalisierung der nuklearen Mitbestimmung im Rahmen der nuklearen Planungsgruppe der NATO, durch den Ausschuß für nukleare Verteidigungsangelegenheiten der NATO sowie Maßnahmen, die eine internationale technologische Zusammenarbeit in die Wege leiten sollten, zu lösen.

Politisch ergänzt wurde die Strategie der »Flexiblen Erwiderung« durch den sogenannten »Harmel-Bericht«, der eine Doppelstrategie gesicherter Verteidigungsfähigkeit bei gleichzeitiger Entspannungsbereitschaft auf der Grundlage militärischen Gleichgewichts postulierte.

Für die Bundesrepublik Deutschland ist seit den 50er Jahren die Vorneverteidigung gleichsam die »Geschäftsgrundlage« der Mitgliedschaft im Bündnis gewesen. Vorneverteidigung bedeutet die grenznahe, zusammenhängende Abwehr eines Angriffs, damit nicht zerstört werden konnte, was verteidigt werden sollte. Es mußte deshalb im deutschen Interesse liegen, alle NATO-Staaten an der Vorneverteidigung zu beteiligen, um im Falle einer Aggression mit einer geschlossenen Reaktion der Allianz rechnen zu können.

Nach der Auflösung des Warschauer Paktes und dem Zerfall der UdSSR ist eine gänzlich neue Situation entstanden. Den Ost-West-Konflikt gibt es im ursprünglichen Sinne de facto nicht mehr. Konsequenterweise zogen die USA, Frankreich und Großbritannien ihre Truppen in großem Stil aus Westdeutschland ab. An einer neuen NATO-Konzeption und insbesondere an einem europäischen Sicherheitssystem wird seit Ende 1990 gearbeitet.

Die Ausbauphase der Marine bis 1964

Die Aufgaben der Marine im Rahmen der NATO-Strategie reichen weit über die engeren norddeutschen Küstengewässer hinaus. Die Marine benötigte dazu Schiffstypen, die Torpedo, Artillerie bzw. Flugkörper als Hauptwaffe führen. Der Schwerpunkt lag zunächst bei der Planung des Baus von kleineren Fahrzeugen: Schnellbooten, U-Booten, Minensuchern, Landungsbooten und Küstenwachbooten.

Zur Sicherung der Zufuhren wurden Geleitfahrzeuge konzipiert.

Als unentbehrliches Mittel der Seekriegsführung zu Aufklärung, Bekämpfung von Seezielen, Jagdschutz, U-Boot-Abwehr und Seenotrettungsdienst sollten Marinefliegerverbände die Seestreitkräfte ergänzen.

Der Führungsstab der Marine hielt Zerstörer für unentbehrlich, da sie als vielseitig verwendbare Seekriegsmittel bei jedem Wetter und mit großer Seeausdauer operieren können. Als gefährlichste Gegner für Kleinkampffahrzeuge waren sie zudem infolge ihrer Größe geeignet, zu einem späteren Zeitpunkt mit Flugkörpern ausgerüstet zu werden, deren Einsatzreife sich damals abzuzeichnen begann.

Das Neubauprogramm sah in seiner endgültigen Fassung von 1960 den Bau folgender Einheiten vor:

Zwölf Zerstörer, sechs Geleitboote (später: Fregatten), 40 Schnellboote, zwölf U-Boote, 54 Minensucher (24 Küstenminensuch- und 30 schnelle Minensuchboote), zwölf Landungsboote, zehn Hafenschutzboote, zwei Ausbildungsschiffe, 120 Troß- und Spezialschiffe. Ferner war die Beschaffung von 58 Marineflugzeugen vorgesehen.

Alle geplanten Einheiten sollten im Rahmen der WEU-Bestimmungen konzipiert werden.

Eine neuartige Bedrohung bedeutete für die Marine die Anfang der sechziger Jahre beginnende Ausrüstung der sowjetischen Seestreitkräfte mit Flugkörpern. Sie erforderte eine angemessene Reaktion.

Alle Neubauten sollten weitgehend von deutschen Werften erstellt werden. Für die deutsche Industrie war es zunächst schwer, nach zehnjähriger Zwangspause wieder Anschluß an den internationalen Standard im Kriegsschiffbau zu finden. Das gelang lediglich im Schnellbootbau durch Rückgriff auf Kriegserfahrungen und Aufträge für den Bundesgrenzschutz (See).

Am 16. November 1957 wurde mit dem Schnellboot JAGUAR das erste nach dem Kriege neukonstruierte Kampfboot einer Serie von 30 Einheiten in Dienst gestellt. Der Zulauf der 18 Küstenminensuchboote der LINDAU-Klasse begann mit der Indienststellung der ersten Einheit am 24. April 1958. Ein Jahr später traten mit dem schnellen Minensuchboot SCHÜTZE die ersten Einheiten dieser neuen Klassen zur Flotte. Der erste größere Neubau, die Fregatte KÖLN, damals noch »Geleitboot« genannt, kam am 15. April 1961 in Dienst. Bei diesem Schiffstyp, dem bis 1964 weitere fünf Einheiten folgten, mußten technische Probleme mit dem neuartigen kombinierten Antrieb (Diesel und Gasturbine) gemeistert werden.

Schwieriger gestaltete sich der Bau der neuen Zerstörer. Von den ursprünglich geplanten zwölf Einheiten wurden nur die vier Schiffe der HAMBURG-Klasse fertiggestellt. Die HAMBURG lief 1960 vom Stapel und konnte erst 1964 in Dienst gestellt werden. Das letzte Schiff, der Zerstörer HESSEN, trat im Oktober 1968 zur Flotte.

Auch im U-Bootbau kam es zu Verzögerungen, vornehmlich durch Mängel an dem neuartigen ama-

Marinearsenal Wilhelmshaven, im Hintergrund Zerstörer SCHLESWIG-HOLSTEIN um 1972. Zum Aufbau der Bundesmarine gehörte auch die Schaffung einer modernen Infrastruktur mit dem Ausbau leistungsfähiger Stützpunkte. Vor allem der traditionsreiche Marinehafen an der Jade wurde umfassend ausgebaut. Archiv MOV/DMI

gnetischen Stahl. Die ersten U-Boote ab »U 9« standen erst 1967 bereit.

Für den Aufbau der Marine war deshalb von großer Bedeutung, daß schon seit 1956 sechs Hochseeminensuchboote der früheren Kriegsmarine und seit 1958 sieben von Großbritannien angekaufte Fregatten, sechs amerikanische Zerstörer der FLETCHER-Klasse und sechs amerikanische Landungsboote bereitstanden. Sie waren zwar veraltet, zu Ausbildungszwecken aber gut geeignet. Zusammen mit den Minensuch- und Schnellbootgeschwadern konnte die Marine bereits seit 1958 größere Übungen mit Verbänden in Geschwadergröße durchführen.

Der Aufbau der Seeluftstreitkräfte begann am 1. April 1957 mit der Aufstellung der 1. Marinefliegergruppe, die 1963 in Marinefliegergeschwader 1 umbenannt wurde. Ende 1958 verfügte die Marine über die 1. und 2. Marinefliegergruppe als erste Kampfverbände sowie über die Marine-Seenotstaffel, seit 1963 Marinefliegergeschwader 5. Der Flugzeugpark bestand aus dem Marinejagdbomber SEA HAWK, dem U-Jagdflugzeug GANNET, beides Maschinen britischer Fertigung, und dem englischen Hubschrauber SYKAMORE sowie dem amerikanischen Amphibienflugzeug ALBATROSS, das von der Seenotstaffel geflogen wurde. Anfang 1963 begann die Umrüstung der Marinefliegergeschwader 1 und 2 auf den Überschalljagdbomber F 104 STARFIGHTER. 1964 wurde das Marinefliegergeschwader 3, »Graf Zeppelin«, aufgestellt und ein Jahr später mit dem U-Jagd- und Aufklärungsflugzeug BREGUET ATLANTIC ausgerüstet.

Die Einsatzfähigkeit der schwimmenden Verbände ist abhängig von einer leistungsfähigen Versorgungs- und Stützpunktorganisation. Bereits seit 1956 wurde deshalb an den deutschen Küsten ein Netz von Marinestützpunkten aufgebaut. Kiel und Wilhelmshaven bildeten damals die wichtigsten Marinebasen. Im Februar 1961 wird das Kommando der Flotte nach Glücksburg-Meierwik verlegt. Flottenkommando und Befehlshaber der Seestreitkräfte Ostsee (BSO) wurden zusammengelegt und als operative Führungsstelle in der NATO integriert. Seit dem 1. September 1961 fungierte der Befehlshaber Flotte auch als »Flag Officer Germany« (FOG). Die Spitzengliederung der Marine bestand jetzt aus dem Flottenkommando, dem Kommando der Flottenbasis in Wilhelmshaven und dem ebenfalls dort stationierten Zentralen Marine Kommando, dem u.a. auch die Ausbildung unterstellt war. Um die Geschwader im Einsatz von der Versorgung in Häfen unabhängig zu machen, entstanden Tender als Begleitschiffe für die Schnellboot-, Minensuch- und U-Boot-Geschwader. Die schwimmende Versorgung baute man durch die Indienststellung von Versorgungsschiffen und Tankern aus.

Das Kommando der Marineausbildung mit seinen zahlreichen nachgeordneten Schulen und Ausbildungseinrichtungen wurde zu einer der drei Hauptsäulen der Marineorganisation. Neu war die Schaffung einer Einheitslaufbahn für die Truppenoffiziere, die kein Offizierskorps besonderer Fachrichtungen mehr enthält. Alle Anwärter dieser Offizierslaufbahn erhalten eine breitgefächerte Fachausbildung, von Admiral Ruge als »studium navale generale« bezeichnet. Nach einer Dienstzeit an Bord durchlaufen die Oberleutnante zur See bzw. Kapitänleutnante ihre fachliche Spezialausbildung. An diesem Prinzip hat sich, ungeachtet des seit 1973 für die Berufs- und längerdienenden Zeitoffiziere obligatorischen Studiums an den Bundeswehruniversitäten, nichts geändert.

Die Aufbauphase der Marine war im wesentlichen in den Jahren zwischen 1962 und 1964 zum Abschluß gekommen.

Die Marine bis zum Ende der siebziger Jahre

Mitte der sechziger Jahre begann die sowjetische Marine mit den sogenannten »Okeanos«-Manövern Flottenübungen im weltweiten Maßstab. Es wurde deutlich, daß die Sowjetunion ihre traditionelle Rolle einer Landmacht um die einer Seemacht erweiterte. Diese Erkenntnisse erforderten ein Überden-

Sechs Schiffe aus sechs Nationen der STANAVFORLANT (Standing Naval Force Atlantic) im April 1980 vor den Bermudas.
Von oben nach unten: Belgische Fregatte WESTDIEP, Niederländische Fregatte VAN SPEYK, Canadische Fregatte ANNAPOLIS,
Britische Fregatte JUNO (Flaggschiff), Zerstörer SCHLESWIG-HOLSTEIN, US-Zerstörer SELLERS. Archiv MOV/DMI

ken der Konzeption der Marine im Rahmen der neuen NATO-Strategie der »Flexiblen Reaktion«. Die ursprünglich eher küstennah konzipierte Verteidigung der Nord- und Ostseezugänge mußte jetzt so verändert werden, daß die Marine zur Entlastung der atlantischen Partner die Sicherung der überseeischen Zufuhren in der Nordsee gewährleisten konnte.

Die neue NATO-Strategie sah gleichzeitig vor, daß die Marine dem Gegner so weit ostwärts wie möglich begegnete und als Reaktion auf mögliche Angriffe den Kampf an den Ostseezugängen aufnahm.

Bereits im Frieden, vor allem aber in Krisen, muß die Marine versuchen, mit ihren Aufklärungsmitteln die Absichten des Gegners frühzeitig zu erkennen,

Der Presseoffizier des Zerstörers SCHLESWIG-HOLSTEIN informiert amerikanische Schüler über die Aufgaben der STANAVFORLANT in Charleston im Februar 1980.
Archiv MOV/DMI

damit politische und militärische Entscheidungen rechtzeitig getroffen werden können. Hohe Präsenz der See- und Seeluftstreitkräfte und Einsatzbereitschaft erlauben schnelle Reaktionen. Kampfeinheiten der Flotte stehen dauernd in See. Vor allem Zerstörer und Fregatten werden deshalb seit 1967 zu dem multinationalen Verband der Standing Naval Force Atlantic (STANAVFORLANT) beordert und Minensuchboote seit 1968 zur Standing Naval Force Channel (STANAVFORCHAN). Beide Verbände demonstrieren die Geschlossenheit der atlantischen Allianz und bekräftigen die Abschreckung. Seit 1971 wurde zusätzlich aus Schiffen und Booten der Bundesmarine die nationale Ständige Einsatzgruppe der Flotte (SEF) gebildet, die hauptsächlich im Nord- und Ostseebereich operiert.

Am 1. Oktober 1965 wurde das Kommando der Flottenbasis aufgelöst. Das zentrale Marinekommando wurde zum Marineamt umgegliedert. 1974 trat die zwei Jahre zuvor beschlossene neue Spitzengliederung in Kraft: Dem Führungsstab der Marine im Bundesministerium der Verteidigung sind nunmehr das Flottenkommando in Glücksburg, das Marineamt in Wilhelmshaven und das Marineunterstützungskommando, ebenfalls in Wilhelmshaven, nachgeordert. Von 1967 bis 1971 waren Vizeadmiral Gert Jeschonnek und von 1971 bis 1975 Vizeadmiral Heinz Kühnle Inspekteure der Marine

Diese erweiterte Aufgabenstellung erforderte eine begrenzte Vergrößerung der Personalstärke. Sie wuchs von 28.000 Mann im Jahre 1962 auf rund 36.000 im Jahre 1966 und erreichte mit ca. 38.000 Soldaten in den achtziger Jahren ihre vorläufige Endstärke. Die entscheidende Leistungssteigerung mußte aber durch die Modernisierung von Schiffen, Flugzeugen, Waffensystemen und Führungsmitteln erreicht werden.

Ein wesentlicher Schritt auf diesem Wege war der Kauf von drei modernen Lenkwaffenzerstörern in den USA. Die Flugkörperzerstörer LÜTJENS, MÖLDERS und ROMMEL wurden in den Jahren 1969 bis 1970 in Dienst gestellt. Diese kampfkräftigen Einheiten verfügen über integrierte Waffen- und Führungssysteme, die eine verzugslose Reaktion gegen See- und Luftziele sowie gegen U-Boote ermöglichen.

Um mit der internationalen Entwicklung auf dem Rüstungssektor Schritt halten und der zunehmenden Einführung von Flugkörpern bei sowjetischen Überwasserstreitkräften begegnen zu können, wurden 1974 bis 1977 die vier Zerstörer der HAMBURG-Klasse auf Flugkörpersysteme umgerüstet.

Nach der Beseitigung der Schwierigkeiten mit dem amagnetischen Stahl wurden in den Jahren von 1966 bis 1968 sechs U-Boote der Klasse 205, »U 1«, »U 2« und »U 9« bis »U 12«, in Dienst gestellt. Durch weitere 18 U-Boote der verbesserten Klasse 206, »U 13« bis »U 30«, die 1971 bis 1975 zur Flotte kamen, erfuhr die U-Boot-Waffe eine Modernisierung und Leistungssteigerung. Seit 1975 verfügt die Marine über 24 kampfkräftige U-Boote.

Am 14. September 1966 verlor die Marine bei einem Manöverunfall das U-Boot »U-HAI«. Das Weltkrieg-II-U-Boot vom Typ XXIII nahm 19 von seinen 20 Besatzungsmitgliedern mit in die Tiefe.

Von 1972 bis 1975 wurden als Ersatz für die infolge der vorangeschrittenen Waffenentwicklung veralteten Schnellboote der JAGUAR-Klasse 20 Flugkörper-Schnellboote der Klasse 148 in Frankreich gekauft. Mit den 10 Einheiten eines in Deutschland entwickelten Typs, den Booten der Klasse 143, erhielt die Marine in den Jahren 1976 bis 1977 Flugkörper-Schnellboote mit einer verstärkten Rohrwaffenkomponente, Torpedobewaffnung und dem »Automatisierten Gefechts- und Informationssystem für Schnellboote« (AGIS).

Um auf die Bedrohung durch elektronisch gesteuerte Waffensysteme verzugslos reagieren zu können, wurde seit den siebziger Jahren mit dem Aufbau eines Führungs- und Informationssystems begonnen. Die Führung der Flotte erhält damit direkten Zugriff zu allen für eine Entscheidung wichtigen Informationen, kann sie ohne Verzug verarbeiten und die Führungsentscheidungen unmittelbar an die unterstellten Einheiten übermitteln.

Die Marine bis 1985

Die atlantischen Seewege und die an den europäischen Küsten wurden hauptsächlich durch die ständig wachsenden, an der Nordflanke Europas in Ostsee und Nordmeer stationierten Kräfte der sowjetischen Marine und der anderen Seestreitkräfte des Warschauer Paktes bedroht. Besonders auffallend war die Verstärkung der sowjetischen Nordflotte und der Ausbau ihrer Basen auf der Kola-Halbinsel zum größten Militärkomplex der Welt. Dies ließ den Schluß zu, daß der Warschauer Pakt das Ziel verfolgte, im Kriegsfall die Ostseezugänge, Nordnorwegen und andere Schlüsselpositionen an der Nordflanke der NATO in Besitz zu nehmen, um die Vorherrschaft in den Nordflankengewässern zu erringen. Wegen dieser Bedrohung der gesamten Nordflanke der NATO begannen in der zweiten Hälfte der siebziger Jahre intensive Arbeiten an der Weiterentwicklung des seestrategischen Konzepts der NATO und an den operativen maritimen Grundsätzen. Dies führte u.a. im Juni 1980 zur Aufhebung der nationalen Einsatzbeschränkungen für die Marine (60° Nord, Linie Dover–Calais) und zur Billigung des »Concept of Maritime Operations« (CONMAROPS) Anfang 1982 durch den NATO-Rat und Anfang 1984 zur Verabschiedung eines Operationsplans für den Krisenfall.

Die deutsche Marine hat den Auftrag zur maritimen Vorneverteidigung im Nordflankenraum der NATO. Schwerpunkte sind die Operationsgebiete Ostsee, Ostseezugänge, Nordsee und angrenzende Gewässer. Gemeinsam mit den verbündeten Marinen und in engem Zusammenwirken mit Luft- und Landstreitkräften trägt die Marine dazu bei, daß die Schlüsselpositionen der NATO im Nordflankenraum behauptet werden. Zum anderen gewährleistet sie mit den Bündnispartnern den Schutz der Seeverbindungen in diesem Gebiet für die Heranführung von Verstärkungskräften und Versorgungsgütern.

Vorneverteidigung auf See ist nicht an enge Gebietsgrenzen gebunden. Sie erfordert den Einsatz der See- und Seeluftstreitkräfte dort, wo der Gegner seine Angriffe durchführt oder entwickelt. Die zahlenmäßige Überlegenheit der sowjetischen Marine im Nordflankenraum zwingt zur Nutzung der Tiefe des Raumes, um den Gegner frühzeitig und wiederholt zu bekämpfen und schrittweise abzunutzen und abzuriegeln.

Die Verteidigung in der Ostsee ist Aufgabe der deutschen und der dänischen Marine. Östlich von Bornholm soll das Angriffspotential des Gegners gemindert und ihm die Nutzung der See als

Ein Flugkörperschnellboot der Klasse 143, S 63 (FALKE) läuft hohe Fahrt um 1978. Die 10 Schnellboote der Klasse 143 waren die zweite Generation der Flugkörperschnellboote und kamen 1976/77 zur Flotte. Die bis zu 398 ts großen Boote sind mit vier Startern für Flugkörper MM 38 EXOCET, mit 2 Geschützen 76 mm und zwei Torpedorohren bewaffnet. Höchstgeschwindigkeit bis 38 kn. Archiv MOV/DMI

Aufmarschgebiet und Rollbahn erschwert werden. Dafür können nur solche Seekriegsmittel zum Einsatz kommen, welche die Fähigkeit haben, entweder unentdeckt zu operieren oder sich gegen starke Abwehr durchzusetzen, also U-Boote und Marinejagdbomber.

Im Bereich der Ostseezugänge ist die Nutzung der Verbindungswege von und zum Atlantik zu sichern und zu verteidigen. Die eigenen Kräfte haben dabei unter ständiger Gefährdung aus der Luft feindliche Landungs- und Kampfverbände sowie Minen abzuwehren. Kleine, bewegliche Kampfeinheiten wie Schnellboote, leichte Minenleger und Minensucher sowie Kampfhubschrauber sind dafür am besten geeignet.

In der Nord- und Norwegensee sind zum Schutz der Küsten, der Verstärkungs- und Versorgungstransporte gegnerische U-Boote, Flugzeuge und Überwasserkampfverbände abzuwehren und Minen zu bekämpfen. Die hierzu notwendigen Operationen erfordern von den Seestreitkräften hohe Seeausdauer, große Reichweite, Beweglichkeit und Allwetterfähigkeit. Der Beitrag der Marine im Rahmen der Allianz besteht hier aus Zerstörern, mit Hubschraubern ausgerüsteten Mehrzweckfregatten, Hilfsschiffen, U-Booten, U-Jagd- und Seefernaufklärungs-Flugzeugen, Marinejagdbombern und Minenabwehrfahrzeugen.

Mit ihrer Beteiligung an der Verteidigung im Nordflankenraum leistet unsere Marine gemeinsam mit den Partnern der Allianz einen wesentlichen Beitrag zur Wahrung der Integrität der Bundesrepublik Deutschland. Sie trägt zur Sicherheit in Nord- und Mitteleuropa bei und schafft mit die Voraussetzung dafür, daß bei den größeren NATO-Marinen Kräfte für die Abwehr der Bedrohung im Atlantik und auch außerhalb des NATO-Vertragsgebietes verfügbar bleiben.

Seekriegsmittel, die zur Erfüllung von Verteidigungsaufgaben konzipiert sind, haben im Frieden und in Krisenzeiten die Aufgaben der Abschreckung und des Schutzes deutscher und bündnisgemeinsamer Interessen auf See. Durch ihr Auftreten in See, durch Einsatzbereitschaft und Kampfkraft zeigen die Seestreitkräfte der Marine im Frieden ihre Fähigkeit, der Gewaltanwendung auf See entgegenzutreten. In Krisen und in Zeiten erhöhter internationaler Spannung können sie als ein flexibles Instrument zu flankierenden Maßnahmen im Rahmen der Krisenbewältigung eingesetzt werden.

Als Ersatz für die inzwischen veralteten Zerstörer der FLETCHER-Klasse und für die Fregatten der KÖLN-Klasse wurde die Mehrzweckfregatte der Klasse 122 konzipiert. In den Jahren 1981 bis 1984 traten sechs von später acht Einheiten: BREMEN, EMDEN, NIEDERSACHSEN, RHEINLAND-PFALZ, KARLSRUHE und KÖLN zur Flotte. Mit diesen auf deutschen Werften erbauten Schiffen bewies die Bundesrepublik Deutschland ihre Leistungsfähigkeit im Bau komplexer Kampfeinheiten von Zerstörergröße.

Mit der bereits erwähnten Einführung von sechs U-Booten der Klasse 205 (1966 bis 1968) und 18 U-Booten der Klasse 206 (1971 bis 1975) erfuhr die U-Bootwaffe ebenfalls eine entscheidende Kampfwertsteigerung. Ab 1987 wurden zwölf U-Boote 206 zum Typ 206 A umgerüstet, um so der Weiterentwicklung der Technik und den gestiegenen Anforderungen gerecht zu werden.

Die Schnellbootflottille erhielt seit 1982 weitere zehn Flugkörper-Schnellboote der Klasse 143 A. Diese modifizierten Boote der Klasse 143 ersetzten die veralteten zehn Einheiten der ZOBEL-Klasse aus den Jahren 1961/63, die mit ihren Waffensystemen nicht mehr außerhalb des gegnerischen Abwehrbereiches operieren können.

Zwölf Küstenminensuchboote der LINDAU-Klasse wurden von 1978 bis 1981 zu Minenjagdbooten umgerüstet, sechs Boote der gleichen Klasse ab 1981 zu Hohlstablenkbooten des Minenräumsystems TROIKA umgebaut. Dadurch erreichte die Marine eine erhebliche Steigerung ihrer Fähigkeit, gegnerische Minen mit geringem Risiko für die Besatzungen der Minenräumboote zu bekämpfen und trug somit der technischen Weiterentwicklung auf dem Sektor der Minenkriegführung Rechnung.

Das Marinefliegergeschwader 1 erhielt im Juli 1982 mit dem Kampf- und Aufklärungsflugzeug MRCA (Mulit Role Combat Aircraft) TORNADO, einer europäischen Gemeinschaftsentwicklung, ein neues leistungsfähiges Waffensystem, das als Marine-Jagdbomber der dritten Generation den STARFIGHTER F 104 G ablöst.

Die Marine hatte Mitte der achtziger Jahre eine Stärke von 38.000 Mann erreicht. Geführt wurde sie vom Inspekteur der Marine mit seinem Führungsstab im Verteidigungsministerium in Bonn. Von 1975 bis 1980 durch Vizeadmiral Günter Luther, von 1980 bis 1985 durch Vizeadmiral Ansgar Bethge, von 1985 bis 1986 von Vizeadmiral Dieter Wellershoff und von 1986 bis 1991 durch Vizeadmiral Joachim Mann. Unter dieser Ebene war die Marine organisatorisch in drei höhere Kommandobehörden: Flottenkommando, Marineamt und Marineunterstützungskommando – die sogenannten drei Säulen – aufgeteilt.

Ein besonderes Gewicht lag natürlich auf dem Flottenkommando mit seinem 1981 in Dienst genommenen modernen Marinehauptquartier (MHQ), das seine ihm unterstellten schwimmenden und fliegenden Verbände im Rahmen einer Typorganisation mit Flottillen und Geschwadern führte: Zerstörerflottille, Schnellbootflottille, Flottille der Minenstreitkräfte, U-Boot-Flottille, Amphibische Gruppe, Marinefliegerdivision, Seetaktische Lehrgruppe und Marineführungsdienstkommando.

Die Marine in den letzten fünf Jahren vor der Wiedervereinigung

»German Task Groups« werden im Bündnis gebildet, und daß jeweils 1984/85 und 1989/90 die Bundesmarine den Befehlshaber von STANAVFORLANT stellt, ist mehr als ein Zeichen: Die Marine hat sich und anderen mit militärisch-fachlichem Können, politischer Weitsicht und partnerschaftlicher Einfühlsamkeit in drei Jahrzehnten bewiesen, daß sie auch höchste Aufgaben nicht zu scheuen braucht. Nicht von ungefähr wird der im vierten Quartal 1985 amtierende Inspekteur der Marine, Vizeadmiral Dieter Wellershoff, 1986 Admiral und Generalinspekteur der Bundeswehr.

Im selben Jahr bestätigt die vierte und vorerst letzte »Konzeption der Marine« die strategischen Richtlinien, kommt aber hinsichtlich neuer Entwicklungen und kostspieliger Bauprogramme zu der Überzeugung, die vorhandenen Einheiten infolge stetig knapper Finanzmittel »nachzurüsten« und zu verbessern. Als im Spätherbst 1987 deutsche Einheiten im NATO-Verband »Naval On Call Force Mediterranean« ins Mittelmeer verlegt werden, um, wie es hieß, am Ende des ersten Golfkrieges Solidarität mit den Bündnispartnern zu signalisieren, war die Marine nicht nur über die Nordflanke hinaus engagiert, sondern demonstrierte zugleich durch ihre Präsenz vor allem politische Wirksamkeit.

In diese Phase, sagen wir der verstärkten Wahrnehmung politisch-diplomatischer Aufgaben der Bundesmarine für die Nordatlantische Allianz, fallen jene weltpolitisch bedeutenden Veränderungsprozesse, die schließlich in den Zusammenbruch von Sowjetunion und östlichem Europa mündeten, Prozesse, an deren Ausgangspunkt Michail Gorbatschow und sein Außenminister Eduard Schewardnadse erkennen, daß die Modernisierung des Kommunismus unumgänglich und der Wille der Völker nach Freiheit stärker ist als die verkrusteten, überlebten Strukturen gewaltsamer Unterdrückung.

Die zumeist friedlich verlaufenen Revolutionen 1989 offenbarten die ganze Schwäche und Handlungsunfähigkeit der sozialistischen Staaten, die in sich zusammenfallen mußten, weil ihr System auf tönernen Füßen stand. Den Zusammenbruch seines Landes und der Satelliten wollte Gorbatschow freilich nicht, sondern Modernisierung und Renovierung, Umstrukturierung und Transparenz dessen, was besteht – er nannte es Perestroika und Glasnost –, doch er hinterließ ein in Stücke gesprungenes Weltreich mit zutiefst verunsicherten Menschen. Gorbatschow genoß wohl hohes Ansehen in den westlichen Demokratien, sein eigenes Volk aber macht ihn für das Desaster allein verantwortlich. Mit seinen ehrgeizigen Plänen, die Sowjetunion zu restaurieren, erlitt Gorbatschow Schiffbruch, aber sein Verdienst, den Freiheitswillen der ehemaligen Warschauer-Pakt-Staaten nicht mit der Waffe niedergehalten zu haben, ist und bleibt von historischer Größe.

Doch es rumorte nicht nur im Osten, sondern auch im Südosten, in Kuwait, das Iraks Diktator Saddam Hussein im August 1990 überfiel. Die USA, Frankreich und England reagierten, und am 10. August beschloß die Bundesregierung, einen Minenabwehrverband in das östliche Mittelmeer zu entsenden, um gegebenenfalls Minen zu räumen und die Wege für den internationalen Schiffsverkehr wieder freizumachen. Einige Tage später wurden fünf Minenabwehreinheiten und zwei Unterstützungsschiffe verlegt, und einen Monat darauf bat die NATO abermals, wie 1987, um Beteiligung an der »Naval On Call Force Mediterranean«, zu der die Bundesmarine Zerstörer, Fregatten und einen Tanker abstellte. Die Marine hatte damit den entscheidenden Schritt Deutschlands auf dem Weg zur Übernahme internationaler Aufgaben im Rahmen von Friedenssicherung und Konfliktbewältigung vollzogen.

Während die Bundesmarine ihre Unverzichtbarkeit im Bündnis unter Beweis stellt, ist die Marine des anderen deutschen Staates, zu deren Wurzeln wir nun zurückkehren, im Zerfall begriffen.

Fregatte BREMEN 1984. Die Flugkörperfregatten der Klasse 122 kamen in den Jahren 1982 bis 1990 zur Flotte. Sie sollten die inzwischen veralteten Schiffe der Klasse 120 ersetzen. Bewaffnung: 1 Geschütz 76 mm Starter für Flugkörper HARPOON, SEA SPARROW und RAM, 4 U-Jagdtorpedorohre und zwei Bordhubschrauber vom Typ SEA LYNX. 3.000 ts Wasserverdrängung, 30 kn. Archiv MOV/DMI

Unter Moskaus Befehl: Die Volksmarine

Volksmarine und Bundesmarine bedingten einander; sie waren sich in gewisser Hinsicht gegenseitig Existenzgrundlage. Die Volksmarine hat den Kalten Krieg gegen die Bundesmarine verloren, wenn die Parameter von Sieg und Niederlage überhaupt Geltung haben können in einem Krieg, der nie stattfand. Während die Bundesmarine im vereinten Deutschland unter geänderten Vorzeichen und mit neuen Aufgaben im Dienste der Völkergemeinschaft bestehenbleibt, geht mit dem Glockenschlag des 3. Oktober 1990 die andere sang- und klanglos unter; sie lebt nur in der Erinnerung weiter, die von einigen musealen Sachzeugen und persönlichen Andenken gestützt wird. Dabei ist die Volksmarine unbestreitbar ein Stück deutscher Marinegeschichte, schnell zum Ende gekommen zwar, aber nicht ohne Bedeutung, und mit Menschen, die von einer Partei mißbraucht wurden. Im Bunde mit ihrem großen Bruder, der Sowjetunion, wuchs sie zu einem respektablen Bestandteil des Warschauer Paktes heran, war verläßlich und qualifiziert, geachtet und respektiert, wenn auch Moskau stets signalisierte, wer das Zepter eigentlich führte.

Ihr Werden und ihre Existenz sind zur lückenlosen Aufbereitung noch zu jung und Forschungsergebnisse zu rar. Die Quellenlage ist diffus, die Literatur spärlich, und Memoiren von Zeitzeugen in herausgehobenen militärischen Stellungen scheinen die historische Wahrheit nur ungern akzeptieren zu wollen. Zuviel wird so gedreht und gewendet, so daß der Eindruck entsteht, es ginge mehr um Selbstdarstellungsversuche denn um Aufklärung.

Die DDR war ein Unrechtsregime, weil sie Gewalt und Mißbrauch von Menschenrechten nicht scheute, ihre Bürger aller Selbstbestimmung beraubte, ja sogar auf sie schießen ließ, wenn sie begehrten, was in den westlichen Demokratien selbstverständlich war und ist: Freiheit. Die bewaffnete Macht im Staat, die Nationale Volksarmee, hatte die Todesschützen an der Mauer in ihren Reihen.

Indes besteht kein Zweifel, daß die Nationale Volksarmee ein entscheidendes Machtmittel eines zahlreicher Verbrechen schuldigen Regimes war, dem es Programm und welthistorische Aufgabe gewesen ist, als sozialistischer Musterschüler im Kampf gegen den »kapitalistisch-imperialistischen Klassenfeind« in vorderster Linie zu marschieren. Die Orden für die tapferen Krieger waren bereits zigfach gestanzt, und was nur die wenigsten wissen: Es gab einen Blücher-Orden – sozusagen das Eiserne Kreuz der DDR.

Am 18. Januar 1956 wurde das Gesetz zum Aufbau der DDR-Streitkräfte erlassen: »Es wird eine ›Nationale Volksarmee‹ geschaffen. Die ›Nationale Volksarmee‹ besteht aus Land-, Luft- und Seestreitkräften, die für die Verteidigung der Deutschen Demokratischen Republik notwendig sind. Die zahlenmäßige Stärke der Streitkräfte wird begrenzt entsprechend den Aufgaben zum Schutze des Territoriums der Deutschen Demokratischen Republik, der Verteidigung ihrer Grenzen und der Luftverteidigung.«

Die international kritische Lage mit ihren einzelnen Facetten, die einen Dritten Weltkrieg nicht ausschlossen, waren die übergeordneten Motive, denen die politische Führung der DDR propagandistische hinzufügte: Die Aufstellung von Streitkräften sei eine notwendige Reaktion auf die »Wiedereinrichtung des aggressiven Militarismus in Westdeutschland« und die Integration der »westdeutschen Söldnerarmee« in die »aggressive NATO«.

Mit diesem Gesetz wurde die NVA jedoch nicht gleichsam über Nacht aus dem Boden gestampft, sondern im nachhinein legalisiert, was längst schon existierte. Der Prozeß der Wiederbewaffnung verlief seit 1950 kontinuierlich, denn ein Jahr zuvor nahm der Stab einer kasernierten Polizeitruppe unter der Tarnbezeichnung »Hauptverwaltung für Ausbildung« (HVA) seine Arbeit auf, in der ehemalige Wehrmachtsangehörige aus sowjetischer Gefangenschaft Dienst taten. Diese Einschränkung galt nicht für die

Admiral Waldemar Verner, Jahrgang 1914, von Beruf Schaufensterdekorateur; der Altkommunist war 1950 Chefinspekteur der Volkspolizei, 1957 als Vizeadmiral Chef der Seestreitkräfte der NVA, die 1960 den Namen »Volksmarine« verliehen bekamen. 1961 zum Admiral befördert, war er von da an bis 1963 Chef der Volksmarine. WGAZ/Marineschule Mürwik

sogenannte Hauptverwaltung Seepolizei (HVS), die am 15. Juni 1950 ins Leben gerufen und von Generalinspekteur Waldemar Verner, einem zwischen 1935 und 1938 in Moskau geschulten Kommunisten, geleitet wurde. Hier fanden auch Marineoffiziere aus westalliierter Gefangenschaft Platz, so daß mit den fachlich hervorragend ausgebildeten Männern der Kriegsmarine schnell eine funktionstüchtige Struktur aufgebaut werden konnte. Motivationsprobleme gab es offenbar nicht, wie sich Konteradmiral a.D. Friedrich Elchlepp erinnert:

»Was bewog viele zum Eintritt in die Seepolizei? Es war in erster Linie die Liebe zur Seefahrt, aber auch ihre Verbundenheit mit dem Handwerk auf See, dem sie in den zurückliegenden fünf Friedensjahren innerlich nur ›auf Wiedersehen‹ gesagt hatten. Viele ehemalige Berufssoldaten kamen ›mit fliegenden Fahnen‹, weil sich hier der belastende Makel ehemaliger Unteroffiziere oder Offiziere der ›faschistischen Kriegsmarine‹ gewesen zu sein, zur Voraussetzung, ja geradezu zum Qualitätsmerkmal für ein schnelles berufliches Fortkommen gehandelt hatte. Der Staat brauchte sie so, wie sie waren. Natürlich wollten sie wissen, ob sie mit dem alten Dienstgrad übernommen würden. Würde die Dienstzeit bei der Kriegsmarine anerkannt, spielten Kriegsauszeichnungen eine Rolle? Nichts von alledem wurde berücksichtigt ... Tröstend wurde vielen Neueingestellten gesagt, daß sie zu den ersten Angehörigen der künftigen Marine gehören und durch den schnellen Aus- und Aufbau der Seepolizei gute Entwicklungs- und Beförderungschancen hätten (was sich dann auch bewahrheitete).«

Die Geburtsstunde der DDR-Seestreitkräfte war der 1. April 1950, als sowjetische Offiziere die »Marschroute« festlegten: 100 Offiziere, 200 Boots- und Maschinenmaate und 50 Mannschaften sollten danach als Besatzungen für Minenräumboote teils an der Seepolizeischule in Parow, teils unter strengster Geheimhaltung an einer Offizierschule in Kaliningrad ausgebildet werden.

Die anstehenden Aufgaben wurden konkretisiert mit:

1. Übernahme des von der Sowjetischen Militäradministration (SMAD) zugesagten Struktur- und Stellenplanes.
2. Erarbeitung eines Finanzplanes.
3. Vorbereitungen für den Aufbau eines Marinestützpunktes in Wolgast.
4. Übernahme des ehemaligen Seefliegerhorstes in Parow und Vorbereitung für Ausbildung.
5. Übernahme von sechs Minenräumbooten (Kriegsmarine) und der sechs in Bau befindlichen Seekutter (KS-Boote).

Die Sowjetunion übergab im Juni 1950 die ehemaligen dänischen Minenleger LOSSEN, SIXTUS und QUINTUS sowie das Fischereischutzboot HVIDBJÖRNEN der Seepolizei, die Ende 1950 über einen Personalbestand von 2.280 Mann verfügte (320 Offiziere), die seit dem 7. Oktober Marineuniformen trugen.

Was Seepolizei genannt wurde, war de facto die erste Stufe auf dem Weg zu regelrechten Seestreitkräften, zu denen Stalin im Frühjahr 1952 drängte: »Pieck (Ministerpräsident der DDR 1949–1960) trug Stalin am 1. April 1952 in Moskau Vorschläge des Politbüros der SED … vor. Dabei besprach er auch vorsichtig ›Schritte zur Bildung der Volksarmee statt Polizei‹. Stalin ordnete gleich eine umfassende Bewaffnung an: ›Nicht Schritte, sondern sofort‹. Sodann entwickelte er auch schon Einzelheiten.«

Die Seepolizei wurde in diesem Jahr offiziell in »Volkspolizei See« (VP-See) umbenannt. Fast 6.000 Mann erhielten als Auftrag: »Sicherung der demokratischen Errungenschaften und des wirtschaftlichen Aufbaus im Interesse der werktätigen Bevölkerung sowie des Handels vor Schädigung durch Schmuggel, der Fischereiflotte der DDR, sowie aller anderen in Häfen der Republik ein- und auslaufenden Schiffe durch Kontrolle der Instandhaltung und Markierung der Wasserwege und Hilfeleistung bei Havarien in den Küstengewässern.«

Im einzelnen:

- Freiräumen der minenverseuchten Gebiete in größerem Maßstab.
- Ausbau des bewaffneten Schutzes der Küste der DDR, so daß jegliche »seeseitige Provokation« erfolgreich zurückgeschlagen werden kann.
- Verstärkte spezialfachliche Ausbildung des Personals.
- Durchführung von wirksamer politischer Arbeit mit dem Ziel der »Anerziehung eines festen Klassenstandpunktes und der Erziehung der Treue zur SED«.

Die Einführung militärischer Dienstgrade und Rangabzeichen sowie die ersten taktischen Übungen verliehen der »Volkspolizei See« immer deutlicher den Charakter regulärer Seestreitkräfte. Der Marineschiffbau wurde forciert, und im sogenannten Zeuthener Protokoll legte eine Kommission die erforderlichen Maßnahmen für die »Durchführung des Marine-Bauprogramms 1954–1956« fest. Danach sollten der VP-See 1955 über 254 Schiffe und Boote zur Verfügung stehen, davon 203 operative Einheiten. Die 1952 von Stalin geforderte und einsetzende rasante Aufrüstung belastete die wirtschaftliche Kraft des Landes in einem Maß, das die politische Führung monatelang verkannte. Der Volksaufstand vom 17. Juni 1953, dem sich unter anderem Werftarbeiter in großer Zahl anschlossen, ging auf die Überbelastung der Bevölkerung zurück und scheiterte nur am rigorosen Eingreifen sowjetischer Panzer. Auch die VP-See erhielt in der Woche nach dem Volksaufstand Ordnungs- und Sicherungsaufgaben in den Küstenstädten des Nordbezirks: 25 Prozent aller Marineangehörigen wurden in Alarmbereitschaft versetzt, um im Zweifelsfall die Küsten vor den eigenen Leuten zu schützen! Streifen der VP-See übernahmen gemäß den Bestimmungen der Sowjets Kontrollaufgaben in den Städten, in denen es zu heftigen Ausschreitungen kam.

»Als in der Mittagsstunde (des 18. Juni) die Werftarbeiter versuchten, die Hauptstraße (in Stralsund) zu erreichen, verschärfte sich die Lage vor dem Werfteingang. Das sowjetische Militärkommando feuerte einige Warnschüsse in die Luft und führte gegen 12.30 Uhr ca. 150 Werftarbeiter … ab. Eine KS-Bootsbesatzung der Grenzpolizei See, welche mit ihrem Boot … im Hafenbecken der Volkswerft lag, beobachtete diesen Vorfall. Die in Bedrängnis geratenen Werftarbeiter forderten die Bootsbesatzungen auf, sie vor dem sowjetischen Militär zu beschützen. Da ihre Hilferufe unbeantwortet blieben, beschimpften die Streikenden die Polizeiangehörigen als ›Verräter‹.«

Nach dem 17. Juni, der die seit 1952 bezeichnete »Kasernierte Volkspolizei« und die paramilitärischen Einheiten wie die Grenzpolizei gegen die eigene Bevölkerung aufbrachte und die politische und ökonomische Ohnmacht der DDR-Führung offenbarte, wurde die im Verhältnis zum begrenzten Seeraum enorme Anzahl an geforderten Einheiten reduziert und der avisierte U-Boot-Bau aufgegeben. Die Auf- und Ausrüstung der DDR-Marine geriet in eine ernsthafte Krise, die Vizeadmiral Verner zu der Einschätzung veranlaßte, daß durch die »völlig ungenügende Erfüllung des Schiffbauprogramms die gesamte Entwicklung der VP-See auf eine äußerst gefährliche Weise gehemmt (wird), da weder ausreichend Schiffe und Boote für die Ausbildung an den Schulen noch für die Gefechtsausbildung der Flotte und den operativen Einsatz vorhanden sind. ... Durch die Nichterfüllung des bestätigten Schiffbauprogramms ... wird die Gefahr einer Desorganisation innerhalb der VP-See hervorgerufen.«

Die düstere Prognose hatte einen tieferen Grund: Verner war sich völlig im klaren darüber, daß die Volkspolizei See im Kriegsfall innerhalb kürzester Zeit »verheizt« würde, denn Berechnungen zufolge würde die »Marine« etwa 40 Prozent ihres Schiffsbestandes schon in den ersten Kriegstagen einbüßen, ehe polnische und sowjetische Einheiten zu Hilfe kämen. Am 1. Januar 1956 unterhielt die Volkspolizei See 122 Fahrzeuge, darunter 97 Kampf-, Hilfs- und Schulboote.

Personal der Seepolizei bzw. Volkspolizei See 1950–1955

Dienstgrad	1950	1951	1952	1953	1954	1955
Chefinspt./ Admirale	3	6	5	4	4	4
Offiziere	317	330	633	921	1.322	1.852
Unteroffiziere	302	247	722	1.022	1.227	1.713
Kursanten	1.039	770	3.180	2.204	2.708	1.227
Mannschaften	410	1.211	1.369	2.285	2.845	4.108
Zivilangestellte	209	364	870	1.060	1.185	1.086
insgesamt	2.280	2.928	6.779	7.496	9.291	9.990

Struktur und Organisation der Volkspolizei See waren auf die Führung von Minensuch- und Küstensicherungskräften ausgerichtet, über die die sowjetische Besatzungsmacht zwar Kontrollrecht besaß, nicht jedoch direkte Weisungsbefugnis. Die Aufgabe der VP-See – Minenräumen und Küstenverteidigung – barg dabei zum Teil erhebliche personelle und materielle Schwierigkeiten in sich, denn die Ausrüstung war spärlich und der Ausbildungsstand auf niedrigem Niveau; als problematisch erwies sich die Gewohnheit, am Ende eines jeden Ausbildungsjahres die Besatzungen voneinander zu trennen und auf neu in Dienst zu stellende Schiffe aufzuteilen. An den Schulen lehrte allgemein mangelhaft qualifiziertes Personal, das zwar die Erfahrungen des Krieges mitbrachte, ansonsten aber auf das Selbststudium angewiesen war, um mit der technischen und fachlichen Weiterentwicklung Schritt zu halten – mit ein Grund für die Ausbildung von Offiziersschülern in der Sowjetunion. Wer als »Kursant« an die dortige Akademie kommandiert wurde, verfügte weder über seemännische noch über militärische praktische oder theoretische Vorbildung; er kam sozusagen als Ungelernter und durchlief die Ausbildung von Grund auf für den Dienst in einer Streitkraft, die sich nach der DDR-Verfassung nicht Armee nennen durfte. Der Bedarf an Offizieren war jedoch mit dem Ausbildungsgang in Leningrad nicht zu decken, so daß die Volksmarine die akademische Ausbildung ihres Führernachwuchses etwas spät, im Januar 1963, mit der Gründung der »Fakultät Seestreitkräfte« (Dänholm) begann, die 1969 in die Militärakademie nach Dresden verlegt wurde. Die Offiziere studierten drei Jahre und schlossen ihre Ausbildung, eine Art Studium Generale, mit dem Staatsexamen (Dipl. rer. mil.) ab.

Anfang 1956 unterzeichneten die Sowjetunion und die DDR einen Vertrag, der unter anderem die Souveränität der DDR besiegelte, und der Führung oblag es nun, selbst jene juristischen Grundlagen für eine reguläre Armee zu schaffen, die prinzipiell bereits bestand und nur noch so genannt werden mußte.

Rasch wird die Verfassung durch einen Zusatzparagraphen ergänzt, im Februar 1956 das Gesetz zur Bildung der Nationalen Volksarmee mit einer beachtlichen Gesamtstärke von 120.000 Mann erlassen, und einen Monat darauf, am 1. März, nahm die »Verwaltung Seestreitkräfte« unter der Führung von Konteradmiral Felix Scheffler ihre Dienstgeschäfte auf. Entscheidend war, daß nun die Aufgaben der Seestreitkräfte über den bisher eng gezogenen, küstennahen Wirkungsbereich weit hinausreichten: Die DDR-Marine, die national und international gültiges maritimes Brauchtum übernahm, erhielt als Teil der »Vereinten Ostseeflotte« Gefechtsauftrag, entfaltete sich aber erst im Laufe der sechziger Jahre. Seit 1957 wirkte der »alte Chef«, Vizeadmiral Waldemar Verner, wieder an der Spitze der Marineführung, die insgesamt übrigens ausschließlich aus Funktionären der SED bestand. Es war nicht so sehr die militärische Qualifikation, sondern das politische Engagement, das für hochrangige, Funktionen empfahl. Wer die kommunistische Schule, vorzugsweise in der Sowjetunion, durchlaufen und sich auch sonst um den »friedliebenden und demokratischen Staat« verdient gemacht hatte, dem brauchte nicht bange zu sein, wenn die Vergabe gut dotierter Posten und Pöstchen anstand. Es war alles eine Frage der politischen Linientreue.

Die Volkspolizei See ging mit ihren Fahrzeugen nahtlos in die Seestreitkräfte der DDR über, die sich beinahe unverändert die Kriegsmarineuniformen zu eigen machten, denen man zu Gefallen des sowjetischen Waffenbruders die Ärmelhalbstreifen und als originäre DDR-Schöpfung Schulterstücke hinzufügte. Noch mußte sich die neue DDR-Marine mit veralteten Gerätschaften aus VP-Zeiten zufriedengeben, denn erste Ende 1956 lieferte die Sowjetunion Schiffe und Boote aus eigener Herstellung, darunter Torpedoboote und auch zwei Fregatten der RIGA-Klasse, die in der DDR – wohl aus Verschleierungsgründen – als Küstenschutzschiffe fuhren. Minenräumer der KRAKE-Klasse baute die Peenewerft in Wolgast, und mitsamt der im Jahr 1960 erfolgten Übergabe von einem Dutzend sowjetischen U-Jägern und der Ausstattung mit modernster russischer Technik war der Grundstock für die sogenannten Stoßkräfte gelegt.

Schon seit 1957 übt die DDR-Marine regelmäßig in taktischen Manövern gemeinsam mit der Polnischen und der Baltischen Flotte, in denen die deutschen Kräfte, ab 1959 von Konteradmiral Wilhelm Ehm geführt, in erster Linie Sicherungsaufgaben übernehmen. Man schafft sich allmählich seinen Platz im Bündnis, gewöhnt sich an Sprache und Wesensart der Sowjets, von denen man gern Lob und Fürsprache empfängt, denn man bemüht sich auch ohne U-Boote und Marineflieger redlich um beste Zensuren, kurzum: Die Seestreitkräfte der DDR sind ein gelehriger Schüler und haben das Zeug zum Primus.

»Der Prüfstein für den Stand der Entwicklung unserer Flottenkräfte waren von jeher die gemeinsamen Übungen. Durch diese Übungen«, resümiert Admiral Ehm rückblickend, »wurden wertvolle militärwissenschaftliche Erkenntnisse und praktische Erfahrungen für die Planung und Organisation gemeinsamer Kampfhandlungen gewonnen, wobei wir, wie stets in unserer Arbeit, von dem Leitmotiv ausgingen: Von der Sowjetunion lernen, heißt siegen lernen!« Wie gesagt, man lernt schnell – eben auch das Propaganda-Vokabular, das in seiner schieren Unerschöpflichkeit und seinem Erfindungsreichtum nicht zu übertreffen war. Auf diesem Gebiet sollte die DDR-Führung in den nachfolgenden drei Jahrzehnten bis zu ihrem Exitus noch zu so mancher Meisterleistung fähig sein.

Die Suche nach Identität in der Gesellschaft und Platz im Pakt ist seit Beginn der sechziger Jahre weitgehend abgeschlossen. Dem Identifikationsprozeß folgt nun die Phase der Konsolidierung zu einem kampfkräftigen und verläßlichen Bestandteil des sozialistischen Bundes. Sinnfälligster Start in die neue Ära der DDR-Marine ist der 10. Oktober 1960, als der Nationale Verteidigungsrat den Seestreitkräften offiziell die Bezeichnung Volksmarine verlieh, um die enge Bindung ans Volk – gegen das sie im Bedarfsfall mit der Waffe vorgehen würde – zu demonstrieren.

Das Traditionsbild der Marine war von der autoritären Staats- und Parteiführung verordnet und sollte symbolisieren, daß die Volksmarine in der Tradition der deutschen Arbeiterklasse steht, den Kampf gegen Militarismen, Kapitalismus, Imperialismus und Krieg im Geist der revolutionären Matrosen von 1917/1918 fortsetzt. Hierhin verpflanzt die politische

Führung die historische Standortbestimmung ihrer Marine. Die Revolution von 1918 ist die »Heilige Kuh«, ihre Wegbereiter, unter ihnen Albin Köbis und Max Reichpietsch, werden zu Volkshelden erklärt. So minimierte sich das Traditionsverständnis der Volksmarine in einseitiger Ausrichtung auf die Meuterer von 1918 und die Volksmarinedivision, die erst nach den Unruhen im März 1919 aufgelöst wurde.

Es liegt auf der Hand, daß die Angehörigen der Volksmarine krampfhaft und nur mit inneren Widerständen die von oben verfügte ideologische Geburtsstunde ihrer Marine akzeptierten, denn die Jüngeren vermochten kaum Beziehungen zu diesen fernen Ereignissen zu knüpfen, und den Älteren war der von den Nationalsozialisten eingeimpfte Haß gegen den Bolschewismus noch in bester Erinnerung. Wie konnten bei diesem konstruierten Traditionsbild, das größtenteils auf stille Ablehnung stieß, nationale oder gar patriotische Gefühle entwickelt werden? Da hatte es das Heer der Nationalen Volksarmee leichter, dessen Herkunftspflege zwar ohne die Errungenschaften des Klassenkampfes auch nicht auskam, aber immerhin die Freiheitskriege gegen die napoleonischen Besatzer und die Leistungen der preußischen Reformer Stein, Scharnhorst und Gneisenau im weitesten Sinne mit einbezog.

Vereinzelt wurden zwar Vorschläge unterbreitet, eventuell die Revolutionsflotte von 1848 als weiteren Sinngeber der Volksmarine zu nutzen, aber die politische und militärische Führung lehnte den Rückgriff auf längst vergangene Tage rundheraus ab: Die Volksmarine sei eine moderne Marine aus dem Schoß des 20. Jahrhunderts, und außerdem, so mochten die DDR-Oberen für sich gedacht haben, könnte jede intellektuelle Auseinandersetzung mit dem deutschen maritimen Springquell des Jahres 1848 ungebetenes »bürgerliches Gedankengut« produzieren. Daß die DDR als sogenannter »demokratischer« Staat Schwarz-Rot-Gold als Landesfarben führte, war dabei kein Widerspruch, denn bewußt bezog sich die Staatsspitze auf die Freiheitskriege und interpretierte ihre Flagge als Trikolore gegen Großbürgertum und Ausbeutung.

Ein Jahr nach der Verleihung ihres Namens hatte sich die Volksmarine mit solch markigen Parolen wie »Blaublusen – dem Feind keine Lücke«, »Das Vaterland rief – wir kamen! Das Vaterland ruft – wir bleiben, schützen und verteidigen die Grenzen der Deutschen Demokratischen Republik« wenigstens ihrem Anspruch nach zu bewähren. Gegen wen, das war spätestens nach Ziehung der Grenze am 13. August 1961 klar: Sie schützten ihre Landesgrenze vor den eigenen Bürgern, von denen sich viele nicht mehr einsperren lassen wollten und ihren Freiheitsdrang mit dem Leben bezahlten. Erhöhte Gefechtsbereitschaft der Volksmarine sollte verhindern, daß die Seegrenzen, sei es von innen oder von außen, verletzt würden. Bis zur Wende 1989 versuchten mutige Draufgänger, der Republik überdrüssig, mit abenteuerlich zusammengebastelten Schwimmgeräten immer wieder über die See zu entkommen. Im Kieler

Fregatte BERLIN HAUPTSTADT DER DDR um 1980. Das 1976 bis 1978 in der ehemaligen UdSSR gebaute Schiff gehörte zu den Fregatten der KONI-Klasse und war 1980 von der Volksmarine übernommen worden. Bewaffnung: 1 Zwillingsstarter für Schiff-Luft-FK, 4 Geschütze 76 mm, 4 Flak 30 mm, 2 U-Jagdraketenwerfer, Abwurfeinrichtungen für Wasserbomben und Minenlegemöglichkeiten, 2.100 ts, 28 kn. WGAZ/Marineschule Mürwik

Schiffahrtsmuseum ist seit geraumer Zeit ein solches Gefährt zu besichtigen, das in seiner Form an die Kleinst-U-Boote des Zweiten Weltkrieges erinnert, und mit dem kurz vor Toresschluß der Fluchtversuch zweier DDR-Bürger scheiterte.

Diese beiden blieben am Leben, anderen, zahlenmäßig nicht erfaßbaren, aber mit Sicherheit nicht wenigen, wurde die Ostsee zum Grab. Es heißt, daß Stürme, Gezeiten und die niedrige Wassertemperatur für den Tod dieser Menschen verantwortlich seien und nicht Gewaltakte von Armeeangehörigen. Die ignorierten in einigen Fällen unter Inkaufnahme von Schikanen und Strafen ihren Auftrag, auf die eigenen Landsleute zu schießen, und versuchten bisweilen selbst zu flüchten – vornehmlich mit den Mitteln, die ihnen als Marinesoldaten zur Verfügung standen. So planten Anfang 1967 zehn Besatzungsmitglieder die Flucht mit ihrem Raketenschnellboot, doch die Absicht sickerte zur allgegenwärtigen Staatssicherheit durch. Von einem anderen Fall ist bekannt, daß ein Obermaat es fertiggebracht hatte, die Besatzung seines Bootes festzusetzen und gen Bundesrepublik zu fahren; nur eine Seemeile vor der rettenden Westgrenze wurde er überwältigt. Den Männern, die der DDR ihre Treue bewiesen, indem sie Kameraden ans Messer lieferten, waren hohe Auszeichnungen sicher. Daran sparten die DDR-Militärs nicht.

Hier, in der Sicherung der Seegrenze zur Bundesrepublik Deutschland, entdeckte die DDR ihre eigentliche maritime Aufgabe im Frieden (»Grenzdienst ist Frontdienst im Frieden«), weswegen die Grenzbrigade in die Volksmarine übernommen wurde. Zur Erfüllung dieser hohen Aufgabe, »die Seegrenze der DDR, auch unter der konsequenten Anwendung der Schußwaffe, gegen die Feinde unseres Staates zu sichern«, wurde ein immenser personeller, materieller und technischer Aufwand betrieben. Nachwuchs stand ausreichend zur Verfügung, denn wer in der Republik etwas werden wollte, mußte ohne Fehl und Tadel gedient haben. Da klingt es wie Hohn und Spott, wenn sie »Freiwillige« genannt wurden, die sich auf mindestens drei Jahre in der Marine verpflichten mußten. Die Einführung der Wehrpflicht 1962 änderte die personellen Strukturen nicht, denn die begehrte Bordlaufbahn war nach wie vor an eine dreijährige Dienstzeit geknüpft.

Was die DDR an zahlreichen Druckmitteln und schikanösen Maßnahmen auf dem Festland zur Verfügung hielt, um die Lebenslust ihrer Bürger auf ein Minimum zu reduzieren, das übertrug sie mit Eifer auch auf das Wasser: Sperrzonen und schärfste Kontrollen von Sportbooten, unverhältnismäßiger »Papierkram« als Voraussetzung für Segeltouren, die ohnehin nur in den Binnengewässern erlaubt waren, und ständige Überwachungen. Es nimmt nicht wunder, daß der übersteigerte Kontroll- und Beobachtungstrieb der Republik dem Volk die Freude an maritimer Freizeitgestaltung systematisch vergällte und für die Verkümmerung seemännischer Traditionen sorgte. Die deutete in ihrem Verfolgungswahn sogar läppische Grenzverletzungen durch Fischereifahrzeuge, die eindeutig auf navigatorische Fehler zurückzuführen waren, als »Provokation«. Dasselbe mit Sportflugzeugen: Als 1988 eine kleine westdeutsche Maschine irrtümlich das Territorium der Bundesrepublik Deutschland über der Ostsee verließ, stiegen zwei sowjetische MIGs und vier NVA-Hubschrauber als »Begrüßungskommando« auf und zwangen das Sportflugzeug zur Landung. Die NVA-Hubschrauber hatten das Feuer eröffnen wollen.

Der Ausbau der Volksmarine erfolgte in den sechziger Jahren dank sowjetischer Hilfe sehr zügig. Zwar war die Idee von landeseigenen U-Booten vom Tisch, aber Konteradmiral Wilhelm Ehm, der nach zweijähriger Unterbrechung das Amt des Inspekteurs der Volksmarine 1963 wieder übernahm, stellte quasi als Ausgleich Überlegungen zum Aufbau amphibischer Einheiten an: »Die durch die Landungseinheiten erweiterten Gefechtsmöglichkeiten der Volksmarine verbessern die Voraussetzungen für das Zusammenwirken mit den Landstreitkräften und die wirksame Unterstützung ihrer in Küstenrichtung handelnden Verbände. Die Volksmarine richtete sich Schritt für Schritt und vor der Öffentlichkeit verborgen offensiver aus, auch Landungsboote der ROBBE-Klasse, neue U-Jagdschiffe und die Ausrüstung mit Raketenschnellbooten vom Typ OSA,

Die Volksmarine 1986

Kommando der Volksmarine	Rostock
1. Flottille	Peenemünde
4. Flottille	Warnemünde
6. Flottille	Dranske
Kampfschwimmerkommando	
Marinehubschrauber-Geschwader	
Küstenraketen- und Artillerie-Regiment	
Offizierhochschule »Karl Liebknecht«	
Flottenschule »Walter Steffens«	
Schiffsstammabteilung »Paul Blechschmidt«	
bis 1990 hinzugekommen:	
Küstenschutzkommando	
Küstenraketen-Regiment	
Marinehubschrauber-Geschwader	
Marineflieger-Geschwader	

Marschflugkörper (KENNEL) und sowjetische Hubschrauber modernsten Typs (MI4-M) trugen dazu bei, daß aus der Küstenmarine vergangener Tage eine respektable Randmeermarine wurde.

Seit Mitte der sechziger Jahre zeichneten sich aufgrund nationaler Eigenentwicklungen Spaltungstendenzen innerhalb des sozialistischen Blocks ab, die 1968 zur ersten ernsthaften Zerreißprobe des Warschauer Paktes führten. In der Tschechoslowakei wurde der Ruf nach inneren Reformen laut, der als »Prager Frühling« in die Geschichte einging. Der Konflikt zwischen der reformbereiten CSSR-Regierung und den fünf »harten« Staaten UdSSR, Polen, DDR, Ungarn und Bulgarien spitzte sich zu, und als eine Kompromißlösung außer Reichweite geriet, reagierten die Hardliner mit militärischer Intervention. Die DDR brandmarkte den Reformwillen der Tschechen als »Konterrevolution im Auftrag des Imperialismus« und schickte Soldaten Richtung Prag. Die Volksmarine, die noch wenige Wochen zuvor an Stabsübungen der Vereinten Ostseeflotten teilnahm und sich daher in bester Verfassung befand, wurde in erhöhte Gefechtsbereitschaft versetzt und dezentralisiert. Die Organisation läuft reibungslos. Admiral Ehm sorgte für die propagandistische Untermalung, weil in einigen kritischen Köpfen die ungewünschte Ahnung heraufstieg, es könne sich bei dem Einmarsch um einen völkerrechtswidrigen Akt handeln. Doch »die Erziehung der Angehörigen der Volksmarine zum unbändigen Haß auf den imperalistischen Klassenfeind und seine Handlanger« war sorgfältig, denn bereits auf der Schwelle zum neuen Jahrzehnt zählt die Volksmarine 19.000 Mann, über 300 Schiffe und Boote, zwei Raketenabteilungen und eine Hubschrauberstaffel!

Was Admiral Ehm »Erziehung der Angehörigen der Volksmarine zum unbändigen Haß auf den Klassenfeind« nannte, war nicht etwa eine vorübergehende Erscheinung, sondern Teil eines Programms, das sich wie ein Roter Faden durch die Geschichte der Volksmarine, überhaupt der Nationalen Volksarmee und der gesamten Gesellschaft, zieht.

Von klein auf wurde der Nachwuchs mit ideologischen Parolen gefüttert und in paramilitärischen Wettkämpfen gestählt; der DDR-Machtapparat ließ massenhaft Propagandablättchen drucken, um das Interesse der Jugend für Heer, Luftwaffe oder Marine zu wecken. Lustig-bunte Spiel- und Bastelbögen waren geschickt mit Informationen über den jeweiligen Armeeteil gespickt: Dienstgradtabellen, Planspiele oder Kriegsschiffe zum Zusammenbasteln klärten über die Volksmarine auf. »Schiffe versenken«, wobei vorzugsweise der »imperialistische Klassenfeind« stets das Nachsehen hatte - sollte Kampfeslust und Aggressivität steigern. In der Schule lag ein besonderes Augenmerk auf der vormiliärischen Ausbildung, die FDJ-Organisationen führten allmonatliche Pflichtveranstaltungen wie den »Zirkel der Jungen Sozialisten« durch. Die Soldaten der Volksmarine standen unter ständiger Kontrolle und Indoktrination von rund 5.000 speziell geschulten Politoffizieren.

Der planmäßige Polituntericht, hinter vorgehaltener Hande »Rotlichtbestrahlung« genannt und wegen seiner Eintönigkeit bei den Männern ausgesprochen unbeliebt, war nur eine Facette der umfangreichen politischen Einflußnahme, denn jeder Vorgesetzte war dazu angehalten, mit den Untergebenen »Kampfberatungen«, später etwas moderner »Kampfmeetings« geheißen, durchzuführen, um das Feindbild zu formen und die Gesinnung der Sol-

Auszeichnung von Offiziersschülern der Offiziershochschule Karl Liebknecht. Den besten Absolventen wird ein Ehrendolch mit einer Widmung des Ministers für Nationale Verteidigung der DDR überreicht. WGAZ/Marineschule Mürwik

daten zu überprüfen. So heißt es in einem Handbuch für den Unterricht der Politoffiziere: »Die Gefechtsausbildung in See führt häufig zur unmittelbaren Konfrontation mit Schiffen und Flugzeugen der NATO-Staaten. Deshalb ist es eine vordringliche Aufgabe der politischen Arbeit, diese Begegnungen zur weiteren klassenmäßigen Ausprägung eines sozialistischen Feindbildes und von Gefühlen des Hasses auf den Klassenfeind zu nutzen.«

Auf allen größeren Einheiten wachten Stellvertreter der Kommandanten über die einwandfreie Gesinnung der Besatzungen, höheren Ebenen waren Politabteilungen angegliedert, und jeder Kommandeur hatte einen Politoffizier als laufenden Schatten.

Das Überwachungssystem der DDR funktionierte perfekt – nie ist ein Unfall bekannt geworden, nie ein Unglück, nie eine Havarie zur See, und wie die Staatsgewalt mit denen verfuhr, die sich der verordneten Geisteshaltung widersetzten, kann man nur ahnen. Die meisten aber fügten sich, denn was blieb ihnen, die dem Manipulationsmechanismus des DDR-Machtapparates schutzlos ausgeliefert waren, auch anders übrig?

Die Volksmarine durchlief während ihres kurzen Daseins seit 1960 keine Entwicklungsphasen im eigentlichen Sinne. Sie blieb bis zum Ende das, als was sie gegründet wurde: eine Wehr gegen die eigenen Bürger und die »räuberischen Traditionen des deutschen Imperialismus«, der es nicht wagen sollte, seine »Schweinschnauze in unseren blühenden sozialistischen Garten zu stecken«. Dieser »blühende Garten« war ein einziges gigantisches System von Betrug und Lüge, Machtmißbrauch und Unterdrückung, und die Volksmarine ist ein Produkt dieses Systems gewesen. Sie ist aber auch ein Teil deutscher Marinegeschichte.

Ende der achtziger Jahre zeichnete sich der innere Verfall der NVA ab, der unter anderem auf die schlechte wirtschaftliche Lage des Landes zurückzuführen war; Soldaten wurden in verschiedenen Produktionszweigen der Wirtschaft eingesetzt, ohne daß die DDR-Regierung die hohen Bereitschaftsforderungen zurücknahm. Die aus diesem »Doppeleinsatz« resultierende ständige Überforderung der Streitkräfte und die in der Krise sichtbar werdenden Schwächen des Regimes verunsicherten Vorgesetzte wie Untergebene, und der Ruf nach Verbesserung der inneren Verhältnisse, vor allem nach einem tiefgreifenden Bewußtseinswandel, wurde immer lauter.

Es gärte im Volk. In der zweiten Hälfte des Jahres 1989 erkannte die DDR-Regierung unter dem Eindruck von Massenflucht und Demonstrationen ihre aussichtslose Lage. Hunderttausende rufen nach demokratischer Erneuerung und grundlegenden Reformen.

»Derweil sahen die saturierten, satten, von der NATO gesicherten Westdeutschen dem Geschichtsdrama von ›drüben‹ mit wachsender Ungläubigkeit via Fernsehschirm zu. Auch im Herbst 1989, in den kritischen ersten Oktobertagen, als alles auf des Messers Schneide zu stehen schien, rührte sich hier keine Hand, der Intellektuellenszene verschlug es buchstäblich die Sprache, als in Leipzig und Ostberlin hundertausendfach der Ruf erscholl: ›Wir sind das Volk‹, und noch unfaßbarer reagierten sie, als daraus ›Wir sind ein Volk‹ wurde. Die ›Brüder und Schwestern‹ im Osten waren und blieben auf sich selbst gestellt, deswegen war das, was 1989 geschah, zwar eine veritable deutsche Revolution – aber eine gleichsam ›halbe‹ deutsche Revolution (Michael Salewski).«

Auseinandersetzungen über ein neues Reisegesetz führten zum Rücktritt des Staatsratsvorsitzenden Erich Honecker samt seiner Regierung. Das neugebildete Politbüro unter der Führung von Egon Krenz gab dem Druck der Öffentlichkeit nach und ließ die Grenzen am 9. November öffnen.

Die DDR-Regierung reagierte unmittelbar nach dem Fall der Mauer mit der Ankündigung demokratischer Legitimierung der Nationalen Volksarmee, die endlich das Odium einer Armee der Partei verlieren sollte. Es war keine Frage, daß sich die Herrschenden um den letzten Staatsratsvorsitzenden Egon Krenz redlich um frischen Wind in der NVA mühten: Der obersten Volksvertretung unterstellt, erhielten alle demokratischen Parteien gleichberechtigt Zugang zur politischen Arbeit bei den Soldaten; das war ebenso neu wie die Anweisung, das Leben in der ziemlich zerrütteten, von Auflösungserscheinungen geprägten und teilweise disziplinlosen Truppe auf ein neues Fundament zu stellen und den Soldaten den Dienst zu erleichtern. Bemerkenswert der Auftritt von Verteidigungsminister Theodor Hoffmann im Januar 1990: Der Admiral gab den Forderungen der Soldaten nach und ließ ein Gesetz ergehen, nach dem der Wehrdienst auf zwölf Monate reduziert wurde. Ein Soldatenstreik, vielleicht ein Aufruhr, war soeben noch verhindert worden.

Die Bemühungen um einen neuen Kurs der Armee wurden durch die welthistorischen Ereignisse des Einigungsprozesses überholt. Davon abgesehen bleibt es zweifelhaft, ob eine Demokratisierung der NVA durch Männer, die von Demokratie nichts verstanden, überhaupt möglich gewesen wäre.

Mit dem Tag der Vereinigung beider deutscher Staaten war klar: Es kann nur eine Armee und eine Marine in Deutschland geben. Die Marine des anderen deutschen Staates, der so plötzlich nicht mehr existierte, stellte am 2. Oktober 1990 alle Einheiten außer Dienst, von denen die Bundesmarine nur wenige in ihren Bestand übernahm. Der Übergang von der Bundesmarine zur Deutschen Marine unter Einschluß der Volksmarine ist fließend, man spürt ihn kaum. Die Stimmung in der Truppe ist verhalten und abwartend, manchmal mißtrauisch-ablehnend, vielfach aber auch erwartungsvoll gespannt, denn immerhin gilt es, sich mit einem ehemaligen Gegner zu arrangieren.

Personalbestand der Volksmarine am 2. Oktober 1990

Offiziere	2.246
Portepee-Unteroffiziere	1.438
Unteroffiziere	805
Mannschaften	1.093
Wehrpflichtige	2.741
insgesamt	**8.323**

Neue Aufgaben im vereinten Deutschland: Die Deutsche Marine seit 1990

»Man kann nicht selber etwas schaffen, man kann nur abwarten, bis man den Schritt Gottes durch die Ereignisse hallen hört; dann vorspringen und den Zipfel seines Mantels fassen – das ist alles.« Bismarck, dessen Worte so einfach dahergesagt sind und in denen gleichwohl viel Wahrheit steckt, wird in den Tagen der friedlichen Revolution gern von Helmut Kohl zitiert. »Man« ist das mutige Volk der DDR, das die einmalige historische Chance wahrnimmt und den Zipfel des Mantels an die Politiker weiterreicht, die das Werk vertraglich vollenden und auf eine völkerrechtlich solide Grundlage stellen.

Parallel zu den Verhandlungen über den Beitritt der DDR zur Bundesrepublik Deutschland, der gemäß Artikel 23 des Grundgesetzes im Einigungsvertrag geregelt wurde, erarbeiteten die beiden deutschen Regierungschefs Helmut Kohl und Lothar de Maizière mit den ehemaligen Besatzungsmächten USA, Großbritannien, Frankreich und UdSSR im »Zwei-plus-Vier-Vertrag« die notwendigen Regelungen. Darunter das Zugeständnis der vollen staatlichen Souveränität Deutschlands sowie das Ende aller Rechte und Verantwortlichkeiten der Sieger. Von besonderer Qualität waren hierbei die Beziehungen zur Sowjetunion, vor allem die sowjetische Haltung zur Frage deutscher Bündniszugehörigkeit. Lösungen erzielten Kohl und Gorbatschow in Moskau und in der klaren Bergluft des Kaukasus: »Der Vertrag muß ohne große Begleitmusik, aber konzentriert, ohne Zeit zu verlieren, ausgearbeitet werden. Nach den gesamtdeutschen Wahlen wird die Frage der Einheit gelöst sein. Uns lenkt dann nichts mehr ab, und wir können sehr rasch zu einem beiderseitigen Erfolg kommen (Helmut Kohl).«

Zweifelsfrei sind die Gespräche in Moskau und im Kaukasus von historischer Größe, und der Bundeskanzler, von dem die Rede geht, er sei weniger Staatsmann als mehr glückhafter Überlebensstratege, strafte seine Kritiker mit Ergebnissen: Die drei Hürden – Freiheit der Bündniswahl, Abzug der sowjetischen Truppen aus Deutschland und die Reduzierung der deutschen Streitkräfte auf 370.000 Mann – wurden auf Deutschlands Weg in die Zukunft ausgeräumt. Daß dieser Weg steinig und mit vielfältigen

U 17, ein U-Boot der Klasse 206 A, beim Auslaufen aus dem Kieler Scheer-Hafen um 1990. Die 12 Boote dieser Klasse wurden zwischen 1973 und 1975 in Dienst gestellt, sie haben 500 ts Einsatzverdrängung und sind mit 8 Torpedorohren bewaffnet.
Flottenkommando

Fregatte KARLSRUHE beim Abschuß eines Flugkörpers. Fregatten der Klasse 122 weisen ein vielseitiges Leistungsprofil auf. Sie verfügen über die Fähigkeit, sich unter Mehrfachbedrohung (Überwasser, Unterwasser, Luft) durchzusetzen. Hauptaufgabe: U-Bootbekämpfung. Dazu werden vor allem die beiden Bordhubschrauber eingesetzt. Flottenkommando

Problemen gepflastert sein würde, darüber mochte Kohl im Rausch der deutschen Vereinigung nicht sprechen, obgleich er sich der immensen Schwierigkeiten durchaus bewußt war, wie er Michail Gorbatschow anvertraute: »Für uns selbst besteht die Hauptaufgabe in den nächsten Monaten darin, die Probleme in Deutschland zu bewältigen.« Aber es sind keine Probleme für Monate, sondern für Jahre, vielleicht Jahrzehnte. Michail Gorbatschow, der ein untrügliches Gespür für Krisen und gesellschaftliche Gefahrenherde hat, ahnt wohl, was auf die deutsche Regierung zukommen wird: »Man kann sagen, Sie stehen vor Ihrer Perestroika. Die Aufgaben sind schwierig und groß.«

Zu diesen Aufgaben zählte, Offiziere, Unteroffiziere und Mannschaften der ehemaligen NVA in eine Armee der Einheit zu integrieren und das Paradoxon zu überwinden, daß bisherige Gegner nun gemeinsam die große Verantwortung für ein und dieselbe Sache übernehmen: den Schutz des vereinten demokratischen Deutschland und seiner Bündnispartner. Die Herkules-Arbeit, eine sozialistische Armee innerhalb kürzester Zeit von den Werten der freiheitlich-demokratischen Grundordnung zu überzeugen, forderte beiden Teilen größtes Einfühlungsvermögen und höchste Sensibilität ab.

In einer zweiwöchigen »Vorlaufausbildung« an der Marineschule Mürwik und der Marineunteroffiziersschule wurden – verteilt auf neun Lehrgänge – 170 Marineoffizieren und Unteroffizieren die demokratischen Grundlagen vermittelt, ohne eine Garantie für die Übernahme als Soldaten auf Zeit (SAZ) geben zu können. Von den am 3. Oktober 1990 zunächst übernommenen 8.500 Soldaten der Volksmarine blieben bis 1991 nur 1.385. Daran änderten neue Planstellen und Ergänzungsausbildungen nur wenig.

Von der Bundesmarine bis 1991 übernommene Angehörige der Volksmarine

Offiziere	171
Portepee-Unteroffiziere	240
Unteroffiziere	288
Wehrpflichtige	420
Andere	266
insgesamt	**1.385**

Der Übergang war für beide Seiten schwer, doch die andere hatte es ungleich schwerer, denn sie wurde von der Furcht vor einer unsicheren Zukunft gequält.

Dem Verfasser, im September 1990 Reserveoffiziersanwärter, vertraute ein Oberleutnant an, er wisse nicht, wie es weiterginge, wenn er nicht als Soldat

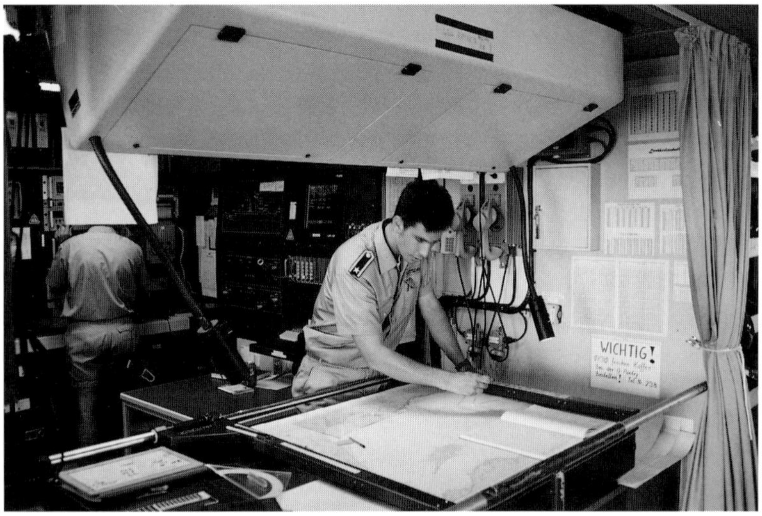

Ein Seekadett beim Arbeiten an der Seekarte in der Operationszentrale (OPZ) einer Fregatte um 1995. *Flottenkommando*

auf Zeit und später als Berufssoldat übernommen werde. Er habe Familie und diesen Beruf nunmal erlernt. Er artikulierte solche Ängste, deren Tragweite uns Fähnrichen erst in persönlichen Gesprächen bewußt wurde, und wir nahmen nach Dienstschluß jede Möglichkeit zu Diskussionen wahr, um die Gefühlswelt der neuen, ausgesprochen zurückhaltenden Kameraden, zu erschließen. Unsere vorgefertigte und anfangs einhellig vertretene Ansicht, zumindest die politisch geschulten Offiziere müßten konsequenterweise ihren Abschied nehmen, wich bald der tiefen Überzeugung, daß gerade diejenigen, die von der SED für ihre Zwecke mißbraucht wurden, eine faire Chance erhalten sollten; und dazu zählten gerade die Soldaten. Man spürte ihre Unsicherheit, ihr Unwohlsein, und die Männer in den abgenutzten NVA-Uniformen machten auf uns oft einen niedergeschlagenen Eindruck: »Ich komme mir vor, als hätte ich den Krieg verloren und bedingungslos kapituliert.« Das sagte einer, aber er mag stellvertretend für viele Offiziere und Unteroffiziere stehen.

Doch einen Bewußtseinswandel durchliefen nicht nur die Soldaten aus den »Neuen Ländern«, sondern gleichermaßen die Bundeswehrangehörigen, denn nach dem historischen Umbruch in Mittel- und Osteuropa gehörte der »Kalte Krieg«, der mit seinem Schwarz-Weiß-Raster für Eindeutigkeit gesorgt hatte, der Vergangenheit an.

Der sicherheitspolitische Umbruch und die hieraus erwachsenden Aufgaben der Bundeswehr

Eine Ost-West-Konfrontation gab es seit der Wiedervereinigung Deutschlands und dem Zerfall des Ostblocks zunächst nicht mehr als militärische Bedrohung. Deutschland ist nicht mehr Frontstaat am »Eisernen Vorhang«, es ist erstmals in seiner Geschichte mit den Anrainerstaaten entweder verbündet oder befreundet. Die Bundesrepublik liegt nicht mehr in Reichweite ei-

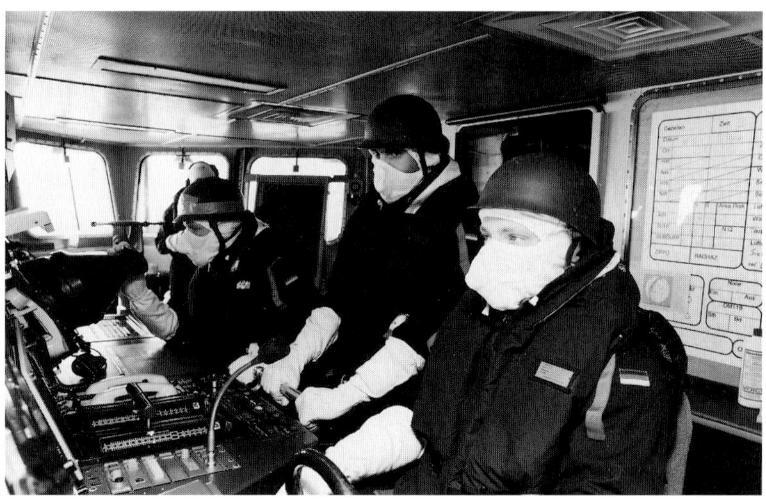

Auf der Brücke einer der neuen Fregatten. Die Männer tragen den neuen Gefechtsanzug mit Feuerschutzmasken und -handschuhen. *Flottenkommando*

nes zur strategischen Offensive und zur Landnahme militärisch befähigten Staates. Dadurch ist ein sicherheitspolitischer Umbruch erfolgt, und die strategische Lage Deutschlands hat sich damit grundlegend verbessert. Deutschland muß aber deshalb auch zugleich eine neue und internationale Verantwortung übernehmen. Die Bundesrepublik Deutschland steht als moderner, leistungsfähiger Industriestaat mit weltweiten Verflechtungen unter dem Einfluß vielfältiger politischer, sozioökonomischer und militärischer Trends. Deutschland ist gerade durch seine geostrategische Mittellage in Europa als Mitglied der Vereinten Nationen, der Organisation für Sicherheit und Zusammenarbeit in Europa, der Nordatlantischen Allianz, der Europäischen Union und der Westeuropäischen Union immer von strategischen Entwicklungen berührt und kann sich deshalb gegen Krisen und Instabilitäten nicht hermetisch abschotten.

Daraus ergibt sich die Pflicht zur Mitgestaltung einer neuen und gerechten Friedensordnung für Europa, verbunden mit Nordamerika und in Kooperation mit Rußland.

Dies ist der Rahmen einer neuen sicherheitspolitischen Zielsetzung. Die Bundeswehr, und damit auch die Marine, hat damit zwei Hauptfunktionen zu erfüllen: Sie muß einmal fähig bleiben, Deutschland und seine Verbündeten im Falle eines Angriffes zu verteidigen, und zum anderen muß sie in der Lage sein, kurzfristig zusammen mit Verbündeten und Partnern zur Bewältigung internationaler Krisen und Konflikte beizutragen.

Der künftige erweiterte Auftrag der Bundeswehr ist von Bundesverteidigungsminister Volker Rühe in den am 26. November 1992 erlassenen »Verteidigungspolitischen Richtlinien« neu formuliert worden und lautet wie folgt:

»Die Bundeswehr schützt Deutschland und seine Staatsbürger gegen politische Erpressung und äußere Gefahr,
- fördert die militärische Stabilität und die Integration Europas,
- verteidigt Deutschland und seine Verbündeten,
- dient dem Weltfrieden und der internationalen Sicherheit im Einklang mit der Charta der Vereinten Nationen und
- hilft bei Katastrophen, rettet aus Notlagen und unterstützt humanitäre Aktionen.«

Der Anteil der Marine am erweiterten Auftrag der Bundeswehr

Etwa seit Mitte der neunziger Jahre ersetzen zunehmend »Krisenreaktionskräfte« und mobile Eingreiftruppen die bisherigen eher statischen Armeestrukturen. Reaktion, Dynamik, Flexibilität, Mobilität und Innovation sind längst nicht mehr allein von der Wirtschaft besetzte Begriffe, sondern halten als neue militärische Tugenden mit atemberaubender Geschwindigkeit Einzug in die Armeen Europas, der USA und Rußlands.

Der neue Terminus heißt Instabilität. So bitter es auch klingen mag, aber vor dem Fall des »Eisernen Vorhangs« war die sicherheitspolitische Lage in das bipolare System der Weltmächte hineingezwungen und so zwar stets bis zum Zerreißen ge-

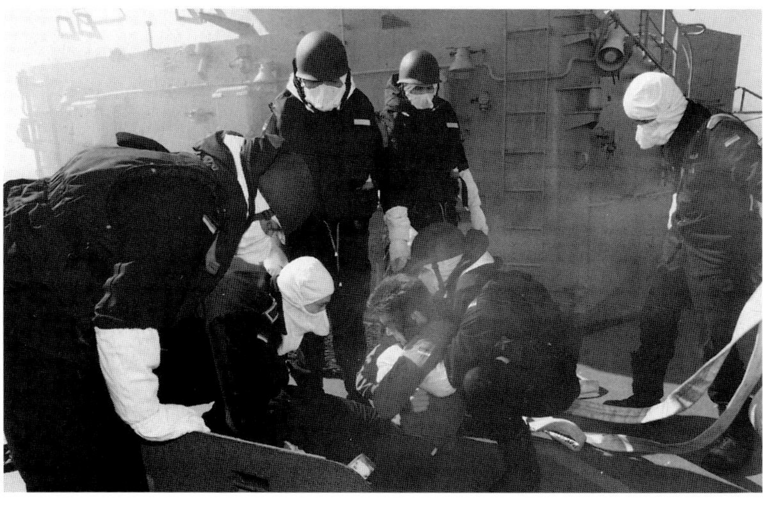

Bergung eines Verwundeten bei einer Schiffssicherungsübung an Bord einer Fregatte um 1997.
Flottenkommando

Schulter an Schulter arbeiten die Männer der Deutschen Gesellschaft zur Rettung Schiffbrüchiger mit den Marinefliegern des Search And Rescue (SAR)-Dienstes zusammen. Ein Hubschrauber vom Typ WESTLAND SEA KING MK 41 und ein Rettungskreuzer der DGzRS im Einsatz. Seit 1975 stehen 22 SEA KING Hubschrauber beim Marinefliegergeschwader 5 in Kiel-Holtenau im Dienst der SAR-Bereitschaft.
Flottenkommando

spannt, aber stabil. Jetzt ist die Welt unkontrollierbarer geworden. In dem Maße, in dem Europa zusammenwächst, Einigkeit, Integration und Freundschaft bei allseits fallenden Grenzen demonstriert, entwickeln sich im Osten und Südosten Tendenzen zur Desintegration und Zersplitterung staatlicher Einheiten, die zu grenzüberschreitenden gewaltsamen Auseinandersetzungen führen können und in jedem Fall ein Gefahrenpotential darstellen, das in seiner Komplexität nicht überschaubar ist. Die Gefahr des Mißbrauchs atomarer Hinterlassenschaften, gerade in den problemträchtigen Nachfolgestaaten der Sowjetunion, und Migrationsströme von Wirtschafts- und Kriegsflüchtlingen kommen hinzu.

Die Bundesrepublik Deutschland ist von den neuen Risiken unmittelbar betroffen und nimmt im Schulterschluß mit ihren Partnern internationale Aufgaben wahr. Die Bestimmung der Bundeswehr liegt seit 1990 in der Teilnahme an internationalen Einsätzen zur Friedenssicherung und Konfliktbewältigung. In Kambodscha, im Irak, im ehemaligen Jugoslawien und in Somalia hat die Bundeswehr gezeigt, daß sie zur Übernahme neuer Aufgaben fähig ist. Sie hat aber auch Diskussionen über den Sinn dieser Einsätze losgetreten, über deren letztlichen Erfolg die Geschichte entscheiden muß.

»In der ersten Phase nach der Vereinigung Deutschlands kam es für die Bundeswehr darauf an, die Nationale Volksarmee aufzulösen, die Bundeswehr im Osten Deutschlands aufzubauen, die gesamtdeutschen Streitkräfte um etwa ein Drittel zu reduzieren, sie teilweise neu zu stationieren und gleichzeitig auf neue Aufgaben auszurichten ... In der zweiten Phase kommt es darauf an, unter Berücksichtigung der sicherheitspolitischen Lage, unserer gewachsenen internationalen Verantwortung und des sich daraus ergebenden Auftrags die Bundeswehr auf die Herausforderungen der Zukunft auszurichten ... Die Bundeswehr muß trotz begrenzter Ressourcen ihren künftigen Aufgaben gerecht werden (Volker Rühe).«

Es ist eine gewaltige Herausforderung für die Vereinten Nationen (UN) und die NATO, die zahlreichen Konfliktregionen und Krisenherde in den Griff zu bekommen, Auseinandersetzungen durch gezielte Prävention auf Dauer zu vermeiden und die Stabilität zu fördern. Die »Multinationale Konfliktverhütung« ist mitnichten in den betroffenen Gebieten uneingeschränkt willkommen; von Einmischung in innere Angelegenheiten und Manipulation ist häufig die Rede, und die Fälle, in denen es zu Reibereien mit den Friedenstruppen kommt, sind nicht mehr selten.

Die entscheidende Frage ist, ob die Staatengemeinschaft langfristig überhaupt in der Lage sein kann, durch ihre Aktivitäten die innerstaatlichen Entwicklungsprozesse in den Krisengebieten erfolgreich

Open Ship, Besucher an Bord. Auf der Fregatte BREMEN (links) und Fregatte BAYERN (rechts) werden Besucher über das Schiff geführt. Öffentlichkeitsarbeit, vor allem durch Informationstätigkeit, steht bei der Bundesmarine seit jeher hoch im Kurs.

Minenjagdboot ROTTWEIL der Klasse 332. Die 12 Minenjagdboote der Klasse 332 kamen von 1992 bis 1998 zur Flotte. Die Boote haben 590 ts Wasserverdrängung, laufen bis zu 18 kn und haben ein 40-mm-Geschütz. Sie verfügen über Einrichtungen, mit denen die Minen geortet und vernichtet werden können.
Flottenkommando

voranzutreiben und den Frieden dauerhaft zu sichern. Schließlich werden sich auch ihre Soldaten nur ungern an den Gedanken gewöhnen, in einem Land ihr Leben aufs Spiel zu setzen, an das sie weder emotional noch patriotisch gebunden sind. Sie sterben eventuell für ein Land oder nationale Fragmente, die sie nach der Verfassung nicht zu verteidigen brauchen, denn die Fähigkeit zur Teilnahme an kooperativer multinationaler Konfliktverhütung und Krisenbewältigung schließt keineswegs deren Notwendigkeit mit ein. Doch die Einbindung in die internationale Staatengemeinschaft gebietet nach Maßgabe der Politik die Teilhabe an »friedenssichernden Maßnahmen«.

»Globale Herausforderungen«, »supranationale Verantwortung«, »multinationale Verpflichtungen« sind die Zauberworte, welche den bis 1990 alleingültigen Auftrag der Bundeswehr, die Verteidigung der Bundesrepublik Deutschland, ergänzt haben. Die Säkularwende 1989/90 brachte somit eine Verschiebung im Selbstverständnis der Soldaten überhaupt und konfrontiert diese teilweise mit Gewissenskonflikten neuer Prägung: Das eigentliche verteidigungspolitische Interesse gilt der aktiven Gestaltung von Stabilität und Frieden in der Welt - ob humanitärer Einsatz oder Kampfeinsatz. Freilich müht sich die Politik, den Zusammenhang beider Funktionen - national und international - deutlich zu machen; doch nicht immer gelingt ihr das, wie die vornehmlich historisch motivierten Diskussionen um die Einsätze der Bundeswehr im ehemaligen Jugoslawien gezeigt haben. Erst 1994 beschloß der Bundestag mit überwältigender Mehrheit - auch mit den Stimmen von Bündnis 90/Die Grünen - den Einsatz deutscher Soldaten auf dem Territorium des früheren Jugoslawien.

Zu diesem Zeitpunkt ist die Deutsche Marine, so ihre offizielle Bezeichnung seit 1990, längst schon fester Bestandteil des NATO-Krisenmanagements im Mittelmeer, wohin im Januar 1991 ein Kampfverband, bestehend aus zwei Fregatten, einem Zerstörer, einem Tanker und einem Versorgungsschiff, verlegt wird. Die Marine mit ihrem Inspekteur Vizeadmiral Hein-Peter Weyher, von 1991 bis 1995 im Amt, trug mit insgesamt elf Kampfeinheiten, sechs Unterstützungseinheiten und drei »Maritime Patrol Aircraft« (MPA) zum Gelingen der Operation »DESERT STORM« bei; Minenräumer zerstörten darüber hinaus innerhalb von vier Monaten 101 Minen und Sprengkörper im Persischen Golf. In der Adria überwachten deutsche Einheiten die Einhaltung des verhängten Embargos zur See. Von neuer Qualität sind die 1991 auf dem Rom-Gipfel beschlossenen gemeinsamen Übungen mit den Staaten der ehemaligen Sowjetunion, Süd- und Mitteleuropas, an denen auch deutsche Seestreitkräfte teilnehmen.

Die Marine im vereinten Deutschland

Das bereits erwähnte Ende der Ost-West-Konfrontation und in deren Folge die Wiedervereinigung Deutschlands hatten für Auftrag und Struktur der

Marine so große Auswirkungen, daß man beinahe von einem Neubeginn seit 1990 sprechen kann.

Schon vor dem Beschluß der NATO zu ihrer neuen Strategie von 1991, mit der dem Gegner von einst die Hand zur Partnerschaft geboten wird, hatte die Marine auf der Basis der vorgelegten Untersuchungsergebnisse der von Vizeadmiral Mann eingesetzten Arbeitsgruppe (AG2005) ihre grundlegende Reformierung eingeleitet. Es galt, damit einmal den neuen sicherheitspolitischen Gegebenheiten in Europa zu entsprechen, aber auch den sich abzeichnenden Engpässen beim Personal und den Haushaltsmitteln zu begegnen. Nach einem als Folge der Wiedervereinigung bedingten kurzzeitigen Personalaufwuchs - vor allem durch die Übernahme von Teilen der ehemaligen Volksmarine - wurde zielstrebig eine Verkleinerung der Marine in Gang gesetzt, die keinen Bereich ausließ und bis zum Jahr 2000 beendet sein soll.

In der Zielstruktur wird die Marine etwa 27.000 Mann haben. Der Führungsstab der Marine in Bonn hat sich von zuvor sechs auf drei Stabsabteilungen verjüngt. In der Flotte gibt es nur noch die Zerstörerflottille, die U-Boot-Flottille, die Schnellbootflottille, die Flottille der Minenstreitkräfte, die Flottille der Marineflieger und die der Marineführungsdienste.

Die Zahl der Marinestützpunkte wird von neun auf fünf verringert werden, indem die Marine auf das Prinzip der Typstützpunkte übergeht, das heißt die Geschwaderebene wird weitgehend aufgelöst, und alle typgleichen Einheiten werden in einer Flottille in einem Stützpunkt zusammengefaßt.

Durch die Zusammenlegung von Aufgaben in der Ausbildung wird die Marine ihre früher einmal 14 Schulen auf später fünf reduzieren. Diese Umorganisation spiegelt sich in den drei Stationierungsellipsen der Marine wider, die in Zukunft drei regionale Schwerpunkte in den Küstenländern Niedersachsen, Schleswig-Holstein und Mecklenburg-Vorpommern bilden wird. So ist z.B. die Schnellbootflottille seit 1994 in Warnemünde stationiert, das Marineamt ist 1997 nach Rostock umgezogen, und die Marinetechnikschule in Parow befindet sich bereits im Aufbau.

Mit der seit Beginn der neunziger Jahre eingeleiteten Reorganisation der Marine geht zielgerichtet und planmäßig eine Modernisierung der Flotte einher, damit die Marine ihre neuen Aufgaben in einem geänderten sicherheitspolitischen Umfeld erfüllen kann.

1992 wurde mit dem Zulauf des ersten Minenjägers der Klasse 332 die Modernisierung der Minenstreitkräfte der Marine fortgesetzt, jener Seekriegsmittel also, die sich 1991 in der Folge des Golfkrieges bei Minenräumaktionen im Persischen Golf international auszeichnen konnten.

1994 wurde die erste Fregatte der Klasse 123 in Dienst gestellt. Mit den vier Neubauten diesen Typs sollen die bis 1994 außer Dienst gestellten Hamburg-Zerstörer ersetzt werden. Mittel- und langfristig sind mit den Neubauprojekten Fregatte 124 - Ersatz für die Zerstörer der LÜTJENS-Klasse -, U-Boot 212 - Ersatz für die U-Boote 206/206A -, und den erstmals einzuführenden Korvetten - Ablösung für die Schnellboote - auch materiell die Weichen für die Zukunft der Marine gestellt.

Mit dem Zulauf dieser Seekriegsmittel wird die Marine auch in Zukunft ihre Komponenten und

Seefernaufklärer und U-Jagdflugzeug vom Typ BREGUET ATLANTIC BR 1150. Dieser Flugzeugtyp fliegt seit 1966 in der deutschen Marine. Maschinen dieses Typs werden vielfältig eingesetzt als Seefernaufklärer, U-Jagd-Flugzeuge, elektronische Messungen und im SAR-Dienst. Flottenkommando

Fähigkeiten in allen Seekriegsarten über Wasser, unter Wasser und gegen Luftbedrohung behalten. Gleichzeitig drückt die Zusammensetzung dieser Flotte auch die veränderte Schwerpunktsetzung der Marine weg von der früher dominanten Ostseekriegführung hin zu entregionalisierten Einsätzen im Rahmen des Bündnisses und anderer internationaler Sicherheitsstrukturen aus.

Die Marine setzt den Schwerpunkt ihrer Planung zum Erhalt und Ausbau der Krisenreaktionsfähigkeit auf die Modernisierung ihrer Überwassereinheiten und der schwimmenden logistischen Unterstützung. Planungsziel bleibt eine ausgewogene Flotte mit folgenden Komponenten: Fregatten mit Bordhubschraubern, Schnellbooten bzw. Korvetten, U-Booten, Minenabwehrfahrzeugen, Seefernaufklärern/U-Jagdflugzeugen, Marinejagdbombern sowie schwimmende Einsatzunterstützung. Daneben soll die Einsatzfähigkeit für die Krisenreaktion vorrangig in Frage kommenden Einheiten durch ein Paket von Einzelmaßnahmen verbessert werden.

Die Kommandostruktur der Marine bleibt in ihrer Grobgliederung künftig unverändert. Dem Flottenkommando in Glücksburg unterstehen dann sechs Flottillen:

- Flottille der Marineflieger in Kiel
- Zerstörerflottille in Wilhelmshaven
- Schnellbootflottille in Warnemünde
- Flottille der Minenstreitkräfte in Olpenitz
- U-Boot-Flottille in Eckernförde
- Marineführungsdienstflottille in Kiel

In der Endplanung ist für die präsente Flotte folgender Mindestumfang vorgesehen:

- 15 Fregatten
- 15 Korvetten (als Ersatz für die Schnellboote der Klassen 143A und 143),
- 6 U-Boote
- 20 Minenabwehrfahrzeuge,
- 10 Seefernaufklärer (MPA),
- 1 verstärktes Marinejagdbombergeschwader mit 46 TORNADOS,
- 38 Hubschrauber und
- 10 größere Unterstützungseinheiten

Unter Berücksichtigung des Ausbildungs- und Instandsetzungszyklus können rund 40 Prozent der Einheiten in zwei Einsatzgruppen je nach Auftrag und Lage zusammengestellt und für Krisenreaktion verfügbar gemacht werden. Der Status von Krisenreaktionskräften und Hauptverteidigungskräften rotiert bei den Schiffen und Booten entsprechend dem Ausbildungsstand der Besatzungen.

Die Marine unterstützt ihre schwimmenden Einheiten durch typgebundene Stützpunkte in Wilhelmshaven, Eckernförde, Olpenitz, Rostock-Warnemünde sowie in Kiel bis zum Ausphasen der Zerstörer und Zulauf der neuen Fregatten in Wilhelmshaven. Die Sicherungskräfte und Transportkräfte der Marine werden in Seeth konzentriert.

Der internationale Austausch von militärischem Know-how ist mittlerweile zur Norm geworden: »Wir haben heute ein praktisches Sofortprogramm auf den Weg gebracht, das die Beziehung zwischen der NATO und Teilnehmerstaaten verändern wird. Dieses Programm geht über Dialog und Kooperation hinaus und begründet eine wirkliche Partnerschaft – eine Partnerschaft für den Frieden«, hieß es in der Erklärung der Staats- und Regierungschefs des Nordatlantikrates 1994 in Brüssel. Im September trafen sich bereits unter Führung des deutschen Flottenkommandos polnische, dänische und deutsche Einheiten zu einer gemeinsamen Übung in der Ostsee. »Partnership for Peace«-Übungen finden seither regelmäßig im Nordatlantik und im Mittelmeer statt.

Herausragend war 1994 der Somalia-Einsatz der Marine, die das deutsche Heereskontingent mit einem Schiffsverband aus dem Hafen von Mogadischu nach Kenia transportierte. »Da solche Maßnahmen in der Regel entweder auf dem Luftwege oder über See abgewickelt werden, muß jede Operation, auch wenn sie anfänglich nur eine Teilstreitkraft umfaßt, als Joint Operation geplant werden. Der Transport der Soldaten des deutschen Unterstützungsverbandes über See von Mogadischu nach Mombasa hat sowohl die Notwendigkeit vorsorglicher Planungen als auch die den Seestreitkräften innewohnende Flexibilität deutlich gemacht (Konteradmiral Hans Frank).« Die Zusammenarbeit zwischen den Teil-

Artists Impression eines U-Bootes der Klasse 212. Das erste dieser neuesten U-Boote wurde am 1. Juli 1998 auf Kiel gelegt. Mit 1.320 ts Einsatzverdrängung sind sie die bisher größten Nachkriegsbauten der U-Boot-Waffe und verfügen durch Brennstoffzellen/Batterien über einen außenluftunabhängigen Antrieb. Bewaffnung: 6 Torpedorohre. Flottenkommando

streitkräften war hervorragend und die Marine über jedes Lob erhaben. Als Konsequenzen aus den Somalia-Erfahrungen stellte die Führung hernach die Forderung nach einem Mehrzweckschiff, das als Führungsplattform im Einsatzgebiet dienen kann, und nach neuen Führungsstrukturen, die diese Joint-Einsätze erheblich erleichtern sollen.

Die Bundeswehr ist nach wie vor eine in die NATO-Kommandostruktur eingebundene Bündnisarmee, so wie sie von ihren Gründungsvätern geschaffen wurde. Ihr Aufgabenspektrum hat sich indes nach der »Wende« schrittweise erweitert und umfaßt seit 1994 drei Kernpunkte:

- die Fähigkeit zur Landes- und Bündnisverteidigung im Rahmen der NATO;
- die Fähigkeit zur Mitwirkung im Rahmen der multinationalen Krisenbewältigung von NATO und WEU;
- die Fähigkeit zur angemessenen Beteiligung an Einsätzen im Rahmen der Vereinten Nationen und der KSZE auf der Grundlage der VN-Charta und des Grundgesetzes.

Der Deutschen Marine kommt bei der Erfüllung dieser neuen Aufgaben eine herausragende Bedeutung zu, denn es liegt auf der Hand, daß die Krisenherde dieser Welt am leichtesten über See erreichbar sind; die neuen Herausforderungen haben daher vor allem eine maritime Dimension. Davon abgesehen hat die Bundesrepublik als rohstoffarme und in hohem Maße exportabhängige Industrienation ein vitales Interesse an dem freien Zugang zu sicheren Seeverbindungen. »Alle Flottillen«, so hebt der seit 1995 amtierende Inspekteur der Marine, Vizeadmiral Hans-Rudolf Boehmer, heraus, »gehören prinzipiell zu den Krisenreaktionskräften, aber immer nur ein kleinerer Teil, maximal 40 Prozent, ist aus höchster Einsatzbereitschaft abrufbar.« Die schnelle Eingreiffähigkeit der Flotte ist jederzeit gewährleistet, und genau das macht sie für internationale Einsätze jetzt und in Zukunft so wertvoll.

Der Auftrag ist festgeschrieben, doch mit der Vereinigung der beiden deutschen Staaten sind gesamtgesellschaftliche Probleme entstanden, die freilich auch die Streitkräfte betreffen. Das betrifft in besonderer Weise den Etat, denn die spärlichen Finanzmittel, um die Verteidigungsminister Volker Rühe ein ums andere Mal ringen muß, lassen kaum mehr Freiraum in der Rüstungsplanung und im Personalbereich, der von den Diskussionen um die Abschaffung der bewährten Wehrpflicht gerade in letzter Zeit unangenehm berührt wird. Die Marine als kleinste Teilstreitkraft ist besonders von Personalabbau, Auflösungen und Umgliederungen betroffen. Die Zielstruktur »Marine 2005« sieht den umfangreichsten Umbau in ihrer 40jährigen Geschichte vor, doch angesichts der sinkenden Haushaltsmittel kommt es vermehrt darauf an, die bestehenden Komponenten der Flotte, also Fregatten, U-Boote, Minenstreitkräfte, Schnellboote/Korvetten, Marinefliegereinheiten und Unterstützungskräfte zu erhalten.

Um die Aufgaben in Zukunft meistern zu können, mithin die Operationsfähigkeit der Marine zu wahren und zu steigern, ist eine kalkulierbare Finanzpolitik der Bundesregierung unabdingbar. Die aber ist seit Mitte der 90er Jahre immer unübersichtlicher: Bundeskanzler und Finanzminister loben, wie es einmal hieß, ihre »Haushaltspolitik mit Augenmaß«, wohingegen die Opposition bereits von Zahlungsunfähigkeit der Republik spricht.

Die großen Vorhaben der maritimen Rüstung – die neuen U-Boote 212, die Fregatten 124, Sealynx-Hubschrauber sowie einzelne Verbesserungen im Bereich der Sensortechnik – sind zwar planerisch gesichert und teilweise schon realisiert. Ob allerdings das gesamte Programm jenseits der Jahrtausendgrenze in schwimmendes Potential umgesetzt werden wird, das ist mehr als fraglich. »Das Thema wird in vielen Variationen immer wieder auf die Tagesordnung kommen, bis hinauf auf die strategische und politische Ebene, auf der wir – Abbild unserer Geschichte – hin- und hergerissen zu sein scheinen, ob wir nun eine starke Landmacht im Zentrum Europas trotz veränderter Bedingungen bleiben wollen oder ob wir als zentrale Wirtschaftsmacht Europas uns eher der maritimen, globalen Dimension europäischer Sicherheits- und Bündnispolitik zuzuwenden haben (Hans-Rudolf Boehmer).«

Das ist in der Tat die Frage. Doch diese globale maritime Dimension kostest Geld, viel Geld. Es steht zu befürchten, daß die Marine unter dem Zwang der Verhältnisse weiter schrumpfen wird: Bereits jetzt ist von nur noch 27.000 Mann Personal und weniger als 100 schwimmenden Einheiten im Jahr 2005 die Rede. Freilich liegt etwas wie Tragik darin, wenn die Marine vielleicht bald schon auf einen Teil ihrer internationalen Einsätze verzichten muß, weil die Staatsfinanzen sie nicht zulassen. Oder anders gewendet: Verpaßt Deutschland aus eigenem Verschulden die historische Chance, im Auftrag der Völkergemeinschaft als Anwalt für Frieden und Freiheit dauerhaft Seemacht zu sein?

Einhundert Jahre lange fochten deutsche Marinen um Seegeltung, einhundert Jahre lang waren deutsche Schiffe Instrumente aggressiver Politik und trugen den Willen zur Macht auf die Ozeane der Welt hinaus. Innerhalb von 35 Jahren zeigten sie ihre Verläßlichkeit und ihre Kollegialität in zwei verschiedenen Bündnissen und taten ihre Pflicht ohne Lärm oder maritime Ansprüche. Seit acht Jahren nun entfaltet die Marine des vereinten Deutschland schrittweise eine weltweit geachtete, rege Tätigkeit im Dienst der Vereinten Nationen und der NATO.

Deutsche Schiffe stehen mehr denn je für das friedliche Zusammenleben der Völker. Mit dieser anspruchsvollen Aufgabe geht unsere Marine in das 21. Jahrhundert.

Den Frieden zu wahren,
gerüstet zum Streit,
mit flatternden Fahnen, im eisernen Kleid,
so tragt deutsche Schiffe,
von Meere zu Meer,
die Botschaft von Deutschland,
den Frieden umher.

Zusammenfassung von Michael Salewski*

Deutschland als Seemacht

I.

Dem »General des Baltischen und Ozeanischen Meeres« gelang die Eroberung der lächerlichen Provinzstadt an der Ostsee nicht, seine Macht reichte nur bis zum Strand, draußen auf See lagen die schwedischen und dänischen Kriegsschiffe. Im Juli 1628 zog er unverrichteter Dinge wieder ab. Der gescheiterte Kriegsheld war Wallenstein, die Heldenstadt Stralsund, die berühmte Episode aus dem Dreißigjährigen Krieg aber war nur ein bunter Tupfen im großen Schlachtengemälde des Krieges. Will man diesen als die Urkatastrophe Deutschlands bezeichnen, so war die monatelange vergebliche Belagerung Stralsunds durch den vornehmsten, erfolgverwöhntesten Heerführer des Römischen Kaisers, Ferdinand II., die Urkatastrophe Deutschlands als Seemacht.

Zwei Jahre später landete Gustav Adolf auf Usedom, niemand der Kaiserlichen konnte es dem Schwedenkönig verwehren, alles Feilschen, zehn, achtzehn Jahre später, half nichts: Im Westfälischen Frieden wurden die Deutschen von ihren beiden Meeren erstaunlich systematisch abgeschnitten, fortan ging ihr Blick nicht zur und über die See, sondern nach Land, das Meer aber gehörte den Dänen, den Schweden, den Holländern, Franzosen und Engländern, und als Peter der Große seine Flotte baut, an die Ostsee durchbricht, verschwinden die letzten Relikte einer phantastisch maritimen Zeit, die unter dem Schlagwort »Hanse« bis heute in den Köpfen vieler Deutscher, besonders in Schleswig-Holstein und Mecklenburg-Vorpommern spukt.

Bis in die Mitte des 19. Jahrhunderts verstand sich Deutschland als kontinentale Macht. Die Seemächte, das waren Holland und England ganz unbestritten, Frankreich, Spanien, Portugal, jene Staaten, die janusköpfig kontinentale und maritime Ambitionen zu verbinden suchten, an den reinrassigen Seemächten aber regelmäßig zu scheitern pflegten. Das Schicksal Europas, so meinten später viele Historiker, sei vom Kampf um die Meere, die Seemacht bestimmt worden; schon die Auseinandersetzungen zwischen Spanien und England im 16. Jahrhundert mit dem Höhepunkt der Armada-Saga (»Deus flavit et dissipati sunt«, hieß die Umschrift auf einer englischen Siegesmedaille) legten die Parameter zu einem politischen Bauplan für den europäischen Kontinent fest, in dem die Utrechter »Balance of Power« und die Politik der freien Hand Englands alles bestimmten. Der ungeheure Einfluß Alfred Thayer Mahans auf die deutsche Geschichte zu Beginn des 20. Jahrhunderts ging auf dieses simple, anscheinend leicht begreifbare Muster von kontinental und maritim in der Staatengeschichte Europas zurück. Die kaum versteckte Lehre, das angebliche historische Naturgesetz lautete, daß nur die Seemächte die wahren Mächte in der Vergangenheit gewesen seien und es unzweifelhaft auch in Zukunft sein würden. Was als Verheißung eines amerikanischen Marineakademielehrers für sein eigenes Land gedacht war, wurde zur Hoffnung jener europäischen Großmächte, die es nur bleiben und zu Weltmächten aufsteigen zu können glaubten, wenn sie wie einst Peter der Große sich neben der Macht zu Lande eine solche zur See

* Dieser Beitrag entstammt dem Band: Michael Salewski: Die Deutschen und die See. Studien zur deutschen Marinegeschiche des 19. und 20. Jahrhunderts, hrsg. von Jürgen Elvert und Stefan Lippert. Franz Steiner Verlag, Stuttgart 1998, S. 9–21. Autor, Herausgeber und Verlag danken für die Überlassung dieses Aufsatzes.

schufen. Die Vorstellung, daß der Besitz von Flotten, einer Handelsmarine, von Seehäfen wirtschaftlichen Aufschwung und eine gewaltige Steigerung der politischen Macht und des internationalen Ansehens bedeuteten, war freilich uralt. Sieht man genauer zu, so rückt der Prestigegesichtspunkt mehr und mehr in den Vordergrund, Seemacht war nicht nur etwas für die Ökonomie oder die politische Macht, sondern gehörte zur Dekoration der Staatsräson, zum politischen Selbstverständnis, ein Herrscher ohne Flotte, ohne Häfen, das war fast wie der Kaiser ohne Kleider. Wenigstens ein Kriegsschiff wollte er haben: Der Melancholiker auf dem Thron, Friedrich Wilhelm III., ertrotzte sich seine »Amazone«, Friedrich Wilhelm, der Große Kurfürst, hatte mit seiner brandenburgischen Flotte in Afrika buchstäblich Staat zu machen gesucht, das herbe Schicksal der schwedischen »Wasa« ging nicht zuletzt auf das schiere Übermaß von Prunk und Protz zurück, mit dem dieses Königsschiff ausgestattet worden war. Ein Blick auf die Werke der Maler der englischen Admiralität, fast auf jedes Seestück bis 1914, auch noch darüber hinaus, man denke an Bordts »Letzten Mann«, macht diesen irrationalen Charakter von Seemacht unmittelbar einsichtig. Seemacht ist also keineswegs nur ein Begriff aus dem Lexikon der Politologen, gerade das macht es so schwer, fast unmöglich, ihn in historisch-politischen Zusammenhängen ohne Mißverständnisse zu verwenden.

Deutschland war Jahrhunderte hindurch, so will es die historische Konvention, keine Seemacht wie England oder Holland, später die USA. Aber dieses Urteil wurde immer nur vor der Folie der tradierten Definitionen von Seemacht gefällt, wie sie seit Mahan geläufig waren und teilweise heute noch sind. Die Wirklichkeit war und ist erheblich komplizierter – denn nicht nur die real existierende Seemacht Deutschlands bestimmte seine Geschichte mit, sondern in womöglich größerem Ausmaß die Idee von Seemacht, also das, was Staatsmänner, Herrscher, Parteien und gesellschaftliche Gruppen unterschiedlichsten Charakters sich unter Seemacht vorstellten. Es war die Theorie der Seemacht, die geschichtsmächtig wurde – beispielsweise als es um die Einheit der Nation ging, 1848, und im Zeitalter von Tirpitz, also um und nach der Jahrhundertwende.

Denn dies ist auffallend: Die heftigsten politischen Auswirkungen von Seemacht ließen sich immer dann beobachten, wenn es diese Seemacht en réalité gar nicht, genauer: noch gar nicht gab. Die Papierflotte von 1848 erregte die Frankfurter Parlamentarier weit mehr als die real auf der Weser schwimmende Brommy-Flotte von 1850, die man herzlos versteigerte; die nur in Gesetzesvorlagen existierende Hochseeflotte mobilisierte die öffentliche Meinung, polarisierte die Politik – als die Tirpitzflotte fast fertig war, 1912, interessierte sie fast niemand mehr, und im Ersten Weltkrieg war sie nahezu vergessen – also gerade in dem Moment, in dem aus der bloßen Option Seemacht reale Seemacht hätte werden müssen. Schließlich das »Dritte Reich«, das »maritime Dritte Reich«: Es entsteht in den Köpfen, auf dem Papier zwischen 1938 und 1941, diese Phantasmagorie entbehrte aller realen Grundlagen und wurde doch außerordentlich folgenreich.

Es gibt für dieses Phänomen eine einleuchtende Erklärung: Jeder Flottenbau ist ein Wechsel auf eine nach politischen Maßstäben relativ ferne Zukunft; die Tirpitzflotte sollte in zwanzig Jahren fertig sein, die Hitlers in zehn Jahren. Ob man die dann im besten Fall wirklich vorhandene schwimmende Seemacht noch brauchen wird, weiß man zehn, zwanzig Jahre zuvor meist nicht; als es um die Realisierung des Z-Plans, also des ersten wirklichen nationalsozialistischen Flottenprogramms ging, meinten einige Experten, man wolle die dicken Schiffe, auch wenn man nicht wisse, ob und wie sie zu gebrauchen seien.

Aber damit rückt ein anderes Kernproblem in den Mittelpunkt: Müssen Seemächte eine Seemacht haben? Kann eine Seemacht keine Seemacht sein? Seemacht sein und Seemacht haben: das muß und mußte nie miteinander fluchten, selbst als Tromp endgültig verloren hatte, blieb Holland eine Seemacht, und selbst als die französische Flotte unter Ludwig XV. die englische an Größe und Qualität übertraf, war Frankreich offensichtlich keine Seemacht, als Roosevelt seine große weiße Flotte losschickte, demonstrierte sie nur die Weisheit der Farbe, nicht die der amerikanischen Seemacht. In der deutschen Geschichte der vergangenen Jahrhunderte, und auf diese soll sich nun der Blick richten, hat es wenige Momente gegeben, in denen Idee und Begriff von Seemacht ins allgemeine Bewußtsein drangen. Zwar wurde der Abschluß von Ost- und Nordsee nach 1648 langsam gelockert, aber die politische Zersplitterung des Römischen Reiches, dann des Deutschen Reiches bis 1866 führte zu ähnlichen Effekten wie einst die schwedische und dänische Vormacht in Norddeutschland: die See war nicht frei, auch wenn sich die schwedische Idee des mare clausum für die Ostsee bekanntlich nicht durchzusetzen vermochte, im Gegenteil, die ärgerlichen dänischen Sundsperren ließen die Ostsee als Handelsweg wenig attraktiv erscheinen, in der Nordsee wurde alles von den »echten« Seemächten, also England und Holland bestimmt; als Helgoland 1809 englisch wurde, schien die Blockade auch der Nordsee für die Zukunft typisch zu werden. Die Hansestädte aber haben sich wie eh und je nicht nach dem hinter ihnen liegenden Binnenland orientiert, sondern konsequent nach Übersee, sie projizierten keine deutschen Seemachtambitionen, im Gegenteil, lange versuchten sie zu hemmen, die Integration des hanseatischen Marinegeistes in die allgemeine deutsche Marinebegeisterung um 1848 gelang nur sporadisch, geht auf einzelne, etwa Duckwitz zurück, und war nicht von Dauer, später war Ballin die Ausnahme, die die Regel bestätigte.

In der maritimen Tradition Deutschlands gilt das Jahr 1848 mit dem Höhepunkt der Reichsflottengründung – dem überhaupt ersten Beschluß der Frankfurter Nationalversammlung – als eigentlicher Ausgangspunkt der deutschen Seemacht; das klägliche Ende zwei Jahre später wurde nicht als endgültiger Abbruch des seemächtlichen Experimentes, sondern als Keimzelle für eine längerlebige, erfolgversprechendere preußische Marinetradition angesehen, und daran ist ja auch mancherlei richtig; tatsächlich hätte es die preußische Flotte, wie sie bis 1871 entstand, nicht ohne den Kern der alten Brommy-Flotte gegeben. Dennoch täuscht diese Tradition: Die Reichsflotte von 1848 scheiterte am Widerstand nicht nur der unzulänglich »maritim« denkenden deutschen Nation und ihrer allzu kontinental eingestellten Fürsten, sondern wesentlich am Einspruch, um nicht zu sagen an der Gegnerschaft der seinerzeit mächtigen Seemächte: Englands, Dänemarks, auch Rußlands. Das Deutsche Reich von 1848 wollte sich in der deutschen Seemacht finden und scheiterte gerade an ihr; was als nationaler Integrationsfaktor hochgemut gedacht war – man denke an den Prinzen Adalbert –, führte zu Krieg und kläglichen Londoner Protokollen, am Ende ins politische Niemandsland. Die deutsche Seemacht von 1848 war eine Chimäre und spielte der Nation einen üblen Streich.

War die Reichsflotte eine politische Fata Morgana, so war es die nicht existierende Flotte Preußens, Österreichs, der norddeutschen Staaten in den Jahrzehnten bis 1815 gerade nicht gewesen. Das anscheinende Paradox lösen nicht nur die schönen schnellen Schiffe der preußischen Seehandlung auf, die Erstaunliches leisteten und eine bemerkenswerte maritime Alternative zur klassischen Kriegsflotte bildeten, sondern die Hauptaktionen der großen europäischen Politik, in deren Mittelpunkt die Zurückweisung eines universalen Herrschaftsanspruches stand: des französischen im Zeichen der Großen Revolution und ihres Erben, Napoleon Bonapartes.

Deren Seemacht war keine quantité négligéable, die Schiffe aus dem ancien régime waren immer noch schön und imponierend, aber sie waren verrottet, sie wurden schlecht administriert, schlechter geführt, in zahlreichen Gefechten mit der Royal Navy zermürbt, schließlich in Aboukir und Trafalgar spektakulär besiegt, ähnlich erging es der dänischen Flotte. Der Sieg der britischen Seemacht über das kontinental gebundene Universalreich des Korsen galt immer als klassische Konfiguration im Wechselspiel »kontinental« versus »maritim«; an Deutschland dachte niemand, es besaß keine Flotte, schon Friedrich der Große hatte auf sie verzichtet – aus wohlerwogenen Gründen, denn seit 1756 war Preußen eine Seemacht –, verbündet mit England, über dieses mit Hannover. Ob dies möglich gewesen wäre, wenn sich der König nicht an die Maximen aus seinem politischen Testament von 1752 gehalten hätte? Damals, so schrieb er ohne Bedauern, hatte Preußen keine einziges Kriegsschiff, und nur als politische Träumerei erschien ihm die vage Möglichkeit einer kleinen, bescheidenen Flotte im Falle des Erwerbs von Polnisch-Preußen. Das Bündnis mit England fügte Preußen in das Lager der damaligen echten Seemächte, es gehörte also dazu, und die Projektion der englischen Seemacht, die bis Hannover reichte, half dem bedrängten preußischen Königreich über die schlimmsten Gefahren hinweg. Am Ende des Krieges, 1763, fanden sich nicht die kontinentalen Gegner Österreich und Frankreich gestärkt, sondern England und Preußen – genau dies war der Auftakt und Ausgangspunkt für den kommenden säkularen Konflikt zwischen England und Frankreich. Als er zu Ende war, 1815, sah es so aus: Preußen und Österreich waren mit Rußland, der großen Kontinentalmacht, verbündet, konnten diese Allianz aber nur deswegen frei gestalten, weil auf ihrer Seite auch die siegreiche Seemacht England stand, mit der sich Preußen und Österreich, die Kontinentalmächte, nach einigen Irrungen und Wirrungen wieder verbündet hatten. 1815 schien daher eine glückliche Entwicklung eingeleitet: Die Deutschen konnten inmitten Europas vermittelst des Kongreß- und Interventionssystems sich dauerhaft neuer französischer aber auch alter russischer Ambitionen erwehren; noch immer hatte Preußen praktisch kein Kriegsschiff und war doch zur See mächtiger als später.

War für die Definition der deutschen Seemacht also England der Schlüssel und das Maß? Die Epoche von 1756 bis 1815 spricht dafür, das war die erste maritime Periode in der deutschen Geschichte; nach 1815 tauchten zuerst vereinzelt, 1848 dann massiv Vorstellungen von einer selbständigen preußisch-deutschen Seemacht auf – in dem Maße, in dem sich Deutschland von England abzuwenden und an der dänischen Treue zum Deutschen Bund zu zweifeln begann, sehr zu Recht, wie man weiß.

Gleichzeitig setzte die permanente kontinentale Verführung des Ostens ein. Den Sündenfall par excellence hatten die beiden deutschen Vormächte im Dreitakt von 1772, 1793 und 1795 schon hinter sich, das hatte die moralische Hemmschwelle deutlich gesenkt; wenn fortan die Russen die Polen zu Paaren trieben, 1832, 1863, halfen die Preußen mit, auch wenn sie nichts taten, und als die größte aller Versuchungen an das Land Friedrich Wilhelms IV. herantrat, als England Preußen mit in den Krimkieg gegen Rußland in der Ostsee nötigen wollte, da fielen die Würfel: Preußen, später Deutschland, wurde kontinental, die Drähte liefen nach St. Petersburg und Wien, nicht nach London oder Paris, die Folgen zeigten sich und sind bekannt, verständlich wird auch, daß die preußisch-österreichische Irritation von 1866 flugs behoben war. Nimmt man also das Jahrfünft von 1848 bis 1853 als die Zeitspanne, zu der Preußen-Deutschland die englische Allianz ausschlug, so sollte es fast genau hundert Jahre dauern, bis diese weltgeschichtliche Entscheidung revidiert wurde.

Diese Epochengliederung geht nun quer zu allen konventionellen, sie überspringt Jahresdaten wie 1871, 1914, 1939, 1945 – und fügt diese damit relativ enger zusammen. Deutschland war zwischen 1848 und 1949 eben keine Seemacht im Sinne jener Politik, die einst Friedrich der Große, Stein und Hardenberg getrieben hatten. Der Wende- und Kulminationspunkt war 1848; das erste vermeintlich »maritime« Jahr der Deutschen war in Wahrheit das erste »kontinentale«. Anders gewendet: Das hundertjährige deutsche Mißverständnis von See und Seemacht beruhte auf der falschen Annahme, daß eine Flotte und eine Position genügten, um Seemacht zu etablieren; nimmt man die jeweiligen Höhepunkte der vermeintlichen – in Wahrheit chimärischen – deutschen Seemachtentfaltung, nämlich die Jahre 1848/49, 1898–1908, 1938–1941, so sind es genau die, in denen sich die Seemächte am schroffsten von Deutschland abwandten: 1848 England (die USA waren trotz vermeintlicher »atlantischer Blockpolitik« mitnichten ein Ersatz), desgleichen Frankreich (schon seit 1840); bis 1908 war das Liebeswerben um England endgültig an der Hypertrophie des Tirpitzplanes gescheitert, und mit der Kündigung des deutsch-britischen Flottenvertrages vom 18. Juni 1935 am 28. April 1939 waren die politischen Fronten für den kommenden Krieg ebenfalls klar.

Natürlich hat es an der kontinentalen Grundentscheidung Preußen-Deutschlands immer wieder Zweifel gegeben, und England blieb das ganze Jahrhundert hindurch die ferne, spröde Geliebte des deutschen Nationalbewußtseins. Aber, wie es Bismarck einmal ausdrückte: die Leute wollten sich nicht lieben lassen, und diese frustrierende Erfahrung machten sie alle hintereinander: Bismarck, Tirpitz, Wilhelm II., Bülow, Bethmann Hollweg. Später Brüning und vor allem Hitler. Und nach 1949 hatten Adenauer, von Brentano, die »Gaullisten« ganz ähnliche Schwierigkeiten mit Großbritannien – dann freilich begann alles sich zu wandeln, das kontinentale Jahrhundert der Deutschen ging 1955 zu Ende.

England »kam« also in diesen hundert Jahren entgegen aller Beschwörungen und Suggestionen der deutschen Navalisten nicht, denn es war ihm unmöglich, sich mit den beiden Grundpfeilern der deutschen Staatsräson abzufinden: der kontinentalen Orientierung im Sinne und in der Hoffnung auf eine mehr als halbhegemoniale Stellung auf dem Kontinent und dem gleichzeitigen Versuch, der kontinentalen Machtposition eine maritime vermittelst eines ehrgeizigen Flottenbaus hinzuzufügen. Man kann leicht erkennen, wie die Spannungen mit der europäischen Seemacht England immer dann größer wurden, wenn Deutschland in die Planungs- und Realisierungsphase seines maritimen Anspruches geriet, wie sie sich abschwächten, wenn der maritime Faktor in Deutschland wieder in den Hintergrund trat. Die Bündnissondierungen um die Jahrhundertwende stockten, scheiterten schließlich parallel zu den beiden ersten Flottengesetzen unter Tirpitz; die vorsichtige Wiederannäherung 1912/13 lief mit dem Verfall des Tirpitzplanes einher. Die sanften deutschbritischen Konvergenzen zwischen 1923 und 1929 korrelierten mit den größten Legitimationskrisen und der lamentabelsten Schwäche der Reichsmarine; der spektakuläre Zusammenbruch des deutschenglischen Verhältnisses erfolgte zum Zeitpunkt, als Hitler den Z-Plan sanktionierte. Dabei haben die verantwortlichen Staatsmänner in Deutschland durchaus um dieses Wechselspiel, diesen Mechanismus gewußt, aber sie suchten ihn zu ignorieren oder als historisch falsch zu erweisen. Tirpitz beharrte auf der unsinnigen These, daß seine Flotte völlig unabhängig von allen anderen und allen anderen Seeinteressen nur auf die Deutschlands bezogen gebaut werde, Raeder und Hitler gar wollten ihre Zukunftsflotte England als Garantie des Britischen Empires andienen – das war alles politische Stümperei. In ihrem kontinentalen Jahrhundert erlagen die Deutschen dem Irrtum, daß die anderen, an ihrer Spitze England, ihnen ihre Zukunft auf dem Wasser sowenig gönnten wie den Platz an der Sonne. Das provozierte eine flächendeckende Trotzreaktion, die in diametralem Gegensatz zu einer psychopolitischen Grundeigenschaft maritim denkender Völker und Staaten steht: einer langfristig denkenden liberalen Gelassenheit. Die englische, dann auch die amerikanische Seemachtentwicklung hatte sich in jahrhundertelangem ruhigem Prozeß vollzogen, selbst Spanien und Frankreich hatten sich nur sehr langsam, aber stetig zu Seemächten entwickelt, in Deutschland waren alle Anläufe zur Seemacht – genauer: zur vermeintlichen Seemacht – von geradezu blinder Hektik und politischer Atemlosigkeit bestimmt. Das war das eine Kennzeichen der deutschen maritimen Sonderentwicklung. Das andere lag auf dem Feld der Mentalitäten, und hier vermischte sich die schon angedeutete gleichsam »natürliche« Irrationalität von Seemacht mit einer spezifisch deutschen. Hektik und Leidenschaft waren das Substrat, aus dem die Deutschen Seemacht etablieren wollten, ohne die See im mindesten zu verstehen. Aber selbst, daß sie die See nicht verstanden, begriffen sie nicht – immer wieder muß man an den fulminanten Satz von Tirpitz denken, der als Quintessenz seiner »Erinnerungen« gemeint war: »Die Deutschen haben die See nicht verstanden«, was konkret und in Wirklichkeit hieß: Der maritime Oberhäuptling Tirpitz hatte die See am allerwenigsten verstanden.

Warum aber verfügten die Deutschen über kein Instrumentarium, um ihre maritimen Irrtümer einsehen zu können? Die paradoxe Antwort: weil sie felsenfest davon überzeugt waren, das Wesen der Seemacht mit deutscher Gründlichkeit längst schon begriffen zu haben. Wie anders hätte man, um ein Beispiel zu nennen, die finanzielle Entstehungsgeschichte der »Frauenlob« deuten können? Da spenden biedere Hausfrauen Geld für ein Kriegsschiff, das schien nicht nur lobenswert, sondern zeugte von tiefer Einsicht in maritime Notwendigkeiten, 1848/49. Am 2. September 1860 geht die »Frauenlob« im Taifun unter, 47 Tote sind zu beklagen, vierzig Jahre später wird eine neue »Frauenlob« auf Kiel gelegt - sie versinkt glorreich mit 324 Toten in der Skagerrakschlacht - aber zu diesem Zeitpunkt ist schon die dritte »Frauenlob« im Bau, übrigens auf der Kaiserlichen Werft in Kiel, die, halbfertig, 1921 Opfer des Versailler Vertrages wird. Das leuchtende Vorbild für so viel weibliche Einsicht in die naval needs der Deutschen war übrigens Wilhelm II., der in seiner finanziell kritischen Phase nicht anstand, die erste Baurate für ein Schlachtschiff aus der Privatschatulle bezahlen zu wollen, sollte sich der Reichstag fernerhin renitent zeigen. Der aber war von soviel Enthusiasmus beeindruckt - niemals hätte Tirpitz seine navalistischen Phantasien verwirklichen können, wenn nicht die gewählte Vertretung des deutschen Volkes fast bis zum bitteren Ende den Finanzplänen des Reichsmarineamtes zugestimmt hätte. Daß die Sektsteuer zum Flottenbau herhalten mußte, gehörte in den gleichen Mentalitätszusammenhang - nicht nur die Frauen, die Armen, die Kleinen - nein auch die Reichen, selbst der Kaiser trugen ihre Scherflein zum Aufbau der Flotte bei - wer hätte diesem Volk die Wahrheit zu sagen gewagt, es verstehe von See und Seemacht im Grunde gar nichts?

Vergeblich wird man in den echten Seemachtnationen nach solchen Absonderlichkeiten suchen, an der Flotte hatte man sich zu bereichern - das war in England seit den Tagen des seligen Samuel Pepys bare Selbstverständlichkeit - und man darf daran zweifeln, daß die Industrietycoone in England und Amerika sich wie Krupp und andere deutsche Schlotbarone am maritimen Portepee hätten fassen lassen und Schiffe selbst mit Verlust gebaut hätten - Michael Epkenhans hat zu diesem merkwürdigen maritim-kommerziellen Altruismus jüngst Erstaunliches zutage gefördert.

Daß diese deutsche Seemachtvorstellung sich dergestalt entfalten konnte, ging wesentlich auf die dialektische Verklammerung zwischen den innen-, sozial- und außenpolitischen Begründungen für den Flottenbau zurück. Seitdem die deutsche Einheit via Marine hergestellt werden sollte - eines der ersten Schiffe der deutschen Flotte trug den bezeichnenden Namen »Der Urwähler« -, war alles Seemachtdenken mit dem nationalen Prestige verbunden, diese Tradition von 1848 wurden die Deutschen bis 1945 nicht mehr los, auch die Ereignisse von 1918 sprechen nicht dagegen, denn die wurden gerade als die Antithese, als dialektischer Umschlag empfunden. Gewiß, auch in anderen Staaten kristallisierte sich das nationale Selbstbewußtsein um heroische maritime Ereignisse - jeder Gang durch London oder Paris macht das deutlich - nirgendwo aber waren die Idee der nationalen Einheit und der maritimen Machtentfaltung enger miteinander verknüpft als in Deutschlands kontinentalem Jahrhundert. Das hieß aber auch, daß jeder Untergang der Seemacht als latente oder akute Bedrohung der nationalen Einheit selbst begriffen werden konnte. Das war 1848 ff. ebenso wie 1918 ff. der Fall, und noch 1945 richteten sich die Hoffnungen vieler Deutscher auf die Kriegsmarine, die ja tatsächlich und buchstäblich die demographische Einheit der Nation durch die Fluchtaktion über die Ostsee wesentlich zu behaupten verstand. Nun wird man zu Recht einwenden können, daß die deutsche Einheit auch ohne Flotte gekommen wäre - tatsächlich war dies 1871 ja der Fall - und die Einheit der Nation durch die deutschen Flottenträumereien letztlich mehr gefährdet als gefördert worden sei. Auch diese Einsichten gab es bekanntlich, aber da sie in diametralem Gegensatz zur landläufigen und Mehrheitsmeinung standen, waren sie nur zu einem gut: die Nation zu zerklüften und den Zugang zum Wesen der Seemacht zu versperren. Flottendinge wurden auf diese Weise zu existentiellen Belangen des Volkes; daß man 1848 wie 1918 diese mit revolutionären Erschütterungen zwanglos in Verbindung bringen konnte, befestigte nur die Auffassung, nach der die Deutschen zwar möglicherweise keine Flotte brauchten, sie dennoch lebenswichtig und eben nicht, wie die perfiden Engländer meinten, ein »Luxus« war.

Aus solchen Verklemmungen resultierten hypertrophe Flottenbaupläne wie falsche Erwartungen an die angebliche Bündnisfunktion einer Flotte in der Außenpolitik. Gerade die Wahnidee von der deutschen Bündnisfähigkeit, die durch die Flotte hergestellt werden müsse – das galt 1848 im Hinblick auf Rußland, England, schon die USA – in der Ära Tirpitz einseitig für England, in der NS-Zeit bis 1940 desgleichen – verstellte den verantwortlichen Politikern und Militärs den Blick für die nüchterne und realistische Beurteilung der deutschen Seemacht durch jene Staaten, auf deren Bündnis es dem Reich doch angeblich ankam. Bei Tirpitz und Hitler ist es mit Händen zu greifen: In beiden Fällen sollte die Flotte, die reale und die zukünftige, zum Katalysator des politischen Bündnisses werden, obwohl sie doch unvermeidlich jeden denkbaren Bündnisprozeß dissoziieren mußte. Das blanke Unverständnis ob dieses nach hinten losgehenden maritimen Schnellschusses kann man den Äußerungen von Tirpitz und Hitler mühelos entnehmen, aber schon die Frankfurter Reichsregierung von 1848/49 war wegen der englischen Reaktionen auf die famose Brommy-Flotte schwer enttäuscht, die Piratenflaggenlegende von Helgoland wirkte noch 100 Jahre im maritimen Selbstverständnis der Deutschen nach. Um es zusammenzufassen: Die Deutschen verstanden das Prinzip Seemacht nicht, weil sie glaubten, die ultimative Seemacht zumindest in Zukunft sein zu können. Auch wenn man nicht so genau weiß, ob Tirpitz 1917 wirklich den Seekrieg mit England vom Zaun gebrochen, auch wenn es nur Vermutung ist, daß Hitler 1949 den finalen maritimen show-down mit den Seemächten England, Amerika und Japan gewagt hätte – es gibt genügend Indizien dafür, daß sich die Deutschen in ihrem kontinentalen Jahrhundert mehrfach darauf vorbereitet haben, neben der größten Landmacht am Ende auch die bedeutendste Seemacht zu werden, kurzum ein Weltreich nach den Maximen Mahans und Mackinders gründen zu können.

Solche Phantasien waren übrigens hartnäckig. Sieht man sich das Jahrhundert von 1848 bis 1945 insgesamt an, so wiederholt sich diese Konfiguration, idealtypisch betrachtet, mindestens dreimal: 1848 ff, 1900 ff, 1938–1941, und zwar in exponentieller Steigerung der Ansprüche. Dem entsprachen die Flottenprogramme: Vergleicht man die adalbertinische Idealflotte nach Fall drei mit der Tirpitzflotte von 1917 und der Kriegsmarine von 1949 – also jeweils nach der erhofften Realisierung des Flottenbauprogramms – so wird deutlich, daß man 1848 die Seemacht im Bereich der kontinentalen Mächte anstrebte (die angebliche dänische Bedrohung war nur vorgeschoben), für 1917 die im europäisch-atlantischen Raum, für 1949 die Weltseeherrschaft. Die Deutschen haben also aus den beiden ersten Desastern nichts gelernt, konnten nichts lernen, weil sie die See nicht verstanden, 1945 brauchten sie nichts zu lernen, weil die Seemächte mit allen deutschen Seemachtambitionen so radikal kurzen Prozeß machten, daß die Kontinuität der falschen Traditionen und der maritimen Mißverständnisse nach den Methoden des Dr. Eisenbarth unterbrochen wurde. Seitdem haben die Deutschen niemals mehr an das angeknüpft, was ihnen die Seehelden aus dem kontinentalen Jahrhundert suggerieren wollten. Die Idee Seemacht ist in Deutschland tot, der Grund ist einfach: weil Deutschland zum ersten Mal seit 1815 wieder eine Seemacht ist.

II.

Vielleicht weil dies so ist, hat sich seit der Gründung der Bundesrepublik Deutschland nahezu niemand mit dem Phänomen Deutschland als Seemacht beschäftigt, ja man wäre auf bares Unverständnis gestoßen, hätte man behaupten wollen, daß Deutschland endlich wieder eine Seemacht ist. Seehandel, ja, den gab es, aber nicht einmal eine Seehandlung – und die Flotte?

Greift man zunächst auf die große Epochengliederung zurück, so folgte dem kontinentalen Jahrhundert der Deutschen ab 1955 eine maritime Ära, die bis heute anhält, denn die Bundesrepublik entstand auf Geheiß der großen Seemächte und wurde vollkommen via NATO in das größte, am längsten währende und erfolgreichste Seebündnis der Weltgeschichte integriert, die Nordatlantische Verteidigungsgemeinschaft. Man war, 1955, wieder da, wo Friedrich der Große 1756 gewesen war, nur mit dem fundamentalen Unterschied, daß anstelle der verblichenen Weltmacht England die der USA getreten war und der potentielle Gegner Sowjetunion mitnichten wie einst die Zarin Elisabeth über wohlfeile und österreichische Festlandsdegen verfügen konnte. Das war eine viel glänzendere Ausgangsposition als die des Vertrages von Westminster, sie war so beeindruckend – »abschreckend« war das Zauberwort in der 2. Hälfte des 20. Jahrhunderts –, daß es nicht zum Siebenjährigen Krieg, sondern zur längsten Friedensperiode der europäischen Geschichte kommen sollte. Die, die wir mitten in diesem säkularen Frieden sitzen, haben es inzwischen leider verlernt, tagtäglich darüber zu staunen und dankbar zu sein.

Deutschland wurde zu einer westlichen Seemacht, weil es keine Seemacht besaß – wie Friedrich, wie Friedrich II. und III., ja selbst wie der frühe Bismarck, der Ministerpräsident des Königreiches Preußen – denn die Vor-Stosch'sche Flotte war doch bestenfalls Staatsdekoration. Anfangs war den Deutschen dieser einschneidende Wandel in ihrer Geschichte alles andere als bewußt, denn sie waren mit ihren Problemen der Nachkriegszeit vollauf beschäftigt, und die bezogen sich auf die Frage der Wiedervereinigung, der kommunistischen Bedrohung und des Kalten Krieges, sie begannen das sogenannte Wirtschaftswunder zu inszenieren, dann zu genießen, es war die Zeit, in der die ersten bundesdeutschen Marineoffiziere vor allem im Süden Deutschlands gerne mit Bahnpolizisten verwechselt wurden.

Aber es gab sie seit 1955, wenn auch nur in NATO-Blau, das war entscheidend. Zwar spukten, bis hinein in die Himmeroder – oder/und die Wagnersche Denkschrift immer noch einmal gelegentlich Erinnerungsfetzen an die deutsche Seemachtvergangenheit, aber die erwiesen sich nie als lebenskräftig, es gab keine Restauration, ungeachtet mancher Traditionsecken und -vereine, deren Einfluß auf die große Politik, im Gegensatz etwa zur Tirpitz- und auch zur Streseman- bis Brüningzeit, minimal blieb. Der verhängnisvolle Navalismus von unten, der vor allem in den Jahren von 1898 bis 1912 die Geister verwirrt und die Nachbarn Deutschlands erschreckt hatte, war absolut tot, ausgerottet nicht durch irgendwelche Maßnahmen der Reedukation, sondern durch die schrecklichen Folgen der deutschen Hybris, die der Marine immer eingeschlossen. Gewiß haben gerade in den fünfziger Jahren einige Historiker versucht, das Bild der deutschen maritimen Vergangenheit in rosigeres Licht zu tauchen – die Namen kennt noch heute jeder, der sich mit Marinegeschichte beschäftigt –, aber nicht sie sollten fortan das Bild der Öffentlichkeit von der Geschichte der deutschen Seemacht bestimmen. Man muß es genauer ausdrücken: Dieses Bild existierte im Bewußtsein der Öffentlichkeit gar nicht mehr, gerade dieser Umstand erwies sich als glückliche Chance für einen wirklichen Neubeginn, der gar nicht erst den Versuch machte, an Altes, ob bewährt oder nicht, wesentlich anzuknüpfen. Zum ersten Mal in der deutschen Geschichte wurde der Bau einer Flotte nicht nur nicht gefordert, sondern wahrscheinlich von der Mehrheit der Bevölkerung kategorisch abgelehnt; im Rahmen der »Ohne-mich«-Bewegung war für Kriegsschiffe kein Platz. Mit größten Mühen nur gelang es Adenauer, ein Minimum an Akzeptanz für das Heer und die Luftwaffe zu erreichen – man denke an die Szene von Andernach am 12. November 1955 –, für Marine galt dies nicht, sie entstand sozusagen klammheimlich aus den letzten Relikten der alliierten Minenräumorganisation und des Bundesgrenzschutzes See. Die ersten Schiffe, die optisch überhaupt wahrnehmbar waren, stammten aus England, Frankreich und den USA, in mancherlei Hinsicht konnte man sich an die Anfänge der Reichsmarine von 1848 erinnert fühlen, als die Agenten der Paulskirche ebenfalls in England und Amerika ein bißchen Schiffsmaterial einzukaufen suchten – was nur anfangs funktionierte, dann zu Irritationen und einem raschen Abbruch der Verbindungen führte. Die Marine der Bundesrepublik Deutschland hatte mit einer klassischen, gar dem tradierten Ideal der »ausgewogenen« Flotte nichts zu tun, und die Frage nach ihrer Existenzberechtigung fand in dem halb boshaft, halb ernsthaft gemeinten Wort von der 13. Division unmittelbaren Ausdruck.

Es war, betrachtet man es vor der Folie der vergangenen hundert Jahre, also von 1848 bis 1949/55, alles andere als eine Seemacht, die sich da mühselig in den norddeutschen Häfen sammelte – und dennoch war die Bundesrepublik eine bedeutende Seemacht. Die militant-ideologische Herausforderung durch die Sowjetunion und ihr Satellitensystem, seit 1949 auch durch China, erinnerte manchen Geschichtsbewußten an das Zeitalter der Französischen Revolution und Napoleons. Damals hatte eine große Kontinentalmacht fast ganz Europa unterjocht und konnte erst aus der Peripherie und vermittelst der unbesiegten englischen Seemacht zurückgedrängt werden: Dieser roll back von 1813 bis 1915 stand Pate bei den ersten Strategien, die im Angesicht des rasch eskalierenden Kalten Krieges seit 1948 entstanden. Nur von England und Spanien aus – wie einst im Zeitalter Napoleons – glaubten die Seemächte, genauer: glaubten die USA und England, die Kommunisten wieder aus Europa verdrängen zu können; wollte man historische Analogien aus jüngerer Zeit, so bot sich die Invasion vom Juni 1944 als denkbares Muster an.

Nun aber war es von grundsätzlicher Bedeutung, daß das Hauptstück von Deutschland, anders als seinerzeit Preußen der Napoleons, eben nicht der Diktatur Stalins unterstand, sondern dem »benevolent despotism« der westlichen Demokratien, wie es Lucius D. Clay einmal ironisch ausgedrückt hat. Dieser aufgeklärte Absolutismus der Westalliierten ließ den Deutschen, anders als nach 1918, auch theoretisch keine Wahl. Hatten Persönlichkeiten wie Ebert und Noske, Reinhardt und Seeckt damals mehr oder weniger laut darüber nachdenken können, wo denn der Platz des schwer geschlagenen, aber eben nicht zerbrochenen Reiches sein müsse – »Deutschland zwischen West und Ost« lautete der Titel einer bekannten Seeckt'schen Broschüre –, so blieb den Gründungsvätern unserer Republik nach 1948 solches Kopfzerbrechen erspart. Die erzwungene und zugleich freiwillige und erwünschte Integration Westdeutschlands in das atlantische Bündnis – und sei es auf Kosten der Wiedervereinigung – war für alles Nachfolgende entscheidend. Dabei ging es den westlichen Siegern gewiß nicht um das Wohl einer Bevölkerung, die noch fünf Jahre vorher in blindem Fatalismus einer verbrecherischen Diktatur angehangen hatte – Adenauer wußte das sehr wohl –, sondern um ihr eigenes Fell: Sollte es der zu Lande überwältigend stark gebliebenen, ständig stärker werdenden Sowjetmacht wirklich gelingen, Europa zu überrollen oder wenigstens Westdeutschland zu schlucken, so stand den Alliierten ein langwieriger Seekrieg bevor – Seekriege pflegen immer lange zu dauern – oder aber die atomare Apokalypse, in deren Strudel auch sie über kurz oder lang hineingerissen worden wären. Westdeutschland war also der unverzichtbare kontinentale Brückenkopf für die Seemächte, damit gehörte es zur modernen Formel von Seemacht selbst – gleichgültig, ob die Deutschen das wollten oder nicht. Anders als bei allen vorangegangenen Anläufen zur deutschen Seemacht standen diesmal nicht am Anfang hehre Absichtserklärungen, halbmetaphysische Erwägungen, bombastische Programme, irrationale Hoffnungen, sondern harte Tatsachen von der Art, daß Bremerhaven amerikanischer Einfuhrhafen war, eine effektive deutsche Minenräumorganisation unter westalliierter Leitung die westeuropäischen Gewässer wieder verwendbar machte, amerikanische Flugzeugträgerverbände ihren Screen über Nordsee und Ostsee entfalteten, die ersten deutschen Kriegsschiffe rigoros den englischen Drillmeistern unterworfen wurden, die zumeist harte Schulnoten verteilten, auf die die Deutschen stolz waren. Man stelle sich vor, die Hochseeflotte wäre von Flagg Officer Sea Training in die Zucht genommen worden! Undenkbar! Schande! Würdelos! – so hätten wohl die Schlagzeilen auch seriöser Blätter gelautet.

Der absurde historische Vergleich macht den qualitativen Wandel im deutschen Seemachtsbewußtsein hinreichend deutlich: Zum ersten Mal in der deutschen Geschichte konnte sich deutsche Seemacht nicht in zuletzt tödlicher Konkurrenz, sondern im friedlichen Zusammenwirken mit den beiden größten atlantischen Seemächten entwickeln. Deutsche Kriegsschiffe transportierten nach 1955 weder Ideologien noch Ansprüche, selbst keinen Stolz und kein Prestige, sondern Waffen, Sensoren, Einsatzverfahren, seemännisches Know-how und bedingungslose Hingabe an eine Sache, die am wenigsten von den Deutschen selbst bestimmt wurde. Aus der einst verführerisch schimmernden Wehr war wieder die tarnfarbig-marinegraue schirmende Wehr geworden – eine echte Seemacht.

Normalität, Nüchternheit, Augenmaß und Können haben im Verlauf der vergangenen dreißig Jahre das Wesen der schwimmenden Seemacht Deutschlands bestimmt – die Ungereimtheiten, die kleinen und mittleren Katastrophen, die Frustrationen allerorten in der Bundesmarine sind gerade dafür der Beweis – aber die Marine der Bundesrepublik ist mitnichten der vornehmste Ausweis der deutschen Seemacht. Wollte diese sich nach den Maßstäben von einst etablieren, müßte sie selbstverständlich annähernd so groß sein wie die der Vereinigten Staaten (genau das hatte Hitler ja 1940/41 geplant); denkt man an Edward Wegners famose Formel, nach der Seemacht das Produkt aus Flotte und Position ist, müßte sie womöglich noch größer sein, denn wo sind die Positionen? Liegt England nicht immer noch wie ein »Riegel« vor dem Atlantik? Ist die deutsche Flotte nicht immer noch in der Deutschen Bucht eingesperrt? Und konnte die Bundesrepublik zumindest bis zum 3. Oktober 1990 in der Ostsee klassische Seemacht entfalten?

Diese Fragen wirken heute völlig deplaziert und anachronistisch. Die eigentliche Frage lautet, ob sie es nicht auch schon vorher waren – also zu Zeiten von Duckwitz, Tirpitz, Raeder. Das ganze tradierte, teilweise wohl heute noch gelehrte Begriffsvokabular um das magische Wort »Seemacht« bedarf einer gründlichen Revision, die kann hier nicht geleistet werden. Entscheidend ist, daß Deutschland dank seiner Integration nicht nur in die NATO, sondern auch in die EG seinen Anteil auch an den Meerespositionen der übrigen Alliierten besitzt, England also kein Riegel, sondern eine Insel für die NATO-Flotte wie einst Malta oder Helgoland für die britische gewesen ist.

Damit rückt die atlantische Dimension ins Blickfeld – also etwas, was es in der deutschen Geschichte nur ganz selten gegeben hat. Deutsches Seemachtdenken war nämlich bis zum Zweiten Weltkrieg auf die Randmeere Nord- und Ostsee beschränkt, nichts drückte dies drastischer aus als der Umstand, daß die Schiffe der Hochseeflotte praktisch gar nicht atlantikfähig waren und die Nordsee im Denken von Tirpitz als eine Art hydraulischer Hebel angesehen wurde, mit dessen Hilfe er die Royal Navy aus dem Atlantik hieven wollte. Die ersten Vorstellungen vom Atlantik als einer ernstzunehmenden Dimension auch deutscher Seemacht lassen sich zwar schon 1848/49 finden, aber sie blieben rudimentär. Mit dem Bau der Panzerschiffe seit 1928 erst rückte der Nordatlantik als mögliches Operationsfeld ins Bewußtsein der deutschen Seestrategie, es waren aber erst die Wahnvorstellungen Hitlers, die der deutschen Marine 1940/41 wirklich den Weg auf den Atlantik mit dem Ziel der atlantischen Seeherrschaft weisen wollten. Die Schlacht im Atlantik, die die deutschen U-Boote bis 1943 führten, läßt sich, wenn man die orthodoxe Seemachtdefinition außer acht läßt, wohl als Zugriff zum Atlantik als Raum für deutsche Herrschaft deuten. Diese Herausforderung haben die atlantischen Seemächte par excellence ja auch so ernst genommen wie kaum etwas anderes während des Zweiten Weltkrieges.

Atlantisches Denken resultierte in Deutschland aus alledem nicht. Es waren vielmehr die Amerikaner, die lange schon vor dem offiziellen Kriegseintritt sich klassisch seemächtlich verhielten, wenn sie Island besetzten, die Azoren, Präsenz bis zur Mitte des Ozeans etablierten, sich den Teufel um das Völkerrecht zur See scherten und ihre Sicherheitszonen, die ja bloß so hießen, systematisch gen Osten schoben. Dem hatten die kontinental siegreichen Deutschen nichts entgegenzusetzen, mangels Masse und mangels Einsicht, beides gehörte zusammen.

Die atlantische Dimension hat sich nach 1945 als konstitutiv für den modernen Seemachtbegriff im europäischen und amerikanischen Bereich herausgestellt. Nord-, Ostsee und Mittelmeer sind in ihre geographisch gleichsam natürlichen Randmeerfunktionen zurückgedrängt worden. Für den maritimen Lernprozeß der Deutschen waren Nord- und Ostsee allerdings wesentlich: Indem die deutsche Marine und die sie verantwortende Politik auf die Sicherung der Ostseezugänge, dann der Seeverbindungen in der Nordsee beschränkt wurde, erhielt sie Gelegenheit, endlich einmal in der deutschen Geschichte eine angemessene, ja bescheidende Aufgabe im Rahmen einer weit umfassenderen Bündnisplanung zu akzeptieren und zu erfüllen. Alle deutschen Flotten der Vergangenheit waren allein auf sich gestellt, nachdem die Deutschen mit allen Versuchen zu einer maritimen Bündnispolitik gescheitert waren. Eine Folge war, daß die deutschen Marinen auch ganz eigene Kampf- und Verfahrensweisen entwickelten. Nach 1955 fiel es daher den Altvorderen schwer, sich an so ungewöhnliche »procedures« zu gewöhnen, wie sie im NATO-Rahmen erforderlich, aber auch lange schon selbstverständlich waren. Anders als früher konnten sich nun der Aufbau und die Umstellung in der für eine Seemacht notwendigen langen Frist entwickeln. Tatsächlich hat es dreißig Jahre gedauert, bis die Deutschen ihre maritimen Aufgaben zufriedenstellend erfüllen und den Integrationsprozeß abschließen konnten – wer immer einmal die Geschichte der Verteidigung der Ostsee von 1956 bis 1989 sich vor das geistige Auge führt, wird diesen Prozeß nachvollziehen können.

In gewisser Weise sind Ost- und Nordsee auf diese Weise zur Spielwiese für die neue, moderne deutsche Seemacht geworden. Es kommt nicht von ungefähr, daß das maritime Selbstbewußtsein der Deutschen seit den achtziger Jahren über diese engen Grenzen hinauszudenken – und zu streben begann; die nicht enden wollende Diskussion um die Bereichsgrenzen, vor allem den ominösen 63. Breitengrad, machten dies deutlich. Inzwischen ist auch den Deutschen der Atlantik zugewachsen, mehr noch: Im Zusammenhang mit dem Golfkrieg wurde zum ersten Mal einem größeren Teil der Gesellschaft deutlich, daß die Deutschen womöglich eine weltweit wirkende seemächtliche Aufgabe mit zu erfüllen haben. Diese Erkenntnis löste, als sie dämmerte, das genaue Gegenteil von dem aus, was auf analoge Weise im 19. und frühen 20. Jahrhundert zu erwarten gewesen wäre: Begeisterung. Man denke an die Szenen, die bei der Verabschiedung des Ostasiengeschwaders hier in Kiel sich abspielten, als es gegen die Boxer ging, man denke an den frenetischen Jubel – und dann die tiefe Anteilnahme – am Schicksal des Spee'schen Ostasiengeschwaders 1914. Auch in den zwanziger und frühen dreißiger Jahren galten die Einsätze der Schulschiffe der Reichsmarine in Übersee als bewußte Prestige- und Machtdemonstrationen, auf die Auslandsdeutschen berechnet, und wer sich an die Begleitumstände der ostasiatischen Expedition der preußischen Marine unter Eulenburg 1859–1862 erinnert, der denkt auch an die absonderlichen Wünsche nach der Erkundung, ja Gewinnung von deutschen Stützpunkten in Übersee, und sei es auf Hawaii.

Das alles ist heute anders, deutsche maritime Präsenz in außerheimischen Gewässern ist immer nur dira necessitas, eingebunden in die Räson des nordatlantischen Bündnisses – aber gerade das konstituiert echte Seemacht. Deutschland befindet sich zur Zeit an der Schwelle zur weltweit wirkenden Seemacht – aber nicht im Sinne des Seemachtbegriffes vergangener Zeiten. Diese Entwicklung war schon vor der großen Wende von 1989/90 deutlich eingeleitet, aber erst die Wiedervereinigung hat den Weg Deutschlands in das Konzert der atlantischen Seemächte vollends freigemacht. Es wird gewiß großer Anstrengungen bedürfen, um die Idee moderner Seemacht, wie sie in der politischen Klasse unserer Republik schon vorhanden ist, der Bevölkerung zu vermitteln, hier tut ständige, zähe Aufklärung not. Noch sind die Deutschen nicht auf dem Bewußtseinsstand von Engländern, Franzosen, Amerikanern, aber sie sind auf dem Weg dorthin. Aber so logisch und zielgerichtet die Entwicklung Deutschlands zur modernen Seemacht in den Jahrzehnten von 1955 bis 1990 auch erscheinen mag – mit dem Umbruch in Osteuropa, mit der Wiedervereinigung Deutschlands könnten die Geister aus der kontinentalen Vergangenheit unserer Nation neu heraufbeschworen werden. Die abrupte, Staat, Gesellschaft, Wirtschaft und Mentalität schier überwältigende Öffnung unserer Existenz nach Osten wirft Fragen auf, die noch vor kurzem als altmodisch, anachronistisch, traumtänzerisch bewertet worden wären. Unverhofft und von niemandem ernsthaft noch in diesem Jahrhundert erwartet, hat sich mitten in Europa ein politischer Koloß von nahezu 80 Millionen Menschen zu einem Staat konstituiert, während der ehemalige rote Koloß zersplitterte und zur Restitution eines Staatenensembles führte, das nur noch aus der Geschichte bekannt war. Wenn sich die Entwicklung des deutschen maritimen Denkens seit 1949 konsequent auf den Westen, damit die Seemächte ausrichtete, so war dies Folge der Verhältnisse, die etwas anderes nie erlaubten – aber die haben sich geändert. Fortan müssen sich die Deutschen gleichsam freiwillig für den Weg nach Westen, auf den Atlantik, nach Übersee entscheiden – denn niemand könnte sie nunmehr daran hindern, sich den traditionellen machtpolitischen Idealen aus ihrem kontinentalen Jahrhundert, wenn auch mit modernen Mitteln und Argumenten, wieder zuzuwenden. Mit dem Hochziehen des Eisernen Vorhangs wurde auch die Käfigtür geöffnet, die bis dahin den Blick in die kontinentalen Weiten des Ostens für Deutschland folgenlos machte. Heute können die Deutschen den Käfig verlassen – nach allen Seiten. Dabei ist es keine Frage, daß dem Herzen Kontinentaleuropas die vornehmste Verantwortung für das gigantische Retablissement übertragen ist, welches im Osten Europas erforderlich wird. In der Vergangenheit war das vor ökonomischer Gesundheit strotzende Kaiserreich sowenig wie die Militärdiktatur Hitlers tatsächlich in der Lage, mit dieser Aufgabe fertig zu werden. Zwar gelang es, die kleinen osteuropäischen Mächte in ein Satellitensystem zu Deutschland zu nötigen – Polen und die Sowjetunion, früher Rußland, erwiesen sich als viel zu große Brocken, als daß es dem deutschen System gelungen wäre, das zu vollenden, was die Propagandisten von Erzberger bis Hitler immer forderten: Osteuropa bis zum Ural und bis zur Krim zum Hinterland des Reiches zu machen. Was sich die Deutschen bei diesen hybriden kontinentalen Träumen einhandelten, braucht nicht erörtert zu werden – heute liegen die Dinge aber ähnlich und doch ganz anders. Ähnlich, weil auch heute allein Deutschland ökonomisch in der Lage ist, genauer: wäre, den Aufbau im Osten mit Aussicht auf Erfolg in die Wege zu leiten, ganz anders, weil Deutschland damit keinerlei machtpolitische Ambitionen mehr verbindet. Daß dies aber so ist, scheint mir Folge der gelernten Lektion in Seemacht zu sein. Diese beruhte seit jeher auf liberalen, freihändlerischen, letztlich demokratischen Prinzipien; was in der Hochphase des deutschen Navalismus als britischer Krämergeist oder geistloser Coca-Cola-Amerikanismus angeprangert wurde, gehört heute zu den genuinen Verhaltensformen auch der deutschen Gesellschaft – und zwar nicht negativ, sondern positiv begriffen. Worauf es also ankommt, ist die Erkenntnis, daß nur in der festen westlichen, d.h. maritimen Einbettung Deutschland fortan eine Aufbaupolitik auf dem Kontinent, aber auch im Bereich der ärmeren und ärmsten Länder der anderen (nicht mehr: dritten) Welt treiben kann und muß. Es mag sein, daß Deutschland als integraler Bestandteil eines vereinten Europa auf diese Weise zu einer der großen, friedlichen Seemächte des kommenden Jahrhunderts wird, vielleicht sogar zu etwas, was man um die letzte Jahrhundertwende mit dem ebenso faszinierenden wie schillernden Begriff Weltmacht bezeichnet hat.

Anhang

Zeittafel

Deutsche Marinen 1848–1871

1848		Deutsch-dänischer Krieg um Schleswig-Holstein
	13. April	Im Bundestag wird die Gründung einer deutschen Flotte beantragt Beschluß über die Flaggenfarben Schwarz-Rot-Gold
	18. Mai	Deutsche Nationalversammlung in der Frankfurter Paulskirche eröffnet
	14. Juni	Beschluß über die Gründung einer Reichsmarine
1849		Erneuter Ausbruch des deutsch-dänischen Krieges
	5. April	Bromme wird Oberbefehlshaber der Flotte. Das dänische Linienschiff CHRISTIAN VIII. explodiert vor Eckernförde, die Fregatte GEFION geht als ECKERNFÖRDE in deutschen Besitz über
	4. Juni	Seegefecht bei Helgoland zwischen einem dänischen Blockadegeschwader, der Radfregatte BARBAROSSA und den Radkorvetten HAMBURG und LÜBECK
1850		Zusammenbruch der Zentralgewalt, Österreich übernimmt die Führung im Deutschen Bund. Wilhelm Bauer erfindet den »Brandtaucher«
1852/53		Veräußerung der Reichsflotte
1853,	31. März	Offizielle Auflösung der Reichsflotte
1856,	7. August	Die preußische Radkorvette DANZIG im Gefecht mit marokkanischen Seeräubern vor Kap Tres Forcas
1860		Der Oberbefehlshaber der preußischen Marine, Admiral Schröder, nimmt nach einem Zerwürfnis mit Prinz Adalbert von Preußen seinen Abschied.
1859–1862		Preußische Ostasienexpedition
1864		Deutsch-dänischer Krieg
	17. März	Gefecht vor Jasmund zwischen einem dänischen Blockadegeschwader und preußischen Kriegsschiffen
	9. Mai	Gefecht vor Helgoland zwischen einem österreichischen Geschwader und einem dänischen Blockadegeschwader
1866		Deutsch-österreichischer Krieg
1866/67		Gründung des Norddeutschen Bundes unter Führung Preußens
1867		Flottengründungsplan der Marine des Norddeutschen Bundes
1870/71		Deutsch-französischer Krieg
1871,	18. Januar	Proklamation des Deutschen Kaiserreichs in Versailles

Die Kaiserliche Marine 1871–1914

1871	General von Stosch übernimmt die Leitung der Marine.
1872	Gesetzliche Gleichstellung von Heer und Marine
1873	Flottengründungsplan
	Kommodore Werner greift in die spanischen Revolutionswirren ein und bringt drei Schiffe der aufständischen Demokraten auf.
1878	Die Panzerfregatte GROSSER KURFÜRST sinkt mit 269 Mann im Mittelmeer.
1883	Stosch nimmt nach Querelen mit Reichskanzler Bismarck seinen Abschied.
	General von Caprivi wird sein Nachfolger und richtet die Marinerüstung nach den Thesen der »jeune école« aus.
1885	Bismarck forciert die Kolonialpolitik.
	Vorschrift für den Handelskrieg
1887	Grundsteinlegung des Nord-Ostsee-Kanals
1888	Dreikaiserjahr: Auf Wilhelm I. und Friedrich III. folgt dessen Sohn Wilhelm II. auf den Thron.
	Von Caprivi quittiert seinen Dienst als Chef der Admiralität.
	Beginn des »Flottenzeitalters« unter Wilhelm II.
	Graf von Monts, Freiherr von der Goltz und Admiral Knorr lösen sich als Chefs der Admiralität ab.
1890	Alfred T. Mahans »The Influence of Seapower upon History« erscheint.
1892	Kapitän z.S. Tirpitz wird Chef des Stabes des Oberkommandos der Marine.
1894	»Dienstschrift IX«
1895	Einweihung des Kaiser-Wilhelm-Kanals, heute Nord-Ostsee-Kanal
1897	Ernennung Tirpitz' zum Staatssekretär des Reichsmarineamtes
1898	Erstes Flottengesetz
	Gründung des Deutschen Flottenvereins
1900	Zweites Flottengesetz
1905	»Dreadnoughtsprung«: Beginn des Flottenwettrüstens
1906	Erste Flottennovelle
1907–1910	Bau der Marineschule Mürwik
1908	Zweite Flottennovelle
1910, 21. November	Offizielle Einweihung der Marineschule Mürwik
1911	Deutsches Kanonenboot PANTHER vor Agadir (»Panthersprung«)
1912	Letzte Flottennovelle vor dem Krieg

Die Kaiserliche Marine im Ersten Weltkrieg

1914, 28. Juni	Die Ermordung des österreichischen Thronfolgers durch großserbische Nationalisten löst den Ersten Weltkrieg aus.
28. Juli	Österreich erklärt Serbien den Krieg.
1. August	Das Deutsche Reich erklärt Rußland den Krieg.
3. August	Das Deutsche Reich erklärt Frankreich den Krieg.
4. August	Großbritannien erklärt dem Deutschen Reich den Krieg.

		Schlachtkreuzer GOEBEN und Kleiner Kreuzer BRESLAU beschießen Häfen an der algerischen Küste.
	seit Kriegsbeginn	Panzerkreuzer SCHARNHORST und GNEISENAU operieren im Pazifik.
	10. August	GOEBEN und BRESLAU werden offiziell der türkischen Regierung übergeben.
	28. August	Kleine Kreuzer CÖLN, ARIADNE und MAINZ werden von einem britischen Schlachtkreuzergeschwader versenkt.
	September	U 9 und U 21 erringen die ersten Versenkungserfolge.
	8. Oktober	Forderung nach uneingeschränktem U-Boot-Krieg
	1. November	Gefecht bei Coronel zwischen dem deutschen Kreuzergeschwader und einem britischen Flottenverband
	8. Dezember	Gefecht bei den Falkland-Inseln zwischen dem deutschen Kreuzergeschwader und britischen Schlachtkreuzern
1915,	24. Januar	Gefecht an der Doggerbank zwischen deutschen Aufklärungskräften und britischen Schlachtkreuzern
	4. Februar	Deutsche Kriegsgebietserklärung verfügt die Bekämpfung aller britischen Schiffe.
	7. Mai	U 20 versenkt den britischen Passagierdampfer LUSITANIA.
1916,	16. März	Entlassung von Großadmiral von Tirpitz; von Capelle wird sein Nachfolger.
	24. März	Versenkung des französischen Passagierschiffes SUSSEX; verschärfter U-Boot-Krieg
	31. Mai/1. Juni	Skagerrak-Schlacht zwischen der Hochseeflotte und der Grand Fleet
1917/18		Flottenunruhen Kieler Matrosenaufstand
1917,	1. Februar	Beginn des uneingeschränkten U-Boot-Krieges
	6. April	Kriegserklärung der USA an das Deutsche Reich
	September	Hinrichtung von Köbis und Reichpietsch
	12. Dezember	Erste »joint operation« von Armee und Marine zur Besetzung der Baltischen Inseln (Ösel-Unternehmen)
1918,	27.–30. Oktober	Unruhen und Gehorsamsverweigerungen auf deutschen Kriegsschiffen verhindern »Todesfahrt« der Flotte.
	5. November	Soldatenrat unter dem Vorsitz von Oberheizer Artelt in Wilhelmshaven
	9. November	Abdankung des Kaisers, Revolution in Berlin, Scheidemann ruft die Republik aus.
	11. November	Waffenstillstand von Compiègne
	12. November	Gründung der Marine-Offizier-Hilfe (MOH)

Die Marine der Weimarer Republik 1919–1932

1919–1920		Vizeadmiral von Trotha Chef der Admiralität Marinebrigaden Ehrhardt und Loewenfeld liefern sich Straßenschlachten mit Kommunisten.
1919,	16. April	Bildung der »Vorläufigen Reichsmarine«
	21. Juni	Selbstversenkung der deutschen Flotte in Scapa Flow
	28. Juni	Deutschland unterzeichnet den Waffenstillstandsvertrag.
1920,	13.–17. März	Kapp-Lüttwitz-Putsch mit Teilnahme von Trothas Konteradmiral Michaelis wird nach dem Scheitern des Putsches Interimsnachfolger von Trothas.

1921, Oktober	Admiral Behncke löst Konteradmiral Michaelis als Chef der Marineleitung ab.
12. November 1921– 6. Februar 1922	Washingtoner Seeabrüstungskonferenz
1. Januar 1922	Einführung der neuen Flagge: Schwarz-Weiß-Rot mit Eisernem Kreuz und schwarz-rot-goldener Gösch
1924	Admiral Zenker Chef der Marineleitung
1928	Mehrheit des Reichstages stimmt für den Bau des Panzerkreuzers A. Lohmann-Affäre Entlassung von Admiral Zenker
1928, 1. Oktober	Dienstantritt Admiral Raeders als Chef der Marineleitung
1930, 22. April	Londoner Flottenabkommen
19. Mai	Stapellauf von PANZERKREUZER A (DEUTSCHLAND)
1932, 15. November	»Umbauplan«
26. Juli	Untergang des Segelschulschiffes NIOBE bei Fehmarn

Hitler und die Marine 1933–1939

1933, 30. Januar	Nationalsozialistische Machtergreifung. Hitler wird Reichskanzler.
1935, 16. März	Gesetz zum Aufbau der Wehrmacht
1. Juni	Umbenennung von Reichsmarine in Kriegsmarine Raeder wird Oberbefehlshaber der Kriegsmarine. Einführung der Hakenkreuzflagge auf deutschen Schiffen
18. Juni	Deutsch-britisches Flottenabkommen
1936	Spanischer Bürgerkrieg: Deutsche Kriegsschiffe laufen spanische Häfen an. Systematischer Aufbau der Kriegsmarine
1937, 29. Mai	DEUTSCHLAND wird vor Ibiza bombardiert.
31. Mai	ADMIRAL SCHEER beschießt den Hafen von Almeria.
1938, 1. November	Raeder trägt Hitler künftiges Schiffbauprogramm vor.
1939, 17. Januar	Vorlage des »Z-Plans«
27. Januar	Hitlers Zusage über Priorität des Schiffbaus
28. April	Kündigung des deutsch-britischen Flottenabkommens

Die Kriegsmarine und der Zweite Weltkrieg 1939–1945

1939, 31. August	Weisung Nr. 1 für die Kriegführung: »Die Kriegsmarine führt Handelskrieg mit Schwerpunkt gegen England«.
1939, 1. September	Ausbruch des Zweiten Weltkrieges: Das Linienschiff SCHLESWIG-HOLSTEIN eröffnet um 4.45 Uhr das Feuer auf die Westerplatte bei Danzig. Mit Beginn des Krieges operieren die Panzerschiffe DEUTSCHLAND und ADMIRAL GRAF SPEE im Atlantik und im Indischen Ozean.
3. September	Großbritannien und Frankreich erklären dem Deutschen Reich den Krieg. U 30 versenkt den britischen Passagierdampfer ATHENIA.

September 1939–Juni 1940	Erste Phase der »Schlacht im Atlantik«
19. September	U 29 versenkt den Flugzeugträger COURAGEOUS.
Herbst	Verminung der britischen Ost- und Westküste
14. Oktober	Kapitänleutnant Prien versenkt mit U 47 das Schlachtschiff ROYAL OAK in Scapa Flow.
13. Dezember	Gefecht von ADMIRAL GRAF SPEE mit den britischen Kreuzern EXETER, AJAX und ACHILLES vor der La-Plata-Mündung.
17. Dezember	Selbstversenkung der ADMIRAL GRAF SPEE auf dem Rio de la Plata.
1940, 9. April	»Weserübung«: Besetzung von Dänemark und Norwegen; die Kriegsmarine verliert u.a. den Schweren Kreuzer BLÜCHER und zehn Zerstörer.
Juni 1940–März 1941	Zweite Phase der »Schlacht im Atlantik«
1940, 4. Juni	Operation »Juno«: deutsche Kriegsschiffe gegen alliierte Kräfte während der Evakuierung ihrer Truppen aus dem Norden
Sommer	Planung von »Seelöwe«: Die Invasion Großbritanniens wird von Hitler am 17. September verschoben
1941, 22. Januar	Operation »Berlin«: SCHARNHORST und GNEISENAU laufen zum Handelskrieg in den Atlantik aus.
bis Frühjahr	ADMIRAL HIPPER und ADMIRAL SCHEER operieren unterschiedlich erfolgreich im Atlantik und Indischen Ozean gegen britische Zufuhren.
1941, April–Dezember	Dritte Phase der »Schlacht im Atlantik«
19. Mai	»Rheinübung«: Schlachtschiff BISMARCK und Schwerer Kreuzer PRINZ EUGEN laufen zur Geleitzugbekämpfung in den Atlantik aus.
24. Mai	BISMARCK versenkt den Schlachtkreuzer HOOD.
27. Mai	BISMARCK wird manövrierunfähig geschossen und versenkt sich selbst.
11. Dezember	Kriegserklärung an die USA
1942, Januar–Juli	Vierte Phase der »Schlacht im Atlantik«
12. Januar	Operation »Paukenschlag«: deutsche U-Boote gegen die US-Ostküste
11./12. Februar	Operation »Cerberus«: Kanaldurchbruch schwerer deutscher Überwassereinheiten von Brest zu deutschen Nordseehäfen
1.–6. Juli	Operation »Rösselsprung«: zwei deutsche Kampfgruppen bekämpfen den alliierten Geleitzug »PQ 17«.
16.–30. August	Operation »Wunderland«: eine deutsche Kampfgruppe beschießt russische Nordmeerhäfen.
August 1942–Mai 1943	Fünfte Phase der »Schlacht im Atlantik«
Sommer	Planungen der Seekriegsleitung für eine deutsch-japanische Operation im Mittelmeer und Indischen Ozean
1942, 30./31. Dezember	Operation »Regenbogen«: u.a. der Schweren Kreuzer ADMIRAL HIPPER und LÜTZOW gegen den alliierten Geleitzug »JW 51«
1943, 30. Januar	Großadmiral Dönitz wird Oberbefehlshaber der Kriegsmarine.
Juni	»Flottenbauprogramm 43«
6.–9. September	Operation »Zitronella«: u.a. der Schlachtschiffe SCHARNHORST und TIRPITZ gegen alliierte Basen auf Spitzbergen
26. Dezember	Operation »Ostfront«: gegen alliierten Geleitzug JW 55 B im Nordmeer: SCHARNHORST wird vernichtet.

1944, 20. Juli	Beteiligung von Admiral Canaris, Korvettenkapitän Kranzfelder und Marine-Oberstabsrichter Bertold Schenk Graf von Stauffenberg am Attentat auf Hitler.
1944/45 Herbst/Winter	Flüchtlingstransporte über die Ostsee
1944, 12. November	Vernichtung der TIRPITZ bei Tromsö
1945, 30. Januar	Torpedierung des Flüchtlingsschiffes WILHELM GUSTLOFF
30. April	Nach dem Tod Hitlers wird Großadmiral Dönitz Staatsoberhaupt.
7./9. Mai	Bedingungslose Kapitulation
1.–23. Mai	Regierung Dönitz mit Sitz in der Marineschule Mürwik
23. Mai	Verhaftung der Regierung Dönitz

Deutsche Marinen nach 1945

Die Bundesmarine

1945, 5. Juni	Aufteilung Deutschlands in vier Besatzungszonen
seit Sommer	Minenräumdienst deutscher Boote und Besatzungen: Bildung der »German Mine Sweeping Administration«
1946	Verurteilung der Großadmirale Raeder und Dönitz zu jeweils zehn Jahren Haft Das »Naval Historical Team« nimmt seine Arbeit auf..
1947	Auflösung der »German Mine Sweeping Administration«: Übergang in die »Labour Service Unit«
1949, 23. Mai	Verkündigung des Grundgesetzes der Bundesrepublik Deutschland
1950	Konferenz zum deutschen Verteidigungsbeitrag im Kloster Himmerod
1951	»Wagner-Denkschrift«
1952, 27. Mai	Vertrag zur Einrichtung einer »Europäischen Verteidigungsgemeinschaft«
1954	Scheitern der EVG
1955, 5. Mai	WEU-Vertrag tritt in Kraft.
9. Mai	Deutschland wird Mitglied der NATO.
1956, 2. Januar	Erste Marinesoldaten rücken ein.
1956–1961	Vizeadmiral Ruge wird erster Inspekteur der Bundesmarine.
1958	Segelschulschiff GORCH FOCK wird in Dienst gestellt.
1961–1967	Vizeadmiral Zenker Inspekteur der Bundesmarine
1962	»Konzept und Aufbau der Marine«
1966, 14. September	Untergang von U-HAI an der Doggerbank
1967–1971	Vizeadmiral Jeschonnek Inspekteur der Bundesmarine
1971–1975	Vizeadmiral Kühnle Inspekteur der Bundesmarine
1972	»Konzeption der Marine« Deutsche Schiffe in den ständigen Marineeinsatzverbänden der NATO vertreten (STANAVFORLANT, STANAVFORCHAN)
1974	Inkrafttreten der 1972 beschlossenen neuen Spitzengliederung
1975–1980	Vizeadmiral Luther Inspekteur der Bundesmarine
1980	Deutsche Schiffe operieren erstmals seit Kriegsende über die Linie Dover-Calais und den 61. Grad nördlicher Breite hinaus.

1980–1985	Vizeadmiral Bethge Inspekteur der Bundesmarine
1985	Vizeadmiral Wellershoff Inspekteur der Bundesmarine
1986	»Maritime Conceptual Military Framework«
1986–1991	Admiral Wellershoff Generalinspekteur der Bundeswehr
	Vizeadmiral Mann Inspekteur der Bundesmarine
1987	Deutsche Flottenkräfte im Rahmen der »Naval On Call Force Mediterranean« im Mittelmeer
1990, 10. August	Golfkrieg: Entschluß des Bundesregierung zur Entsendung von Minenabwehreinheiten in das östliche Mittelmeer
3. Oktober	Beitritt der DDR zur Bundesrepublik Deutschland

Die Volksmarine

1950, 1. April	Gründung der DDR-Seestreitkräfte (Seepolizei)
15. Juni	Gründung der Hauptverwaltung Seepolizei (HVS)
1950–1955	Vizeadmiral Verner Generalinspekteur
1952	Umbenennung der Seepolizei in Volkspolizei See (VP-See)
1953, 17. Juni	Volksaufstand
1955, 14. Mai	Gründung des Warschauer Paktes
1955–1956	Vizeadmiral Felix Scheffler Inspekteur der VP-See bzw. der Seestreitkräfte
1956, 18. Januar	Gesetz zum Aufbau der DDR-Streitkräfte
1. März	»Verwaltung Seestreitkräfte«
seit 1957	Gemeinsame Übungen mit der Polnischen und Baltischen Flotte
1957–1959	Vizeadmiral Verner Inspekteur der Seestreitkräfte
1959–1961	Konteradmiral Ehm Inspekteur der Seestreitkräfte bzw. der Volksmarine
1960, 10. Oktober	Der Nationale Verteidigungsrat verleiht den Seestreitkräften die Bezeichnung Volksmarine
1961–1963	Konteradmiral Heinz Neukirchen Inspekteur der Volksmarine
1963–1987	Konteradmiral Dr. Ehm (seit 1964 Vizeadmiral, seit 1977 Admiral) Inspekteur der Volksmarine
	Schleichender Verfall der Nationalen Volksarmee
1987–1990	Vizeadmiral Hoffmann Inspekteur der Volksmarine
Oktober/November 1989	»Montagsdemonstrationen« in Leipzig
9. November	Öffnung der Grenzen zur Bundesrepublik Deutschland
1990, 2. Oktober	Außerdienststellung aller Einheiten der Volksmarine

Die Deutsche Marine seit 1990

1990–1994	Auflösung der Volksmarine, Reduzierung der deutschen Streitkräfte, Umstrukturierungen
1991–1995	Vizeadmiral Weyher Inspekteur der Deutschen Marine
1991	»Zielvorstellung der Marine«
	Beschluß in Rom über gemeinsame Übungen mit Seestreitkräften der ehemaligen Sowjetunion, Süd- und Mitteleuropas
1991, Januar	Entsendung eines deutschen Kampfverbandes ins Mittelmeer
Frühjahr	Minenräumer im Persischen Golf

1994	Präzisierung der neuen Aufgaben deutscher Streitkräfte »Partnership for Peace« Somalia-Einsatz der Marine zum Transport des deutschen Heereskontingents von Mogadischu nach Mombasa
1995–1998	Vizeadmiral Boehmer Inspekteur der Deutschen Marine

Literaturverzeichnis

(* siehe Vorwort)

Alltag in der Kaiserlichen Marine um 1890. Die Bildmappe »Unsere Marine« von C. W. Allers, hrsg. von Gerhard Beckmann und Klaus-Ulrich Keubke, Berlin 1993

Bekker, Cajus: Verdammte See. Ein Kriegstagebuch der deutschen Marine, Oldenburg - Hamburg 1974

Berghahn, Volker R.: Der Tirpitzplan. Genesis und Verfall einer innenpolitischen Krisenstrategie unter Wilhelm II., Düsseldorf 1971

Berghahn, Volker R.: Rüstung und Machtpolitik. Zur Anatomie des »Kalten Krieges« vor 1914, Düsseldorf 1973

Berghahn, Volker R.; Deist, Wilhelm: Rüstung im Zeichen der wilhelminischen Weltpolitik. Grundlegende Dokumente 1890–1914, Düsseldorf 1988

Bidlingmaier, Gerhard: Seegeltung in der deutschen Geschichte, Darmstadt 1967

Bird, Keith W.: German Naval History. A Guide to the Literature, New York und London 1985

Boie, Cai: Schiffbau in Deutschland 1945–52. Die verbotene Industrie, Bad Segeberg und Cuxhaven 1993

Costello, John; Hughes, Terry: Atlantikschlacht. Der Krieg zur See 1939–1945, Bergisch-Gladbach 1968

* *Das Deutsche Reich und der Zweite Weltkrieg,* 6 Bde., hrsg. vom Militärgeschichtlichen Forschungsamt, Stuttgart 1979–1990

Deist, Wilhelm: Flottenpolitik und Flottenpropaganda. Das Nachrichtenbureau des Reichsmarineamtes 1897–1914 (Beiträge zur Kriegs- und Militärgeschichte, hrsg. vom Militärgeschichtlichen Forschungsamt, Bd. 17), Stuttgart 1976

Der Einsatz von Seestreitkräften im Dienst der auswärtigen Politik. Vorträge auf der Historisch-Taktischen Tagung der Flotte 1981, hrsg. vom Deutschen Marine Institut (Schriftenreihe des Deutschen Marine Instituts, Bd. 3), Herford 1983

Deutsche Militärgeschichte in sechs Bänden 1648–1939, Bd. 5: Deutsche Marinegeschichte der Neuzeit, hrsg. vom Militärgeschichtlichen Forschungsamt, München 1983

Die deutsche Flotte im Spannungsfeld der Politik 1848–1985. Vorträge und Diskussionen der 25. Historisch-Taktischen Tagung der Flotte 1985, hrsg. vom Deutschen Marine Institut und Militärgeschichtlichen Forschungsamt (Schriftenreihe des Deutschen Marine Instituts, Bd. 9), Herford 1985

Die deutsche Marine. Historisches Selbstverständnis und Standortbestimmung, hrsg. vom Deutschen Marine Institut und der Deutschen Marine Akademie (Schriftenreihe, Bd. 4), Herford - Bonn 1983

Dönitz, Karl: Zehn Jahre und zwanzig Tage, Bonn 10. Aufl. 1981

Die Entwicklung deutscher Sicherheitspolitik & Die Geschichte der Bundeswehr: 2. Überarbeitete und erweiterte Auflage, im Auftrag des Bundesministeriums der Verteidigung hrsg. von Hans Martin Ottmer und Karl Diefenbach, ergänzt von Heinrich Walle, Berlin, Bonn, Hamburg 1995

Dönitz, Karl: 40 Fragen an Karl Dönitz, München 1979

Dülffer, Jost: Weimar, Hitler und die Marine. Reichspolitik und Flottenbau 1920–1939, Düsseldorf 1973

Duppler, Jörg: Der Juniorpartner. England und die Entwicklung der Deutschen Marine 1848–1890 (Schriftenreihe des Deutschen Marine Instituts, Bd. 7), Herford 1985

Duppler, Jörg: Prinz Adalbert von Preußen. Gründer der deutschen Marine, Herford 1986

Ehrensberger, Konrad: Hundert Jahre Organisation der deutschen Marine 1890–1990. Kaiserliche Marine, Reichsmarine, Kriegsmarine, Bundesmarine, Bonn 1993

Elvert, Jürgen; Jensen, Jürgen; Salewski, Michael (Hgg.): Kiel, die Deutschen und die See (Historische Mitteilungen, Beiheft 3), Stuttgart 1992

Epkenhans, Michael: Die Wilhelminische Flottenrüstung 1908–1914. Weltmachtstreben, industrieller Fortschritt, soziale Integration (Schriftenreihe des Militärgeschichtlichen Forschungsamtes, Bd.32), München 1991

Fock, Harald: Kampfschiffe. Marineschiffbau auf deutschen Werften – 1870 bis heute, Hamburg 1995

Forstmeier, Friedrich; Volkmann, Hans-Erich: Wirtschaft und Rüstung am Vorabend des Zweiten Weltkrieges, Düsseldorf 1975

Gebauer, Jürgen; Krenz, Egon: Marine-Enzyklopädie, Berlin 1994

Giese, Fritz E.: Kleine Geschichte der deutschen Flotte, Berlin 1966

Görlitz, Walter: Karl Dönitz. Der Großadmiral, Göttingen 1972

* *Gröner, Erich:* Die deutschen Kriegsschiffe 1815–1945, 8 Bde. Fortgeführt und hrsg. von Dieter Jung und Martin Maass, München 1982–1993

Groß, Gerhard Paul: Die Seekriegführung der Kaiserlichen Marine im Jahr 1918 (Europäische Hochschulschriften, Reihe 3, Bd. 387), Frankfurt/Main 1989

Grundzüge der deutschen Militärgeschichte, Bd. 1: Historischer Überblick, Bd. 2: Arbeits- und Quellenbuch, hrsg. von Karl-Volker Neugebauer im Auftrag des Militärgeschichtlichen Forschungsamtes, Freiburg 1993

Güth, Rolf: Die Marine des Deutschen Reiches 1919–1939, Frankfurt/Main 1972

Hartwig, Dieter: Karl Dönitz. Versuch einer kritischen Würdigung, in: Deutsches Schiffahrtsarchiv, Bd. 12/1989, S. 133–152, Bremerhaven 1989

Herwig, Holger H.: Das Elitekorps des Kaisers, Hamburg 1977

Herzog, Bodo: Deutsche U-Boote 1906–1966, Herrsching 1990

* *Hildebrand, Hans H.; Röhr, Albert; Steinmetz, Hans-Otto:* Die deutschen Kriegsschiffe: Biographien – ein Spiegel der Marinegeschichte von 1815 bis zur Gegenwart, 7 Bde., Herford 1979–1983

Hillgruber, Andreas: Der Zweite Weltkrieg 1939–1945. Kriegsziele und Strategie der großen Mächte, Stuttgart 3. Aufl. 1983

Hoffmann, Theodor: Kommando Ostsee. Vom Matrosen zum Admiral, Hamburg 1995

Howarth, David: Die Schlachtschiffe: Time-Life Buchreihe: Die Seefahrer, Amsterdam 1980

Hubatsch, Walther: Die erste deutsche Flotte 1848–1853, Bonn 1981

* *30 Jahre Bundeswehr 1955–1985.* Friedenssicherung im Bündnis, hrsg. vom Militärgeschichtlichen Forschungsamt, Mainz 2. Aufl. 1985

Johannesson, Rolf: Offizier in kritischer Zeit, hrsg. vom Deutschen Marine Institut mit Unterstützung des Militärgeschichtlichen Forschungsamtes, Herford – Bonn 1989

Kielmansegg, Peter: Deutschland und der Erste Weltkrieg, Frankfurt/Main 1980

* *Koop, Gerhard; Breyer, Siegfried:* Die Schiffe, Fahrzeuge und Flugzeuge der deutschen Marine von 1956 bis heute, Bonn 1996

Kriegstagebuch der Seekriegsleitung 1939–1945, 68 Bde., hrsg. von Werner Rahn, Gerhard Schreiber und Hansjoseph Maierhöfer, Hamburg-Berlin-Bonn 1988ff.

Legahn, Ernst: Meuterei in der Kaiserlichen Marine 1917/1918. Ursachen und Folgen, Herford 1970

Mahan, Alfred Thayer: The Influence of Sea Power upon History, London 1890 (deutsch: Der Einfluß der Seemacht auf die Geschichte 1660–1812, überarbeitet und hrsg. von Gustav-Adolf Wolter, Herford 1967)

Mahncke, Dieter; Schwarz, Hans-Peter (Hgg.): Seemacht und Außenpolitik (Schriften des Forschungsinstituts der Deutschen Gesellschaft für Auswärtige Politik e.V., Bd. 11), Frankfurt/Main 1974

Marineschule Mürwik, hrsg. vom Deutschen Marine Institut, Herford 2. Aufl. 1985

Michalka, Wolfgang (Hrsg.): Der Erste Weltkrieg. Wirkung, Wahrnehmung, Analyse. Im Auftrag des Militärgeschichtlichen Forschungsamtes, München 1994

Michalka, Wolfgang (Hrsg.): Der Zweite Weltkrieg. Analysen, Grundzüge, Forschungsbilanz. Im Auftrag des Militärgeschichtlichen Forschungsamtes, München 1989

Neukirchen, Heinz: Seemacht im Spiegel der Geschichte, Bindlach 1984

Peillard, Leonce: Geschichte des U-Boot-Krieges 1939–1945, München 1974

Pemsel, Helmut: Seeherrschaft. Eine maritime Weltgeschichte von den Anfängen der Seefahrt bis zur Gegenwart, 2 Bde., Koblenz 1985

* *Potter, Elmar B.; Nimitz, Chester W.; Rohwer, Jürgen:* Seemacht. Eine Seekriegsgeschichte von der Antike bis zur Gegenwart, München 1974

Raeder, Erich: Mein Leben, 2 Bde., Tübingen 1956, 1957

Rahn, Werner: Einsatzbereitschaft und Kampfkraft deutscher U-Boote 1942. Eine Dokumentation zu den materiellen Voraussetzungen und Problemen des U-Boot-Krieges nach dem Kriegseintritt der USA, in: Militärgeschichtliche Mitteilungen 47 (1990), S. 73–133

Rahn, Werner: Die Entstehung neuer deutscher U-Boot-Typen im Zweiten Weltkrieg. Bau, Erprobung und erste operative Erfahrungen, in: Militärgeschichte 2 (1993), S. 13–20

Rahn, Werner: Reichsmarine und Landesverteidigung 1919–1928. Konzeption und Führung der Marine in der Weimarer Republik, München 1976

Ritter, Gerhard: Staatskunst und Kriegshandwerk. Das Problem des Militarismus in Deutschland, 4 Bde., München 1954–1968

Röhr, Albert: Handbuch der deutschen Marinegeschichte, Oldenburg – Hamburg 1963

Röhr, Albert: Deutsche Marinechronik, Oldenburg und Hamburg 1974

Rössler, Eberhard: Geschichte des deutschen U-Boot-Baus, 2 Bde., Koblenz 1986–1987

* *Rohwer, Jürgen; Hümmelchen, Gerhard:* Chronik des Seekrieges 1939–1945, Oldenburg 1968

Roskill, Stephen W.: The War at Sea 1939–1945, Vol. 1–3, London 1954–1960

Ruge, Friedrich: In vier Marinen. Lebenserinnerungen als Beitrag zur Zeitgeschichte, München 1979

Ruge, Friedrich: Der Seekrieg 1939–1945, Stuttgart 2. Aufl. 1962

* *Salewski, Michael:* Die deutsche Seekriegsleitung 1935–1945, 3 Bde., Frankfurt/Main – München 1970–1975

Salewski, Michael: Die Deutschen und die See Studien zur deutschen Marinegeschichte des 19. und 20. Jahrhunderts, hrsg. von Jürgen Elvert und Stefan Lippert, Stuttgart 1998

Salewski, Michael: Die militärische Bedeutung des Nord-Ostsee-Kanals, in: Nord-Ostsee-Kanal 1895–1995. Festschrift, hrsg. im Auftrag des Bundesministers für Verkehr von Rainer Lagoni, Hellmuth St. Seidenfus und Hans-Jürgen Teuteberg, Neumünster 1995

Salewski, Michael: Flotte und Marine: Zur Wandlung ihrer Begriffe 1898–1945, in: Marine-Rundschau 5 (1978), S. 288–292

Salewski, Michael: Maritimes Bewußtsein – Herausforderung für die Zukunft, in: Kieler Symposium 1987, hrsg. von der Landeszentrale für politische Bildung, Kiel 1987

Salewski, Michael: Selbstverständnis und historisches Bewußtsein der deutschen Kriegsmarine, in: Marine-Rundschau 67 (1970), S. 65–88

Salewski, Michael: Tirpitz. Aufstieg, Macht, Scheitern, Göttingen 1979

Salewski, Michael: Von der Wirklichkeit des Krieges. Analysen und Kontroversen zu Buchheims »Boot«, München 2. Aufl. 1985

Salewski, Michael: Von Raeder zu Dönitz. Der Wechsel im Oberbefehl der Kriegsmarine 1943, in: Militärgeschichtliche Mitteilungen 2 (1973), S. 101–146

Schottelius, Herbert; Deist, Wilhelm (Hgg.): Marine und Marinepolitik im kaiserlichen Deutschland 1871–1914, Düsseldorf 2. Aufl. 1981

Schüssler, Wilhelm (Hrsg.): Weltmachtstreben und Flottenbau (Glaube und Forschung, Bd. 12), Witten/Ruhr 1956

Schulze-Wegener, Guntram: Die deutsche Kriegsmarine-Rüstung 1942–1945, Hamburg-Berlin-Bonn 1997

Seemacht und Geschichte. Festschrift zum 80. Geburtstag von Friedrich Ruge, hrsg. vom Deutschen Marine Institut, Bonn 1974

Seestrategische Konzeption und operative Führung in der deutschen Marine – Abhängigkeiten und Wechselwirkungen. 28. Historisch-Taktische Tagung der Flotte am 13. und 14. Januar 1988, hrsg. vom Flottenkommando, Glücksburg 1988

Seidler, Franz W.: Das Militär in der Karikatur. Kaiserliches Heer, Reichswehr, Wehrmacht, Bundeswehr und Nationale Volksarmee im Spiegel der Pressezeichnung, München 1982

Sorge, Siegfried: Vom Kaiserreich zur Bundesrepublik. Aus den Schriften eines engagierten Offiziers und Staatsbürgers. Im Auftrag des Militärgeschichtlichen Forschungsamtes hrsg. von Werner Rahn, Herford-Berlin-Bonn 1993

Stein, Hans-Peter: Symbole und Zeremoniell in deutschen Streitkräften vom 18. bis zum 20. Jahrhundert (Entwicklung deutscher militärischer Tradition, Bd. 3, hrsg. vom Militärgeschichtlichen Forschungsamt), Herford 1984

Steltzer, Hans Georg: Die deutsche Flotte. Ein historischer Überblick 1640 bis 1918, Frankfurt/Main 1989

Stumpf, Richard: Warum die Flotte zerbrach. Kriegstagebuch eines christlichen Arbeiters, in: Die Ursachen des deutschen Zusammenbruchs im Jahre 1918. Zweite Abteilung: Der innere Zusammenbruch, Bd. 10, 2. Halbband: Tagebuch des Matrosen Stumpf, Berlin 1928

Thoß, Bruno (Hrsg.): Volksarmee schaffen – ohne Geschrei. Studien zu den Anfängen einer »verdeckten Aufrüstung« in der SBZ/DDR 1947–1952. Im Auftrag des Militärgeschichtlichen Forschungsamtes, München 1994

Thoß, Bruno (Hrsg.): Vom Kalten Krieg zur deutschen Einheit. Analysen und Zeitzeugenberichte zur deutschen Militärgeschichte 1945 bis 1995. Im Auftrag des Militärgeschichtlichen Forschungsamtes, München 1995

Treue, Wilhelm; Möller, Eberhard; Rahn, Werner: Deutsche Marinerüstung 1919–1942. Die Gefahren der Tirpitz-Tradition, Herford – Bonn 1992

Übersee. Seefahrt und Seemacht im Deutschen Kaiserreich. Unter Mitwirkung zahlreicher Autoren herausgegeben von Volker Plagemann, München 1988

Verteidigung im Bündnis. Planung, Aufbau und Bewährung der Bundeswehr 1950–1972, hrsg. vom Militärgeschichtlichen Forschungsamt, München 1975

Volkmann, Hans-Erich (Hrsg.): Ende des Dritten Reiches – Ende des Zweiten Weltkrieges. Eine perspektivische Rückschau. Im Auftrag des Militärgeschichtlichen Forschungsamtes, München 1995

Volksmarine – ein Ehrenname. Kurzer historischer Überblick über die Entwicklung des bewaffneten Schutzes der Deutschen Demokratischen Republik zur See, hrsg. von der Politischen Verwaltung der Volksmarine, o.O. 1985

Wagner, Gerhard (Hrsg.): Lagevorträge des Oberbefehlshabers der Kriegsmarine vor Hitler 1939-1945, hrsg. im Auftrag des Arbeitskreises für Wehrforschung, München 1972

* *Walle, Heinrich (Hrsg.):* Aufstand des Gewissens. Militärischer Widerstand gegen Hitler und das NS-Regime 1933–1945. Katalog zur Wanderausstellung des Militärgeschichtlichen Forschungsamtes. Im Auftrag des Militärgeschichtlichen Forschungsamtes, Herford 4. Aufl. 1995

Walle, Heinrich: Die Tragödie des Oberleutnants zur See Oskar Kusch. Im Auftrag der Ranke-Gesellschaft, Vereinigung für Geschichte im öffentlichen Leben e.V., und dem Deutschen Marine Institut hrsg. von Michael Salewski und Christian Giermann (Historische Mitteilungen, Beiheft 13), Stuttgart 1995

* *Witthöft, Hans Jürgen:* Lexikon zur deutschen Marinegeschichte, 2 Bde., Herford 1977–1978

Zienert, Josef: Unsere Marine-Uniform. Ihre geschichtliche Entwicklung seit den ersten Anfängen und ihre zeitgemäße Weiterentwicklung von 1816 bis 1969, Hamburg 1970

Wächter der Meere

Geschichte und Zukunft des deutschen Marineschiffbaus

Hrsg. Blohm + Voss

224 Seiten, 16 x 24 cm, 323 Farb-Abb., gebunden, mit Schutzumschlag, ISBN 3-7822-0709-2

Beeindruckende Einblicke in das optische Erscheinungsbild, Konstruktion und den Einsatz von Kriegsschiffen in Vergangenheit, Gegenwart und Zukunft. Dieses Buch beinhaltet eine Chronik mit kompletter Schiffsliste.

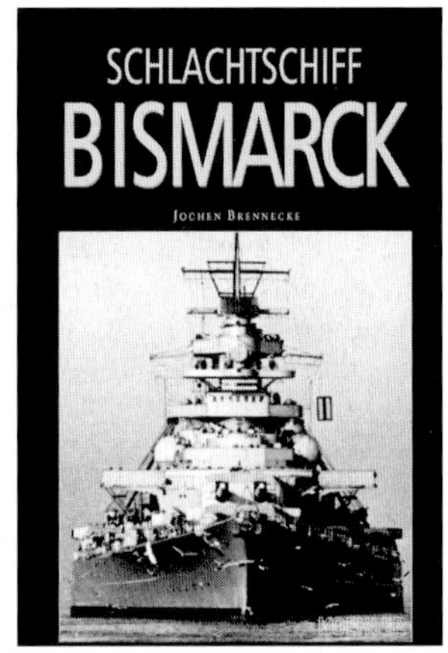

Jochen Brennecke

Schlachtschiff BISMARCK

Neuausgabe 1997

620 Seiten, 16 x 24 cm, 30 s/w- Abb., 15 Gefechtsskizzen, gebunden, mit Schutzumschlag, ISBN 3-7822-0368-2

Das dramatische Schicksal der legendären BISMARCK ist eng verbunden mit dem Wettlauf des Zweiten Weltkrieges. Die authentische und detailgenaue Darstellung macht das Werk zu einer wahren Fundgrube.

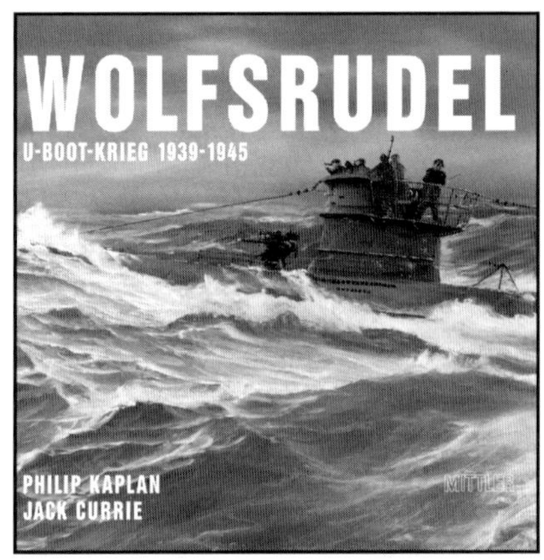

Jörg Duppler

Germania auf dem Meere

Bilder und Dokumente zur deutschen Marinegeschichte

320 Seiten, 21 x 25 cm, 300 Abbildungen, gebunden, mit farbigem Bezug, ISBN 3-8132-0564-9

Aufwendiger Bild- und Dokumentarband zum 150. Jahrestag der Gründung der ersten deutschen Flotte.

Philip Kaplan/Jack Currie

Wolfsrudel

U-Boot-Krieg 1939–1945

240 Seiten, 25 x 25 cm, 137 s/w- und 117 Farb-Abb., gebunden, mit Schutzumschlag, ISBN 3-8132-0540-1

Wolfsrudel greifen alliierte Geleitzüge an, werden selbst zu Gejagten, wenn der Gegner die Gefahr erkennt. Routine, Dramatik, Heldentum, aber auch Anspannung, Furcht und Todesangst in der engen Stahlröhre.

KOEHLER/MITTLER

HAMBURG BERLIN BONN